TOURISM

# 旅游学

黄郁成　杨　勇　◎ 编著
高　静　郭安禧

上海人民出版社

作者简介:

黄郁成:1963— ,上海对外经贸大学会展与传播学院教授,曾任上海对外经贸大学会展与旅游学院副院长,校学术委员会与学位委员会委员。曾赴美国俄克拉荷马州立大学访学,主要从事旅游管理、乡村旅游、农村城市化的研究与教学。主持完成国家社科基金"旅游开发与农村社区经济"、教育部人文社科基金项目"礼治传统与市场经济交互作用下旅游服务职业困境研究"。出版有《乡村旅游》《农村城市化:礼治市场的路径依赖》《城市化与乡村振兴》等著作,主讲"旅游学概论""旅游规划与开发"等本科课程,主讲研究生课程"服务管理"。

杨勇:1974— ,华东师范大学工商管理学院副院长,教授、博士生导师。主要从事旅游产业聚集、数字经济与旅游产业发展等方面的研究。主持国家社科基金一般项目、国家社科基金重大项目子课题、教育部人文社科基金项目、上海市哲学社会科学基金项目、上海市决策咨询项目等。曾获 2022 年、2017 年、2013 年上海市级教学成果奖(高等教育)"一等奖""二等奖"、文化与旅游部优秀旅游学术成果奖、《旅游学刊》年度优秀论文奖、中国大学出版社第二届优秀教材"一等奖"等奖项。教学案例获评第五届"全国 MTA 优秀教学案例"(2018)。在国际 Tourism Management、International Journal of Tourism Research、Journal of Destination Marketing & Management、Tourism Economics 等 SSCI 期刊,以及国内《旅游学刊》《财贸经济》《经济管理》《经济评论》《南方经济》《旅游科学》《商业经济与管理》《资源科学》《中大管理研究》等 CSSCI 期刊发表学术论文 100 余篇。出版有《高级旅游经济学》《中国旅游产业发展:效率、集群及机制研究》等专著。担任《旅游学刊》《旅游科学》《旅游论坛》

与 Tourism Economics、Journal of Hospitality Management and Tourism、African Journal of Marketing Management 等国内外学术期刊编委。中国乡土艺术协会智库专家，上海市旅游行业协会旅游教育分会理事。《旅游学刊》《旅游科学》《资源科学》，以及 Tourism Management、Journal of Tourism Research、Journal of Hospitality Management and Tourism、International Journal of Tourism Research、Tourism Geographies、Asia Pacific Journal of Tourism Research 等学术期刊匿名审稿人。

高静：1978— ，上海对外经贸大学会展与传播学院副教授，博士。曾赴英国、美国和荷兰做高级访问学者。在《商业经济与管理》《人文地理》《旅游学刊》《旅游科学》等 CSSCI 期刊发表论文多篇，部分论文被人大复印资料全文转载。出版有《大都市滨水区游憩化更新研究》《中国传统艺术赏析》等著作。有多年国内大型旅游企业发展咨询、兼职经历，作为主持人或主要完成人完成多项企事业单位委托课题。长期担任上海文广集团上海新闻广播、第一财经广播、上海交通广播与"财经午间道""财经排头条""有请发言人"等多档栏目嘉宾评论人。

郭安禧：1977— ，上海商学院旅游管理系副教授，博士，2018 年从复旦大学工商管理博士后流动站出站，旅游管理硕士生导师。研究方向为旅游市场营销，主要从事旅游目的地管理研究。在《经济管理》《旅游学刊》《旅游科学》《财经问题研究》等期刊发表论文 30 余篇，被人大复印报刊资料《旅游管理》全文转载论文多篇。曾主持博士后基金面上项目 1 项，参与国家自然科学基金面上项目 1 项，指导学生参加"挑战杯"上海市大学生课外学术科技作品竞赛荣获二等奖。现为旅游管理专业本科生主讲"旅游学概论""旅游消费者行为学""旅游市场调查"等课程。

# 前　言

中国旅游学教育源于旅游业界的发展。自 20 世纪 70 年代末，中国进行改革开放，迎来全世界的游客，三大旅行社，中国旅行社、中国国际旅行社和中国青年旅行社承担了几乎全部的海外客人来访的接待工作。但这些旅行社的业务严格地说不是旅游经营，而是外事接待。随着海外客人越来越多，旅行社的接待转变成经营活动，旅行社也从外事办公室的事业单位转变成自负盈亏的企业。改革开放初期，外汇严重缺乏，旅游业起到了为国家创汇的重要任务。

20 世纪 90 年代中后期开始，境内旅游业也开始兴起，特别是在经济欠发达，且地理位置不佳的地区，发展工业的基础条件不好，但自然和人文风貌却保护得很好，发展旅游业成为这些地区经济发展的重要突破口，而境内旅游业发展首先重视的是旅游规划和开发。在境内传统旅游名胜区之外，新增的旅游目的地大幅度增加，这是境内大众化旅游兴起的时代背景。

中国旅游业的这种发展特点，对于中国旅游教育形成了独特的影响。

伴随着外事接待的需要，旅游高等教育主要是两方面的内容，一是外语能力，二是导游解说能力。外语能力应用于最初的旅游接待，即外事接待；导游解说能力又主要体现在解说中国名山大川的历史典故。我在 20 世纪 90 年代曾经做过一段时间的导游员考试考官。参加导游员考试的考生，所背诵的导游词许多年不变。

随着境内大众旅游业的兴起，旅游高等教育开始关注旅游开发、旅游企业的运营，这时候旅游学科的属性也从语言和文史类，转向经济学和管理学科类。同时，旅游教育也从"技巧"（Skill）培训类，向"运营"（Operation）管理类转型。有大量的旅游高等职业教育升格为本科教育，大量的老本科院校新增了旅游管理专业教育，旅游研究生教育也迅猛发展。旅游高等教育形成了从博士到专科完整的教育系列，但是，旅游教育与其他管理学专业，以及旅游管理在专科、本科和研究生教育等层级之间的特色和界限却模糊了。

中国从旅游纯接待国，变成世界最大客源输出国之一，走过了四十余年的道路，本人适逢其会，在旅游高等教育初始兴起之际，就参与其中，承担了"旅游学"和"旅游规划与开发"的授课任务近三十年。也曾短暂担任主管旅游管理教学的行政管理工作，承担旅游管理专业本科生和研究生培养目标制定、课程设计的任务，也曾浅涉旅游业界，短期从事旅游经营活动。在旅游教学、行政管理，以及从业经历等工作中曾经有过许多困惑和迷惘，也有不少感悟。

旅游管理专业经过三十多年的发展，体系逐渐成熟并相对完善，其中"旅游学"课程又是旅游管理专业的入门课程，一般在大学一年级开设，需要描述整个旅游学科的体系，并向学生提供旅游专业学习内容的基本框架，甚至一定程度上也需要为学生提供大学学习的引导。

当前，"旅游学"课程基本上都是围绕"旅游""旅游者""旅游资源""旅游业"这四大概念构建"旅游学"课程体系。这是以"旅游"现象为分析基础，基本概括了以旅游经营活动为特征的知识体系。

因此，本书希望从三个方面展开深化讨论：第一部分，针对旅游学（概论）是为一年级本科学生开设，需要从高等教育毕业生就业特征的角度，与学生讨论通识教育和专业教育的关系，为学生未来的大学生活提供一定的指导，这部分内容不限于讨论旅游管理教育；第二部分是本书的重点，就是以托马斯·库克创立的旅行商业模式为分析对象，探讨旅游管理专业的知识体系；第三部分是提供旅游管理的理论源泉，讨论当前国内外旅游教育的发展趋势，旅游管理专科、本科与研究生教育层次区分的原因，这涉及旅游管理专业各层次教育的培养目标与教学内容的讨论。

首先，通识教育与专业教育的关系。大多数接受过本科教育的学生在工作后，恐怕没多少人是专业对口，因为大学生面对的未来是不确定的，绝大多数工作专业性不强，而综合性很强。因此，世界上排名前列的高校多数是文理学院，通识教育着重于思维能力的培养，鼓励学生开拓对未知领域的探索。而专业教育在多数情况下，是培养学生在已知领域，应用成熟的理论和工具解决相关专业问题，重点在于培养学生的应用和执行力，塑造学生的职业素养。

其次，旅游管理专业的研究对象实际上是"旅行商务模式"。长期以来，在中文语境中，对于"旅游"的理解很窄，主要是指以"观光"为目的的出行游玩行为，但考察旅行社的起源，可以发现它是以人们旅行活动为研究对象，是工业化条件下的旅行服务模式。

再次，关于旅游管理的理论源泉。由于旅游行业发展是以职业教育为基础的，因此本科教育也带有非常浓厚的职业教育的特点，侧重对学生予以知识灌输和技能的培养，典型的就是不少学校旅游管理专业设有实验室，模拟导游、客房、餐厅厨房、景区等等，这些都是受到的职业教育的影响。因此，很多时候，旅游管理高等教育不太重视学理性分析，也不太注重引导学生对旅游经营中的现象进行理论的探讨，而学科的深度实际上是由理论研究的体系决定的。

本书参考了大量国内外相关研究成果，编写组成员也由年富力强、学有所长、授课经验非常丰富的中青年学者组成。

本书由上海对外经贸大学黄郁成教授设计教材编写大纲，并统稿。

其中第一章、第二章、第三章、第四章、第五章、第八章、第九章为黄郁成教授编写。第六章为上海对外经贸大学高静副教授编写，第七章为上海商学院郭安禧副教授编写，第十章为华东师范大学杨勇教授编写。

作者署名，黄郁成之外，排名不分先后，以姓氏笔画为序。

我的研究生蔡风、邢云美、陈晴整理了我的讲课纲要，为本书提供了基本的框架，蔡风收集、翻译了不少海外资料，并制作了其中多数章节的图表。

感谢上海对外经贸大学教务处、上海对外经贸大学会展与传播学院对本书编写的立项和支持。

由于天性疏懒，加之各种考核的压力，俗物缠身，本书的编写较为拖沓，以至于到了退休后才付梓。前些年的疫情，加之互联网、人工智能等新技术的快速普及，肯定会对旅游业的发展带来前所未有的变化，旅游学如何面对这样的变化，会是一个全新的课题。本书必然存在诸多不足之处，尚祈旅游学界、业界以及读者海涵并指正。

2023 年 4 月

# 目 录

# 第一章 导论

**本章学习要点：**

1. 经济发展的重要方式是提升人力资本。

2. 大学教育是提升人力资本的重要途径。

3. 大学教育的"体"和"用"：通识教育与专业教育。

4. 从专业教育的要求理解旅游管理专业的学习内容。

## 第一节 大学教育：通识教育与专业教育

### 一、大学的使命

1. 人力资本的提升是经济发展的重要推动力

经济学一般原理认为经济的效率取决于专业化和分工，一个国家或者地区将生产自己有优势的产品，不同的国家或地区由于要素禀赋不同，会通过贸易提高各个国家的福利。

根据瑞典经济学家赫克歇尔和俄林的分析，在国际贸易中，各个国家出口本国具有相对优势的产品，进口本国相对劣势的产品。一般而言，发达国家具有资本优势，欠发达国家的劳动力低廉，具有劳动力优势。因此，前者出口资本密集型产品，后者出口劳动密集型产品。这就是著名的"赫克歇尔–俄林（H-O）模型"（保罗·R. 克鲁格曼，2006）。

但是，20世纪50年代的美国经济学家列昂惕夫在分析了二战后美国的进出口产品构成后，却发现美国出口产品的资本密集程度，低于其进口产品的资本密集程度，这与美国作为人均资本居于世界前列的国家的特征不符，这就是著名的"列昂惕夫悖论"（保罗·R. 克鲁格曼，2006）。

如何解释列昂惕夫悖论？Kenen等人（1965）认为产生列昂惕夫悖论的一个重要原因是列昂惕夫所定义的资本仅仅包含物质资本（如机器、设备、厂房等），而完全忽略了人力资本。美国出口的产品中包含有大量的"技术密集型"产品，生产这些产品需要大量的科学家、工程师、管理人员等等。这就暗示着美国劳动产品比外国劳动产品含有更多的人力资本，把人力资本这一部分加到实物资本上，就会使美国出口品的资本密集度高于进口品。

梳理一下上述关于国际贸易的推论：

（1）不同经济体的生产专业化和分工有利于提升经济的效率。

（2）专业化和分工有赖于市场交易。

（3）市场交易的实现一般是由于不同经济体所拥有相对优势的生产要素。

（4）一般而言，发达国家的资本优势明显，因此发达国家出口的产品多是资本密集型，进口的产品则是劳动密集型；而欠发达经济体出口相反。

（5）然而美国进出口数据显示，美国出口的产品以劳动密集型产品为主，这与H-O的国际贸易理论不符，也就是出现"列昂惕夫悖论"。

（6）"列昂惕夫悖论"产生的原因，在于美国的出口劳动产品中含有密集的人力资本优势。

可见，一个经济体在贸易中的竞争优势在于其产品的人力资本优势，而教育是提升人力资本的重要途径。

2. 教育与人力资本提升理论

经济学理论一般认为，在其他要素不变的情况下，任何要素的投入，其边际收益都是递减的，唯有不断创新，才能为经济增长注入活力。大学教育的使命就是不断提升人力资本存量，为经济的持续创新发展提供保障。

西奥多·舒尔茨（Theodore Schultz，1960，1961，1962）认为"教育是对人的投资，经受过教育的人是资本的一种形式"。并"进一步研究了人力资本形成的方式与途径，对教育投资的收益率和教育对经济增长的贡献做了定量的研究"（王明杰等，2006），从此，"人力资本"的概念被经济学家普遍接受。

加里·贝克（Gary Becker，2005）论述了"家庭小孩数量与小孩教育质量的关系，一个国家经济起飞时，常常伴随着生育率急剧下降，但人力资本却是迅速增长"（王明杰等，2006）。加里·贝克（2005）指出了经济发展水平提升，一般劳动力的需求下降，而受过教育的劳动力需求则呈现需求增长的态势，如果没有教育对人力资本的提升，长期来看，一般劳动力数量的增长，其边际收益也是呈现递减的趋势。只有不断提升教育水准，才能适应推动经济的持续增长需求。

Jacob Mincer 认为教育对人力资本的巨大投入，促使"知识产品持续增长，使无限供给的人力资本克服了自然资源稀缺对于经济发展的制约，成为经济增长的主导力量"。要维持经济的增长，必须有持续的创新，"人"是创新的源泉，而教育就是提升人的创新能力。

按照中国教育体系的设计，小孩从六周岁进入小学，开始接受小学教育，十八岁高中毕业。这是一个分水岭，一部分人直接就业开始自己的职业生涯；另一部分人进入大学接受高等教育。

当一个人在高中毕业时，就面临着一个重要选择，是直接进入就业市场，还是进入大学接受高等教育。个人的选择无论是对家庭还是对社会都有不同的后果。

对家庭来说，高中毕业生放弃读大学，直接进入就业市场，那么他（或她）能够多得四年收入，且不用缴纳大学教育的费用，这是现实的经济收益；另一方面，他（或她）选择进入大学就读，就等于损失了四年就业所获得的现实收益，而寄希望于未来的收益潜力要超过高中毕业生。

对社会来说，个人选择产生的不确定性更大，当社会的产业水平较低时，缺乏高等教育的人群充实了劳动力数量，导致劳动力工资水平较为低下，从而降低产品制造的成本，提升中国制造的市场竞争力；可是这对中国产业的提升，以及社会的创新能力不利。如果选择接受高等教育者更多，则有利于创新，也有利于社会整体福利的提升，提升国内市场的规模，但短期内可能会提升人力成本，降低中国制造在全球市场上的竞争力。

知识与技术进步是经济持续增长的动力和源泉，也是经济转型发展的保障，加大教育的投入，提升社会整体人力资源水平，是提升人力资本的必要手段。对于个人和家庭，是提升就业能力；而对社会，则是提升经济发展的创新能力，是从中国制造向中国创造转型发展的基础。

3. 教育的分级分类

中国人向来对教育非常重视，"耕读传家"一直是中国农业社会中家庭兴旺的座右铭。这就是在经济上以保持农业为本，经济上自立；在政治上则是读书求仕，追求与国家正统保持一致。"耕读传家"与每个人的出身无关，而是每个平民家庭都可以作出的选择。

中国早在汉代就建立了"太学"，隋唐，特别是宋以后，随着科举制的兴起，在中央有"国子监"，在地方有"州学""县学"，民间有各种书院、社学、私塾。

科举制为所有的平民提供了一个公平参与政治事务的机会。科举制确定了通过考试选拔人才进入国家治理队伍，因此，科举制考试科目也是引导学生如何思考"国政治理"，但是，随着官僚队伍建设的制度化和正规化，进入官场的士子逐渐陷入"文牍主义"的官场事务性运作学习中，科举过于注重实用性，缺乏对社会发展与人生观的哲学思考，不能引导社会发展方向。

于是宋代时，一位名叫胡瑗的教师，将自己的培养方案分成两部分："一个是经义斋，一个是治事斋。前者依据经书陶冶人格；后者教授实际工作必要的知识和技能。他把这两者用'体'和'用'区别。'体'是本体，就是学问的根本；而'用'则是实用，也就是学问的实际效用。他的教法的新颖之处就在于把儒教经学和政治实务相结合。"(小岛毅，2014)

这对教育的功能提出了系统性的思考。

胡瑗归纳出教育的功能应该从两方面考虑，首先是教育要有创造性思维，思考人类发展的方向。另外，教育也要教给学生事务性管理能力，熟悉社会事务运作方式，提升社会管理的效率。

但是，理学的兴起，扭转了科举制的引导方向，使得科举制走向另一个极端。科举应试内容从官场运作的实用性，转为理学思考的哲学性。理学完全脱离了对社会具体事务管理的兴趣，聚焦于从古圣贤的经典中，找寻社会的正义性，追求国家存在的绝对真理性。

从此，科举制侧重引导考生对经义的阐发，导致考试内容越来越与社会脱离，最终科举制既没有引导传统社会向现代转型，又不能关注国计民生的实务。这不是科举制的错，科举制本身只是一个机制，是为了选拔官员所设置的一个考试机制。它为所有人提供了一个公平进入国家管理队伍的平台，而不管参加考试的考生出身怎样。

明代以后，科举制更趋于正规化和制度化，也形成了分级考试、层层选拔人才的制度，这就是从秀才、举人到进士的三级分类法。

总之，科举制的实施，为中国的传统教育开创了分级考试以及公平竞争的平台。胡瑗开创的"体"和"用"的教育分类，则符合现代教育的两大目的，一是提供创造性人才的培养和教育，二是提供社会实务运营管理的训练和教育。

### 二、通识教育与专业教育

#### 1. 通识教育

奥尔特加·加塞特（José Ortega y Gasset，2001）认为，"大学教育应具备三项功能：一是文化知识的传授；二是专业的教学；三是科学研究和新科学家的培养"。这三项功能涵盖了大学教育的任务，也成为大学课程设计以及选择培养方式的主要目的，这就是通识教育、专业教育与思维训练，这种教育理念与胡瑗关于教育的"体"和"用"是一致的。

所谓通识教育是指打破学科界限，为学生提供人文与科学相结合的综合性教育，通识教育侧重于方法论研讨，提倡创新思维，培养学生应对未来职业生涯不可预知挑战的能力。通识教育，重点是提升思辨能力，适合于主动型解决问题的工作。

美国大学对于通识教育（General Education）的定义是指为学生提高"技能、知识、思维习惯和价值观的基础教育，使学生毕业后为自己的专业或职业生活做好准备。通识教育通过核心课程学习，为学生打下专业学习的基础"（The World Bank，2000）。

通识教育的目的有三个：一是培养学生的口头与书面表达能力，以及提高他们的社会交流能力；二是培养学生的思维能力；三是让学生形成一定的价值观。一定程度上，通识教育在于培养学生的认知能力、宽广的知识面，而不在于对学生进行专业、职业或技术培训。

纳赛尔（Neisser，1996）将认知技能定义为"理解复杂思想，有效适应环境，从经验中学习，参与各种形式的推理，（通过深思熟虑的思考）克服障碍的能力。这个定义包括智力、推理、信息处理、感知、记忆、识字、算术和学习等"。

大多数大学毕业生在本科毕业后，不再就读研究生，而是直接进入社会，开始自己的职业生涯。大学本科毕业生所从事的工作专业性不强，但综合性较强，通识教育重在培养学生跨学科的思维能力，以及再学习能力，以应对未来社会发展进程中不可预测的各种挑战。

2. 专业教育

亚当·斯密指出"分工加深加广"有助于生产效率的提高，分工成为现代经济学的一个重要理念。专业教育目标明确，就是培养学生从事某个专业领域的工作。

专业教育的目的，就是训练学生解决专业领域内具体问题的能力，不同的专业需要不同的专业知识与技能。詹姆斯·赫克曼等人将"技能"（skill）的概念解析为"认知"技能和"非认知"技能。认知技能被定义为"理解复杂思想，有效适应环境，在经验中总结规律学习，懂得参与各种形式的推理，以及通过深思熟虑克服障碍的能力，比如知识、理解力和批判性思维等"；而"非认知"技能，通常被定义为"人格特质"和"社会情感行为"。

Bloom（1956）等人认为，认知技能又包括高阶技能和低阶技能，高阶技能包括搜集、编辑、处理复杂信息的能力，具备批判性思维，知识应用，评估、分析和解决问题，口头和书面交流，以及不断学习等能力。

Almlund（2011）等人认为，低阶技能通常是指"技术性技能"，这些技能被定义为开展职业所需要的专门性、具体性知识，等同于我们一般所理解的"工作技巧"，比如说能干的调酒师、厨师等需要提升技术性技巧。更多的时候，这种技术性技巧是通过工作技能培训而非通过学历教育来培养的。

Almlund 等人还认为，社会情感技能是与劳动力市场相关的第二大技能，是行为、态度和特征，是生产过程中认知技能的必要补充。这些技能包括诸如完成工作的勇气、团队合作、承诺、创造力和诚实等多种特质，工作绩效的提升与人的个性有较大的关系，这些个性包括个人的开放性、责任心、开朗、善于与人相处等。

因此，与通识教育不同的是，专业教育的目的不在于培养学生的创造性思维方式以及如何开展独立的研究工作，而是注重对学生"技能性""运作性"能力的增强，对职业素养等工作能力的培养，以便于学生在毕业后能够应对具体行业的工作要求。

## 第二节 旅游学研究对象与培养目标

学科是具有一定相互联系，又有一定独立性的知识体系分支。学科建立的目的主要是探讨科学性问题，是针对人类与社会发展的战略性问题；而专业是与产业发展密切相关，为产业发展服务所建立的知识与能力培养体系。

旅游学与旅游业的快速发展有着密切关系，它是以旅游产业为研究对象，并因对旅游产业发展规律的研究，而延伸到研究由旅游行为所引发的社会、文化、经济等现象。因此，旅游学本质上属于专业教育范畴，旅游专业教育是以培养从事旅游管理和经营的人才为目标的。

### 一、旅游职业特征

#### 1. 旅游行业内职业特点

旅游行业发展较快，然而，旅游本科毕业生在旅游行业的就业率并不高。这跟旅游行业就业的职业特点有一定的关系。首先，旅游行业内就业到底包括哪些岗位，并没有一个大家共同承认的标准。国家统计局和国家文化与旅游部对旅游行业职位的界定主要是依据"旅行社"业务特点而定。

《中国旅游统计年鉴》将酒店、旅行社和旅游区点、旅游交通部门纳入旅游业的统计当中。而旅行社是旅游业的核心部门，只是旅行社能够提供就业的机会几乎可以忽略不计，而酒店是旅游业中容纳就业人数最多的部门，但酒店提供的就业层次不高。

长期以来，旅游行业就业显示以下特点（黄郁成，2008）：旅行社行业吸引的就业人数保持稳定，但在整个旅游行业中所占比重较低，就业岗位包括导游、计划调度、产品设计、市场营销。酒店业依然是旅游行业的主要去向，而饭店就业岗位以一线服务员为主，社会地位不高，且平均薪酬不及社会平均薪酬。旅游区（点）开始容纳较多的就业人员，但也以一线服务人员为主，行业薪酬略高于社会平均薪酬。酒店行业的管理岗位薪酬高于其他管理岗位的社会平均薪酬水平；而一线服务岗位低于平均水平，且转岗率较高。

随着互联网技术的普及，以及旅游预订平台完全取代了旅行社的预订业务，旅行社的包价旅游、旅行服务整合等传统业务也被严重挤压，而线下旅游接待也有很多被个体导游取代。因此，旅行社作为一种旅游企业类型，其市场空间越来越狭窄，但旅行社的传统业务并没有消失，而是随着技术手段的巨大提升，被网络企业拓展了。早先旅行社的就业岗位，主要有计划调度、旅行产品设计、导游、市场营销等，在互联网企业出现了分化，计划调度基本上被人工智能所取代，唯有旅游产品设计和市场营销在互联网企业中得到了强化。但网上旅行社新增了许多客户服务、产品顾问的工作岗位，也新增了许多兼职、非全日性工作岗位，比如旅行博主、导游和领队、旅行自媒体等。

鉴于这种旅游就业状况，国内旅游管理本科生，在旅游传统行业内就业的意愿较低，即使是能够在传统旅游行业中就业，收入期望值也不高。

2. 旅游管理专业的职业特征

根据对一些本科院校旅游管理专业毕业生的访谈，旅游管理本科毕业生就业率很高，但行业内就业率并不高。但是，毕业生们虽然不在传统的旅游行业工作，其所从事的工作内容，有两大特点，一是学生绝大多数是在从事经济领域相关工作，二是工作内容与"旅游或旅行"服务高度相关。

这些工作具体内容包括：客户服务、商务策划、商务运作、商务控制、旅行业务策划和管理、事件营销、文化体育娱乐等项目管理。

这种就业趋势其实正体现了互联网时代下旅游行业的悄然变化，这就是，中文语境中的"旅游业"已经不再是单纯的"观光业"，新的"旅游业"正在成为一个规模空前庞大的以"旅行服务"为基础的"服务产业集群"。学生的就业趋势也体现出与这个产业集群相关的知识体系特点：

（1）以跨文化沟通为基础的服务。

（2）基于旅行目的的产品和项目开发：公务（商务）旅行；文化、娱乐、健康以及无目的的休息旅行。

（3）旅行服务的要求从单纯的旅游行业，向社会所有行业渗透。

因此，旅游行业的从业者必须至少具备以下类型的能力（John Swarbrooke et al., 2001）：

（1）人际交往能力；

（2）沟通能力，包括口头和书面沟通；

（3）注重细节的完美意识；

（4）在压力下工作的能力；

（5）分析能力；

（6）多语言交流的能力。

可见，随着传统观光旅游趋于式微，旅游新业态不断涌现，按照"观光旅游"职业要求培养的导游、酒店管理、景点管理等人才，必然存在局限性。旅游学有必要重新审视其相关核心概念以及完善其框架体系。

## 二、"旅行商务模式"规定的学科知识体系

### 1. 旅游学的基础知识体系："服务学"

国际上对应中国"旅游管理"的学科是 Hospitality Management，中文直译是"友好"的意思，国内普遍翻译为"接待管理"，但事实上，接待管理不真正符合 Hospitality 的本意，因为它尽管包含了"友好"或"友善"的意思，但从本意理解的话，应该具有"对外来者给予宾至如归的待遇"的含义，也包括外来旅游者与当地居民之间的友好互动。即，宾客与东道主之间的互动关系，特别是在"东道主"和"宾客"之间的相处方式，以及由于东道主和宾客之间的接触所带来的商业化问题（Mike Robinson，2014）。综合而言，Hospitality（Michael C. Sturman et al.，2011）代表着"友善""专业"，并随时准备为客人提供帮助，在中文语境中含有较多"服务"的含义，或者说是接待服务。

Brotherton 提出了接待服务的属性有四种可能性：

第一，接待服务是一种产品；

第二，接待服务是一个过程；

第三，接待服务是一次体验；

第四，以上三种都是。

根据以上接待服务的四种属性，又可以归纳出接待服务的四种特征（Mike Robinson，2014）：

第一，它是东道主接待身在异乡的来宾；

第二，它是交互式的，涉及服务的提供者和接受者的相处关系；

第三，它由有形因素和无形因素共同组成；

第四，东道主要保障客人安全，提供心理和生理上的舒适感。

所以，旅游学的知识体系基础是"服务学"或"服务管理"（Hospitality Management），可称之为"服务学"模块。

旅游行业的工作，甚至大多数商务工作，更多的是"人际服务"，这种服务又是以"跨文化沟通"和营造客户最佳旅行体验为基础。

传统的工商管理学科是培养资源控制或决策型人才，即我国文化中的"干部"人才。但实际上，社会更多地则是需要"职员"式的服务型人才，或者说更多地是执行式和资源经营型的服务人才，而非决策型的管理干部。由于中国高校脱胎于计划经济时代，那时高校培养出来的毕业生都属于"国家干部"，也就是今天的"管理"人才。这种培养干部的思路一直左右着高校甚至是社会，使得各个高校在管理学科培养目标方面具有高度的趋同性。特别是对于"厚基础，宽口径"的片面理解，导致"管理学是个筐，干部培养往里装"，"学管理，当干部"成为管理学毕业生就业的主要预期，从而出现"管理"专业人才严重过剩，而"服务"型经营人才严重不足。

伴随工业化而来的城市社会，由于社会分工越来越细，以及城市集约化生存需要，人们越来越追求细节的完美，这将主导对人才需求的方向。社会需要的人才主要是能够"做事"，就是能够熟练从事"运营型"工作的服务专业人才，而不是对人、对资源进行管控的"干部型"（或者说管理型）人才。

作为本科层次培养的服务型运营人才，不同于专科层次的服务人员：专科以下学校培养的服务人员，主要侧重于对服务工具的操作；本科层次的服务，主要是指为客户提升附加值的过程，要求培养学生的服务能力和服务意识，以及提升企业或其他组织经营效率的运营（Operation）型人才，而非服务"技能"（Skill）型人才。

这种"服务"的定义是：

（1）具有将领导、专家的规划以及决策意图或商务思想化为行动方案的能力。

（2）具有将行动方案贯彻落实的能力。

（3）具有维护顾客尊严，设计商务礼仪，擅长服务沟通的能力。

（4）具有服务产品开发、服务运行管理、服务营销的能力。

2. 基于旅途保障的"管理"：旅行业务

旅途保障管理是传统的旅游接待业务，但外延已经扩大。它以旅途过程中的不同服务环节，作为课程设计的主要依据。可以将这个课程模块归纳为"旅行业务"管理模块，这个模块属于旅游学的传统内容，它包括：

旅行业务管理、酒店与餐饮管理、目的地（包括博物馆、景区、艺术馆等）解说系统（吴必虎等，1999）、旅游交通组合管理、餐饮管理、旅游商业。

虽然"旅行业务"模块属于旅游学的传统内容，但国内大多数教材中无论是知识结构、业务流程，还是理论思路都由于受到传统观光旅游的影响，比较偏重于解说、摆台、客服卫生等技能性培训，而忽略了旅游运营和管理能力的教育。

3. 基于旅行目的的"开发"：娱乐与商务

前两个模块主要培养学生严谨的执行力；而开发类模块，则要求学生具有广博的文化知识面，发散性思维，高度的创意和开发能力。因为这个模块是对旅游者旅行目的的开发，也就是旅游市场开发，它包括项目开发、产品开发和服务设计。

可将这一模块以"旅游规划与开发"来命名。

由于旅游者的旅行目的不外乎两种:"公务活动"和"个人事务",分别可以用"商务旅游"和"休闲旅游"两个小模块来概括。

商务旅游模块:会展策划与管理、商务策划与管理等。

个人事务旅游模块:休闲学、娱乐学、文化创意开发、运动与保健管理、景区景点开发等。

总体而言,旅游学培养目标是塑造学生的职业素养,以及根据旅游(或旅行)行业的发展特点思考问题,以开启自己的职业生涯(Michael C. Sturman et al., 2011):

(1)如何开启旅游管理职业。个人特质,对旅游业的喜好是学生自己职业生涯的基础。从新手到管理者,专业学习的内容在于"沟通,人力资源,管理和组织行为"。

(2)如何开展企业运营,以及为客户提供优质服务。从个人到企业,任何成功的旅游业务(无论是旅行社、旅游景区,抑或是酒店、餐馆,也无论是个体企业,还是廉价餐馆,又或者是豪华连锁机构),都需要有效的运营。运营的主要任务是业务经营与人力资源管理,这需要来自不同学科的知识组合。

(3)旅游投资领域。旅游经营者的目标很多是成立自己的企业,而旅游行业的中小企业、自雇者较多,因此旅游行业的投资是旅游中小企业可以走的成功之路。财产所有权是整个经济社会体系和各个行业的基础。在这个行业中,文旅开发、酒店、民宿、旅行业务接待等各个领域,都广泛由中小企业,或自雇者投资经营。

(4)如何成为旅游职业经理人。从包含旅游发展决策、业务团队的管理,到企业的战略规划、品牌管理、市场营销、成本控制,这些都是职业经理人必备的主要业务能力。因此,旅游学教育也需要组合会计、人力资源、法律、管理、市场营销、运营和组织行为等各种管理学的知识内容。

**思考题：**

1. 试分析人力资本与大学教育的关系。

2. 在旅游管理的专业学习中也有许多通识课，试从"体"和"用"的关系，分析通识课程在旅游管理专业学习中的意义。

3. 您作为导游服务客户的经历是怎样的？热情的业余爱好者或训练有素的专业人士，您更喜欢哪一个？良好的培训会使表现更稳定吗？讨论在大学中接受正规培训相对于行业内从业人员通常首选的"学徒制"计划的好处。

4. 从一个机构到另一个机构以及各国之间，有关旅游学的学习课程差异很大。您觉得自己的课程中哪些核心科目可以免除，并且您希望看到其他哪些科目？无论水平如何，职业技能是否应成为所有旅游计划的重要组成部分？

5. 无形是旅游产品的特征，要求游客信任供应商。您还能想到哪些其他服务在购买前也无法检查？客户如何确保其适用性？

6. 讨论鼓励我们旅行或阻碍我们旅行的计划的主要因素，如果是后者，则提出可以克服阻力的方法。

**参考文献：**

［1］Almlund M., A. Duckworth, J. Heckman, and T. Kautz. 2011. "Personality Psychology and Economics". In E. Hanushek, ed., Handbook of the Economics of Education, Volume 4, 1–181. Amsterdam: North Holland.

［2］Bloom, B. S., M. D. Engelhart, E. J. Furst, W. H. Hill, and D. R. Krathwohl. 1956. Taxonomy of educational objectives: The classification of educational goals. Handbook I: Cognitive domain. New York: David McKay Company.

［3］Jack Simmons, 1973, Thomas Cook of Leicester, Leicestershire Archaeological and Historical Society, 49(4): 18–32.

［4］John Swarbrooke, Susan Horner, 2001, Business Travel and Tourism, Butterworth-Heinemann, 115.

［5］Maureen Ayikoru, John Tribe, David Airey, 2009, Reading Tourism Education: Neoliberalism Unveiled, Annals of Tourism Research, 36(2): 191–221.

［6］Michael C. Sturman, Jack B. Corgel, Rohit Verma, 2011, The Cornell School of Hotel Administration on Hospitality, John Wiley & Sons, 25.

［7］Mike Robinson, 2014, Tourism Studies, Encyclopedia of Consumer Culture, 19–20.

［8］Neisser, U., G. Boodoo, T. Bouchard, A. Wade Boykin, N. Brody, S. Ceci, D. Halpern, J. Loehlin, R. Perloff, and R. Sternberg, and S. Urbina. 1996. "Intelligence: Knowns and Unknowns." American Psychologist, 51(2): 77–101.

［9］Peter B. Kenen, Nature, Capital and Trade, Journal of Political Economy, 1965, 73(10): 437–460.

［10］Richard Sharpley, 2006, Travel and Tourism, SAGE Publications, 16.

［11］Schultz, T. W., 1960, Capital Formation by Education, Journal of Political Economy, 68(6): 571–583.

［12］Schultz, T. W., 1961, Investment in Human Capital, The American Economic Review, 51(1): 1–17.

［13］Schultz, T. W., 1962, Investment in Human Beings, Journal of Political Economy, (5): 70.

［14］The World Bank, 2000, Higher Education in Developing Countries Peril and Promise, The International Bank for Reconstruction and Development, 83.

［15］奥尔特加·加塞特著，徐小洲、陈军译，2001，大学的使命，浙江教育出版社，61。

［16］保罗·R. 克鲁格曼，茅瑞斯，奥伯斯法尔德著，海闻，潘圆圆，张卫华，于扬杰译，2006，国际经济学，中国人民大学出版社，69—84。

［17］黄郁成，2008，旅游就业资源的社会分配关系研究——以井冈山为例，江西社会科学，2：190—194。

［18］加里·斯坦利·贝克尔著，王献生、王宇译，2005，家庭论，商务印书馆，27。

［19］小岛毅著，何晓毅译，2014，宋朝：中国思想宗教的奔流，广西师范

大学出版社,195。

[20] 王明杰,郑一山,2006,西方人力资本理论研究综述,中国行政管理,8:92—95。

[21] 吴必虎,金华,1999,旅游解说系统的规划和管理,旅游学刊,44—46。

# 第二章　旅游、旅行与旅游商业模式

**本章学习要点：**

1. 通过比较中文语境中"旅游"和"旅行"的含义，归纳"旅游"一词的演化，以及对于现代旅游发展的误导。

2. 从现代旅游业的诞生与发展历程归纳"旅游"的含义，及"旅游商业模式"的特点。

3. "旅游"定义的三个因素：出行时间、出行目的与空间尺度。

4. 从"旅游商业模式"理解旅游管理专业的知识体系。

## 第一节　中文语境中的"旅游"与"旅行"

### 一、中国历史上的著名旅行家

中国是一个农业民族，对土地怀有深深的依恋，传统上，中国人一般都恪守着"父母在，不远游"，"安土重迁"的信条。远程旅行的，通常是胸怀天下的人士。

而不带任何目的，享受旅行见闻，并在中国历史上能够留下旅行记录的著名旅行家大概只有两位，一位是元代的汪大渊，一位是明代的徐弘祖。前者是国际旅行家，留下了《岛夷志略》，徐弘祖则留下了众所周知的《徐霞客游记》。

1. 汪大渊

汪大渊（汪大渊，1981），字焕章，元代江西南昌人，具体生卒年不详，事迹也不详。汪大渊原著的《岛夷志》附于《泉州志》之后，因时间久远也已散失，只有汪大渊返回南昌后，另行编订的《岛夷志略》留存了不完整的记录。所谓岛夷，是汪大渊对于沿途所经海外诸岛居民的贬称，根据汪大渊《岛夷志后序》中的介绍，他曾两次随中国商船到海外："大渊少年尝附舶以浮于海，所过之地窃尝赋诗以记其山川、土俗、风景、物产之诡异，与夫可怪、可愕、可鄙、可笑之事。皆身所游览，耳目所亲见。传说之事，则不载焉。"汪大渊没有采用道听途说的故事，而是记载自己亲历过的见闻。

汪大渊的事迹在正史中没有记载，但从《岛夷志略》的行文来看，他受过较好的传统教育，属于文化人之列，估计参加过科举考试但没有考中。汪大渊所在的南昌地处南北交通要道，下连海上丝绸之路的起点泉州，上通中原，南昌（属于江右商帮）的商人，是将泉州的海外贸易与国内的中原贸易连在一起的重要商帮。汪大渊大致是跟随家乡的商人前往泉州旅游，并在泉州继续追随商人前往海外旅行，随之记录了自己的所见所闻。

中国古代商人的地位不高，但却是古代旅行数量最庞大的群体，然而至今却很少有商人留下商旅之途的记载。汪大渊作为一个读过书的文人愿意跟随商人旅行，这其实是对商人身份的一种认可，因此，汪大渊能够一路从家乡南昌到泉州，再从泉州漂洋过海去旅行，很大的可能是商人资助了汪大渊的旅行费用。以他那个时代十分有限的航海能力，汪大渊的每次海外旅行都耗费时间很长。据今人根据汪大渊《岛夷志略》记载的地名考证，汪大渊最远大致到达今天的东非海岸。

汪大渊既不是官方使者，也不是商人，纯粹就是跟着商人到海外猎奇。他的海外旅行属于无目的的游览，他所记载均为沿途所游历过的山川风光，以及与中土不同的风土人情，作为一个受过中国传统儒家文化教育的文人，王大渊不免以自己的价值观臧否沿途的人物故事。汪大渊这种不带任何目的的漫游，抛弃了当时文人的主业——科举考试，前往与中国完全不同风俗的异域，在当时来说应该是属于异类。因此，除了汪大渊在自己所写的《岛夷志略》对自己有寥寥数语的介绍外，没有任何其他资料能够让今人知晓汪大渊的生平经历。

### 2. 徐弘祖

徐弘祖（1587—1641），字振之，号霞客，明朝江苏江阴人，中国著名旅行家。一生漫游天下，属于完全寄情山水的游客，后人对其漫游日记进行了整理，这就是传至今日的《徐霞客游记》。

徐霞客生活于"苏湖熟天下足"的苏南地区，家境殷实。他生活的时代是正值读书人热衷于科举功名的时代，而苏南地区更是科举考试的重点区域。那个时代文人的笔端永远是关注"为天地立心，为生民立命，为往圣继绝学，为万世开太平"的宏大叙事方式，而山川风物只是文人陶冶性情的闲暇副业。徐霞客在十五岁的时候就曾经初次涉足科场，初试不利，徐霞客就不再愿意皓首穷经从事千军万马过独木桥的科场生涯，从此效法古代圣贤纵情山水。

22岁那年，徐霞客在家乡的胜水桥头登船出航，开始了长达三十多年的游历生涯。三十余年中，他不畏艰辛，风餐露宿，足迹遍及除四川以外，当时大明帝国管辖范围内的大部分地区，包括今北京、天津、上海、江苏、河北、山西、山东、陕西、河南、湖北、安徽、浙江、福建、广东、广西、江西、湖南、贵州、云南等19个省份，在这些游历的过程中徐霞客对所游山川风物进行了详尽的记录和描绘，留下了近百万字的游记。

《徐霞客游记》的游历和记述都力求全面。每到一地，总是力图在宏观上全面地把握该地的风物、人文景观，而对一组风景的观察也尽量从不同角度、不同时光中进行反复辨析描绘。有时对一座山、一川水常常选择不同季节进行再游，甚至三游、四游，在不同的季节中，感受山川的不同与变化。

徐霞客应该是中国最早有旅游规划与开发意识的学者，他在游记中多次提出开发、修建、使用和保护旅游资源的方案，他不满于当时各地文人流行的、凑足整数的所谓"十景""八景"的做法。在开发利用方面，他反对破坏历史遗迹的做法，认为智者应"追远而创其祠"，愚者才"怡最新而掩其迹"。新建房舍应不妨碍古迹，风景区建设应"借景"而不应因此而"掩景"。风景区的开发应首先保持其自然风光浑然天成的原始风貌，在保护风景的前提下，再规划为游览提供方便的基础设施。特别值得一提的是，他非常关注风景区的环境保护问题，多次提出不能把风景区糟蹋成"牛宫马栈"，这在今天依旧值得借鉴学习。

《徐霞客游记》记载的出游起始日为5月19日。2011年，当时的国家旅游局将每年的这一天定为"中国旅游日"。

## 二、文人官宦的旅行

在中国历史上，文人与官宦的旅行是主流，自古以来中国人就非常推崇"读万卷书，行万里路"，这被看成士大夫提升修养的一种必备的方式，是士大夫忧国忧民，济世救民的重要途径。自从隋代开始开科取士之后，读书考试做官成为一千多年来文人的主要志向，这正是王勃的诗句中所说"宦游人"的含义。但是明确界定了文人旅行的目的与功能的则以范仲淹和顾炎武最有代表性。

1. 范仲淹（脱脱，1977）

范仲淹（约公元989年至1052年），北宋年间著名文学家，江苏吴县人，少时孤贫，发奋读书，考取进士，从此踏入仕途。范仲淹政绩斐然，有过许多创举。北宋著名教育家胡瑗，曾经被范仲淹延揽，教育其子弟。因此，范氏传承了良好家风。又曾创立范氏义庄，这是中国历史上最早的慈善事业之一，确立了宗族互助的典范。

范仲淹曾经戍边多年，留下脍炙人口的《渔家傲·秋思》："塞下秋来风景，衡阳雁去无留意，四面边声连角，千嶂里，长烟落日孤城闭。浊酒一杯家万里，燕然未勒归无计，羌管悠悠霜满地，人不寐，将军白发征夫泪。"这将戍边心境与西北的景色融为一体。

范仲淹为官足迹几乎遍及当时北宋的全国各地，这种足迹成为范仲淹四处游历的背景，而范仲淹为官游历的经历，又为后世留下了诸多脍炙人口的诗文，其中最为国人知晓的就是他的散文名篇《岳阳楼记》。

范仲淹写《岳阳楼记》的时候，人应该不在岳阳，而是在邓州做官。根据《岳阳楼记》中范仲淹创作此文之由来的说法，庆历四年春，因为"政通人和"，巴陵郡（即今岳阳市）太守藤子京重修了岳阳楼，邀请范仲淹写文记之。范仲淹欣然响应，从此岳阳有了这样一篇流传千古的《岳阳楼记》，使得岳阳成为著名的旅游目的地,而岳阳楼又因为有这样一篇散文流传,能够屡毁屡建。

范仲淹撰写《岳阳楼记》的时候,并没有到现场,但应该对岳阳楼所处的地理位置比较了解,因此范仲淹可以展开自己的想象,不受具体景观景物写实的束缚,而是将自己的感情寄予笔端,重点在于抒发自己宠辱不惊,忧国忧民的抱负。"先天下之忧而忧,后天下之乐而乐"也成为后世文人处身立世的座右铭。

于是,文人的旅行被赋予了崇高的意义,它不是单纯的游山玩水,而是文人的一种修养,要以胸怀天下的抱负去旅行。这成为《岳阳楼记》"先天下之忧而忧,后天下之乐而乐"所框定的主题,单纯的游山玩水的旅行会被当成"玩物丧志",而被贬低。

2. 顾炎武(张舜徽,2005)

顾炎武(1613—1682),江苏昆山千灯人。顾炎武从 10 岁起,便跟着祖父读书,受过比较严格的训练。顾炎武 14 岁就考取秀才。到 18 岁时,就参加南京应天乡试。但科场不顺,顾炎武始终没能再上一层楼。自 27 岁起,顾炎武便不再浪费光阴于科场,而是遍览历代史乘、郡县志书,以及文集、章奏之类,辑录其中有关农田、水利、矿产、交通等的记载,兼以地理沿革的材料,埋头于学问。从而开创了清初的"经世致用"的学风。他的著述也集中于天下山川大势,关心国计民生,其中尤以《天下郡国利病书》《肇域志》等书著称。

顾炎武经历了明朝的灭亡过程,在明朝灭亡之后,又长期参与反清复明的运动。在参与的反清复明运动失败后,顾炎武浪迹天涯,四处游历,足迹遍及山东、河北、陕西、山西、河南以及江南许多地方。晚年,顾炎武没再回到苏州,而是定居山西,并在山西去世。

顾炎武在明朝灭亡之后，才开始他的漫游经历，他的旅行一是希望能够结交各地豪杰，组织队伍；二是希望考察各地山川形势，江河险要，民情风俗，各地疾苦利病，考证其源流掌故，为未来的复兴大明江山奔走。直至反清复明无望，顾炎武重回书斋，著书立说，与王夫之、黄宗羲等学者开创了清初的"经世致用"学风。

因此，顾炎武并非一般泛泛的旅行家，而是怀抱"天下兴亡，匹夫有责"踏上旅行之路。他的旅行也属于"读万卷书，行万里路"的文人抱负与修养，并不是漫无目的的为了"诗与远方"纯粹游玩性质的旅行。顾炎武每到一地，都进行深入细致的调查研究，并与古人所记载进行印证，发现书本上有记载的，可以证其所学；书本上没有说到的，可以增广见闻。

"经世致用"的学风，同样影响着顾炎武的旅行，他外出游历都有着强烈的实用性，即为着"反清复明"的愿望，也为着匡世济民的宏大抱负，单纯游玩从来就不是顾炎武外出旅行的目的。

### 三、商旅之行

相比于文人、官宦的旅行，中国最大的旅行群体应该是商人。商人因为经商活动，必须游走四方。古时候交通不便，商人一次经商外出的时间都很长，不少商人甚至永远离开家乡，客死异乡，也有的定居于经商所在地。

春秋战国的时候，各国商人就游走于各诸侯国之间经商，他们对各国的国情有较多了解，因此，商人在当时的社会、经济、政治生活中都曾经发挥巨大的作用。

春秋时期郑国商人弦高从郑国贩运 12 头牛，前往周的国都洛阳销售，路上碰到了计划偷袭郑国的秦军，弦高立刻自称属于郑国派到路途上犒赏秦国的慰问团,将自己要贩运去洛阳的 12 头牛献给秦军,以此警告秦军,郑国已经做好迎战的准备,迫使秦军退兵,从而拯救了郑国。

齐国的国相管仲也是商人出身,后辅佐齐国成为春秋五霸之一。

当然事业做得最大的商人是卫国人吕不韦。吕不韦在赵国经商时碰到了被送到赵国做人质的秦国落魄公子异人,他以自己的财力帮助异人成为秦国的国君,异人就是秦始皇嬴政的父亲。在异人死后,吕不韦又辅佐嬴政成为秦国国君,嬴政最后统一了中国,成为第一个皇帝。

然而,自秦始皇统一中国后,"重农抑商"成为两千年来历朝历代的国策,"士农工商"四级社会阶层中,商人的地位最低下,这使得商人的总体形象与地位都较差。

两千多年来,商人应该是中国外出旅行的主体,但却很少有商人这个群体自己留下的旅行记录。今天能看到的对商人的描述,大多来自文人,而文人对商人的描述大多都不太恭敬,甚至可能充满偏见。

唐代诗人白居易在他著名的诗篇《琵琶行》中描写了一位被商人遗弃的琵琶女的故事:"门前冷落鞍马稀,老大嫁作商人妇;商人重利轻别离,前月浮梁买茶去;去来江口守空船,绕船月明江水寒。"这种"商人重利轻别离"的形象成为千百年来商人的主体形象,而外出旅行通常被视为是对家庭、家族不负责任的一种表达,除非外出旅行是有利于国计民生,有利于个人修养。

明清时期,特别是晚清,由于科举艰难,即使有幸获得科举功名,仕途也是非常艰险,而文人长期的科举训练,已经让他们不习惯于谋生,于是不少文人无奈下海经商,由于他们的文化人性质，留下了一些旅行记录。然而，文人即使是经商，也是抱有强烈的家国情怀，甚至做生意也不是为了赚钱，而是救国，最典型的就是状元企业家张謇。张謇（2014）在甲午战争失败，《马关条约》签订后，更是提出了"实业救国"的口号。因此，虽然张謇的游历甚广，然而张謇并不是作为一个商人而旅行，而是作为一个文人四处奔走。

作为一个商人，描写商旅之行的人不多，苏州亦文亦商的沈复，可能是其中之一。

沈复是清中期苏州人，严格来说沈复并不是商人，他的大半生是做师爷，也就是作为官员的幕僚。作为师爷，沈复的职业生涯并不成功，经常失业。为了生计，沈复不得不下海经商。

沈复（1998）将自己的生活经历，在《浮生六记》中以平实的笔触，给世人展现了商旅生涯中的欢喜与哀愁，给后人留下了他那个时代平民日常生活的画卷。

《浮生六记》中，沈复以专篇《浪游记快》记载和描述自己经商的"浪游"经历。沈复一段时间失业在家（做幕僚竞争很激烈），与亲戚合伙做酿酒生意也折本，后又与亲戚前往岭南地区做生意。沈复从苏州经长江入鄱阳湖、赣江，翻越大庾岭进入岭南，一路饱览风光，不脱文人性情。然而，沈复对自己在岭南经商的经历并没花费多少笔墨，却用大量篇幅描述自己在岭南的风花雪月，一定程度上符合了白居易所描述的商人群体形象。

应该说，沈复本质上还是一个文人，经商是生计所迫。但沈复因为不是科场出身，不能做官，沈复的职业生涯一直是在做幕僚和经商之间摇摆，他没有古代文人的那种胸怀天下的抱负。沈复的旅行跟当代"旅游"的行为比较接近，属于纯粹的"游山玩水"性质。

## 四、中文语境中的"旅行"

### 1. 传统语境中的"旅行"

最早人类的旅行基本上都是出于谋生的需要，比如说游牧民族的迁徙，春秋战国时期商人大量的跨国经商活动，都属于谋生所必须的旅行活动。但中国进入农业定居生活阶段之后，历代王朝都实行"重农抑商"的政策，外出旅行常常被视为不安分的表现。农业社会强调的是"安土重迁"，"父母在，不远游"。如果要离开家乡，一般都是迫不得已，而称为"背井离乡"。因此，在古代农业社会，人们的活动范围很小，大多数人的生活圈子不会离开"生于斯，长于斯"的土地。

必须外出旅行的基本上都是孜孜于功名者，或者是文人墨客。在传统文化发展成熟的宋代，晁补之曾说："生男自有四方志，女子那知出门事。""从唐到宋，伴随科举取士制度的发展，官吏本籍回避政策的日趋严格。因科举、仕宦、谪贬等因素离开家乡、游宦行旅成为官场生涯中的重要内容"（铁爱花，2019）。

自从范仲淹在《岳阳楼记》中发出"先天下之忧而忧，后天下之乐而乐"的感慨之后，这句话就成为文人的座右铭。"读万卷书，行万里路"就是在实践"先天下之忧而忧，后天下之乐而乐"。"旅行"从而被看成是提升个人修养的一种行为。可见，传统上"旅行"通常是中国士人和官宦胸怀天下的一种抱负，是为着"治国平天下"提升自我修养的重要方式。因而，"旅行"常常只为胸怀天下，"见多识广"是修养较高的一种表现，而"见过世面"的人士能得到熟人圈的尊重。

但在中国的成语中，"坐井观天"与"背井离乡"反映了对旅行截然不同的态度，属于不同的情境。前者强调的是个人修养必须建立在"见多识广"的基础上，如果局促于一地（这在农业社会中是常见现象），则眼界狭隘。后者则是强调，如果离开家乡是因为生活或环境所迫，无论异乡如何好都没有家乡亲切。前者推崇通过外出旅行增长见闻，后者则强调非迫不得已不应该外出。

2. 传统语境下的"旅游"

除了士人和官宦的"旅行之外"，古代经商者也是主要的"旅行"主体，他们无关士人和官宦旅行的胸怀与抱负。他们的旅行，只与生意以及玩乐有关。因此，商人的旅行在历史上名声不好。早在唐代，白居易就在他的诗词名篇《琵琶行》中给商人贴上了"商人重利轻别离"的标签。而《浮生六记》对商旅之途的描述，更是为商人树立了醉生梦死的不良形象。只有胸怀天下，强调个人修养的旅行才是正面的，值得鼓励的。

因此，无目的的游山玩水式旅行，在古代是一种不安分守己，需要鞭挞的现象。受这种传统观念的束缚，"旅游"的负面形象也延伸到现代。改革开放前，"旅游"一词长期与"资产阶级生活方式"挂钩，"旅游"被看成是腐化堕落的表现。但是外出"旅游"，又表达了对外在世界的一种好奇和向往，于是"旅游"便常常被"参观""考察"等中性词汇代替。人们常常借助外出"参观考察"的机会，顺便到一些著名的旅游胜地去旅游。

可见，国内对旅游的定义，主要受到传统观念的影响，特别是民间多数将旅游等同于"观光"，通俗地说就是"游山玩水"或者说是"看风景"。在这种语境之下，国人对旅游的认识，被局限于观赏风景或者踏足历史古迹。

随着旅游业的发展，人们对"旅游"的认识也随之改变，但依然有大多数人将外出旅行的目的限定于"观光"，这与中文语境的惯性思维有很大的关系。

综上所述，自秦始皇统一中国之后，传统中国就一直是一个农业国家，实行"重农抑商"政策，一般平民遵循"安土重迁"的古训，视外出旅行为"背井离乡"。能够外出旅行的一般是文人、官僚，他们将旅行看成是一种开拓眼界，以天下为己任的个人修养，而并不单纯是游山玩水。无目的的漫游，通常被看成是玩物丧志。因此，中国古代多半是有"旅行"，而无"旅游"，即使是"旅游"也要带有强烈的对社会作出贡献的目的，才能被纳入具有社会意义的"旅行"行为中。

在中文语境中，区分"旅行"与"旅游"两者，就在于出行的目的性。

"旅行"是指旅行者的活动。旅行者是指出于任何目的、持续在不同地理位置之间移动的人。旅行在中国往往是一种提升个人修养的手段。

"旅游"一词偏向于强调外出的目的是观光和游玩，不带目的的外出活动通常是指"旅行"。受到中国古人对于"旅行"看法的影响，"旅游"也往往被赋予了较多的提升个人修养的要求。以至于人们出门旅行或者旅游反而不是为了享受旅途上的各种体验，而是能为了与各地标志性景观合影，以证明自己见多识广。"见多识广"就是古代旅行修养的一种表现形式。所以，在照相机不普及的时候，到处可见有人在旅途上刻上"到此一游"的大字，体现的就是将"见多识广"作为个人修养的一种社会心理。当智能手机普及后，"到此一游"的涂鸦少了，朋友圈的"到此一游"就多了，都属于这种文化现象的体现。因此，在中国"旅游"是一种文化现象，却始终没有真正成为一个严格意义上的经济产业。

## 第二节　工业革命与现代旅游业的诞生

### 一、现代旅游业诞生的背景

1. 工业革命的技术变革

众所周知，工业革命从英国开始，工业革命是以机器生产取代手工劳动、以工厂制替代家庭作坊和手工工场的过程，它是社会生产力的一次空前飞跃。英国的工业革命从18世纪60年代开始，到19世纪中期基本结束。

对旅游业来说，工业革命在运输业中的巨大成就是蒸汽机被用作火车的牵引装置，从而诞生了不依赖于畜力的新的运输体系——铁路。借助铁路系统，人类中远距离、大规模的快速旅行从此开启。

交通运输的技术变革也是全球工业化进程的重要推动力。铁路使大宗运输变得更便宜、更容易，英国第一条铁路于19世纪初建造，法国第一条铁路于1828年建造。到1850年，整个西欧和美国东部都形成了铁路网络。运河在新兴工业社会的运输系统中也很重要，世界两条主要运河的建设改变了全球海上运动的格局。连接地中海和红海（最后是印度洋）的苏伊士运河于1869年完工，将东西方航行距离缩短了上万公里。此后巴拿马运河的开通，则将太平洋和大西洋串联在一起。它改变了军事和商业运输方式，并使埃及战略地位得到了巨大的提升。技术的创新同时推动了社会和经济结构的变化（Lee T. Wyatt III, et al., 2009）。

技术的巨大进步，不仅为人类远程出行提供了前提条件，同

31

时也大幅度降低了人们出行的成本，使得成规模地远程出行成为可能。

铁路网的修建，火车的使用，极大扩展了人们出行的范围，缩短了出行的时间，同时火车载客量的大幅度增加，也减少了人均出行的成本。另外，运输和通信创新，使产品、人员和信息得以更快地转移（见图 2-1）（埃里克·霍布斯鲍姆，2016）。

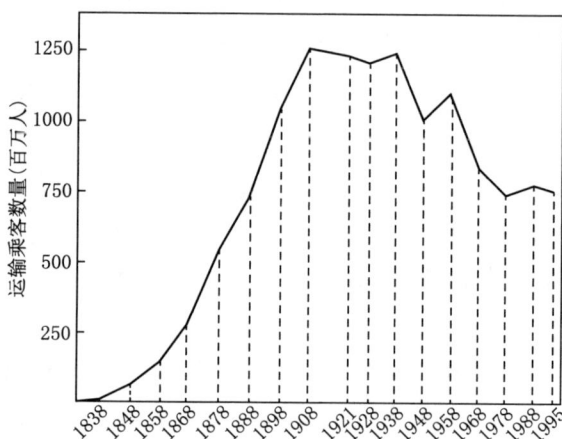

图 2-1　工业革命以来的铁路客运变化

可见工业革命所带来的技术进步成为旅游业出现的前提条件，而世界上最古老的旅行社托马斯·库克旅行社能够诞生在英国，也与英国是世界上第一个开始工业革命的国家有关。

**2. 工业革命的社会变迁**

工业革命对社会带来的最大变化是刺激了人口增长，以及城市化的实现。1750 年至 1850 年期间，英国人口增长了近两倍。这对英国经济、政治和文化的发展都产生了深远的影响。

人口的快速增长，工厂的大量出现，又推动了城市化的快速发展。在工业革命之前，绝大多数的英国人都生活在农村，可是在工业革命后，英国人开始了大规模的城市化（见图2-2）。

由于城市的兴起和发展，城乡人口的比例发生了重大变化。在1801年，英国城市人口仅占全国人口的32%，到了1851年，2万居民以上的城市总人口就占全国人口的一半了。其中，居住在大城市的居民占人口总数的三分之一，而同时期的法国却只占10.5%。随着工业革命的进展，田园式的英国变为一个城市英国（庄解忧，1984）。

反过来，城市化也推动着社会的工业化。"工业革命改变了人们的生活，任由他们在缺乏相应能力和知识的情况下，去自行寻求新的生活方式。""工业劳动，特别是机械化工厂的劳动，施加了一种固定性、重复性、单调性，与前工业化时代的劳动节奏大相径庭。"（埃里克·霍布斯鲍姆，2016）

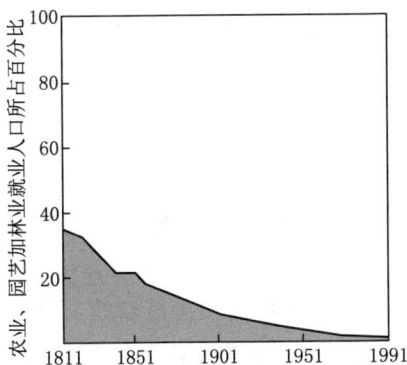

图2-2　工业革命以来英国
农业人口的减少

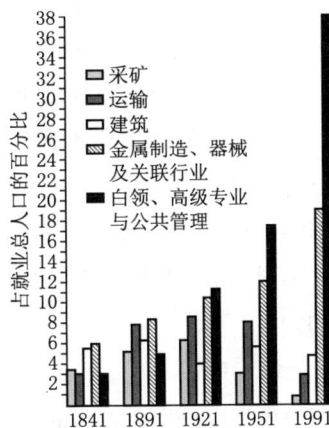

图2-3　英国工业革命以来
专业人士就业的增长

新兴城市对新技术发明的追求和应用，也使城市社会发生了新的变化，刘易斯·芒福德称这种变化是"社会的军团化"。"中世纪秩序的崩溃导致了混乱……迫使社会进入军团化的生活模式，造就了操练员、会计师、军人和官僚的按部就班的习惯。"（刘易斯·芒福德，2009）

形成城市社会的经济基础，无不带有机械论世界观的痕迹。在机械论中，"分工，一个复杂的操作被分解成很多简单的步骤，并加以专业化。这个过程在 17 世纪已成为经济生活的特点，在思维上也要求机器般的精确和快速取得结果"（刘易斯·芒福德，2009）。

工业化涉及劳动力组织的转变和工厂系统的出现，其任务专门化程度更高和纪律性更强。工业化还导致创建更大的公司，这些公司拥有更多的资本获取渠道和更先进的营销技术。英国的工业化吸引了美国、比利时、法国和德国的模仿者。交通和通信技术方面取得了革命性的发展，更好的技术手段使偏远地区成为扩大和整合市场的一部分。

这些重要的趋势促进了 18 世纪庞大的以消费者为中心的社会的发展，随着工业革命的发展，这种社会的规模和消费水平只会增加。正如 Allen J. Scott 引用的塞缪尔·约翰逊（Samuel Johnson）博士在 18 世纪末所说的话："一个人厌倦伦敦，他就厌倦了生活；因为伦敦有生活所能负担的一切。"（Allen J. Scott，2017）

综上所述，工业革命不仅是技术上的飞跃，更重要的是社会发展形态以及生活方式的巨大变化。这主要表现在：

首先是蒸汽机动力系统的改进，推动了火车技术的变革，为人们的出行带来了巨大的便利，即降低了出行成本，并提高了出行速度与便捷度，扩大了人们活动的半径。廉价、快速、安全、方便一直到今天都是旅游业得以生存和发展的前提。

其次，工业革命带动了城市化。人口居住形式从散居在广大的乡村地区，集中到城市居住，大幅度地提高了人口集聚的规模，人们从农业收入为主，转变为工资性收入，这为大规模的出行提供了市场条件。

再次，人们从乡村的田园生活转变为城市单调、重复、固定的生活方式，推动了城市居民不断寻求改变的愿望，这是促使城市居民出行的内在动力。对于乡村生活方式而言，人们的工作场所与生活场所相接近，区域之间的人员鲜有往来。而城市生活方式则不同，人们的工作场所与生活场所相隔离，人们的生存必须依赖于物质的充分流动（即市场的存在），这也导致了社会成员之间必然出现大规模跨区域移动。正是有了大规模的社会成员之间的广泛移动，才会使得旅游具有一个"产业"的规模。因此，旅游业是伴随着人类从乡村时代进入城市时代而出现的，也必然伴随着城市化的成长而成长。城市经济越发达，物资转移越充分，人员流动也越频繁，旅游业的规模就越大。

可见，英国工业革命带来三大巨变：技术变革、社会变革、市场变革。技术的变革，工业革命为旅游的商业化经营提供了条件；市场的变革，工业革命为旅游业的兴起提供了市场的基础；而社会的变革，城市化的生活方式与工作方式为旅行的内在需求提供驱动力。

因此，工业革命为旅游业的诞生从市场上和技术上奠定了基础：

（1）市场基础。它是由城市化的人口聚集带来的，人口聚集规模越大，旅游市场基础越大；工商业发达导致人员交流，工商业越发达，旅游业规模越大。同时，工业革命也释放了巨大的财富，城市中产阶层随之出现，人们拥有了更多的财富。而且伴随着财富的增长，人们的闲暇时间也在不断增加，这使得大众旅游市场的基础日益庞大。

（2）技术基础。规模化交通运输技术和电报电话的信息交流技术，即运输技术和通信技术的持续改善，也将推动旅游业的发展。运输技术的进步增加人们获得各种运输方式的便利性，以及延长人们的出行距离，是旅行和旅游业增长的基础。而现代通信技术的巨大进步，为人们获取更广泛的旅游资讯，以及预定、支付系统都带来了巨大的便利，从而降低了全球性出行的门槛。

（3）工业化的组织与运行方式。这为旅游商业运营模式的创新与发展提供了条件。旅游业自古就有，但现代旅游业的快速发展，"却取决于旅游业经营与运营方式的不断创新、整合，旅游业的创新与整合拓宽，甚至不断地创造出新的旅游需求"（Richard Sharpley，2006）。

## 二、托马斯·库克与旅行服务商业模式

### 1. 托马斯·库克与禁酒大会

今天，我们研究的"旅游业"，实际上是一种"旅行服务经营模式"，比较一致的看法是，这种模式是由英国人托马斯·库克发明的（Jack Simmons，1973）。

1808 年 11 月 22 日，托马斯·库克出生在英国德比郡一个叫梅尔伯内（Melbourne）的村庄。库克是一名虔诚的恪守维多利亚时代传统风尚的浸信会教徒，反对酗酒，坚信教育的价值。由于对当时酗酒问题的关注，托马斯·库克经常参加反酗酒集会。而当时反酗酒的主体是英国家庭妇女，为了让这些很少出远门的家庭妇女们参加各种禁酒集会，托马斯·库克需要组织她们从一个城市前往另一个城市，并安全返回。这在当时是一个浩大

的工程，火车的出现使得托马斯·库克能够顺利实现他的计划，由此托马斯·库克进入了一个全新的领域——旅游业。

1841 年 7 月 5 日，托马斯·库克组织了在当时而言规模最为庞大的集体旅行，由 500 人组成的一个禁酒声援团从英国的莱切斯特（Leicester），乘坐火车来到劳夫伯勒（Loughborough），参加一次禁酒运动的政治集会，12 英里的路程，往返的费用是每人 1 先令。这是一次划时代的旅行，组织者托马斯·库克后来说，"它激发了我今后一种组织旅行的社会活动模式的创意"。

此后在商业化的基础上，他组织了越来越多的火车和轮船旅游。1851 年，托马斯·库克组织了更大规模的团队，参加在伦敦海德公园举办的世界博览会，共有超过 15000 人，其中还有 3000 名孩童，从约克郡和包括莱切斯特、德比和诺丁汉等中部地区来到伦敦参加这场大盛会，他组织的博览会参加者占到了整个博览会参与者总数的 3%。在这次世界博览会的旅游活动中，托马斯·库克公司的经营方式成为后世旅行社经营的核心模式：

（1）全包价、预付、一次性收费的旅游产品结构，包括交通、住宿、导游、食品和其他商品和服务。

（2）根据严格的时间表安排行程。

（3）具有统一的高质量标准。

（4）通过大批量规模化的客户接待，提供实惠的价格。

1872 年，托马斯·库克组织并作为领队举办了一次历时 222 天，行程 2 万 5 千英里的环球旅行。

1874 年，库克公司在纽约发行了早期的旅行支票。

1884 年，库克公司应英国政府的要求，组织了一次从埃及溯尼罗河而上，运载增援部队去营救被围困在苏丹喀土穆的戈登将军的行动。虽然这次解救行动失败了，但是，托马斯·库克公司的后勤组织能力还是得到了军方的认可。

从这里可以看出，库克公司的商业服务并不局限于我们所认为的，"旅游服务是招徕和接待旅游者的行为"。因为基于"游览"的，仅仅是库克公司众多的商业活动之一，为政府提供军事后勤服务也成为托马斯·库克的商业业务之一。更重要的是，托马斯·库克的商业灵感来自组织禁酒政治性集会旅行，与我们传统的"旅游"更是毫无关系，它仅仅体现出规模化、集约化的旅行服务特征。

托马斯·库克公司（J. Christopher Holloway et al., 2009）对旅游业开创性的贡献在于：

第一，托马斯·库克公司在组织旅行活动的时候，尽可能简化旅途转换的节点，以便保持旅行活动的顺畅。

第二，库克公司与世界各地的酒店、货运公司和铁路部门保持着密切联系并签订预定性合约，以获得尽可能便宜的价格，并提供尽可能好的服务。

第三，库克公司派出全程旅行顾问陪同（今天被称为领队、导游）客户出国旅行，能够适时地解决在外地或外国所碰到的问题，解决旅行者人生地不熟的后顾之忧。

第四，库克公司发明了旅行单据，1867年通过使用酒店凭单简化旅行管理，使游客可以预付酒店住宿费用，并向酒店提供付费的凭据。

第五，库克公司发明了旅行支票的前身，解决了跨国旅行的支付问题，1874年他推出了"圆形纸币"。这是今天旅行支票的前身，一种"本票"，可以在国外兑换当地货币。这有助于克服当时欧洲各国使用许多不同货币所引起的支付困境。

托马斯·库克父子公司本质上是将工业革命的生产原理和

技术应用于旅游业，标准化、精确性、计划性、商业化以及规模化的旅游套餐预示着"工业化"性质的旅游产业正式形成（David Weaver et al.，2014）。这只在工业革命以来出现通信和运输创新（如铁路、轮船和电报）之后才成为可能，而企业家库克利用了这些创新。

如今，托马斯·库克发明的这些旅行服务经营模式，已经成为世界各地旅行服务商通用的经营模式，尽管科技有了突飞猛进的发展，社会也有了重大变化，但这些基本的经营方式依然没有多少改变。

2. 托马斯·库克开创的旅行服务商业模式

托马斯·库克所从事的工作有三项比较典型：

一是组织禁酒大会的旅行；

二是开创参与伦敦和巴黎世博会的服务；

三是为英国政府提供军队的后勤保障。

首先，组织禁酒大会的活动，表明了人们的旅行活动存在着规模性，而技术的改进使得这种具有规模性的旅行能够实现，旅行的规模性也说明它具备了成为一个"产业"的潜力。其次，为世博会的服务，反映了旅游产业的基础是提供大规模的旅行服务，至于旅行目的并不是这个产业所关心的。第三，现代军队制度是建立在工业革命基础上的，具有高度组织化和效率优先特征。托马斯·库克能够为军队后勤提供服务，表明了旅游业的基础，就是利用现代工业技术和工业思维的一种新兴商务活动模式。因此，托马斯·库克对旅游业的最大贡献并不是创立了旅行社，而是开创了一种新的经营模式。我们可以把这种经营模式称为"旅行商务模式"（Tourism Business Model），其特点是：

（1）以旅行服务为本质的产业体系。

（2）以人际沟通为基础的服务特征。

（3）这种服务具有标准化的特点。

（4）服务的构成包括两个基本单元：满足旅游者出行目的的服务和满足旅游者旅途需要的服务。

（5）服务可以像工业品的生产一样，形成程序化和标准化。

虽然今天的旅游业态变化较大，旅游经营手法有重大改进，服务的技术也有空前提高，但是，托马斯·库克开创的旅游经营模式的基本属性，并没有随着旅游业的快速发展而有实质性的改变。因此，旅游学科的研究对象实际上是"旅行商务模式"。

"托马斯·库克（Thomas Cook）的独特贡献是整个行程的组织——交通、住宿和活动，以及在异乡能够真正享受到的'诗和远方'的理想体验——真正的旅游产品。作为运输和住宿主要供应商的代理，他能够满足特定的市场需求。他发明了一项必不可少的服务——包价旅游和个性化旅游。他的创新享誉全球，从而改变了人们对于旅行的态度，使得人们从将旅行看成是一种旅途劳顿又不得不外出的艰难活动，转变为将旅行看成是一种愉悦、一种娱乐和一种新的消费观念——'假期'。"（Leonard J. Lickorish et al., 1997）

## 第三节　现代旅游业条件下的"旅游"与"旅行"

现代旅游业是指工业革命以来，在城市化的推动下，伴随着城市生活方式，以及与城市生活方式相联系的现代工商业的兴起，形成了大规模的旅行活动，为应对这种大规模的旅行活动，在技术进步的基础上形成的与技术进步相一致的标准化、规范化、流程化的出行接待方式。

但对于"旅游"和"旅游业",世界各国的经济统计界定不同,在学术研究中,对这两个名词的内涵描述也不同,从而带来了巨大差异。

在统计定义方面,世界旅游组织曾经针对各国国家旅游局就"旅游"与"旅游业"的定义进行专家调查。这是为了在世界各国之间能够确立一个共同认可的旅游统计口径,结果很难达成共识,但最后形成了一个名为"卫星账户"的统计建议,供各国参照使用。

在学术研究中,学者们将"旅游"看成是"经济的现象"或者是"社会的现象",因此其定义便是描述或概括这种现象的本质特征。无论是将"旅游"看成是"经济现象"还是"社会现象",其意义是大体一致的。

定义,通常有两种方法,一种方法是国家统计局使用的数学上的统计,列举某个统计对象具体的表现形式及排除某些形式。第二种方法是描述法,即描述所要研究对象的本质特征。学术界对一个名词的定义,大多采用第二种方式,即描述性定义。

定义必须兼顾学院派和统计学的目的。通常来说,统计学因为是从技术上进行的定义,其产生的问题较少,只要清楚地说明数据由什么构成就可以,如果要涉及区域间或国际比较,那么就更多地需要从概念上进行阐发,而这些概念性讨论就要交给学界了(J. Christopher Holloway et al., 2009)。

## 一、关于"旅游"定义的讨论

1. 国际学界对"旅游"的定义

对"旅游"定义的争议很大,至今依然是众说纷纭,关键在于对定义"旅游"内涵的因素是什么无法达成一致。旅游定义的边界模糊，内涵与外延不清晰也阻碍了旅游学的发展。除了对"旅游"的定义缺乏共识外，该术语通常与"旅行"，"休闲""娱乐""假日""游览"和"款待（Hospitality）"等相关概念结合或互换使用。因此，"旅游"定义在更广泛的学术研究体系中的界定还不是很清楚（David Weaver et al.，2014）。

第一个"旅游"（Tourism）的定义是 Guyer 和 Feuler 在 1905 年给出的："旅游是一种现代世界的独特体验，这是人们基于对生活变化，对娱乐的追求，对自然和艺术之美的渴望，以及提升人类幸福感的信念。"（Balakrishnan Ravishankar，2019）

这个定义描述了"旅游"的两大特征：

第一，"旅游"是一种获得"体验"的行为，是一种经历。

第二，"旅游"是一种对美好生活、美好事物的追求。

Guyer 和 Feuler 对"旅游"两大特征的描述，基本框定了后世学者，乃至于旅游业界对旅游定义的主要内涵。这也将"旅游"的行为与出行目的挂钩，而且限定了出行的目的仅仅是娱乐性质。

Walter Hunziker 和 Kurt Krapf 于 1942 年发表了他们的旅游研究理论，他们将旅游定义为："旅游是人们离开自己的常住地，从事各种活动所引发的现象总和，这种活动不会导致就业和定居。"（Leonard J. et al.，1997）这个概念后来被旅游科学国际专家协会（International Association of Scientific Experts in Tourism，AIEST）接受，这就是国内各教科书普遍使用的"艾斯特定义"。这个定义相当于中文语境中"旅行"的含义，只是排除了"移民"和"就业"两种现象。

国内学界也较多采用 Neil Leiper（1979）的定义，他认为，

"旅游是指人们短期内到工作和家庭以外的地方的移动，他们在这些地方逗留期间所进行的活动，以及为满足他们的需要而创造的服务"。这个定义有三大特点：

一是限定了时间，即"短期内"，但没有规定目的，无论人们出行的目的是什么都不妨碍对"旅游"的定义，只是有时间的限制。

二是强调了出行是离开了"工作"和"家庭"以外的地方，如果出行是工作与家庭范围之内的地方，那么就不属于旅游。

三是强调了在出行期间的"活动"。

其他比较著名的"旅游"定义还包括：

J. Christopher Holloway 等（2009）认为，旅游只是闲暇时进行的一种活动。闲暇被定义为"空闲时间"或"可以自由利用的时间"，因此可以用来进行除工作和必须完成的任务之外的任何活动。休闲可能需要积极参与游戏或娱乐活动，或者消遣，例如看电视甚至睡觉。

Burkart 和 Medlik 在《旅游业：过去、现在和未来》（1974）中系统地介绍了"旅游"概念。这确定了与"旅游"内涵相关的特征：

（1）旅游源于人们在各个目的地的流动以及他们在各个目的地的停留。

（2）所有旅游都有两个要素：前往目的地的旅程和包括目的地活动在内的住宿。

（3）旅程和住宿发生在正常的居住和工作地点之外，因此旅游业产生的活动，既不是游客惯常的活动，也不是目的地居民的惯常活动。

（4）到目的地的迁移是暂时的、短期的，打算在几天、几周或几个月内返回。

（5）前往目的地的不是为了获得永久居留权或从所访问的地方获得有报酬的就业。

Burkart 和 Medlik 概括的旅游定义内涵，明确了在时间上是短期的（暂时的）；在空间上限定了出行是在工作与居住场所以外的地方；不能是打工或移民（与埃斯特定义一致）；是双向行为，即有去有回，且在外过夜。这个定义比较符合社会大众对旅游的看法。

Clare A. Gunn（2002）引述 Mathieson 和 Wall 对旅游的定义为：旅游是一种临时性的移动，是人们前往一个脱离自身日常工作和居住环境的目的地，并由在目的地逗留，以及使用各种所需设施所引发的活动总和。

Gunn 同时引述 Chadwick 的定义，认为旅游包含三重概念，一是移动的人群，二是经济与产业的属性，三是与旅行相关的服务需求。

由此，Gunn 对旅游学的要素作了一番总结：

（1）旅游不是一个单纯的学科领域，而是多学科的组合。

（2）旅游的动力由需求和供给构成。

（3）就旅游需求而言，是由旅游者兴趣与旅行能力的多重因素决定。

（4）对旅游供给来说，是满足旅游者物质的和服务的需求能力。

（5）旅游造成许多地理的、经济的、环境的、社会的以及政治的影响。

（6）旅游不是一项产业，而是由众多商业实体构成。

Gunn 对"旅游"的定义从学术上作了比较完整的概括，特别是在学科属性上，认为"旅游"属于综合性学科，难以归入现有的任何一个单一学科。这个说法基本上为国内学者所接受。

这些定义是从旅游的目的和范围的地理位置（访问的距离）来限定的。

综合而言，学界对于"旅游"的定义基本上都是描述性定义：

首先，这些定义对旅游内涵的界定比较一致的是"出行"，即发生了空间移动的行为，这是绝对的条件；

其次，多数学者将出行的目的规定为娱乐性质，即不带公务活动，以闲暇时间出行为主，这比较迎合普通大众对于"旅游"的认识；

第三，部分学者对于旅游的外出时间有限定，即短期内，至于"短期"的具体规定则留待统计部门决定；

第四，埃斯特定义将旅游基本上定义为旅行，几乎囊括了所有旅行的现象，但排除了外出的目的是"就业"和"定居"的这两种旅行行为。

2. 国际组织对旅游的定义

学术上的定义通过描述"旅游"现象进行阐述，这是一种高度概括、抽象的定义方式。但作为一项经济产业，需要从统计上列举旅游的各种具体现象，只有被列举的现象才属于旅游，而未被列举的现象则不属于旅游。因此，统计定义只列举"出行"的行为界限，以便于对"旅游"现象及其规模进行统计。当然统计上的定义是根据描述性定义所推出的。一般而言，统计定义是由各国官方、各国的（包括国际的）相应行业或协会组织给出。

最早对"旅游"在统计上进行定义的国际组织，是1937年国际联盟将"旅游"定义为"出国旅行24小时以上的人"。凡是出行时间超过24小时，也就是在外过夜，都可以看成旅游，不管其出行目的是什么。

在 1981 年由 AIEST 和旅游协会在威尔士卡迪夫组织的国际休闲娱乐旅游国际会议上,对这一定义进行了修正。"旅游是家庭环境之外所进行的特定活动,不管这种活动是否过夜。"

联合国世界旅游组织(UNWTO)1991 年在加拿大渥太华举行的一次国际政府间组织会议上提出了对"旅游"的新定义,并在 1993 年获得联合国统计委员会的认可:

"旅游是人们出于休闲、商务或其他目的,在其惯常环境之外旅行并逗留不超过一年的活动。"国家统计局采用了这个定义(国家统计局,2018)。

联合国世界旅游组织认为"旅游是一种社会、文化和经济现象,旅游是人们出于休闲、商务或其他目的离开其通常所处环境,外出旅行并逗留所引发现象的总和"(UNWTO,2010)。这个定义后来被联合国统计委员会、欧盟统计办公室、经济合作组织(OECD)和世界旅游组织联合推出的"旅游卫星账户"采用,并在世界各国推广,希望能够在世界范围内建立一个各国普遍接受的"旅游统计"平台。但"旅游卫星账户"并没有在世界各国得到采用,即使是那些采用"旅游卫星账户"的国家,在其本国的旅游统计中,对"旅游卫星账户"的统计指标似乎也有一定的调整。

综合来看,世界旅游组织对旅游的定义最为宽泛,只要你离开了自己日常活动环境,无论从事了什么活动都可以被看成是旅游(John Beech,2006)。

首先,它不关心出行的目的是什么,无论是经商,上学还是移民,都可以看成是旅游。

其次,它也不关心旅行的距离有多长,无论出行的目的地是否为外地，或在本地，甚至在自己社区不远处活动，都可以是旅游。

再次，它也没有对旅游的时间作出限定，可以在外过夜，也可以当天来回。它唯一的限定是，旅游的出行是否脱离了惯常的活动环境（Usual Environment）。

无论是学院派，还是统计学的技术流，所有这些定义都揭示了"旅游"概念倾向于定义得非常宽泛，才能包含所有形式的现象，但无论如何概括，总可以找到例外。比如，随着分时度假和第二套房屋所有者的增长（在某些情况下，他们在度假旅游地，或者在自己主要居室里度过相当长的时间），可以说旅游者不再是离开了自己的常住地了，因为旅游者到自己第二套房所在地去度假，也不能说是旅游，因为他还是住在自己的房子里。

而根据他们离开家庭外出旅行的距离来定义旅游也没有意义，因为如果他们在自己惯常的活动范围内，也可能从事与旅游者相似的活动，并为本地的旅游业作出经济贡献，事实上，旅游目的地越来越依赖于常住居民在本地的旅游活动来提升旅游业的贡献，因此，这些常住居民可能被认为是在自己惯常活动圈内的"旅游者"。而这些常住居民对于本地区旅游业的贡献，往往超过了外来旅游者的贡献。

## 二、现代旅游产业体系对"旅游"的定义

根据对托马斯·库克经营模式的分析，可以发现托马斯·库克敏感地把握住了工业革命所带来的生产方式变化，即人群的集聚规模带来了市场扩大，服务的标准化可以降低服务成本，批量购买具有价格优势。因此，在现代旅游产业体系的条件下，对于"旅游"的定义应该是从托马斯·库克所开创的"旅游（旅行）服

务经营模式"的基础上来加以界定的。

从"埃斯特"定义到世界旅游组织对旅游的定义，结合托马斯·库克所做的旅游经营实践，可以发现对旅游的定义与三大要素有关：旅游的空间尺度、出行目的与旅途行为。

1. 旅游的空间尺度

旅游者出行所发生的空间位置变化，是定义"旅游"的必要条件。即，旅游者离开了常住地，前往某个目的地，并从事各种活动。随着旅游者的出行行为，旅游空间发生了变化，这个旅游空间有三个尺度需要厘清，一是常住地的概念，二是目的地的含义，三是旅游的出行是否形成了往返。

首先是常住地如何定义？这是一个出行的空间尺度，是离开出行者家庭住址，还是离开出行者所处的社区，或者是离开出行者所处的城市？这三个不同的空间尺度，对于旅游的定义都有不同的意义。

以往学者们的定义，以及官方统计上的定义大多将旅游的常住地定义为出行者所处的城市（通常是行政区域的中心）。但是，随着中国旅游业的快速发展，城市人口的规模以及城市的范围不断扩大，那些人均收入高、地理空间范围大的城市，更多的是依靠本市居民的旅游消费。也就是说，城市居民并没有离开自己常住的城市前往外地，那么出行者是否离开自己所在的城市并不一定构成出行的必要条件。以城市作为一个空间尺度过大，这可能导致当代的大多数旅游行为无法被定性为"旅游"，因为很多旅游是在本城市区域内的出行活动。

第二个空间尺度是出行者所处的社区。随着中国城市化的加速，很多地级市的常住人口都超百万，这在欧美任何国家都属于大都市。通常来说，都市规模越大，工薪阶层通勤时间越长，生活节奏就越快，对应而言，其日常休闲生活的空间可能就局限在自己的社区附近。如果把休闲看成是旅游的一种形态的话，那么在社区及其社区附近区域的休闲活动，也应该属于旅游出行的范围。

第三个空间尺度就是出行者的"家"。"家"就是我们通常理解的居民住宅，虽然随着互联网技术的进步，网购、网游、网络社交被越来越多的居民采纳，人们宅在家中的时间越来越多，但无论如何宅在家中，离开自己的住家外出的机会还是占首位。比如去单位上班，偶尔去逛逛市场，甚至无理由的外出散步，等等。如果把离家外出也看成是旅游，那么又会显得这种定义过分宽泛。因此，"家"作为"常住地"的空间尺度似乎又太小。

可见，"位移"作为"旅游"的必要条件，"居住地（城市）""社区""家"这三个空间尺度都存在不同的问题，很难单纯以空间来定义位移的条件。所以世界旅游组织通常是以"惯常环境"（Usual Environment）来界定常住地，这个"惯常环境"不仅是指出行者所在"空间"，而且包含了出行者的日常活动。如果出行者离家，或者离开自己所处的社区，从事的是非日常活动，那么这就属于"旅游"。如果出行者离开家或离开社区从事的是日常活动，那么就不是"旅游"，因此，这个"惯常环境"，才是定义"常住地"空间尺度的关键要素。

由于旅游行为是围绕"惯常环境"和"日常活动"来定义的，因此，"旅游客源地"与"旅游目的地"在短程旅游出行中很可能是在同一个区域，在这种空间尺度下定义的旅游，对于是否形成往返旅游行程，就没有太大的意义。

因此，旅游定义的绝对条件是旅游者发生了空间的位移，但这个位移空间的尺度却是相对的，这取决于其出行活动是否属于日常工作和生活。如果出行从事的是日常活动，那么不管其出行空间大小，距离远近，都不是旅游，比如飞行员的出行；如果出行活动属于非日常行为，那么哪怕其是在自己社区周边活动，都属于旅游。

2. 出行目的

无论中外，很多学者，甚至一些业界对旅游的定义都把出行目的的"娱乐性"，视为旅游定义的一个重要条件。所谓娱乐性目的是指，出行没有特定的事务需要办理（国内通常把这种办理特定事件的旅行称为"出差"），纯粹以轻松愉快玩乐观光为主。

在中文语境中，"旅"和"游"均有各自的含义，"旅"表示出行，不管什么目的的出行，都是"旅"，凡是离开家门就属于"旅"；"游"则是指"游览"，确切地说，"游"的含义非常狭窄，仅仅就是理解为观赏风景，而且这种观赏风景还不是静态的观赏，而是带有边行边赏的意思。因此，中国人对"旅游"，特别是普通公众对于"旅游"的理解就是外出"观光"，俗称看风景，或称"游山玩水"。

将旅游限定于"观光"的含义，长期主导了国人的认识。改革开放以来，中国的旅游产品是围绕"风景"资源进行设计，基本上就是"名胜风景区 + 旅行接待"的模式。这种模式的重点在于发现风景，评价风景，宣传风景，并对风景造型故事化。通过风景吸引游客，再以旅行接待设施帮助完成旅游过程。

传统的旅游观念，导致了"旅游"限定于"观光"，由此带来的旅游业经营方式，就是以旅行社的观光产品（实际上就是旅游线路设计）为核心，强调景观的核心作用，突出导游的价值。而在旅游收入中，旅游景区的门票收入占有很高的比重。体现在国内旅游学教育上，则是将旅行社管理、导游技能、旅游规划作为核心课程。

　　欧洲国家对旅游出行的目的也有限定，大多数是将出行与"娱乐""休闲"等和工作无关的事务挂钩。这种旅游的定义相比于中文语境仅仅将"旅游"限定于"观光"宽松了不少，它将所有为了寻找快乐的出行都纳入"旅游"的范畴，而"观光"旅游仅仅是"快乐"旅游的一小部分。

　　基于快乐的出行目的成为旅游定义的核心标志，这也主导了旅游学研究的内容。在旅游产品设计方面，侧重于"快乐"的产品开发。这种理念在中外主题公园开发方面体现得最明显。国内的旅游主题公园，比较喜欢做景点，比如早期深圳的"锦绣中华""世界之窗"都是将全国、全世界的著名景观堆砌在一个公园之内，供旅游者拍照留念，这就是典型的将旅游定义为"观光"所导致的旅游开放思路。而迪士尼之类的主题公园，突出的是"快乐"，让旅游者在游园过程中享受到"快乐"，这就是将旅游定义为"快乐"体验的开放理念。后期深圳华侨城的"欢乐谷"，开始引入快乐型设计，这其实就意味着对"旅游"定义理解的变化。

　　然而，"快乐"型的出行，同样难以涵盖旅游的完整意义。人们离开常住地外出旅行，通常可以概括为两大类型，一是基于个人事务的旅行，这个是以寻求"快乐"为主；另一类是为了完成公务活动的旅行，可以被称为"公务"（或商务）旅行，俗称"出差"。

　　在中文语境中，"出差"没有被纳入"旅游"的定义范畴，但"出差"却是人们出行的两大驱动力之一，如果仅仅将"快乐"为目的的出行看成是旅游，那么，旅游学的研究对象就只有原来旅行研究对象的一半。

　　相对而言，"旅游"的"埃斯特"定义，几乎把所有的"旅行"

都看作是"旅游"，仅仅以列举的方式排除了两种出行的行为，一是以"牟利"为目的的旅行，二是以"移民"为目的的旅行。但出于牟利的目的有许多种类，比如说商务旅行也是牟利性质，但"埃斯特"定义显然不排除商务旅行，因此可以理解为出于牟利目的的旅行应该是出于异地就业的行为，其实这也与移民相类似。因此，"埃斯特"定义把任何种类的旅行都看成是"旅游"，只是排除了移民类型的旅行。移民属于单程出行，即旅行者出行之后就不再返回出行起始地。

但是，托马斯·库克开创的旅行社经营模式，是从组织具有一定规模的人群到异地参与社会活动而产生的灵感，这是在工业化条件下，为大规模的人类旅行活动提供服务的业务模式。托马斯·库克的业务活动并不考虑人们出行的目的，凡是有旅行业务，并能产生经济收益的，都属于托马斯·库克的经营范围。

因此，在"旅游"的定义要素中，人们出行的目的并不是一个必要条件。但是，人们出行的目的是旅游产品的分类基础（参见第五章）。

3. 旅途行为

在对旅游的定义中，我们规定了旅游者所离开的常住地空间尺度是"惯常环境"而非通常所理解的自然空间，不管出行目的，只要旅游者在旅途上从事的是"非日常性"活动，就可以定义为"旅游"。

那么什么是"日常性"活动？所谓"日常性"活动是指任何居民在每日或每周等一定时间，在生活或工作方面所从事的周期性活动，这种活动具有较强的日程安排特性。属于居民为了生存不得不从事的活动，这些活动可以分成生活性和工作性两类，生活性日常活动属于开门七件事范畴，是不得不花费时间去做的；

工作性活动，是为了获得保障生存需要必须花费时间做的。这些活动带有很强的周期性、程序性、重复性。

在日常活动之外，就属于非日常活动，如果这些非日常性活动是在外出期间产生的，那么这些外出活动就属于"旅游"的范畴。非日常性的活动也可从两个方面区分，一是生活性非日常活动，二是工作性非日常性活动。前者多是日常休闲娱乐活动，这种活动就是通常所说的"旅游"；后者则是非重复性，或者临时的工作性活动，这种活动现在多被称为"商务旅行"。

但是，当前对旅游的定义存在两个不容易解决的问题。

第一，旅行时间的长短。在统计定义上，必须明确外出多长时间才算旅游，这个有利于旅游现象的统计，比如，世界旅游组织定义了不超过一年的旅行，也有学者定义不超过一个月的旅行。在学术上没法从时间的计量单位来界定是否属于旅游，不能说外出时间少一些的人是旅游，多一些的人就不是旅游。

第二，出行的单向与双向性。旅游也与是单程还是往返无关，比如说某地某个高中生考取大学到上海就学，他（她）到上海的大学办理注册手续，并安顿下来之前，从他（她）的家乡到上海就学之间的这个过程属于旅游。因为此前他（她）的"惯常环境"是他（她）所处的高中阶段的环境，所从事的"日常活动"是高中阶段的学习与生活。当他（她）在上海报到注册之前所离开的是高中的惯常环境，所从事的活动也不再是高中时代的日常活动。而当他（她）在上海报到注册后，他（她）就有了大学新的惯常环境，所从事的日常活动就是大学阶段的学习与生活。如果他（她）再回家乡，就属于探亲旅游。

为此，"埃斯特"定义，以及UNWTO（联合国世界旅游组织）定义的旅游基本上没有限定出行的目的，而仅仅是排除了极少部分的特定出行目的。

围绕"旅途的行为",出行者需要得到各种接待服务,这些服务构成了旅游业。因此,根据上述对"旅游"的定义,可以将"旅游业"定义为"提供旅行体验的活动、服务和行业的集合,包括交通、住宿、饮食场所、零售店和为个人或团体提供的招待服务"(Balakrishnan Ravishankar, 2019)。

综上所述,通过对"空间尺度""出行目的""旅途行为"三大要素的分析,可以对旅游给出一个相对比较合理的定义:旅游是人们离开惯常环境,前往任何目的地,从事了非日常的活动,由此引发的现象总和。

首先,作为自然现象的"旅游",是指在某个时间点,人的空间位移。位移的"空间尺度"以旅游者所处的"惯常环境"为划分标准,空间尺度也决定了旅游"客源地"与旅游"目的地"的关系与划分。旅游客源地决定了旅游市场,而旅游目的地的旅游资源决定了旅游吸引力的大小。

其次,作为经济现象的"旅游",是由人们在旅游过程中的行为所决定的。人们在旅游过程中因为各种需要产生了消费。这些消费,通常被概括为与旅游直接相关的所谓旅游六大要素,即"吃""住""行""游""娱""购",分别是指花费在餐饮、住宿、交通、游览、娱乐和购物方面的支出,此外,人们在旅途上的消费还可能有各种日常消费品的支出,也就是说,只要消费者是在旅行过程中所发生的消费,都属于旅游消费。

旅游者的旅途消费行为决定了旅游业的规模与边界,而这方面的争议也最大。比如,哪些交通消费属于"旅游交通",哪些属于"普通交通";旅游购物的内涵与边界也有很多争议,因为,常住居民的日常消费和旅游者的日常消费本质上没有区别，只是消费的主体不同，常住居民通常是旅游目的地的本地居民，而旅游者是外来居民，外来居民在旅游目的地的消费属于增量消费。

第三，作为文化现象的"旅游"，是指旅游者的旅游过程中所形成的文化现象。旅游文化与文化旅游不同，前者是文化现象，后者是旅游产品。很多时候，我们对旅游过于强调它的产业性质和产业地位，而忽略了旅游也是一种文化现象或一种文化行为，旅游文化突出的是其文化与社会价值。当前，国内外许多科普性质或自然遗产性质的旅游场馆或旅游目的地，大多是政府出资建设或维护，而不交由市场经营，其关键就在于旅游的文化价值或社会价值如何。

既然出行的空间界定与人们出行的日常活动有关，那么就与是不是行程往返的闭环活动没有关系，旅游者的出行是单向的同样可以视为旅游的一种形式。

旅游是一种与日常生活相对应的活动，旅游者的行为通常属于"日常活动—非日常活动""工作—休闲"和"回家—外出"这样的二元选择（Urry，1990）。因此，休闲旅游的重点是在假期外出的一周或两周的游客。然而，将旅游视为具有特定开始或结束的活动是有问题的，因为它会产生一种限制性的视角。

**思考题：**

1. 描述改革开放以来中国境内与跨境旅游的发展特点。
2. 分析城市化快速增长与中国旅游业发展的关系。
3. 论述航空运输在旅游业全球化中的重要性。
4. 包价旅游越来越灵活，其对长途旅行的促进作用。
5. 分析旅游的专业性服务对旅游市场的影响。

6. 分析信息技术不断发展与旅游业相关的"信息爆炸"。

7. 分析旅游业在经济发展中的地位。

## 参考文献：

［1］Allen J. Scott, 2017, The Constitution of the City, Palgrave Macmillan, 1.

［2］Balakrishnan Ravishankar, Prabu B. Christopher, 2019, Exploring the Business Model with Special Reference to B2B in the Tourism Sector, International Journal of Research in Engineering, Science and Management, 2(12): 334–341.

［3］Burkart, A. J., Medlik, S. 1974. Tourism: Past, Present and Future. London: Heinemann.

［4］Clare A. Gunn, 2002, Tourism Planning: Basics, Concepts, Cases. Publisher: Routledge, 8.

［5］David Weaver, Laura Lawton, 2014, Tourism Management, John Wiley & Sons, 58, 5.

［6］Jack Simmons, 1973, Thomas Cook of Leicester, Leicestershire Archaeological and Historical Society, 49(4): 18–32.

［7］J. Christopher Holloway, Claire Humphreys, Rob Davidson, 2009, The Business of Tourism, Pearson Education Limited, 34, 10, 6.

［8］John Beech, Simon Chadwick, 2006, The Business of Tourism Management, Pearson Education Limited, 23.

［9］Lee T. Wyatt III, 2009, The Industrial Revolution, Greenwood Press, 29–54.

［10］Leiper, Neil, 1979, The Framework of Tourism: Towards a Definition of Tourism, Tourist, and the Tourist Industry, Annals of Tourism Research, I(4): 390–407.

［11］Leonard J. Lickorish, Carson L. Jenkins, 1997, An Introduction to Tourism, Reed Educational and Professional Publishing Ltd, 18. 34.

［12］Richard Sharpley, 2006, Travel and Tourism, SAGE Publications, 15.

［13］UNSD, EUROSTAT, OECD, UNWTO, 2008, Tourism Satellite Account: Recommended Methodological Framework, Statistical Commission Thirty-ninth session 26–29 February, Item 3(f) of the provisional agenda.

［14］UNWTO, International Recommendations for Tourism Statistics, 2008, New York, 2010.

〔15〕埃里克·霍布斯鲍姆（Eric Hobsbawm），梅俊杰译，2016，工业与帝国：英国的现代化历程，中央编译出版社，69。

〔16〕国家统计局，国家旅游及相关产业统计分类（2018），http://www.gov.cn/zhengce/zhengceku/2018-12/31/content_5427567.htm。

〔17〕刘易斯·芒福德著，陈允明、王克仁、李华山译，2009，技术与文明，中国建筑工业出版社，38—39。

〔18〕（清）沈复著，亦甫注释，1998，浮生六记，九州图书出版社，70。

〔19〕铁爱花，2019，随亲宦游：一种宋代女性行旅活动的制度与实践考察，社会科学战线，6：138—146。

〔20〕（元）脱脱，1977，宋史·列传第七十三·范仲淹，中华书局，10267—10276。

〔21〕（元）汪大渊原著，苏继庼校释，1981，岛夷志略校释，中华书局，385。

〔22〕（明）徐弘祖著，唐云校注，1995，徐霞客游记，上，成都出版社，1—3。

〔23〕张舜徽著，2005，清代扬州学记·顾亭林学记，华中师范大学出版社，228—251。

〔24〕张謇著，文明国编，2014，张謇自述，安徽文艺出版社，240—248。

〔25〕庄解忧，1984，英国工业革命时期城市的发展，厦门大学学报·哲学社会科学版，3。

# 第三章　旅游者

**本章学习要点：**

1. 谁是旅游者。

2. 旅游者分类：个人事务旅游者与公务（商务）旅游者。

3. 个人事务旅游者：可自由支配时间与可自由支配收入；工作与休息的选择是要钱还是要闲的选择；出行的目的在于出行预期得到的快乐指数；出行的决策过程。

4. 公务（商务）旅游者：为完成公务或商务工作的出行，通常是在工作时间，由雇主承担费用的出行者。

## 第一节　旅游者概说

### 一、旅游者定义

前文论述过，定义有两大定义方式，一种是描述性定义，也就是学术性定义，另一种是技术性定义，也就是统计学定义。技术性定义在学术性定义研究的基础上直接面对旅游的社会现象，对旅游者"是"和"否"进行明确选择，一一列举。技术性定义基于统计需要，必须有明确的边界，不能有模糊的地带。

长期以来，在中文语境的理解中，大多数人会把旅游简化为"游山玩水""观光""参观访问"。所以对于旅游者的理解也大多认为是那些外出观光游览的人。

但是最早从事旅游服务业务的托马斯·库克，并不是从人们休闲、娱乐性的出行中发现"旅行服务"的商机，从而创立了旅游经营模式，而是在组织家庭妇女参与禁酒大会的过程中，创立了今天依然流行的"旅游服务经营模式"。可见，旅游（或旅行）经营业务，最初并非是针对进行休闲、娱乐、观光等行为的旅游者，而是从事公务等业务活动的旅行者。

因此，根据上一章对"旅游"的定义，任何人只要离开了惯常活动环境，从事了非日常活动，就是旅游者。简单地说，"旅游者"就是从事"旅游"活动的人，是实施旅游行为的主体。

根据 John Beech 和 Simon Chadwick（2006）所引用的世界旅游组织（UNWTO）关于旅游者的定义："所谓旅游者，是出于休闲、商务或其他目的前往和逗留在其惯常环境之外的地方进行活动，且外出时间没有连续超过一年的人员。实际上，UNWTO的定义不包含对旅行目的的限制，这给我们提供了非常宽泛的定义。"

John Beech 和 Simon Chadwick 认为，学界较少地采用 UNWTO的这个"旅游者"定义，表明学界将"旅游者"内涵限定于度假、娱乐的研究范畴，直接缩小了研究者对于旅游业的研究范畴。

无论是对"旅游"的定义还是对"旅游者"的定义都是在现代旅游业发展的条件下，具体地说是根据托马斯·库克所创立的旅游经营模式而定义的。因此，判断一个人的出行行为是否属于旅游，重点不是考察其出行目的，而是考察其出行的行为特征。

也就是区分旅游者出行是否离开了惯常环境，以及是否从事了非日常活动。

对旅游者的界定，跟对旅游的界定一样。

但对旅游者来说有两个空间概念更重要，一是客源地，或者说旅游出发地；二是旅游目的地，就是旅游者前往旅游的地方。一般来说，客源地研究的是旅游市场，旅游目的地关注的是旅游资源开发。

比如说，一个上海市的旅游者前往北京市旅游，那么上海市被称为客源地，北京市被称为旅游目的地。对上海市来说，是分析旅游市场的规模、旅游消费习惯、居民出游率等。对北京市来说，是讨论北京市的旅游资源如何能够更多地吸引外地旅游者前来旅游。

但是，根据国家统计局的相关数据，接待旅游者最多的城市，往往就是经济发达，人口数量多，人均收入高的城市。这表明，当地居民成为当地旅游市场主体，旅游者更多的是在常住地周边旅游。因此，现代旅游业的发展下，往往旅游客源地与旅游目的地是一体的，旅游客源地也是旅游目的地，并以满足本地常住居民的旅游需求为主。

在中文语境中，"旅游者"比较强调出行的目的是"风光游览"，具有较强的风景观光的意义，所表达的含义较为狭窄；"旅行者"则不考虑出行者的出行目的，凡是外出活动了，都可以称为旅行者，旅行者出行的距离较长，至少离开其常住地。一般来说，旅行者包括了旅游者，旅游者不包括旅行者。但本书是基于托马斯·库克"旅行服务经营模式"中对于旅游的定义，而"旅行者"同样适用于本书的研究对象，因此为了简化分析，本书不区分"旅游者"和"旅行者"，统一称为"旅游者"。

## 二、旅游者的类别

国内外对于旅游者类别的划分，一般是根据出行的时间长短、出行的空间距离、出行的目的三大因素来进行。

1. 按照"时间—空间"尺度区分旅游者类型

以"时间—空间"为尺度划分旅游者类型。时间往往与空间相联系，距离常住地越远，旅游所需花费的时间就越长。但是空间距离由"旅游者常住地"和"旅游目的地"的相互关系决定，同时也与旅游者的惯常环境有关。因此，旅游者的"时间—空间"维度也有三个，一是旅游者在常住地与惯常环境范围内的旅游时间；二是旅游者离开惯常环境之外，在旅游目的地逗留和游玩的时间，这是一般理解的旅游时间；三是旅游者从常住地到旅游目的地往返的通勤时间。

如果是技术定义的话，旅游者离开常住地的最短时间、最长时间、在目的地逗留的时间，会根据各地统计口径的需要给出明确的时间界限。有的地方对于当日往返，没有在外过夜的旅游者，不计入"旅游者"范畴，而是限定旅游者的旅游时间为离开常住地至少24小时，但最多不超过一年（也有不超过一个月的）。这种对旅游者的定义，将单日往返以及在城市周边的旅游形式排除在外，而当前更多的旅游是在城市近郊的单日旅游。伴随着城市规模越来越大，旅游者在城市周边地区的旅游也越来越普遍，这给旅游者的统计带来了较大的难度，如果不考虑当日往返的旅游，那么旅游者的经济贡献很难体现。

"在某些情况下，某些国家可能会或可能不会选择将旅客（例如游轮旅客，在特定登乘／离境点过境的旅客以及在目的地停留少于24小时的短途旅行旅客）作为旅游者包括在内。"

（Stephen J. Page，2019）

因此，单纯以"时间的长短"衡量，主要适用于统计定义，便于区分旅游者的出行时间构成。但作为学术研究，从时间长短方面划分旅游者类型，难以研究旅游发展规律。而研究旅游发展规律才是旅游学研究的主要目的。

依据空间尺度区分的旅游者，主要可以区分境内旅游者和跨境旅游者。在我国，国际跨境旅游者又可以区分为出境旅游者和入境旅游者，出境旅游者是境内公民出境旅游，入境旅游者是境外居民来境内旅游。

境内旅游者一般是根据旅途长短，区分为短程、中程和远程旅游者。

短程旅游者一般旅行距离在 100 公里以内，从时间上来说，就是一日游旅游者；中程旅游者的旅行距离一般在 100 公里以上 800 公里以内，比较适合于周末的两日旅游者；远程旅游者的旅行距离多在 800 公里以上，旅游时间一般在 3 日以上。

2. 根据出行目的划分旅游者类型

"世界旅游组织（UNWTO）和经济合作与发展组织（OECD）旅游委员会根据旅游者的出行目的，将国际旅游者划分为两类：一是娱乐，消遣或度假型旅游者；二是差旅、商业，探亲访友，健康状况或宗教信仰等旅游者。"（Clement A. Tisdell，2013）世界旅游组织将旅游者分成两大类：一是个人事务旅游者；二是公务旅行者。

国家文化和旅游部编制的 2018 年统计年鉴，将旅游者的出行目的划分为观光、休闲度假、商务出差、探亲访友、文娱体育、健康疗养等（见表 3-1）。

表 3-1　城镇居民出游目的的构成（%）

|  | 观光游览 | 度假休闲 | 商务出差 | 探亲访友 | 文娱体育 | 健康疗养 | 其他 |
|---|---|---|---|---|---|---|---|
| 全国 | 29.4 | 24.8 | 11.9 | 29.8 | 2.1 | 1.1 | 0.9 |

资料来源：中华人民共和国文化和旅游部，《2018年中国旅游统计年鉴》，中国旅游出版社2018年版，第52页。

根据国家文旅部旅游者出行目的的调查结果，可以将所有的出行目的整合为两大类：一是个人事务旅游，二是公务旅行。这与世界旅游组织对于旅游者的划分相似。

"个人事务旅游者"是指利用个人可自由支配时间，以追求快乐为出行目的的旅游者，表3-1中的"观光旅游""度假休闲旅游"和"文娱体育活动"都属于这种类型，另外，"探亲访友"是中国特殊的文化现象，中国的春节团聚往往是世界上最大规模的旅行活动，而探亲访友，也是基于人伦和快乐的需要；其他追求快乐型的旅游，还包括运动与健康、宗教朝圣，等等。

因此，凡是追求愉悦体验，在个人闲暇时间出行，并自行承担旅行费用的旅游者都可以归入个人事务旅游者。

"公务旅游者"是指出行目的是从事公务或商务等活动，利用工作时间出行，差旅费用也是公务报销的旅行者。

对与旅游者出行两大目的相关的出行时间的属性进行划分，就不是根据旅游者出行时间的长短，而是根据时间是私人属性还是公务属性。"个人事务旅游者"强调出行的时间是利用个人闲暇时间，旅游费用个人承担，出行的目的是基于个人对快乐与愉悦的追求；而"公务旅行者"突出利用工作时间出行，并由旅行者所属组织承担旅行费用，对于个体工商业者，其出行虽然是自费，但这属于业务需要的支出，因而也可以划归公务旅行者的范畴。

## 第二节　个人事务旅游者

### 一、个人事务旅游者出行的预算与时间约束

个人事务旅游者，是利用闲暇时间，并且自费出行。因此他们必须具有可自由支配的时间，以及可自由支配的收入，才有条件也就是具有时间能力和经济能力，即有钱有闲。闲暇时间与经济能力同时具备，个人事务的旅游行为才能发生。

所谓可自由支配的时间，或者称为闲暇时间，通常是指居民在扣除为了保障个人或家庭生存所必须花费的时间之外，个人可从事任意活动的时间。

所谓可自由支配收入，是指居民的总收入中扣除纳税、缴纳社会保障费用，以及为保障个人或家庭生存所必须花费的开支之外，所剩下的可用于任何用途的剩余收入。

1. 可自由支配时间

闲暇时间可分为日常的闲暇时间和每年的闲暇时间。按照一般人的时间分布来看，在工作日，除去睡眠、工作、个人卫生、通勤、家务等时间消耗，个人的日常闲暇时间大致在2—3小时。中国的城市规模越来越大，上班族日常通勤时间越来越长，因此日常的闲暇时间对于旅游的意义不大，大多数上班族都会在下班后，安排看看电视、玩玩游戏、家庭闲聊等。

通常用于外出旅游的闲暇时间是每年的闲暇时间。这些闲暇时间包括周末双休日、国家规定的公共假日、公民带薪休假时间，以及某些特定群体的假日。

公共假日是全民享有的法定休息时间，而带薪休假则是根据

一定的工作年限依法享有，但当前除了国家公职人员之外，其他行业对于带薪休假制度的执行有较大的差异，因此对于绝大多数国民来说，主要的闲暇时间就是公共假日。国家法定公共假日，主要包括：

一月：元旦 1 天；

二月：春节 3 天，有时候春节是在一月份；

三月：没有全民假日；

四月：清明节 1 天；

五月：劳动节 1 天；

六月：端午节 1 天；

七月：没有全民假日；

八月：没有全民假日；

九月：中秋节 1 天，有时候中秋节在十月，则九月也没有全民假日；

十月：国庆节 3 天；

十一月：没有全民假日；

十二月：没有全民假日。

全年合计公共假日 11 天。其中上半年的春节和下半年的国庆节与调换的周末组合在一起，可以组成 7 天长假。

另外特定人群拥有的假日：三月八日妇女节（妇女放半天假），儿童节一天，五四青年节半天，产假（法律规定），婚假（法律规定）。有工作的居民都享有带薪休假，即根据国家相关法律规定，每位工作人员依法享有的带薪休息时间。按照我国 2008 年 1 月 1 日起执行的《职工带薪年休假条例》，其中规定职工累计工作已满 1 年不满 10 年的，年休假 5 天。当然，带薪休假的时间是在一年中，需要根据与工作单位协商，自由安排日程。

当然，对于全民来说，最重要的闲暇时间还是周末，一年有52周，也就是52个周末，共计104个闲暇日。

因此，对于全民来说合计闲暇时间是100余天。一般来说，5—7天时间的长假有利于长途旅行，而周末分散于全年，有利于城市周边的休闲度假和娱乐旅游。如果国家规定的职工带薪休假至少每年5天的时间能够得到落实，那么境内的度假旅游则会兴起，而度假旅游的消费一般都大大高于观光旅游的消费。

2. 可自由支配的收入

改革开放40多年来，中国经济快速发展，中国已经成为世界第二大经济体。经济的发展推动了国民收入水平的迅速提高，改革开放以来，特别是中国加入世贸组织之后，国民收入得到了快速提升，居民的可自由支配收入也得到了快速提升，这是旅游业发展的基本前提。

衡量居民实际收入水平，国际上通行使用恩格尔系数（Engel's Coefficient）来表示，所谓恩格尔系数是指居民家庭中食品支出在家庭消费总支出中的比重。

即：恩格尔系数 = 食品支出金额 ÷ 总支出金额 × 100%。

食品对任何一个家庭而言都是保障生存的基本需要，如果一个家庭在食品方面的支出占了家庭消费的较大比重，那就意味着这个家庭能够用于其他方面的开销要减少。旅游不属于生活必需品，居民只会在满足所有必要开支之后，才会考虑能够用于旅游花费的部分。另外，食品属于弹性较小的商品，这就是说，食品的价格变动，对于食品的消费量影响不大。如果一个人日常饮食是定量的，他一般不会因为食品降价多吃一碗饭，也不会因为食品涨价而少吃一碗饭。除食品支出外，衣着、住房、日用必需品等方面的支出也是弹性较小的商品，这些商品有个共同点，在家庭基本需求能够获得保障后，不管家庭收入如何增长，这些必需品也不会随之增长，其在家庭总支出中所占的比重也会持续下降。

对一个国家或地区而言，那里越贫困，其居民的平均支出中用来购买食品的费用所占比例就越高。如果国家或地区的恩格尔系数过高，就表示该国或地区旅游市场潜力不大。

国际上对于贫困、小康、富裕等生活水平的衡量，大多是根据恩格尔系数来划分。一般来说，恩格尔系数达 59% 以上就是贫困，在 45%—59% 之间属于温饱，在 30%—45% 为小康，低于 30% 为富裕。

根据国家统计局 2020 年发布的统计公报显示：2019 年全年全国居民人均可支配收入 30733 元，比上年增长 8.9%，扣除价格因素，实际增长 5.8%。全国居民人均可支配收入中位数 26523 元，增长 9.0%。按常住地分，城镇居民人均可支配收入 42359 元，比上年增长 7.9%，扣除价格因素，实际增长 5.0%。

全年全国居民人均消费支出 21559 元，比上年增长 8.6%，扣除价格因素，实际增长 5.5%。其中，人均服务性消费支出 9886 元，比上年增长 12.6%，占居民人均消费支出的比重为 45.9%。

全国居民恩格尔系数为 28.2%，比上年下降 0.2 个百分点，其中城镇为 27.6%，农村为 30.0%，这意味着中国已经实现全面小康。因此，旅游不再是居民的奢侈品，而成为大众的日常生活需求。

3. "工作—休闲"的选择

可自由支配收入和可自由支配时间，可以表述为"工作—休闲"的关系。工作时间更多，意味着居民可以获取更多的可自由支配收入，而休闲时间多，就意味着牺牲工作时间，从而减少收入，以获得更多的可自由支配时间。

每个人的时间总量都是相等的，除了不同的个体，寿命可能不同以外，每个人所拥有的"每天的时间"和"每年的时间"都是固定的。那就是每人每天都只有 24 小时，每年只有 365 天。因此，可借用预算约束曲线来进行分析"工作—休闲"的关系。所谓预算约束曲线，是指消费者可以支付得起的消费组合，凡是有限资源的配置，都可以借用预算约束曲线进行分析。

我们将旅游者的时间划分成两大部分，即闲暇时间（即休闲时间）和工作（或学习）时间，在扣除个人生理卫生时间等必须花费的时间之后，人们在休闲的时候，必然要放弃工作；反过来说，工作是以放弃休闲为代价。根据预算约束曲线，可以画出"休闲—工作"曲线图：

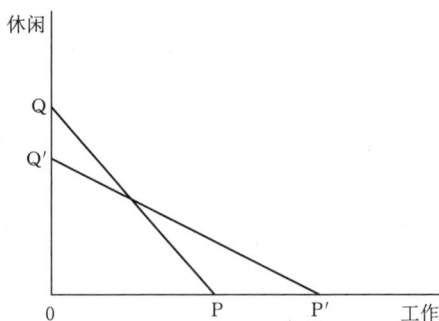

不考虑时间的其他用途，假定人们所有时间要么是工作（或学习），要么是休闲。横坐标是工作，纵坐标是休闲。所有人，不论贫富贤愚，所拥有的时间是一致的。

如果一个人的初始"工作—休闲"时间是 P-Q，当工作时间从 P 增加到 P′，休闲时间就从 Q 减少到 Q′；反之，如果"工作—休闲"的初始时间是 Q′-P′，当休闲时间从 Q′ 增加到 Q 时，则意味着工作时间从 P′ 减少到 P。

极端状况是，横坐标为零，表示所有时间均用于休闲；反之，纵坐标为零，表示所有时间都在工作。

这里我们可以看到按照预算约束曲线，当收入增加，就意味着工作时间必须增加，闲暇时间（或者说可自由支配时间）相应减少。工作时间和闲暇时间两者是替代关系。

中国人的勤劳是举世闻名的，每个人从孩童时代开始，就花费几乎所有时间用于学习（可以看成是工作）。而参加工作以后，又会花费尽可能多的时间用于工作，以获得尽可能多的收入。虽然中国居民的收入伴随着经济的快速发展得到了普遍的提高，但由此也带来另一个问题就是居民能够用于旅游的闲暇时间不足。而从小就开始尽可能地压低休闲娱乐时间，花费更多的时间学习，这可以看成从小就注重提升工作的含金量，也是提高收入的一种必要时间投入。

然而，当收入达到一定程度的时候，人们可能会选择花费更多的时间休闲，从而减少工作时间，这也是经济学所说的收入效应。如果是初入职场，收入水平的起点就很低，那么人们可能就要牺牲休闲时间，延长工作时间，以提高收入。

花费多少时间工作，或者休闲，这取决于人们对于财富追求的满足程度。不完全与可自由支配收入的多少有关。通常而言，当恩格尔系数降低到小康的水平，中等收入阶层占社会的多数时，人们更多地倾向于按照正常的"工作—休闲"时间关系分配自己的工作时间与休闲时间。当人们处于温饱阶层，会找寻各种机会寻找额外的工作机会，以提高自己的收入水平，从而尽可能压缩自己的休闲时间；如果人们较为富裕，那么他们会更多地倾向于压缩工作时间，增加休闲时间。

Aaron J. Douglas 和 Richard L. Johnson（2004）认为，如果

人们的休闲快乐指数高于市场上购物的指数，那么人们会更倾向于增加休闲时间；反之，人们则倾向于增加工作时间。前者以白领为主，后者更多的是蓝领：

$$U = ( L_1^{\alpha_1} ) ( L_2^{\alpha_2} ) x^{\beta}; \alpha_1 > 0; i = 1, 2; \beta > 0。$$

U 是消费者效用，L 是花费在不同休闲活动上的时间，x 是市场上购物的数量 $\alpha_1 + \alpha_2 + \cdots \alpha_n > \beta$，人们更倾向于休闲，反之倾向于工作。

对于绝大多数居民或者家庭来说，想要获得更多的可自由支配的收入就必须付出更多的工作或学习时间，那么他们的闲暇时间就十分有限。也就是说，要想获得更多的可自由支配收入，那么必然要减少可自由支配时间。这就是人们所面对的选择，是选择"诗和远方"还是选择回到现实去多赚钱。如果多赚钱就必然减少休闲时间，反之，如果不想活得太累，就选择"诗和远方"。有钱和有闲就是选择工作还是休闲，这也表明成为旅游者的这两个必要条件是相互冲突的，工作忙碌意味着可自由支配收入较高，但是休闲多就意味着可自由支配收入不够。

相比于日常的消费，旅游消费对于拉动经济增长成效更大。但如果没有闲暇时间，即使收入再高，也无法推动旅游消费的增长。而且中国特殊的公共假日政策，又导致公共假日期间高速公路变成停车场，以及全国各个旅游区都人满为患，于是在公共假日，即使有巨大消费需求，却不一定能够产生很好的经济效益。而在平常工作日，旅游者寥寥无几，大量的旅游接待设施闲置，又会出现投资浪费。

如何在工作时间与闲暇时间之间找寻平衡，不仅仅对于居民个体，对于国家而言也是非常重要的课题。

引入机会成本进行分析，如果我们要选择更多的闲暇时间，那么就必须放弃更多的收入，因为要休闲就要放弃工作；而如果想要更多的收入就必须牺牲闲暇时间。但是收入增长到一定的程度，就会希望得到更多的闲暇时间，反之也是一样，如果天天都在休闲，当然会希望做些工作，避免无所事事；这又要引入边际闲暇时间递增导致快乐感降低，从而会想念工作。因此，恩格尔系数低于30%，对于闲暇时间和经济收入的选择来说有两种意义：

首先，意味着中国居民总体上的旅游消费能力较强，收入水平不再是限制居民外出旅游的主要制约因素，闲暇时间的不足才是。

其次，意味着中国居民会更多地关注闲暇时间。也就是说，在更多的闲暇时间和更多的经济收入方面，中国居民会有越来越多的人宁愿牺牲收入而争取更多的闲暇时间。

是选择工作还是选择休闲（旅游），对于任何一个潜在旅游者而言，一般是从两者的边际替代率来考虑。"休闲—工作"边际替代率，是指旅游者为了获得额外一个单位的旅游或休闲的快乐体验，而愿意放弃赚钱工作的最大数量。

### 二、个人事务旅游者出行偏好

当旅游者拥有闲暇时间，也不欠缺消费能力的时候，旅游者能否出行就取决于其个人的出行偏好。而出行偏好是从消费者行为特征方面进行分析，消费者行为是关于人们为何购买，以及他们如何作出购买决策的研究；Solomon（1996）认为"消费者行为是个人或群体选择、购买、使用或处置产品、服务、思想或经验以满足其需求时所涉及的过程"；被 Engel，Blackwell 和 Miniard（2001）定义为"那些直接参与获取、消费和处置产品和服务的活动，包括在这些行动之前和之后的决策过程"（John

Swarbrooke, 2007）。

旅游者的出行偏好包括两个方面，第一，是否出行；第二，到哪里去。

这两者体现的是旅游者个人偏好与旅游产品（或旅游资源）所提供的旅游效用的平衡。

1. 旅游出行的目的：对快乐效用的追求

对于个人事务旅游者，我们一般假定，旅游者出行的目的是基于对于快乐的追求，也就是对快乐效用的追求。旅游者的偏好取决于出行能够提供的快乐效用高低，快乐效用越高，意味着旅游者的出行偏好度越高。

"快乐效用"的概念由英国学者边沁提出。他将人的驱动力分为两端，一端是快乐，一端是痛苦，他认为，快乐是人的偏好与追求，而痛苦是人人希望能够逃避的体验（见图3-1）。边沁认为，人们一切行为的准则取决于是增进快乐抑或减少痛苦的倾向。J.S.密尔也认为，"快乐"是人类一切行为的准则和标准，并且是人生的目的，所以对快乐的追求就成为判断人的一切行为的标准。

图 3-1　快乐效用

个人可能是对自己利益的最佳判断者，但他们不一定总是明智地判断。这意味着他们在对兴趣的感知与"真实"的兴趣之间产生了脱节。也意味着评估快乐效用构成要素（痛苦和愉悦）的价值对旅游业者而言是一项棘手的工作；其必须准确观察、调查人们的行为方式，推论其行为背后的动机，并将这些指数纳入市场分析之中。

边沁设计的快乐效用计量函数（felicific calculus）描述了

痛苦或愉悦的价值要素或维度。这些维度主要包括："快乐的强度""快乐的持续时间""快乐的确定性或不确定性"以及"快乐的差序分布"。负快乐感，意味着企业要赔钱。这些维度跟生活习惯、价值观有一定关系。

J. S. 密尔引入了"更高的乐趣"的概念，这是引入了"快乐程度"的"比较级含义"，反映了不同旅游产品的偏好选择，能够体现旅游者出行动机产生的优先次序。

综合而言，可以假定"个人事务性质的旅游者"出行动机是追求"快乐效用"。这个快乐效用，根据经济学的效用概念，可以理解为旅游者在旅游过程中，及旅游行为实现后，对出行体验的愉快追求所获得满足的一个度量。这包括三个指标，一是"快乐总效用"；二是"边际快乐效用"；三是"快乐效用的比较值（效用的序数）"。

快乐总效用是指旅游者在一次旅游活动中所获得的愉快体验总和，快乐总效用也可能是负值，如果是负值则意味着这次旅游的体验是不愉快的。比如旅游者到海滨度假旅游，那么在这次海滨旅游过程中所获得的所有体验经历，以及所获得的所有服务、旅途经历等等快乐感总和，就可以视为这次旅游的快乐总效用：

$$TU = U_1 + U_2 + U_3 + \cdots + U_n$$

其中，TU 是旅游快乐总效用，$U_1$，$U_2$，$U_3$……$U_n$ 代表这次旅游过程中的各种要素的快乐效用，这可能是景观观赏、体育健身、娱乐、酒店住宿、餐饮、交通、导游，等等各种快乐的总和。

快乐边际效用是指旅游者在一定时间内每增加或减少一次旅游活动所引起的旅游快乐总效用的变化值。通常来说，每位旅游者都希望自己旅游经历丰富，即一定时期内尽可能多地出门旅游，但随着旅游经历越来越多，外出旅游的快乐感会不断下降，这就是旅游快乐边际效用递减。

其公式为：

$$MU = \Delta TU/\Delta Q$$

这里的 MU 是旅游快乐边际效用，$\Delta TU$ 是每次旅游快乐的增加度，$\Delta Q$ 是旅游消费的增加量。

总效用与边际效用的关系是：当边际效用为正数时，总效用是增加的；当边际效用为零时，总效用达到最大；当边际效用为负数时，总效用减少。

效用最大化原理：快乐效用是一个情感度量工具，在风险和不确定条件下，个人的决策行为准则是为了获得最大期望效用值。也就是旅游者出行过程中，在一定花费的前提下，会追求满足最大化。

根据某种旅游行为与另一种旅游行为的愉悦程度，来衡量旅游者对旅游产品的偏好。如果一定规模的旅游者共同对某种旅游有一定程度的偏好，则必须将另外一种情况纳入快乐效用函数，即"快乐程度"。

边沁的快乐效用，可以根据旅游经历的丰富程度来评估快乐的程度。我们可能会合理地假设，在两个旅游经历相差较大的人中，其中旅游经历更丰富的人会更快乐，但并不能因此而得出结论，即增加该人的旅游经历会继续使他以同样的比例更加快乐。

从本质上说，快乐的增加量会随着旅游经历的丰富程度而降低。现代经济学家将此分析称为"边际效用递减法则"。在旅游经历丰富程度不同的人中，经历更少的旅游者，从旅游经历中将会获得更多的快乐。如果一个人已经达到饱和点，则相等的快乐增量不一定会增加快乐的效用。此时，不同类型的旅游经历，也就是说不同的旅游产品类型，比如从观光旅游改为度假旅游，或者说温泉度假与海滨度假等新的旅游类型会改变旅游者的快乐感，从而不适用"边际效用递减"的法则。

2. 旅游者偏好理论

个人事务旅游者的出行偏好是以追求快乐感为根本目的，不同的旅游产品能够产生不同的快乐感。旅游者选择不同的旅游产品，与其日常生活和工作方式有关，城市生活带有浓厚的机械式、程序化、周期性的特点，缺少变化，因此外出旅游是基于旅游者避免日常千篇一律生活方式的一种内在需要。而选择何种旅游目的地则与旅游目的地的市场营销及其所提供的旅游效用有很重要的关系。

在讨论旅游者的出行决策之前，必须先预设消费者的行为假设，即旅游者选择一定的旅游产品组合以快乐感最大化为其满足，当然，有时候旅游者并不总是理性地购买旅游产品。比如他们可能凭一时冲动，有时候是从众，甚至情绪化，旅游者在日常生活中，可能会面临各种纷繁的旅游产品及其价格信息，让他们每次都做到理性选择不太现实。

根据微观经济学的消费者行为理论，对于偏好关系的基本假定如下（平狄克等，2013；曼昆，2015）：

（1）完备性（completeness）：偏好是完备的，换言之，旅游者可以对所有的旅游产品组合进行比较和排序。所以，对于任何两个旅游产品组合 A 和 B，消费者要么偏好其中的 A，要么偏好其中的 B，要么觉得两者无差异。这里无差异是指消费者从两个旅游产品组合中得到的满足程度相同。同时，假定偏好是忽略成本的。

（2）转换性（transitivity）：偏好是可以转换的。转换性意味着如果消费者在旅游产品组合 A 和 B 中更偏好 A，在 B 和 C 中更偏好 B，那么消费者在 A 和 C 中就更偏好 A。转换性是旅游者对旅游产品组合偏好保持一致性的必要条件。

（3）越多越好（more is better than less）：假如旅游者对旅游产品感到满意。那么旅游者总是偏好任何一种旅游产品的经历会更丰富，对旅游景点、旅游享受的档次更高一些，而不是相反做减法。另外，旅游者是永不满足的，多总是好的，哪怕只多一点也好。当然，有些负面的旅游体验，比如旅游区过于拥挤、餐饮质量低劣、空气污染，等等总是令人不快的，旅游者当然是希望这种负面体验越少越好。旅游者在作出旅游选择的时候，不会选择购买这些负面的产品。

根据微观经济学的消费者（旅游者）理论，旅游者对旅游产品的选择受到其预算约束的影响。

旅游者预算约束：旅游者对于旅游产品的选择，一般都会考虑自己的收入水平，跟自身的旅游消费能力挂钩，这就是旅游者预算约束。预算约束线的斜率等于两种旅游产品的相对价格———一种旅游产品与另一种旅游产品的价格之比。假定浙江嵊泗三日度假旅游的价格是两千元，安徽黄山三日观光旅游的报价是八百元，那么一次嵊泗度假旅游的机会成本是黄山观光的 2.5 倍，预算约束线的斜率为 2.5，这体现了旅游者对不同形式的旅游产品的取舍关系。

旅游者选择的机会成本：从另一个方面来说，旅游者预算约束也可以看成旅游者对于机会成本的取舍关系，在一组旅游产品的选择中，比如上海的旅游者打算在一定时间内出行，有浙江舟山海滨度假、安徽黄山观光、上海迪斯尼等活动。旅游者选择其中一种活动，必然放弃另外所有的旅游活动，这些被放弃的旅游选择就是他实际选择出行的机会成本。

考虑到消费者的有限收入（也可能是有限的时间），限制了他们所能选择的旅游产品形式，在这样的情形下旅游者如何做，就必须要把旅游者偏好和预算约束结合起来找答案。

旅游者选择：给定旅游偏好和收入、时间约束，旅游者选择购买能够使其愉悦感最大化的旅游经历。这些旅游经历取决于获得这些经历的难度、价格、时间、独特性等。

3. 旅游者购买动机理论

如果人们拥有了闲暇时间和充足的经济能力，那么是否就会出去旅游？去哪里旅游？有的人随大流，有的人喜欢标新立异，还有人好静不好动，个人经历不同都会有不同选择。这些选择首先跟出行的动机有关，而动机又受到多种因素的影响。

（1）马斯洛需求层次理论

国内外普遍采用亚伯拉罕·马斯洛（Abraham Maslow）需求层次分析法（参见图3-2），根据马斯洛的理论，人的需求从低到高，按层次分为五级，分别是：生理需求、安全需求、社交需求、尊重需求和自我实现需求。

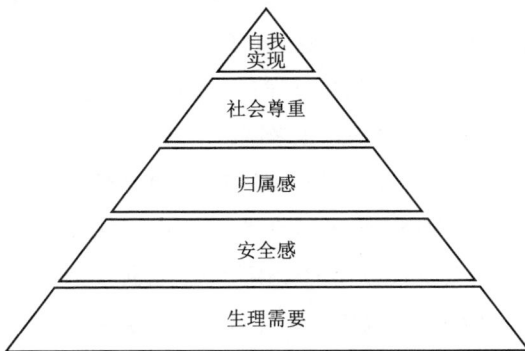

图 3-2　马斯洛需求层次理论

人首先具有生理上的需求,这是保证每个人能够正常生存的基本需要:他们需要吃饭、喝水、睡觉、保暖和繁殖——只有所有这些基本需要得到满足之后,才有可能追求其他的更高层次的需要。其次,除了这些需求之外,人们还具有对快乐追求的心理需求,例如爱与被爱、友情、探寻人的价值,以及得到尊重等。这些都属于在满足更高层次的需求之前,必须得到满足的需求。一般来说,外出旅游是一种较高层次的需要,只有在满足了生理需要与安全需要之后,旅游才会成为一种基本需要。

例如,度假旅游是一种高于观光旅游的身份表达,于是,很多度假旅游者并不是为了享受度假生活而外出度假,而是为了攀比而选择度假,也许对这些度假旅游者来说,在微信朋友圈中"晒"度假照片的乐趣,远远高于在度假旅游地的度假体验。因此,我们对于度假旅游地的选择,很容易像观光旅游地一样,去过一次之后,就不再会光顾,而是选择新的旅游度假地,再访率很低。因为同一个度假地,不再具有一种身份表达的意义。

许多人可能根本没有意识到他们的需要,以及如何去满足这些需要。外出旅行可能是满足需求的几种方法之一,尽管很多人有这种内在需求,但不一定了解如何表达这些需求,或者可能无法意识到如何通过旅游满足这类特殊需求。

伴随着中国城市化的快速发展,都市生活的快节奏、程序化与周期性,让城市居民感到越来越缺乏变化与新鲜感,这使得各种休闲旅游成为城市居民的日常需要,也就是一般性需求。迎合大众市场的"太阳、海水和沙滩"度假旅游(即 3S:sun, sea, sand),本质上是一种被动的休闲形式,它所带来的释放压力的方式无非是在海滩上放松,享受阳光和盐水浴所带来的健康益处,以及美味的食品和流行的饮品。还有许多游客寻求摆脱日常环境的束缚，享受"不修边幅"的机会，这也许是身处陌生环境中，所表现出的一种叛逆心理。那些独自旅行的人可能还会寻求与其他人会面的机会，甚至会寻求浪漫邂逅，根据马斯洛的理论，这是为了满足归属感和其他社会需求（J. Christopheret，2006）。

Mark Anthony Camilleri（2017）根据马斯洛的理论，将旅游出行动机归纳为四类（见表3-2）：

表3-2 旅游动机分类

| 类　别 | 动　机 |
|---|---|
| 健康需要 | 身心放松；体育运动；娱乐活动；罗曼蒂克；购物；其他。 |
| 文化需要 | 对异域风情的新奇感；对音乐、艺术、民间风俗以及建筑的兴趣；对历史遗迹的兴趣；对特殊事件体验的兴趣（例如奥林匹克运动会）；等等。 |
| 个人意愿 | 探亲访友；社交活动；异域体验；逃离熟悉的朝九晚五的日常生活；寻找旅途奇遇；其他。 |
| 社会声望 | 特殊兴趣旅行；朝圣旅行；追求时尚；社会攀比；等等。 |

当然，旅游者在参加旅游活动时可能会寻求满足不止一种需求。从马斯洛的需求层次理论中，可以找到多层需求组合，以下是马斯洛需求层次理论在旅游业中的应用（Roy A. Cook et al.，2018）：

第一层次的生理需求：

在旅游产品设计中，加入恰当的闲适的小憩活动，以降低观光旅途上的疲劳度；

在旅游区的观赏线路上设置交通便利的餐饮店；

在人流量较多的场所设计必要的厕所。

第二层次的安全需求：

在政府批准的机构或地点提供预订服务；

游轮公司提供医疗设施和医生作为其标准服务的一部分；

在异国或陌生地点提供的导游服务。

第三层次的归属感需求：

与具有相似兴趣或背景的人一起旅行；

通过加入航空公司、酒店、餐厅和汽车租赁公司提供的常客计划而获得团体认可。

第四层次的尊重需求：

经常使用的精英旅游者身份，例如钻石、黄金或白银"会员资格"；

奖励旅游，以表彰优秀的公司员工；

向客人提供鲜花、香槟和其他纪念特殊场合的纪念品。

第五层次的自我实现需求：

教育旅行和游轮旅行；

登山旅游，挑战身体极限；

山地驾乘体验。

（2）Stanley Plog 模型

Stanley Plog（1974）建立了通过旅游者人格心理模式区分旅行者类型的模型，例如旅行模式、个性和首选目的地。这些旅行者被分为五个类型（见图 3-3）：从众型、近从众型、中间型、近

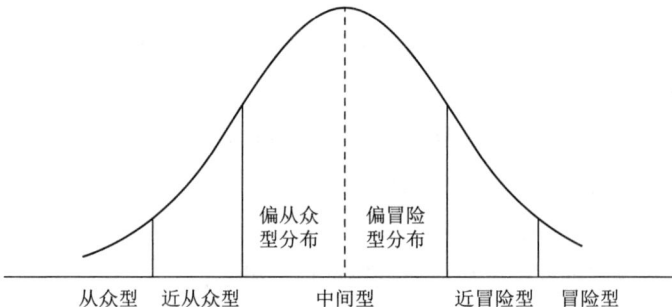

图 3-3　旅游者人格正态分布图

冒险型、冒险型，以及中间型的偏从众型或偏冒险型，并表现出正态分布曲线（钟形曲线）。

2001年，该模型进行了更新，将旅游者区分为"从众型"与"冒险型"两个极端，并进一步解释了旅游个性与目的地选择之间的关系。在一端，以"从众型"心理为代表的旅游者更喜欢熟悉的目的地，不喜欢惊险刺激的旅游活动；另一端则是"冒险型"旅游者，代表这一类的旅游者喜好冒险，尝试新的旅游活动，而多数旅游者介于这两个群体之间。为了进一步理解和广泛描述游客不同的愿望和需求，Stanley Plog（2001）利用个性特征进一步分析了游客的行为模式（见表3-3）。

表 3-3　旅游者心理类型

| 从众型 | 冒险型 |
| --- | --- |
| 喜欢熟悉的旅游目的地。 | 喜欢非常规的旅行目的地。 |
| 在旅游目的地喜欢去相同的旅游活动场所。 | 更享受在以前没发现的新旅游目的地。 |
| 喜欢去阳光明媚，娱乐丰富的场所放松休闲。 | 喜欢不同寻常的目的地。 |
| 好静不好动。 | 喜欢参与各种旅游活动。 |
| 喜欢乘坐地面交通前往目的地。 | 喜欢飞往目的地。 |
| 喜欢旅游住宿，类似于度假酒店、家庭式民宿以及旅游纪念品酒店。 | 只喜欢适宜的住宿设施和饮食，很少关心旅游目的地有什么景点。 |
| 喜欢熟悉而非陌生的环境，制定完整的旅游日常安排计划。 | 喜欢与不同文化背景的人互动交流。 |
| 喜欢购买完整的报价旅游产品。 | 只愿意由旅行社安排基本的旅游项目，比如交通，并保持较大的灵活性。 |

（3）文化氛围

旅游者的日常生活，不是处在真空中，而是会受到所处客源地文化环境和文化氛围的影响，这种文化的影响潜移默化，是群体习惯中所养成的价值观、审美观，等等。"一些旅游者行为会导致文化冲击，主要是在客源地文化与目的地文化之间，具有不同的价值观、礼节、习俗等。文化对于理解消费者的行为至关重要，它可以被认为是一个社会的特性，既包括诸如价值和伦理之类的抽象概念，也包括由社会产生或重视的物质对象和服务，例如汽车、服装、食品、艺术和体育。换句话说，文化是积累，是组织或社会成员之间共享习惯、仪式、规范和传统的积累。"( Arch G. Woodside, 2007 )

在一个文化群体中，对社会声望社会地位的追求，能在很大程度上推动群体中的成员产生出行的动机。Burn（ 2004 ）将身份定义为"基于其他成员给予他或她的威望、荣誉和尊重，一个群体成员在群体等级中的地位"。而旅游消费可以在群体中产生一定的社会声望，这种社会声望又可能和社会地位互换使用。声望旅游消费被定义为"个人通过旅游体验的消费来努力提高他们获得尊重或荣誉机会的过程，这些旅行经验赋予和象征着个人和周围其他人的声望"( Metin Kozak et al., 2009 )。

社会价值与"从众"的动机有关，也与"攀比"的动机有关，"攀比"的最终目标是实现超越。一般而言，"攀比"的动机是由差异化的需要驱动的，而"从众"是由对群体归属的需要驱动的。

旅游体验有助于提升社会声望。因此，旅游供应商试图赋予他们的旅游产品以情感价值（例如，神奇的、放松的、惊险的），通过情感价值影响旅游者所获得的声望。而在同一个旅游目的地中，又可能区分出不同的档次，比如酒店的星级高低，乘用车的豪华与否，餐饮规格的差异，都可能刺激旅游者的攀比心态，并由此导致旅游者希望超越，以追求更高质量的旅游体验。

总之，旅游者出行动机的形成，以及出行目的地的选择，主要是受客源地文化群体的价值观等文化氛围潜移默化的影响。

### 三、旅游者出行决策过程

#### 1. 出行动机的产生

John Swarbrooke（2007）等人考察了学界对于消费者、旅游者消费与决策过程的研究。关于消费行为，多数学者认为"消费者选择购买、使用产品（或服务）的过程就是消费行为的过程"。而消费过程是"直接涉及获取、消费和处置产品和服务的活动，包括这些行为之前和之后的决策过程"。该定义强调了消费者在购买前和购买后所经历的心理过程的重要性。John Swarbrooke 引用 Solomon 的研究，将消费者需求和欲望的因素纳入定义之中："消费者行为是个人或团体选择、购买、使用或处置产品、服务、想法或体验，以满足需求和欲望的过程。"这个定义引入了这样一种观点，即消费者可以作为一个群体作出购买决定，而不仅仅是作为个人。

旅游行为通常由三大因素决定（Metin Kozak et al., 2009）：

第一，旅游动机（作为情感心理特征），影响旅游形象的情感成分；

第二，以往的旅游经历，是一种学习的过程，将会反应在对旅游目的地的认知和情感意象的比较方面；

第三，社会人口学和个人特征（性别、年龄、教育水平、所在国家／地区、出身和社会阶层），影响人们对旅游目的地形象的认知和情感评估。暂时的环境或情境影响也会在短期内改变人们的看法，旅游目的地可以通过公共关系、危机管理和游说来扩大时间环境和情境因素的影响，但是，口碑或个人信息来源比非个人媒体来源更具影响力。

Metin Kozak 等人（2007）还总结了 Borrie 和 Birzell 等人的研究，阐述了旅游出行动机研究的四种方法：一是满意度评估，二是旅游收益价值分析，三是旅游体验感测度，四是旅行意义描述。

基于满意度评估（Satisfaction-based）的研究方法，要求受访者对所提供服务的一系列有形和无形要素进行评分，包括服务人员表现出的可靠性、响应性、承诺匹配性和善解人意（reliability, responsiveness, assurance, and empathy）。这种方法是针对服务过程的特定操作，但它们假设满意度是对过程的认知评估，而不是对整个旅游结果的情感反应评估。

基于旅游收益（Benefits-based）的评价方法，是对旅游者在旅游经历中，所获得的情感上或心理上的收获进行评估。与满意度评估一样，旅游收益定量测量主要是反映了受访者在调查时的感受，但旅游体验会随着时间的推移而发生改变。

基于体验经历（Experience-based）的方法，旨在分析旅游过程中动态的、不断变化的旅游体验性质。首先邀请旅游者写下或讨论他（她）们旅行的经历，并对自己的旅行经历进行描述和评价，然后对这种经历概念化，并加以验证。基于经验的研究方法包括"角色扮演""服务演练"与开放讨论、现场模拟等。

基于旅行意义描述（meanings-based）的方法。通过采访离开旅游目的地的旅游者，根据他们对假期的描述，重建人们如何将复杂的旅行经历编织成一个连贯的故事，揭示他们对旅行经验意义的解释，以及他们赋予自己和遇到的人的角色，以揭示旅游者更深层次的情感和个人意义。当旅行者亲自体验过旅途的难忘经历，才能写出好文章，当然这个难忘的体验也可能是不愉快的记忆，比如被误导购物，或者是航班延误。旅行者不同的，有时是创伤性的个人经历需要讲述出来。

2. 旅游者出行决策过程

Wei Chen（2013）根据工程决策理论，提出旅游者出行决策主要考虑三个关键要素：

第一，确定出行的选项（即多个备选方案）；

第二，对每个选择的结果描述旅游收获的预期；

第三，制定旅游价值体系，以对结果进行排序，从而确定首选方案。

（1）AIDA 模型

J. Christopher Holloway（2009）等人提出了旅游者购买的AIDA 模型："观念、兴趣、欲望、行动"（Awareness，Interesting，Desire，Action）模型，以帮助我们理解消费者的购买过程，尤其是决策过程。

该模型认为，旅游营销的目的旨在促使消费者从对产品（例如特定目的地或度假胜地）或特定品牌（例如个别旅行团或酒店）的不了解阶段，发展到了解认知阶段，最终到说服消费者购买特定产品和品牌的阶段。此过程的第一步是使消费者从无意识转变为有意识。

在信息大爆炸时代，许多特定的旅游产品信息或旅游品牌都淹没在各种旅游信息的海洋中，当旅游者只具有一般的旅游动机时，想要了解特定旅游目的地非常困难，很多时候，旅游者自己也不明白自己需要什么。选择的过程包括不断进行比较，对一个目的地与另一个目的地进行权衡，评估每个目的地作为潜在度假目的地的利弊。

除了价格之外，还有其他因素影响旅游者对特定的旅游产品的选择，例如航空服务或某些类型的度假胜地等。对旅游的需求取决于潜在的旅行者是否具有旅行能力（即旅行促进者）或旅行欲望（即旅行动机）。这些因素包括（ J. Christopher Holloway et al., 2006 ）：

第一，年龄：可以通过健康限制或经济限制影响旅行的能力。

第二，家庭生命周期的各个阶段：旅行者可能有足够的金钱和时间，但家庭的影响可能会阻止旅行。

第三，政治稳定与和平：尽管这个问题可能不会阻止旅行，但可能会限制游客选择目的地。出于政治原因，可能会对某些国家的国民施加限制，包括：冲突、战争等。

不同的旅游者也会在同一个目的地内，考虑不同的旅游体验。例如，有人可能喜欢体育运动设施，也有人可能更喜欢社交生活。休闲与追求享乐的旅行，可能以各种各样的人类情感为驱动力，但是，旅行的动机与个人的旅行意愿有关。动机是解释人们为什么作出不同选择的原因，它们是内在的，并可能因需要而产生，与人类的内在感觉、情感和信仰有关。动机可能是有意识的，也可能是潜意识的，常常深深地嵌入人们的心理。旅游产品设计者、旅游项目开发商和旅游市场营销人员需要确定人们为什么选择旅行，是什么促使他们前往度假胜地。

（2）决策过程

一旦消费者决定去度假，他们的决策过程遵循六个主要步骤（ Metin Kozak, 2009 ）：

第一，信息搜寻。除了年复一年的周期性旅游度假，旅游者外出旅游的目的地一般都不太明确，很多旅游者甚至不知道自己想去哪里旅游。也许旅游者看了电视随机闪出的画面，就勾起了旅游者对某个旅游目的地的兴趣，也可能是居民相互之间有人去过某地旅游，偶然谈起，就可能说者无意，听者有心。总之，这都是旅游者产生出行偏好，并开始搜集或关注各个旅游目的地信息的缘由。

第二，评估替代方案。有计划出行的旅游者一定会关注多种信息，通常而言，旅游者的中远程旅行受到时间约束，对目的地的选择会比较慎重，因此会选择多个旅游目的地进行比较。这些旅游目的地方案需要考虑的因素，主要是景区景点的知名度、住宿、餐饮、服务、交通等。

第三，购买。在诸多出行方案中作出选择之后，就是支付并预订。一般来说，预订时间越早，能得到的旅游出行包价折扣会越大，而在传统节假日期间，预订越早，越能够预订到心仪的旅游目的地住宿处等。

第四，交付。旅游一般是预先支付。这跟商店购物不同，商店购物是一手交钱一手交货，钱货两清。但旅游必须预先支付，才能在预订的时间出行。随着移动支付系统日益普及，多数出行支付是通过手机移动端进行的。

第五，消费。在规定的时间内实现旅游的过程就是旅游者的消费过程。

第六，消费后反馈。现在的旅游者在结束旅游后，多半会通过朋友圈介绍自己的旅游感受，这对旅游目的地来说，其实是旅游者帮助营销的一种方式，也是旅游目的地改善和提升服务的一种方式。当然获得旅游者的反馈也比较困难，传统的做法是进行市场调查，在旅游者离开前进行调查，现在也有更多的线上调查方式。

由于互联网技术的飞速发展，以及智能手机的普及，与新技术时代相配套的是旅游相关决策也从传统的六阶段决策过程转换为：

第一，出行前信息的搜索。这一阶段现在基本上是通过智能移动端实现，电脑的功能下降，年轻一代越来越关注各种微信推送。旅游者从主动搜寻，变成了被动接受。

第二，备选方案评估。在互联网技术飞速发展的时代这更便捷，对于旅游者加快决策会有更大帮助。

第三，预订、订购和购买。移动互联网使之更方便，但也带来新的问题，旅游者后悔指数可能会迅速提升，同时取消预订也更方便，这对旅游目的地的销售带来新的挑战。

第四，车票和代金券的交付。电子化的优势是可通过二维码转换，而二维码成为旅游目的地新的标签。

第五，旅途中消费和信息查询。无论是对旅游者还是对旅游目的地都有更方便的优势。

第六，消费后。旅游目的地的口碑流传比主流媒体的广告效果强大许多。

在每一步中，互联网技术都为消费者提供了新的机会和服务（Metin Kozak et al.，2009），见表3-4。

表3-4　互联网技术条件下旅游者决策过程

| 一般消费者决策模型 | 旅游者决策步骤 | 互联网技术条件下的新机遇 |
|---|---|---|
| 1. 信息搜寻 | 出行前的信息搜寻 | 对目的地以及旅游包价信息搜寻的新方式，根据顾客反馈提升产品与服务的新机遇。 |
| 2. 替代方案评估 | 替代方案的评估（交通、住宿、景区景点等） | 便捷的方案优选，以获取最优价格。 |
| 3. 购买 | 预订、下单、购买 | 更多的旅游产品购买渠道。 |
| 4. 产品传输 | 票证与优惠券的投递 | 快捷的电子化票据与优惠积分。 |
| 5. 消费 | 旅途消费与信息搜寻 | 旅游目的地与度假地的信息传输渠道。 |
| 6. 消费后 | 消费后的口碑 | 传递满意度与抱怨的新方式，网评替代了权威媒体。 |

### 第三节　公务旅游者

#### 一、公务旅游者概说

1. 定义与类别

"商务（或公务，以下所有商务旅行均包括公务）旅游（行）者是旅行者职业活动的一项内容，商务旅游与商务旅行经常混用，它主要是在工作时间而非休闲时间的旅行，出行目的不是为了娱乐，而是履行公务。商务旅行包括个人商务旅行，参加培训课程和会议，参观、出席或组织贸易展览会，以及进行产品发布，奖励旅行等"（John Swarbrooke et al., 2007）。

很多时候，商务人士会携带家人出差，并在工作结束后延长商务旅行的时间，以顺便享受轻松的休闲时光。如果是在公务旅行之后顺带进行的非公务性质的休闲、观光旅游等活动，则可以划入商务旅行的范畴。

商务旅行的历史十分悠久，除了商务旅游中的奖励旅游是现代发明外，早在古罗马时代和中国春秋战国时代，商务旅游就十分普遍。但旅游经营模式与工业革命以后托马斯·库克所开创的经营模式基本相同，并且随着全球化进展的加快，各国或地区之间的商务或公务交流日益普遍与频繁，商务旅游已经成为旅游业的重要支柱之一。

商务旅游者主要包括参加会议、展览、培训、奖励、产品推介、企业或团体组织的内部活动等商务（或公务）活动的旅行者。但奖励旅游者比较特殊，他们主要是参加由企业或各种团体付费，为员工或中奖的客户提供的奖励性质的旅游活动。比如各单位为员工提供的疗休养，企业通过抽奖为顾客提供度假旅游的活动等，都属于商务旅游的范畴。

根据商务旅游者的旅行范围不同，可以区分出跨境商务旅游者和境内商务旅游者。跨境商务旅游者是从事跨境商业（或公务）活动的人员，因此它与跨境"商务"活动的形式有关。也就是说，旅游者的商务活动会致使个人或团体为了进行资本、劳动力以及知识的交流而相互影响，这些影响必然带来人员的接触和交流，并由此产生各种社会关系和中介组织。就旅游业而言，这种商务活动过程和交流导致的结果，会推动商务旅游目的地对旅游娱乐场所和基础设施的投资等，并会带来对旅游相关的业务增加，以及政府部门建立自身法律约束下的旅游监管体系，并改善商业经营环境（Tim Coles et al., 2008）。

跨境商务旅游，涉及跨境身份标识，因此，客源输出地通过颁发护照确认跨境旅游者的所属地区身份，而旅游目的地政府则通过在旅游者的护照上面加注签证，给旅游者颁发入境许可。据称，英国在法律中首次使用"护照"一词是在 1548 年。这种护照可以追溯到中世纪的一种证明——是教会发给朝圣者的身份证明，以避免后者可能因流浪罪名而被捕。后来，欧洲各国广泛地发布了旅行授权书，特别是在与欧洲邻国交战期间，这成为现代国际旅游的主要身份证明文件（J. Christopher Holloway et al., 2006）。

2. 商务旅游者的特点

商务旅游与休闲娱乐性质的旅游相比，最大特点是它属于公务性质出差，因此通常是在工作时间出行，也是由旅游者所在的组织承担出行费用。如果以每个星期作为出行的一个周期来看，人们工作时间是五天，闲暇时间是两天。那么商务旅游占了五天时间，而休闲娱乐性质的旅游只有两天。所以旅游企业在经营过程中，工作时间必须关注商务旅游者，而在休闲时间则是关注个人事务的旅游者。

扩展来说，商务旅游者的特点包括：

首先，商务旅游者对于出行价格不敏感。对于商务旅行者而言，旅行是他们工作的一部分，商务旅行者较少担心旅行成本，他们的旅行费用是公司、单位或老板支付的。较高的价格不会阻止他们旅行，而较低的价格也不会鼓励他们更频繁地旅行。他们在旅游服务上的支出往往比较稳定，不像度假和休闲旅行者那样对价格敏感，因此，对商旅服务的需求相当缺乏弹性。当需求不随价格波动发生显著变化时，称其为无弹性的。相反，当需求随着价格波动而发生实质性变化时，它被称为有弹性。相比于度假、休闲等娱乐性旅游而言，商务旅游的需求弹性不大，而娱乐性旅游的需求弹性较大，其受价格波动的影响也较大（Roy A. Cook, 2018）。

比较典型的就是在交通费用的支出方面，一般来说机票预订越早，机票的折扣就越高。商务旅行通常是在特定时间和特定目的地上临时决定的，因此他们无法根据机票价格调整出行安排，只能按照当时的机票价格购买，这也表明商务旅游需求无弹性。但娱乐性的休闲或观光旅游，可以提前或一时受到廉价出行成本诱惑，冲动性地安排自己的旅行，所以他们对机票价格非常敏感，有时候娱乐性旅游者前往便宜的目的地只是为了获得"占便宜"的满足感。节俭的游客通常会在不同的目的地之间相互比价，以度过一个负担得起的假期。因此，他们可能会推迟旅行，或提前预定旅行日期，前提是这将大大减少他们的旅行费用。

其次，商务旅游者比较重视身份。

身份也成为商务旅行的重要特征，商务旅游者是代表自己所在组织出行，旅游者需要在合作伙伴中营造一个良好的形象，这关系到整个组织的声誉。因此，常常看到不少新成立的企业，业务还没开展，就首先会购置豪车，哪怕豪车经常停在车库，但只要出行，就会以豪车开道。而航班的公务舱或头等舱的座席，豪华酒店的客房，也大多是被商务客人预订。很多时候，休闲娱乐性质的高消费场所，也挤满了商务旅游者，他们经常将这种高消费场所作为企业实力的象征，甚至以此取代了企业的信用评级。

休闲娱乐性质的旅游与商务旅游的主要区别见表 3-5（John Swarbrooke et al., 2001）：

表 3-5　休闲旅游与商务旅游的区别

| | 休闲旅游 | 商务旅游 | 特殊情形 |
|---|---|---|---|
| 费用支付者 | 旅游者 | 非旅游者，而是雇主承担 | 自雇者的商务旅游费用自己承担 |
| 谁决定目的地的选择 | 旅游者 | 会议或商务（公务）活动的主办方 | 有时候组织者会考虑代表们的意愿 |
| 出行时间 | 周末或假期 | 全年任何时候 | 商务旅游要尽量避免七、八月两个月份 |
| 出行时间的提前量 | 通常提前数月就预订，短期放假也会尽量提前几天进行计划 | 根据公务要求，通常随时出发 | 大型会议都是几年前就计划好，而一些假日旅行也可能临时决定 |
| 出行主体 | 任何拥有经济能力和闲暇时间的人 | 业务需求必须出行的人 | 部分商务旅游者会携带无关业务活动的人员 |
| 出行目的地 | 任何风景优美、历史悠久或气候宜人的海滩、城市、山区或乡村 | 大多数商务旅游目的地是产业发达、经济发达的国家或重要城市 | 部分会议或培训项目会安排在风景优美的旅游胜地 |

## 二、商务旅游的影响

1. 商务旅游对商务活动的推动作用

2010 年，世界旅游业理事会（World Travel Tourism Council）

委托牛津经济学会做了一个商务旅游发展前景的研究项目。该研究项目分别对美国、英国、德国、巴西和中国的全球商务旅行者和公司高管进行调研，并对190个国家或地区进行经济计量学分析，探讨了商务旅行与各国经济表现之间存在的因果关系。研究结果证明了商务旅行和公司的业绩，以及经济增长之间存在明显的相关性。商务旅行不仅能带来更好的财务状况，而且还有助于经济发展、提高收入及创造就业机会等。

商务旅行的作用体现在四方面：带来新的销售额、留住客户、发展伙伴关系、促进创新。

首先，商务旅行能够大幅度提升企业的销售额。

商务旅行能够提高全球的公司生产率，投资带来的回报为十倍。也就是说，商务旅行支出每新增一个单位，行业销售额就会增长十个单位。商务旅行对于国际贸易来说是不可或缺的。在21世纪初期的十年中，全球贸易增长量的约三分之一是由国际商务旅行所推动的。

牛津经济研究院的调查表明，平均来说，公司高管认为，29%的新增销售额有赖于商务旅行，中国和巴西的公司高管估算比例更高。

商务旅行与销售额有着密切的联系。商务旅行者估计，当面会谈可使50%的潜在客户变成客户，而没有当面会谈只能把31%的潜在客户变成客户，两者之间相差19个百分点。对于中国受访的商务旅行者来说，当面会谈比没有当面会谈带来的好处更大，两者在把潜在客户转成实际客户之间存在的差距高达24个百分点。

第二，留住客户，维护客户关系，并建立新的客户关系。

维护客户关系，必须通过商务旅行，与客户进行面对面的交流。商务旅行者认为，如果没有当面会谈，其客户中的38%会转为选择竞争对手，公司年销售额将减少37%。

商务旅行包括众多的活动。商务旅行者出差的最大原因是要到客户所在地现场工作、参加公司内部会议或培训，以及出席贸易展或其他会议。

商务旅行对于维护客户忠诚度是不可或缺的。公司高管认为，商务旅行在这方面的作用最为明显，超过对公司其他方面表现的影响。

跨国公司的商务旅行，主要在于确立与子公司业务之间的协调。大多数的国际商务旅行者认为，出差去国际子公司主要是为了开发国际市场业务（70%）以及进行国际投资（65%）。

第三，商务旅行可以与潜在的客户或团体建立合作关系。

合作关系对于公司业绩来说至关重要。例如，将近四分之三的受访人员（72%）认为，参加外部会议对发展伙伴关系具有"显著"或"重大"影响。一半以上的受访人员表示，与合作伙伴会谈对于在新市场扩展业务和投资以及管理公司的供应链很重要或极其重要。

第四，商务旅行也能推动企业创新。

全球商务旅行者还认为，商务旅行与创新和生产率之间也存在着密切的联系。超过三分之二的高管（70%）认为，商务旅行对于创新以及提高生产效率极其或非常重要。

总体来说，商务旅行主要发生在境内，出境的商务旅行支出仅占公司旅行费用的20%，但是跨境商务旅行比境内的商务旅行能产生更大的经济效益。

但由于国家大小不同，全球范围来说，境内与跨境商务旅行之比在各国之间存在很大差异。例如，中国是一个大国，人口众多，随着国民收入的提升，境内市场规模也在急剧扩大，因此，境内的商务旅行支出大大超过了跨境商务旅行。当然也由于中国国土面积很大，各省份经济的外向性比例不同，总体来说，沿海外向性经济体，跨境商务旅行的支出远远超出了内地经济体。商务旅行的诸多收益就更多地通过境内市场来实现。

跨境商务旅行是世界贸易的关键推动力。地区之间存在着巨大的文化、语言及时间差异，面对面的会谈对于开发跨境业务是不可或缺的。跨境商业包括对特定商业实体的管理、营销、组织、运营、治理和监管。

新兴市场吸引的跨境商务旅行要超过其本身出境的旅行。从贸易的角度看，这意味着商务旅行支出的顺差。跨境商务旅行和世界贸易之间存在着强烈的关联。由于全球化所带来的好处，商务旅行对于发展中国家和发达国家来说都能产生显著的效益。

制造业和专业服务业的单位产值中商务旅行费用更高，但该项指标最高的是通信和信息行业，金融业的排名也靠前。如果经济结构中这些行业所占比重较大的话，那么商务旅行的需求会更高，并且带来经济利益的潜力也更大。对制造业更详尽的分析表明，生产更先进的投资产品也会带来更多的商务旅行需求。

对 190 个国家或地区的统计分析表明，商务旅行与跨境贸易之间存在着关联及因果关系。出境商务旅行更多的国家或地区一般来说出口更多，而商务旅行快速增长和贸易的快速增长有密切的联系。经济计量模型表明，商务旅行强度（指商务旅行支出占 GDP 的比例）与进出口额占 GDP 的比例呈现正相关，比较各国或地区贸易水平及商务旅行支出就可以清楚地看到这种关联。出口最多的国家，其出境商务旅行支出也很高，而进口水平也和入境商务旅行高度相关。

商务旅行作为全球贸易的催化剂在推动 GDP 更快增长、提高生活水平并创造就业机会方面起着重要的作用。商务旅行推动贸易，也推动着全球经济的发展。

这些利益由发达国家以及发展中国家所共享。这意味着，商务旅行对于跨境贸易的前提条件，如各国关系、投资、供应链以及物流，尤为重要。

调查结果显示，商务旅行对整体的生产率会产生影响，从而提升企业的业绩及利润率。企业效益在短期内给商务出行也会带来更多的经费，但商务出行对企业的整体效应会产生长期的影响。

商务旅行与各行业生产率之间的关系，对于反映每个国家的经济结构以及商务旅行的类型也很重要。在美国的商务旅行投资回报率比欧盟的要高，新兴市场商务旅行产生的效应更强，但亚太地区整体估算的商务旅行投资回报率较低，这主要是受到日本的影响。日本的商务旅行投资回报率低，并且所占权重大。

2. 商务旅游的特点

全球主要的商务旅游目的地大多数情况下同时也是娱乐性旅游目的地，比如瑞士，虽然不是联合国成员国，但却是联合国各种分支机构以及其他各种国际性组织最多的国家，因此也是世界上国际性会议最多的国家之一。瑞士据此也推出了世界最具影响力的高端论坛"达沃斯论坛"，这个论坛不仅吸引了世界最具影响力的国家首脑参加，也吸引了世界最具影响力的商界领袖与会。

作为世界著名的会议旅行目的地，瑞士也成为著名的休闲度假旅游目的地。而商务旅游与休闲度假旅游相得益彰，形成了良好的互补关系。商务旅游能够给休闲度假旅游目的地带来诸多的好处（John Swarbrooke et al., 2001）：

第一，人均日支出相对较高。

第二，商务旅游一般是安排在休闲度假旅游的淡季。换句话说，一般不在夏季或学校和公共假期。正值休闲旅游淡季的月份，商务旅游却是如火如荼。

第三，商务游客有较强的组织性，表现相对较好，对接待社区带来的问题很少。

第四，商务旅游有助于推动东道社区的基础设施开发，例如，机场、道路等。

第五，当地社区的休闲设施如商店和剧院等，可以延伸到商务游客使用，提高各种休闲设施、商业设施的利用率，提高这些设施的商业价值。

第六，能给当地企业带来广泛的业务，例如，摄影师、广告标志制造商、旅行社、印刷商和花店等。

商务旅游相比休闲旅游有许多优势，商务游客每天花费的钱往往是休闲游客的两到三倍。他们更有可能将钱花在跨境公司的业务上，因此他们的支出中有更多可能会流向旅游目的地的社区。商务游客需要高水平的个人服务，因此接待他们是一项劳动密集型活动，相比休闲旅游能创造更多的就业机会，它对从花店到秘书服务、摄影师到保安人员的一切都有需求。

澳门是中国也是世界著名的商务旅游目的地之一，在澳门回归前，John Swarbrooke（2001）等对澳门的商务旅游种类做过调查，发现澳门在回归前的商务旅游类型主要是产品发布、市场营销、商业洽谈等，见表3-6。

表 3-6    澳门商业旅游的主要类型        百分比（%）

| | |
|---|---|
| 出席企业产品发布会 | 60 |
| 市场营销与推广活动 | 58 |
| 与客户谈判 | 50 |
| 咨询、信息搜寻与构建商业网络 | 33 |
| 出席其他企业的展览活动 | 30 |
| 管理、运营企业合作伙伴、客户、顾客等资源 | 27 |
| 参加官方活动 | 25 |
| 出席公司会议 | 25 |
| 奖励旅游 | 15 |
| 其他 | 15 |
| 巡视企业的营运管理 | 5 |

### 三、商务旅游的发展趋势

#### 1. 商务旅游的发展与供需双方的变化有关

全球化与城市化的快速发展，推动了跨境与区域内部的经济交往，为追求更好的工作与生活机会，不同区域之间的人员大规模地迁移。从国际来说，美国及欧洲等发达国家和地区依然是吸引世界各地居民前往学习、就业、定居的主要目的地。在中国境内，自改革开放以来，就一直出现中西部地区的居民向华南和沿海等经济发达地区迁移，农村居民向省会或区域中心城市迁移等，并形成了独特的节假日人流移动的规律。

由于人口迁移的巨大变化，市场条件也在发生颠覆性的变化。随着经济的增长，中国已成为全球市场规模增长最快的经济体，市场机会带来了资本流动的加速，而资本的跨境或跨区域的流动则引起了商务旅行增长。跨境与区域内部日益增长的文化与体育交流活动，也推动了商务旅行的增长，参加各种跨境、境内体育赛事，文化演出等活动的人员都属于商务旅行的范畴（Clement A. Tisdell，2013）。

商务旅行快速增长的原因，可以从供需两个方面来分析。

首先，从需求侧来说，商务旅游的增长原因包括（John Swarbrooke，2001）：

① 所有发达国家与欠发达国家的经济都趋于增长，当然全球的流行性疾病，以及俄罗斯和乌克兰战争的爆发，会给全球化带来一定的负面影响，长期经济增长态势有待观察。

② 全球范围内贸易规模急剧扩大，但全球性的自由贸易出现一定程度的倒退，反而是区域性质，比如欧洲联盟、北美自由贸易、东南亚等区域自由贸易网正在形成。

③ 跨国公司的崛起，其业务范围、供应链、合作伙伴遍及全球，这推动了商务旅游的市场规模扩大。

④ 语言能力的提高，手机可以安装各种智能翻译软件，在全球性交往中，降低了语言的障碍，提升了交流的便利性。

⑤ 信息技术等新产业的发展需要商务旅行来销售产品并支持客户。

⑥ 基于共同利益、专业或爱好的各种专业协会和社团的发展，推动了协会性质的各种全球化交流。

其次，从供给侧来看，交通、通讯、人工智能等高科技手段在旅游业中的广泛应用，推动了商务与高端旅游的快速增长：

① 随着喷气式客机的出现，在20世纪60年代发展了更大、更快的飞机，商务客人可以在短时间内实现跨洲、跨洋的全球快速旅行。而中国这个世界发展最快的经济体，越来越成为世界重要的商务旅游目的地之一。中国与美国、欧洲、中东迪拜或阿布扎比、日本、韩国之间的空中联系成为世界著名的航空热线。

② 随着高速火车在20世纪80年代和20世纪90年代的兴起，中国也在21世纪全面普及了高速铁路。相比于航空运输，

高铁网能够将中小城市串联在一起，使得大都市的商务旅行经济效应外溢到中小城市。

③ 公路交通方面，中国这个曾经的自行车大国，在 21 世纪的头 20 年中快速普及了私家车，人们出行的机动性大幅度增强。

④ 旅游目的地的基础设施等条件得到了大幅度的改善。

⑤ 世界经济发达体，以及中国的重要城市都兴建了会展中心等专业设施。

⑥ 世界各国为商务旅客提供专业服务的专业中介机构和供应商的增长。

⑦ 各主要的会展目的地加大了促销力度。

⑧ 新的服务不断提高，如航空公司的商务舱产品。

2. 商务旅游的发展取决于客源地与目的地的关系变化

经济发达的城市或者都会区，既是重要的商务旅游者产生的客源地，又是商务旅游的目的地。这与休闲度假性质的旅游不同，一般来说，休闲度假旅游目的地不一定是客源产生地，多数情况下必须依赖外部的客源。

商务旅游客源地与其经济发展程度高度相关。经济发展程度越高，人口规模和人均收入也越高，因此，休闲旅游客源地在多数情况下，同时也是商务旅游客源地。商务旅游客源地与商务旅游目的地的相互关系，很大的程度上取决于这两者之间的经济发展水平，以及相互之间的经济联系，除此之外，还包括以下一些因素（John Swarbrooke, 2001）：

第一，商务旅游客源地与目的地都与经济发展程度有关。无论是境内还是境外的案例都证明，多数商务旅游客源地同时也是商务旅游目的地。因此，高水平的经济发展、强劲的经济会增加商务旅游的需求，相反，如果经济发展滑坡，也会影响商务旅游的需求。

第二，对于国际商务旅游来说，汇率变化是很重要的一个因素。如果客源地的本币币值高，会有利于游客的出境旅行，不利于境外商务客人入境商务活动。从服务贸易的角度来说，币值高不利于出口，有利于进口。需要注意的是，旅游者出境旅游是服务贸易的进口，入境旅游则属于出口。

第三，商务旅行能够持续发展的地区和目的地都需要政治、社会秩序的稳定。瑞士之所以能够成为世界著名的会议常住地、世界著名的商务旅行目的地，很大程度与它是永久中立国、数百年未发生过战争有关。

第四，相对低廉的生活成本，对于吸引客源地会议等商务活动有很大的帮助。

第五，客源地与目的地之间的历史与文化联系会加强两者之间的商务来往，而且这些联系越强，预期的商务旅游水平就越高。欧美之间的商务活动联系远超这两个地区与其他地区的联系，其原因就在于欧美之间的历史和文化联系非常密切，美国文化传统是建立在欧洲历史的基础之上。而东亚各国所形成的汉字文化圈，也导致东亚各国的商务旅游大大超过其他地区。

第六，客源地与目的地之间的产业结构，是互补关系还是替代关系能影响到相互之间的商业旅行。一般而言，互补关系有利于商务旅行的发展，而替代关系不利于这种关系的发展。但在特定行业、产品和服务方面具有共同利益的地区和目的地之间，它们的商务旅行可能会更加频繁。

第七，各国或各地区政府推出的贸易政策会极大地影响客源地与目的地之间商务旅游的发展。一般而言，贸易政策的自由度越高，客源地与目的地之间的商务旅游，乃至于娱乐性旅游的可能性就越大。

### 3. 未来商务旅游发展的不确定性

一般情况下,商务旅游受到经济发展波动的巨大影响。经济不景气,商务旅游会减少;经济繁荣,商务旅游会增长。但疫病大流行,以及高科技的发展,也可能对未来商务旅游的发展带来巨大的不确定性。

远程会议技术成熟,已成为替代现场会议的解决方案。这使得很多会议性质的商务旅游可能被网上会议完全替代。

经过几十年的快速增长,商务旅行受到新信息和通信技术的使用的影响,如视频和计算机会议以及虚拟现实,这些将减少对一般商务旅行的总体需求。

但是,根据牛津经济研究会的研究,商务旅行突出的功能并不一定是讨论和谈判问题,而是通过在人际接触维度上,增强面对面的直接交往程度,以建立更加牢固的商业伙伴关系。而网络会议无法发挥这种作用,或者说这种作用的效果远远达不到面对面的交流。

因此,线上交流技术的成熟,对于商务旅游的未来发展是机遇还是危机是一个需要观察的重要因素。

**思考题:**

1. 旅游客源地与旅游目的地的关系。
2. "工作—休闲"的选择条件。
3. 举例说明边际快乐效用的变化。
4. 解释什么是快乐总效用。
5. 人们是如何比较不同旅游目的地的快乐效用差异的?
6. 举例说明旅游者出行决策过程。

7. 分析商务旅游的特点。

## 参考文献：

［ 1 ］ Aaron J. Douglas, Richard L. Johnson, 2004, The Travel Cost Method and the Economic Value of Leisure Time, International Journal of Tourism Research, 6, 365–374.

［ 2 ］ Arch G. Woodside, 2007, Advances in Culture, Tourism and Hospitality Research, Elsevier Ltd., xiii.

［ 3 ］ Clement A. Tisdell, 2013, Handbook of Tourism Economics: Analysis, New Applications, and Case Studies, World Scientific Publishing, 36.

［ 4 ］ J. Christopher Holloway, Neil Taylor, 2006, The Business of Tourism, Pearson Education Limited, 27, 65–71, 75–76.

［ 5 ］ John Beech, Simon Chadwick, 2006, The Business of Tourism Management, Pearson Education Limited, 4.

［ 6 ］ John Swarbrooke, Susan Horner, 2001 Business Travel and Tourism, Butterworth-Heinemann, 2, 29, 11, 18–19, 62.

［ 7 ］ John Swarbrooke, Susan Horner, 2007, Consumer Behaviour in Tourism, Elsevier Ltd., 5, 6.

［ 8 ］ Mark Anthony Camilleri, 2017, The Tourism Industry: An Overview, Travel Marketing, Tourism Economics and the Airline Product, 3–27.

［ 9 ］ Metin Kozak, Alain Decrop, 2009, Handbook of Tourist Behavior, Routledge, 18, 211–212.

［ 10 ］ Roy A. Cook, Cathy H. C. Hsu, Lorraine L. Taylor, 2018, Tourism: The Business of Hospitality and Travel, Pearson, 41–46, 54.

［ 11 ］ Stephen J. Page, 2019, Tourism Management, Routledge, 17.

［ 12 ］ Stanley C. Plog, 1974, Why Destination Areas Rise and Fall in Popularity, The Cornell Hotel and Restaurant Administration Quarterly, 14 (4): 55–58.

［ 13 ］ Stanley C. Plog, 2001, Why Destination Areas Rise and Fall in Popularity, An Update of a Classic, The Cornell Hotel and Restaurant Administration Quarterly, 42(3): 13–24.

［ 14 ］ Tim Coles, C. Michael Hall, 2008, International Business and Tourism, Taylor & Francis e-Library, 7.

［ 15 ］ Wei Chen, Christopher Hoyle, Henk Jan Wassenaar, 2013, Decision-

Based Design-Integrating Consumer Preferences into Engineering Design, Springer, 14.

［16］曼昆著，梁小民，梁砾，2015，微观经济学，北京大学出版社，463—489。

［17］平狄克，鲁宾费尔德著，2013，李彬等译，微观经济学，中国人民大学出版社，63—76。

# 第四章　旅游资源、旅游空间与旅游目的地

**本章学习要点：**

1. 了解什么是旅游资源，以及旅游资源的分类和评价方法。

2. 掌握旅游空间的构成要素，以及旅游空间、旅游场地、旅游资源转化为经济效益和文化（社会）效益的机制。

3. 掌握旅游目的地的概念、旅游目的地构成要素，以及旅游目的地管理模式。

## 第一节　资源与旅游资源

### 一、资源与旅游资源

1. 资源

什么是资源，所谓资源是人们为了达成一定的目的，所需要凭借的任何物质的或非物质的事物。资源的界定与人们追求的目的有关，目的不同，资源的含义就不同。

在大多数情况下，我们所说的资源是指自然资源，可是还需要考虑到其他关键性资源，为什么很多自然资源匮乏的国家经济

发展得很好？比如瑞士这个国家，是多山的内陆小国，缺乏平地没法开垦农业，也没有矿藏，发展传统工业，地理位置也不佳。但是瑞士经济十分发达，这是为什么？瑞士的成功与其利用人力资源和政策资源有关，他们因地制宜发展精密仪器制造、银行业、旅游业这类对环境污染小，且对自然资源需求不高，而对人力资源要求较高的产业。

从瑞士这个国家可以看出"资源"定义的多元性，它不仅仅是我们通常理解的自然资源，也包括人文环境和法律、政策等资源。

在很大程度上，政策、人文特征不佳也是很多地方没有发展起来的原因，所以我们在理解资源时一定要特别注意人文因素。在鸦片战争之前，上海只是一个小县城，而广州却是中国唯一对外开放口岸，是两广总督府所在地，城市规模、经济发展水平、人口数量都远超上海。但在鸦片战争之后，上海的发展迅速超过广州，成为中国第一大商业城市。其中的原因，除了上海地理位置优越，背靠的长江三角洲农业经济较为发达以外，另外一个不能忽视的原因是长三角这一带的人文因素。根据鸦片战争后英国驻上海第一任领事巴富尔的记载，他认为长三角地区的人具有更强的包容性，商业文化氛围也比广州地区更好。巴富尔举了一个例子，他说在广州，外国人很难租到中国人的住房，一旦有人将房屋租给外国人，邻里就会群起而攻之；但在上海，巴富尔很轻松就租到了房子，与广州不同的是，邻里不是对外国人群起而攻之，而是向房东购买门票，参观洋人日常生活的一举一动，洋人成了上海人眼中的西洋景（熊月之等，2001）。巴富尔由此认为，上海人更为宽容，且商业思维更活跃。

Maglio（2010）等人将资源分成两类，一是操作性资源（Operand Resources），或称初始性资源，是指可以直接用于加工、改造成新事物的自然性资源或静态性资源，是生产要素的有形性资源，例如原材料、生产设备、厂房等。在商品主导的逻辑（G-D Logic）下，操作性资源被认为是企业竞争优势的主要来源。另一类是运营性资源（Operant Resources），是动态性资源，主要指知识、技能之类的无形性资源。在服务主导的逻辑下（S-D Logic），知识和专业技能是公司竞争优势的核心。运营性资源通常是难以估量的、无形的、动态的和无限的。这意味着尽管资源本身无法生产和分配，但它们可以演化、转化和增值。因为运营性资源是效果的产生者，所以它们使人类能够发挥创造力来增加自然资源的价值，并产生新的运营性资源（即新的思想和知识）。

在使用潜在资源（通常是操作性资源）并为特定利益作出贡献时，才会创造价值。这项活动被称为"资源化"，因此，运营性资源也可以看成是操作性资源的开发结果。

2. 旅游资源

定义了资源，旅游资源就容易理解了。根据国家质量监督检验检疫局和国家质量标准委 2017 年制定的《旅游资源分类、调查与评价》（GB/T 18972-2017），旅游资源是指"自然界和人类社会凡能对旅游者产生吸引力，可以为旅游业开发利用，并可产生经济效益、社会效益和环境效益的各种事务和现象"。

通常，对于旅游资源的认识，中国人会自然而然地联想到黄山之类的自然风景资源，或者故宫之类的历史古迹人文旅游资源。这些旅游资源是可以直接进行旅游开发的资源，属于操作性旅游资源。而类似于迪斯尼、环球影城、欢乐谷之类的项目是人们想象、设计、建造出来的，因此这些旅游项目属于运营性旅游资源。前者是初始性旅游资源，后者则是发展型旅游资源。

在中国统计年鉴中，旅游业最发达的地区不是桂林、西安这些传统上自然资源和历史人文旅游资源非常丰富的地区，而是"北上广深"这些一线城市。在这几座城市中，除了北京是古都，历史文化旅游资源比较丰富，可直接以收门票的形式进行旅游开发外，其他三座城市传统的旅游资源都不多，既没有自然旅游资源，也不是历史文化名城。上海最著名的自然旅游资源是佘山，海拔约 96 米，而广州最著名的自然资源是白云山，但相比国内著名的名山大川也较为逊色。因此，"北上广深"这些城市旅游业发展很好的原因主要有两个：一是其旅游市场规模庞大，人口众多，人均可自由支配收入较高，有较大的区域内休闲娱乐旅游消费市场。二是一线城市经济发达，商务活动频繁，因而商务（公务）旅游资源非常丰富。

旅游开发是从开发人们的旅游动机（欲望）开始，因此可以说，旅游资源就是能够激发人们的旅游动机，吸引旅游者前来旅游的各种因素。

根据上述对于资源的分析，能够激发人们旅游欲望的物质性因素，属于操作性旅游资源，而根据操作性旅游资源开发出旅游产品，则属于运营性资源。随着社会的进步，科技的发达，以往人们根本不认为是旅游资源的因素，可能也会成为旅游资源。有学者认为旅游资源是可以创新的，这个说法与运营性旅游资源的观点相同。

如果说旅游者偏好是驱动旅游者外出旅游的内在推动力的话，那么旅游资源就是吸引旅游者前往旅游目的地的外在因素。旅游资源在供求关系中属于供给曲线，与市场需求曲线相结合，才能使得旅游目的地获得成功发展。

一般认为，旅游资源是旅游业发展的客体，是旅游产品和旅游活动设计的基本要素之一。旅游资源的要素包括：

对旅游者有吸引力，能激发人们的旅游动机；

具有可开发性；

随着旅游者旅游爱好和习惯的改变，旅游资源的含义不断扩大；

不同的旅游资源开发能产生不同的经济、社会和环境影响。

## 二、旅游资源的构成

### 1. 旅游资源的一般构成

对旅游资源的认识，是随着旅游业的兴起而出现和不断深化的。由于旅游业是一项新兴产业，而旅游资源相对于其他单一的传统资源，在内容和构成上都要复杂得多，因此对旅游资源的确切构成，国内外尚未形成统一的认识。

旅游资源可以是任何形状和大小，包括自然的与人造的环境因素，也包括各种节日、事件、活动、特定建筑物、当地人的好客程度，甚至是交通服务特色等。

综合国内外对旅游资源的认识，通常可以区分如下：

• 主体性旅游资源是那些对旅游者具有强大吸引力，通常可以激发旅游者产生旅游动机，并让旅游者作出前来旅游决策的关键性旅游资源。

• 支持性旅游资源，则是那些对旅游者产生旅游动机具有补充作用，可以满足旅游者一定旅游偏好，但不能成为激发旅游者产生旅游动机的旅游资源。

• 自然旅游资源包括：花、景观、动植物、气候、水体，它们构成旅游目的地需求的基本要素。

• 文化资源包括：宗教、自然遗产、民族风采、地方风俗等，它们涵盖了历史上和现在的人们的生活方式、生活态度和社会表现。

● 节庆资源：各种喜庆大事、节日、比赛、商务活动，以及其他区域性、国家性的大事。

● 活动性资源：包括各种基于特定旅游目的建设的旅游和娱乐设施，比如主题公园、娱乐中心、动物园、水族馆、公园以及其他类似公园的旅游区。活动类旅游资源可以为旅游者提供诸如运动、休闲购物、商务活动等所需的各种设施。

● 服务类资源：包括交通运输系统、住宿设施、接待中心、餐饮场所等。

国内对旅游资源的构成一般从两大方面区分。

（1）基于旅游资源的观光性分类

旅游资源的分类形式很多，国内采用较多的是根据旅游资源的性质来划分。按照这种划分方式，主要可将旅游资源划分成两个大类：自然旅游资源和人文旅游资源。

由国家质量技术监督局和建设部联合发布的国家标准《风景名胜区总体规划标准》（GB/T 50298-2018），对旅游资源的分类是基于观赏性的角度："能引起审美与欣赏活动，可作为风景游览对象和风景开发利用的事物与因素的总称。是构成风景环境的基本要素，是风景区产生环境效益、社会效益、经济效益的载体。也称风景资源、景观资源、风景旅游资源，简称景源。"所以它对旅游资源的划分是指风景资源，或称景源、景观资源、风景名胜资源、风景旅游资源。

国家标准《旅游资源分类、调查与评价》（GB/T 18972-2017）是根据中国科学院地理研究所制作的旅游资源普查分类表编制的，也是截至 2023 年体系最完善、最详细的，但可能过于繁琐了。它将旅游资源分为 8 大主类，包括：地文景观、水域景观、生物景观、天象与气候景观、建筑与设施、历史遗迹、旅游购品、人文活动。在 8 大主类之下又分为 23 个亚类,亚类之下有 110 个基本类型。这个分类方式相比于《风景名胜区总体规划标准》,拓宽了旅游资源的含义,但依然是以观赏性景观为核心的分类标准,在对旅游资源的评价方面也是观赏质量的评分占比更高。

以上两种旅游资源的分类法,都是从旅游资源的性质进行划分的。可谓能够想到的旅游资源种类,基本上都被包括进去。但也正因为这两种分类体系过于详细、规范,反而使得在进行旅游资源普查的时候没法操作。如果作一个大的区域旅游规划,会把同属一个旅游区的旅游资源拆得支离破碎。

而且这种分类方法是基于观光性旅游资源分类基础之上,而在很多时候,特别是在经济比较发达的地区,要么缺乏观光性旅游资源,要么观光性旅游资源并不具有较高的旅游开发价值。

(2)按照旅游活动性质分类

第二种分类方法是根据旅游活动的性质来对旅游资源进行划分。这种划分方式国外采用较多,这是一种根据市场需要进行的旅游资源划分方式,我们习惯于根据自己所拥有的事务进行分类;但现代旅游开发则是在旅游市场细分的基础上,对旅游资源按与市场需要相关的方式进行划分。因此,这种分类方法其实是基于旅游市场需求特点的分类方法。

比如,一块荒芜的起伏不大的小山丘,在不同的旅游需求中,它就属于不同性质的旅游资源。如果当地经济发达,地理位置优越,高收入者较多,那么它是很好的高尔夫球场地;如果当地经济不发达,但城市人口较多,那么它也可以改造成很好的野营地。同一块没有任何风景的荒地,完全可以根据旅游者对于旅游活动的喜好进行设计。而按照通常的旅游资源划分方法,大概只能将它划入"其他地文景观类",甚至不会认为一块荒芜的小山丘也是旅游资源。

根据旅游活动性质进行旅游资源的划分,应该首先对旅游市场进行细分。根据市场对旅游产品的需求状况,再依照这种产品的类别对资源以及这种产品对资源的要求来进行划分。比如有商务型产品,则可有会展中心、购物场所,甚至酒店也成为旅游资源,等等。

按市场性质划分是指,旅游资源应该根据市场需求采取对号入座式的划分方式。

但是,不管是根据旅游资源的性质,还是根据旅游活动性质进行的分类方式,都是建立在旅游资源的可穷举性与旅游资源的可分类性之上。事实上,在多数情况下旅游资源是无法穷举的,也无法分类,同时旅游资源的开发也不可能单独出现,而是多种类型的旅游资源的组合开发。比如海南的南山主题公园、深圳华侨城的欢乐谷等项目,没有任何现成的基础性的旅游资源,只有土地以及人的思维与创意。我们无法对人的思维和创意进行分类。

再比如上海世博会,在其半年的举办期内共接待了7000多万游客,而世博会的旅游资源只不过是一个世界性的节庆(festival)活动,其中的旅游资源是"世界性博览会的举办权"。

因此,旅游资源基本的分类方式,可以参照资源的分类方法,即分成操作性旅游资源和运营性旅游资源。

### 三、旅游资源评价

1. 旅游资源普查

对旅游资源进行评价的目的在于:一是明确旅游资源开发的优先程度;二是为区域旅游资源规划和开发指导方向;三是为旅

游产品开发提供基础。

　　旅游资源的评价需先从旅游资源的普查开始，所有潜在的可进行旅游开发的各种物质性和非物质性的因素，都属于旅游资源普查的对象。旅游资源普查有三种方式：一是文献调查，二是口碑调查，三是实地调查。

　　调查步骤一般为：制定有关旅游资源普查的各种表格；文献调查；口碑调查；为野外旅游资源实地踏勘目标确定先后次序；制定野外调查计划；野外踏勘；形成资源调查报告。

　　Kerrry Godfrey 和 Jackie Clareke（2000）也提供了一个旅游资源调查的步骤：

　　第一步，列出与旅游开发具有某种联系的所有资源细节。

　　第二步，对其中关键性旅游资源进行评估，并对旅游资源开发需要提升的部分进行说明。

　　第三步，旅游资源数据库建设。

　　第四步，旅游资源评价。

　　第五步，根据旅游资源评价结果制定旅游资源开发方案。

　　旅游资源普查的内容包括：

　　其一，旅游者在旅游区会对所看到的哪些事物感兴趣？

　　其二，旅游者参观了哪些不同类型的旅游吸引物？

　　其三，旅游者要求提供哪些种类的服务？

　　其四，旅游者逗留期间参与了哪些不同的活动？

　　其五，如果在旅游目的地过夜，旅游者会选择哪些类型的住宿设施？

　　总之，旅游资源调查应该列出上述内容。

　　2. 资源评价方法

　　学者们归纳了一些比较流行的旅游资源评价方法，主要有：

景观质量评价、旅游资源开发利用评价、专题旅游资源评价、人类福祉与健康价值评价、旅游容量评价。长期以来,我们对于旅游资源的评价都是从资源自身的等级或者价值来进行,采用较多的是德尔菲法(专家调查法),由一组专家对其拟评价的旅游资源进行评级,再确定其开发的价值。而由于旅游资源数量、种类、载体形式、组合形式等千变万化,难以对其确立一个可评价的参照系,使得资源等级的评定流于形式,难以指导实际的旅游开发。

因此,人们提出应对旅游资源进行计价,认为旅游资源计价是旅游资源经济价值的一种体现,资源计价的意义在于核算旅游资源开发的成本。旅游资源具有使用价值,但对于开发所付出的成本往往估计不足或估计不出。只有当旅游资源对潜在市场的吸引力足够大乃至于能吸引足够多游客时,产生的经济效益才能与开发所需投入保持平衡,或超过开发的投入,这样的资源才是有效的资源。

另外,应该评价资源—产品的转化性,资源不能转让,不能出售,如果不能转化为产品将一文不值。但资源转化为旅游产品也是需要成本的,因此评价资源的价值,还必须评价它是否适宜转化为旅游产品。

这里介绍几种旅游资源评价方法。

(1)旅游资源效用

旅游资源的价值可以从其被旅游者使用时产生的"效用"来评价,旅游者对旅游倾向无"偏好",则旅游资源无"效用"。旅游资源的效用在于满足旅游者出行需求的程度,这种对旅游者需求程度的满足,可以用旅游资源的效用来表示:

$U = U(x, y, z, \cdots)$,式中 $x, y, z$ 分别代表旅游资源所能够

提供的旅游功能组合。

　　旅游资源效用大小可以有两种表达形式，一是序数效用，二是基数效用。

　　序数效用是指在多种旅游资源相互比较的情况下，旅游资源对旅游者需求满足程度的比较，用序号来表达，序数效用可以用无差异曲线。这不是对旅游资源的风景优美程度进行比较，而是对旅游资源的功能满足旅游者的程度进行比较，并对这些功能进行排序。比如，对于上海的旅游者，假期的选择可以包括黄山风景观光旅游，普陀山宗教旅游，嵊泗海岛度假旅游，旅游者会根据时间、价格、个人偏好等因素，对这些旅游资源的不同功能进行排序，以便确立出行选择的优先程度。

　　基数效用是对旅游者需求满足程度的数值单位，可以采用边际效用分析方法。这是旅游者根据价格或是否有过相同的旅游体验，以选择旅游资源的功能满意度。旅游资源的基数效用与旅游者出价的意愿成正比，即旅游者出价越高，旅游资源的基数效用也越高。

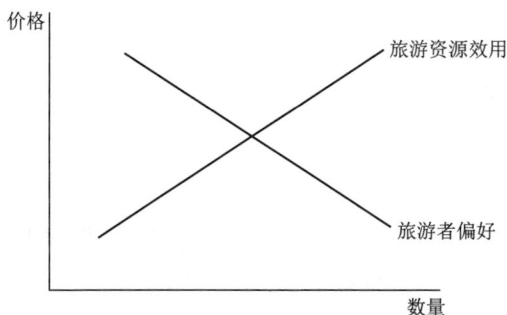

**图 4-1　旅游资源开发**

旅游资源开发的可行性取决于旅游资源效用与旅游者偏好

的平衡点，也就是图 4-1 中两条线的交叉点。

（2）旅行成本法

旅行成本法（Travel Cost Method，TCM）最早由美国国家科学研究院院士霍特林（P. Chaudhry et al., 2006）于 1947 年提出。他以经济学需求理论为依据，按照一定地区旅游者到达国家公园的旅行距离所产生的旅行费用，与该地区旅游者访问率之间的相关性，得出需求曲线，进而估算出国家公园满足旅游者程度的总效用。

旅行成本法（TCM）：旅游资源价值等于旅行消费支出与旅游者愉悦度总和之比。

旅行成本法的假设是旅行成本代表着到达旅游资源所在地并开始旅游的价格，可以根据旅游者以不同的旅行方式所产生的旅行费用以及旅游者到访的次数，评估该旅游者对该旅游资源付费的意愿。

调查方式是提取被评估旅游点的访问者过去 12 个月，或设定的一段时间内的访问数据。包括到访的次数、从访问者家到该旅游目的地的距离、出行方式（私人汽车、飞机、公共汽车、火车等）、前往该地的时间、受访者的收入和其他社会经济特征（性别、年龄、教育程度等）。研究人员使用有关距离和旅行方式的信息来计算旅行成本。

旅行花费的时间也可被视为旅行成本的一部分，因为这段时间有机会成本，它可以被用于进行其他活动（例如工作、与朋友共度时光或享受其他爱好）。时间的价值是根据每个受访者的收入来确定的。出于同样的原因，在现场花费的时间也被视为差旅费用的一部分。例如，如果受访者在一天之内访问了数个不同的旅游点，则需要计算旅游者在每个旅游点逗留的时间，可以为此打分，以确定各旅游点的排序。

上述方法可以通过个体计算法和区域计算法相区别。个体的 TCM 计算方法是单独计算每个人的旅行费用，这需要对旅游者进行更详细的调查。区域 TCM 调查法，是对旅游资源所在场地四周进行区域划分，可以是同心圆，也可以采用行政区作为评估对象，以计算每个区域的旅游者来访次数及成本。

一般来说出行成本越高，旅游者到访的出行次数越少。由此可以建立旅游资源所在地平均访问者的需求函数，从中可以推导出平均访问者的支付意愿。然后将该平均值乘以相关人口总数，以估算该地旅游资源的总经济价值（Aaron J. Douglas et al.，2004）。

应用旅行成本法，必须收集以下信息：每个客源地区域的旅游者来访次数（通常由邮政编码定义）。首先是每个区域的通用信息，包括：

① 人口统计信息；

② 每个区域的往返里程；

③ 每公里的旅行费用；

④ 旅行时间的价值（或旅行时间的机会成本）等。

其次是具体信息，包括：

① 每个人到达现场的确切距离；

② 确切的旅行费用；

③ 旅行的长度，以及在各旅游点逗留时间；

④ 旅游者前往替代旅游点，以及旅游时间和距离；

⑤ 旅行的原因（旅行只是为了参观现场，还是为了其他目的）；

⑥ 该旅游点和其他类似旅游点的旅游体验质量对比；

⑦ 对旅游点现场环境质量的看法。

举例来说，上海佘山和新疆天山哪个旅游价值更高？通常认为天山的旅游价值更高。但事实上，一定时期内前往佘山的上海游客比去天山的上海游客人数多，对于上海游客来说，佘山的旅游价值更高。这就是我们所说的旅行费用评价法，因为从上海前往天山比前往佘山的旅行费用高很多。由 TCM 得出了第二个推论，旅游距离与旅游价值之间的关系，旅游资源的价值与到旅游目的地的距离成反比。因为旅行距离越远，旅行费用和成本就越增加。因此，旅游资源价值要放在与特定的旅游目的地的相互关系中考虑，旅游资源的价值不能绝对化，要从旅游者和目的地之间的相对价值来考虑。

然而近十年来访问佘山的旅游者正在下降，而访问天山的上海旅游者越来越多。为什么？因为近年来，随着经济的发展，上海居民的收入水平也越来越高，当他们的收入水平达到对于旅行成本不在乎的时候，收入效应大于替代效应，去天山的旅游人数就会超过佘山的人数。上海人将旅游看成是生活必需品，即使条件很艰苦也会外出旅游，所以对于上海人来说，佘山属于"吉芬商品"，当收入水平不高时选择佘山，但是收入提高后就会选择天山。

综上所述，旅游资源的价值不仅仅与旅游资源的旅游功能属性有关，在很大程度上更与旅游者的价值（旅游者收入水平的提高）有关。

（3）效用估值法

效用评估法（Contingent Valuation Method，CVM）也称支付意愿评价法，最早于 1963 年由 Davis 提出。该方法是以被调查对象的回答为基础，直接获取人们的支付意愿数据，并非根据消费者所发生的实际购买行为来进行估算。

这是对一些没有直接的使用价值，但可能带给人们一定愉悦感、满足感或幸福感的事物进行评估。大多数旅游资源就属于这类，没有具体的使用价值，但能够给旅游者一定体验的幸福感。各种旅游景点、舒适的环境、生态系统、体贴的服务等都属于此类。

效用评估法是通过调查，直接询问人们愿意为特定环境服务支付多少费用。这取决于调查者对特定的旅游场景、特定的环境、特定服务的描述，以及被调查者对这种描述的理解度。

效用评估法（CVM）更多地用于对各种旅游环境、旅游氛围、旅游生态系统和旅游服务的经济价值进行评估。与任何其他非市场估值技术相比，它允许对更多种类的非市场商品和服务进行估值。当然，这种评估方法的争议性较大，因为它通过问卷设计、随机抽样调查，可能会带来较多的主观性。

效用评估法是基于旅游者所说的偏好是什么，而不是观察旅游者的行为。类似于环境的这类事务很难开发具有使用价值的商品，通过市场进行买卖。因为环境不可能出售，而能够体验环境舒适性的旅游者也不能独自享用，必须跟其他旅游者共同体验，这与消费者所购买的商品具有排他性使用方式不一样。因此，这些环境估值有时称为"被动使用的"价值。

人们重视不使用或被动使用的环境效益。然而，除非以某种方式估计出它们的经济价值，否则这些环境很可能被隐含地视为零。那么，它们值多少钱呢？由于无法通过人们的购买行为来体现这些环境的市场价值，因此支付意愿的调查评估是唯一的评价方法。

效用估值法必须建立在几个假设前提上：环境要素具有"可

支付性"和"投标竞价"的特征，被调查者知道自己的个人偏好，有能力对环境或服务进行估价，并且愿意如实地说出自己的支付意愿或接受补偿的意愿。效用估值也是通过意愿调查法的形式设计，调查内容包括三个部分：

第一，详述被评估旅游资源的背景资料，对旅游资源所能够满足旅游者的功能进行准确描述；

第二，询问被调查者对所评估的旅游资源的支付意愿；

第三，对被调查者的社会经济特征的调查。

## 第二节　旅游空间

### 一、旅游资源转化为经济效益的机制

旅游资源、空间场地和旅游目的地之间有着明显的区别。

旅游资源是指具体吸引旅游者的某个单体吸引点，主要指旅游吸引物。

旅游空间是指提供旅游活动的某个地理单元或者场地，场地包括旅游资源与部分服务的综合空间。

旅游目的地总体上旨在提供旅行者所需的几乎所有服务，同时也是当地常住居民的生活与工作地区。

然而，随着主要旅游景点和旅游度假综合体逐渐成为旅游目的地，可以为各类个人事务旅游者或商务旅游者提供各种服务，旅游资源、旅游空间甚至旅游目的地之间的区别变得很模糊（John Swarbrooke et al., 2001）。

但是，"旅游空间可以根据旅游活动和各类其他经济活动的

时空序列进行空间再造"（Gareth Shaw et al., 2004）。这说明旅游空间是资源化的结果，也是旅游活动的空间载体。

1. 地理空间与旅游空间

地理空间是指具有一定空间完整性，以某个地理要素为联系纽带所构成的既相对独立，又互相作用、互相影响的任意地理单位，它反映了地理要素在一定空间范围内的分布形态、分布方式和分布格局。比如，以河流及其集雨面积为联系纽带，可以构成水系；以山体走向为联系纽带，可以构成山脉；以行政联系为纽带，可以组成行政区划；以旅游资源或者旅游项目为联系纽带，可以构成旅游区等等。

旅游空间是提供旅游活动的地理空间单元，它由旅游资源分布的相对完整性和相对独立性决定，或者由旅游活动功能的完整性和相对独立性所决定，旅游空间根据其规模大小、功能、成分组合、性质等因素可以区分成不同类型。旅游者对旅游产品的满意与否，最终取决于这片区域发展起来的旅游资源（或者旅游吸引物）、服务、各种设施、社区环境、通道等的综合表现。

地理空间是旅游空间的依托，它由旅游空间和非旅游空间组成。这种包含旅游空间和非旅游空间的区域可以称之为旅游地（或旅游目的地），由于旅游空间大都落实在行政区域内，而从事旅游开发的地理空间是以行政区域为单位的，因此也可以将旅游地（或者某个行政区域）看作旅游区依托的地理空间，在这个基础上，地理空间与旅游空间的关系就变成了旅游地（或某个行政区域）与旅游区之间的关系。

旅游资源的内在属性影响到旅游区域发展特征的自然属性，区域地表的多样性则多多少少会影响旅游开发的模式。比如，土壤的性质会影响建筑形态和建筑质量；大地形态则可以影响旅游活动的设计,平地适宜远足,山地适宜登山等;植被的覆盖率,则影响到多种景观表现,自然的表现力、动物栖息地等;水体可以供大量旅游者活动,提高旅游开发质量,为旅游文化活动、旅游事件策划、艺术表演提供帮助(Clare A. Gunn, 1979)。

2. 旅游资源转化经济效应机制

旅游资源是具有潜在经济效益(包括文化社会效益)的因素,它必须转化为旅游产品,并通过旅游者购买和旅游,才能产生经济效益。旅游产品包含旅游活动全部或部分六大要素,这六大要素中,起决定性作用的是吸引物要素,也就是旅游资源要素。一般来说,旅游资源的吸引力越大,旅游产品被旅游者购买的可能性越大,但被旅游者购买的次数多,并不一定就能产生很大的经济效益;相同类型的旅游产品被不同的旅游者购买,经济效益也可能会有不同,这与旅游资源转化为经济效益的机制有关。

旅游者的购买行为中,能够产生经济效益的环节就是我们通常所说的吃、住、行、游、娱、购。从理论上讲,任何一种旅游产品包含的要素越多,旅游者消费的次数越多,产品的经济效益也会越高。但这种可能性是不存在的。比如不少旅游名山都修建有索道,大大加快了旅游者游览的速度,索道也得到了大量的经济效益,可是旅游者在旅游区逗留的时间也大大缩短,反过来又降低了住宿和餐饮的收入。

如果我们把从客源地到目的地这一段的距离排除在旅游产品的内容之外,仅仅看旅游者在旅游承载区的活动,那么旅游资源转化为旅游效益的过程就是:

旅游资源(R, Resource)——活动空间(S, Space)——时间消耗(T, Time)——经济效益(B, Benefit)。即,旅游资源组

合成旅游承载区，提供给旅游者以旅游活动的空间，旅游者在旅游空间活动中消耗了大量的时间，而时间的流逝，使旅游者不得不购买各种服务，从而实现旅游资源的经济价值。

理论上说，旅游空间越大，则旅游活动时间越长，旅游者需要购买的服务就越多，经济效益也越高。但不可能有这样的旅游者，花四个小时的时间爬到山顶，看十分钟的山景，再用四个小时的时间下山。因此，旅游空间大的前提是旅游活动内容丰富，旅游者可逗留的理由充分，从而旅游者购买服务的环节，或者获得更多赏心悦目的实地体验的机会增多，而不是人为制造空旷的空间，以强迫旅游者逗留。

旅游资源转化为经济效益的机制，除规定明确的旅游区界限，收取门票以外，就是尽可能利用旅游资源的各种吸引要素，提供旅游活动场所，扩大旅游空间，把空间优势转化为时间优势，从而获取旅游开发的综合经济效益。

旅游资源转化为经济效益，与旅游空间的设施组合内容有较大关系，通常而言旅游空间包括以下主要内容（J. Christopher Holloway et al., 2009）：

其一，自然环境中的特征；

其二，专为吸引游客以外目的而设计的建筑物和场地；

其三，专门为吸引游客而建造的设施和场地；

其四，特别的旅游活动。

而旅游空间的活动是动态的，这取决于两大因素：

旅游活动时长和时段分配。运用 logit、结构方程或对数正态分布等模型，可以将时间视为每个旅游者得到的不同资源，分析旅游者如何将旅游时间分配到不同旅游活动类型中，以及不同的参与方式，例如旅游者旅游持续总时长与不同旅游活动持续时间之间的比率,不同的旅游活动在相应旅游场地上的时间分配,由此设计旅游者活动时间序列中旅游场地的空间结构。

旅游活动行程链。旅游活动行程链类似于旅游者在旅游目的地或旅游场地内的线路设计,可以帮助用于定位不同的土地用途,以实现最佳旅游行程链和在一次旅行中组合最大数量的旅游体验活动。

## 二、旅游空间的资源组合

### 1. 旅游承载区

旅游承载区就是旅游活动的区域,也就是旅游场地。旅游承载区整合了各种旅游资源,吸引旅游者前来从事旅游活动,由此实现经济与社会效益的转化,旅游承载区也可以称为旅游区。

旅游承载区的开发基础在于其承载力,它是指在特定的旅游空间内,在一定的时间段能够承受的最大旅游者数量,也称为旅游容量。

旅游承载区的价值受几个因素的影响:

第一,旅游核心资源的吸引力。旅游承载区可能包括许多不同类型的旅游资源(小类或点),但是其中能起到核心吸引力作用的资源价值才是关键性的因素,其对某类型的旅游客源市场的吸引力大小有决定性影响。

第二,旅游资源的组合程度和丰满程度。旅游承载区不可能只有核心吸引力,否则,其旅游的内涵不深,所以旅游承载区的不同资源类型的合理搭配,以及资源丰满程度对旅游承载区的价值贡献值也很大。

第三,旅游承载区的生命周期。旅游承载区的生命周期越长,表明可持续发挥效益的时间越长,经济价值也越高。旅游承载区的经济价值不能一概而论，不同时期，人们对旅游的兴奋点会发生变化，旅游承载区的经济价值也会发生变化。

第四，旅游承载区的市场影响范围大小与用地条件。旅游承载区市场范围包括两个含义，一个是旅游承载区能够直接影响的区域范围；另一个是旅游承载区能够影响的市场细分范围。一般来说，市场影响的范围越大，旅游承载区的价值越高。

虽然说旅游容量越大，能够产生的经营效益越大，但旅游承载区的大小应该是有限度的，因为旅游者在一个区域的旅游活动不会持续很长时间，而且面积或体量过大，对旅游者的体力消耗很大，会降低旅游者的旅游感受。

另外，旅游开发的投入与产出比也影响旅游承载区的承载力。如果旅游承载区的建设或改造成本过大，而市场潜力却不足以产生相应的经营效益，那么旅游承载区的开发要面临巨大的风险，这将制约旅游承载区的开发潜力。

一般来说，旅游承载区的市场潜力，依托于人口较多同时人均可自由支配收入也较多的城市。

旅游承载区与旅游资源的价值不一定完全吻合，旅游承载区只是供旅游者进行旅游的场所，其中的旅游吸引物是可以改造的，而旅游资源只对某些人群有吸引力，它必须依附于旅游承载区，对天然的和文化的旅游资源是无法改造的。

2. 旅游区组成要素

旅游空间通常由"旅游区"组合，这是旅游活动的承载区，它为旅游者提供各种游览、消遣、娱乐或开展各种不同的公务等活动的场所，旅游区由一定的旅游活动单元、线路、辅助活动区、商业活动区等组成。一般来说，旅游区有着明确的界限、鲜明的主题、特定的功能、一定的旅游空间。不同类型的旅游区，其空间分布形态有很大的不同。

旅游空间通过一定的资源组合，形成了一般定义的"旅游区"。旅游区根据旅游资源的性质通常分为自然旅游区、历史遗产类旅游区、各种度假区、乡村俱乐部、会展场馆，等等。自然旅游区一般包含有各种天然旅游资源要素，并形成了相对独立的区域，而各类人造旅游区或古迹类旅游区，则根据旅游功能属性和接待规模进行土地功能划定。

旅游区一般包括以下功能区：

第一，旅游主活动区。为一个旅游区内主要的旅游活动场所，它或者是以旅游区内有代表性的景观为基础，或者是旅游区内主要旅游功能的活动区。

第二，旅游单元。旅游者游览或活动时最基本的区域，一般包括某个或某些旅游观赏点或旅游活动项目，旅游单元也可以指旅游区内旅游者换乘中心、游客集散地等辅助单元。

第三，旅游休憩广场：旅游者进入旅游区的集散地。

第四，旅游节点：旅游区内应该每隔一定的路段，就要设置一个旅游者休憩节点，并提供一些小规模的商业服务，在旅游区内的主要游客集散地可以设置较大型的游客休憩广场。

第五，旅游走廊或旅游通道：游步道及其他前往各旅游单元之间的交通形式。

第六，商业服务区：旅游区的边缘或提供住宿的较大型旅游区的服务基地，可设置专门的商业活动区。

根据不同的旅游空间功能，又会设定不同性质的旅游区，比如：

第一，生态保护区：研究生态的自然区，只对工作人员开放，不对游客开放。

第二,景观观赏区:指欣赏价值较高,专供旅游者游览观赏的自然区,除必要的安全、卫生和道路外,不得新建任何建筑物,严格限制开发。

第三,历史文化区:是保护历史文物及其环境的地区,在不影响历史原貌的前提下,其附近可以适当地营建卫生、保护设施和绿化。

第四,游憩区:是旅游区内设施较集中的区域,也可以是旅游区内的服务区,可以建设各种旅游服务设施。如游客中心、旅馆、商店、车站、停车场、电信设施、管理处等,这些建筑要求建筑尺度小,采用地方材料、地方风格,与环境保持协调一致。

第五,健身与体育运动旅游区:不少城市已经建有体育公园,乡村地区也有越来越多的户外远足、自行车道等活动区。

旅游区的功能和项目配置是旅游产品设计的依据,不同性质或者功能的旅游区,可以组合成不同功能的旅游产品。

3. 旅游环境

环境是旅游承载区发展的基础,包括自然环境和人文社会环境。很多旅游产品依赖于环境的舒适度,另外,旅游者的行为也可能威胁或破坏旅游环境,从而导致旅游吸引力下降。

不同利益相关者对旅游环境存在不同感知程度。当地社区居民与旅游者对于旅游环境的理解不同,旅游者将旅游环境看成是新奇环境,不同于自己习惯的、熟悉的日常生活;而当地社区居民是将旅游环境看成是吸引旅游者的资源,同时又是自己赖以生存的基础。

作为发展的推动力,旅游业可能有助于增加收入,增加就业机会,改善教育和医疗设施,带来基础设施改善以及当地社区生活质量的总体改善。但是,旅游者过多,又会导致旅游环境恶化，旅游业的发展需要在经济效益与旅游环境的管理方面进行平衡。

一般而言，旅游环境管理需要考虑以下因素（Richard Sharpley，2006）：

第一，物理空间内的资源管理。旅游发展所依赖的自然或人造物质性资源可以在不同级别上进行管理：

其一，土地规划。平衡保护和旅游需求的特定保护区（例如国家公园，自然保护区）。

其二，空间规划。目的在于使旅游业的发展和旅游活动功能与土地特征相匹配，例如土地分级、分类、分区管理。

其三，旅游场地管理。各种旅游设施以及当地居民的基础设施规划与管理。例如各种旅游设施的类型、规模和位置。

第二，旅游者管理。旅游业的影响在很大程度上与旅游者的行为和活动相关。因此，可以采用各种游客管理技术以最大程度地减少旅游行为引发的各种负面影响。

第三，旅游环境可持续发展。可持续的旅游发展既要满足旅游者的体验感，又要保证不降低旅游环境的质量，旅游环境的可持续发展措施包括自然环境、当地社区、旅游经营以及旅游者等的管理。

第四，旅游环境管理法规和政策。旅游发展需要进行环境影响评估，这都必须通过区域或国家法律法规或政策来管理。

第五，旅游环境管理系统方法。环境管理系统已成为一种重要手段，这些隐含着对旅游开发区域的环境治理，并保持旅游开发区的生态活力。人们认识到所有环境都处于不断变化的状态。因此，环境规划不是从游客或旅游业的需求开始的，而是从当地对环境的态度和知识以及当地的发展需求开始。

## 第三节　旅游目的地

### 一、旅游目的地概说

1. 旅游目的地定义与类别

所谓旅游目的地是相对于旅游客源地而言的，指能够吸引旅游者前来从事各种公私活动的区域。这些"公私活动"包括从事公务（商务）活动，从事观光、度假、娱乐等各种私人事务的活动。"区域"既包括了各种吸引旅游者前来参加各种活动的旅游设施，比如旅游景区、度假村、文化娱乐场所、会展场馆、码头、长廊和公园等；也包括各种服务设施，诸如酒店、餐饮场馆、交通设施等后勤支持设施；另外还包括各种形式的旅游和非旅游企业、当地居民日常生活与活动的设施、东道社区（包括从事和不从事旅游业的人）等。

旅游目的地是与旅游客源地相对应的术语。很多时候，旅游客源地与旅游目的地是同城的关系，根据对旅游常住地的空间尺度定义，并且旅游者多数时候是在常住地附近从事旅游活动，因此不能将旅游目的地想象为在空间上一定与旅游客源地有一定距离。因此，旅游目的地的空间范围仅仅取决于旅游者从事"非日常"活动的范围，是旅游者在离开常住地后，在某个目的地区域具有一定的逗留时间，并且从事了与日常活动不同的临时性活动，而不是一直处在空间的移动中，即不是一直在交通旅行的过程中。旅游目的地还应该与旅游中转地（或称过境地）相区别，中转地仅仅是在前往目的地的过程中需要进行交通转换的场所，而非旅游者有计划地前往的最终目的地。

单纯旅游目的地。其经济发展高度依赖于旅游业。比如湖南的张家界市、江西的庐山、安徽的黄山等，此类地区经济发展条件较为单一，就是依靠旅游业。其旅游接待量远远高于当地常住居民的数量，因此区域内客源较少，必须依赖大量的外地客源，同时其经济发展对旅游业的依赖性很强。

混合型旅游目的地。其本身既是重要的旅游目的地，同时又具有较多的区域内客源。比如北京既是国内著名的旅游胜地，又是国内重要的客源地。

客源型旅游目的地。主要是经济发达城市，本身的旅游吸引力较小，但客源丰富。其通过繁荣商业，展示都市风貌，建设人造旅游区，经常也能成为重要的旅游目的地。

过境旅游目的地。主要是交通枢纽，不是最终旅游目的地，而是旅游者在中转路途上，因为中转时间较长，临时开展旅游活动的区域。

因此单纯的旅游目的地只是那些经济欠发达，而传统旅游资源比较丰富的地区。地理空间与旅游空间的关系往往由旅游空间的重要性决定：

其一，旅游空间只是旅游地的一个组成部分。每个旅游地除了旅游产业以外，还有其他的产业体系。比如，为当地居民提供日常消费品、增加地方财政收入的部门，为各个专业化部门提供原料、燃料或配套协作的辅助性生产部门，为当地经济发展作出突出贡献的专业化生产部门，等等。如果旅游区（即旅游空间）的规模和档次较高，可能其他产业的地位就要受到影响；而如果旅游区的规模不大，则旅游产业的地位也较低。

其二，旅游地的旅游产业的关联性，是通过旅游区的龙头作用体现的。旅游产业的关联性较高，但在不同的旅游地由于旅游经营的水平有高低，旅游关联性的表现是不同的。在国内不少旅游地，旅游的关联性大都表现在旅游区附近的小商小贩追逐游客方面，或将旅游区变成纯粹的商业活动区，而不是通过以旅游区为龙头，全面发展旅游地的服务产业来表现。

其三，旅游地不仅提供了旅游活动的空间，也提供了其他产业发展的空间。在旅游地，非旅游产业的发展程度越高，则提供的区域内客源越多，旅游开发的选择越大，能够提供的旅游空间越多，反之则越少。不同类型的旅游地，对旅游空间的依赖程度不同。

2. 旅游目的地发展的基本条件

对于一个旅游目的地而言，要想吸引旅游者，必须首先对旅游资源进行开发，形成一定的旅游吸引力，吸引旅游者前来旅游，此外旅游者要能够方便地到达，还要有足以满足旅游者消费需求的各种服务和商品。

无论个人旅行的方式和原因如何，旅行者都希望从目的地获得一些基本满足。旅游研究人员和开发人员表示，有几个关键因素对于旅游目的地的成功至关重要。这些基本条件，传统上被称为5A（Mark Anthony Camilleri，2019），即：可达性（access）、住宿（accommodation）、旅游吸引点（attractions）、活动（activities）和基础设施（amenities）。

可达性（Access）：可达性是指为了保证旅游活动的顺利实现，从旅游客源地到旅游目的地的一系列旅游运营设施和运营体系的总和。它既包括硬件的旅游接待和旅游交通系统，也包括软件的旅游活动程序的合理安排，旅游信息系统的完善，以及旅游活动各环节的有机组合。另外，根据旅游空间尺度的不同，旅游可达性也包括旅游者从客源地到达目的地的外部交通手段，还包括旅游者在旅游目的地的住宿场所前往各旅游节点的内部交通方式。中国家庭基本上普及了私家车，因此可达性重要的是便于私家车自驾的服务和停车设施。

旅游目的地的可达性除了硬件的交通和管理之外，还包括旅游信息系统。这是向旅游者全面传递有关旅游目的地各种信息的系统，它是出行指南、游览、购物、住宿、餐饮等各方面信息的集成。

旅游信息系统与旅游交通系统一样也是由外系统和内系统组成。

外系统是在旅游者达到旅游目的地之前，向旅游者介绍有关如何到达目的地的途径，以及向旅游者传达旅游目的地的旅游魅力。旅游外信息系统也可作为旅游市场营销活动的一个重要组成部分，一方面既是向旅游者提供各种前往旅游目的地的信息，另一方面又可以起到向旅游者推销旅游目的地的旅游体验特色，以及各种服务内容的作用。

旅游内系统是旅游目的地内部设置的信息系统，它主要包括旅游目的地内部的导游系统、导购系统、服务系统、交通系统等方面的信息。

住宿（Accommodation）：如果旅游者不是一日游，旅游目的地就必须有完善的住宿设施，这些住宿设施涵盖不同的价格范围，满足不同层次旅游者的住宿需求。有时候住宿设施也是目的地吸引力的一部分，尤其是那些能够俯瞰壮观的风景或当地标志性建筑的。

旅游吸引物（Attractions）：旅游者很少为了入住特定的住宿设施而前往目的地。前往特定的旅游目的地主要是为了能够在旅游目的地娱乐、游览、购物或参与公务活动。因此旅游目的地能够提供给旅游者何种体验服务，是吸引旅游者到来的核心要素。能否将旅游者吸引到特定旅游目的地，取决于旅游目的地的旅游资源是否丰富，开发的旅游项目、旅游产品是否具有吸引力。旅游吸引力包括各种自然奇观、人造景点、特别活动、文化或历史遗迹、艺术和手工艺、运动、音乐或舞蹈、不寻常或独特的动植物、夜生活等。因此，一个目的地的旅游资源种类越多，就越有可能吸引大量的旅游者。

活动（activities）：旅游者也可能到特定旅游目的地参与各种公私活动。这些活动包括购物、外出就餐、使用体育设施和进行户外休闲旅行、出席会议展览，等等。

基础设施（Amenities）：旅游目的地的各种基础设施包括供电、卫生设施、安全饮用水、道路、警察和紧急服务、邮政和通信设施、媒体，等等。这些基础设施不仅仅是向旅游者提供服务，同时也服务于当地的常住居民，而旅游者是季节性地到来，因此旅游目的地的基础设施应该确保在旅游旺季也能够满足旅游者和当地居民的需求。

## 二、旅游目的地区位

### 1. 区位含义

所谓旅游目的地区位是指旅游目的地对旅游客源地能够起到吸引力影响作用的区域和市场范围，通常是指旅游目的地相对于旅游客源地的地理位置。旅游目的地针对的客源地不同，则区位条件不同，因此也可以说旅游区位反映了旅游客源地对旅游目的地的旅游辐射能力。从总体上说，旅游目的地所影响的区域和市场范围越大，区位条件越好。

决定旅游区位优劣的因素很多，比如，客源地到目的地的距离、交通条件、目的地在客源地的知名度、与相近旅游目的地的资源同质性，等等。旅游区位关系并不是完全由客观的地理空间环境决定的，也并不一定完全由交通等硬件条件所决定，很大程度上还与旅游目的地的知名度有关。

按照一般的规律，旅游目的地距离旅游客源地越近，区位越优良。近年来，不少学者对旅游与距离的关系作过细致的调查分析，也得出了不少具有说服力的见解。

旅游资源评价的两种方法，旅行费用评价法（TCM）和效用估值法（CVM）也可以应用于对旅游目的地区位的分析。根据TCM原则，旅游目的地距离旅游客源地的距离越长，自然而然地旅行费用也越高，旅游者的数量也就会随之衰减。从这个意义来说，旅游目的地距离旅游客源地的空间距离越长，旅游者的数量会越少，这也符合由经验得出的结论。

除了空间距离对旅游区位因素会产生影响以外，时间距离也会对旅游者产生重要影响。一般来说，空间距离越遥远，时间距离也越长。但这种空间距离和时间距离的正比关系，在不同的区域关系和不同的交通组织方式中，不一定有效。特别是对于中远程旅游来说，这种区位特点和距离远近不一定就形成正比关系，旅游区位特点不是单纯就能用空间距离来概括的，还与旅途上的时间距离有关。

如果旅游者是理性的人，在出游时，会考虑一个旅游效费比。这种效费比不仅仅是经济上的投入与得到的旅游享受之间的比较，还包括旅途所花时间与在旅游地逗留时间的比较，旅游者所追求的最佳目标是"旅快游慢"。空间距离越短，旅游者越多的真正原因，在于旅游者不需要花费大量的时间消耗在路途上，这样的话，旅游者可以节省出时间更多地在旅游地逗留;另外,由于空间距离越长,旅途上的消费越高,旅游者能够在旅游地的消费会相应减少,这也会降低旅游者旅游的愉悦感。

空间距离会绝对地影响时间距离,但在不同的旅游目的地中,却不一定是与客源地空间距离短的更有优势。时间距离才是影响旅游者出游的绝对因素,而影响时间距离的因素除了空间距离以外,还有诸如乘坐的交通工具、道路条件、交通管制水平、交通营运线路、旅途服务,等等。

旅游目的地的区位优劣还与其周边地区的旅游产品竞争性有关。如果是同类旅游目的地,比如,黄山和九华山地理空间上相隔不远,同处皖南地区,从交通组织上来说,也是处于同一条线路上,但由于两者都是山地型旅游目的地,黄山海拔高度超过 1000 米,九华山也接近 1000 米(虽然现在汽车可以直达山上旅游集散地,但各旅游点依然需要不断爬山),此类旅游目的地都需要耗费大量体力。因此这两个旅游目的地虽然在同一个线路上,绝大多数旅游者不会同时去这两个旅游目的地,而是选择其中的一个。而黄山和千岛湖却是互补型旅游目的地,两者相隔也很近,也处在同一旅游线路上,前者是山地型,需要耗费体力,后者是水体型可以乘坐游船到达各个旅游点,属于休闲型,且不耗费体力,因此两个旅游目的地之间会相互输送游客。

2. 客源地与旅游目的地的互动关系

旅游目的地的区位条件是依据它与旅游客源地的互动关系来判定的,这种互动关系不是由单一因素构成,而是由多种复合因素组成。可将这种复合因素划分为两大类:不变因素和可变因素。

不变因素是指旅游目的地的区位条件是任何外力都无法改变的，是自然与历史原因形成的，比如旅游开发的空间地理条件是一定的，它所依托的旅游资源被称为"传统类"旅游资源，所谓"传统类"旅游资源可以概括为自然旅游资源和历史遗产旅游资源，它是相对于现代可改造性的旅游资源而言的，这类旅游资源是固定的、无法移动的。中国旅游业的发展起源于观光，而观光旅游就是依赖于传统旅游资源。因此，不变因素主要属于"操作性旅游资源"。

依赖于操作性旅游资源进行旅游开发的地区，是中国最早的一批旅游目的地，而这些旅游目的地相对于旅游客源地而言是固定的、不可移动的旅游目的地。比如桂林、黄山、庐山之类的旅游目的地属于自然旅游目的地；而西安、丽江、平遥则是属于历史遗产类旅游目的地。这种类型的旅游目的地，除了西安本身就是重要的旅游客源地之外，其他的目的地就必须依赖于国内外其他地区的旅游客源地输送游客。

旅游目的地区位的可变因素，是指旅游区位关系在一定的条件下可以发生转变，并由此影响旅游开发成效的因素，这类因素多半属于"运营性旅游资源"。它主要包括：

其一，客源地的市场潜力。客源地的人口总量越大，购买力越强，客源地所聚集的城市数量越多，则其旅游市场潜力越大，它所能够向旅游目的地释放的市场能量就越大，它所能够辐射到的旅游目的地就越多。

其二，目的地的旅游开发能力。这些开发能力由旅游目的地的各种综合因素构成，主要包括旅游目的地的融资能力和旅游管理人才的拥有量。

其三，旅游客源地对旅游目的地的认知度。旅游客源地的居民对旅游目的地的了解越多，或者反过来说，旅游目的地的营销力度越大，则旅游客源地的居民前往旅游的人流量就会越大。

### 三、旅游目的地管理系统

1. 旅游目的地管理系统构成

目的地管理系统（Destination Management System，DMS），具有将微营销概念与大数据分析相结合的功能，从而更有效地、更精确地满足前往旅游目的地的旅游者的需求。这种系统有几个好处（Muzaffer Uysal et al., 2017）：

其一，这个系统是动态管理系统，可以快速响应旅游者不断变化的兴趣；

其二，能够保持对客户的关注，并随时反馈给旅游企业，以调整旅游经营行为；

其三，会增加旅游目的地的收入，并提高旅游者的满意度；

其四，这将有助于在整个目的地分配收入，而不是仅使部分具有竞争优势的企业或部门获得收益。

旅游目的地管理系统是以旅游吸引力（attractions）管理为中心的。旅游目的地的吸引物（或者说旅游资源）是旅游者到旅游目的地从事游览、娱乐、公务等活动的主要理由。有了旅游吸引力，比如景区景点、度假地、会展商务中心等设施或活动，才为交通、住宿、纪念品生产等的发展创造了机会。

在旅游目的地中，所有的旅游景区景点或其他的各种旅游娱乐设施都能够为旅游者提供某种核心体验，比如教育、娱乐、社交、体育锻炼等。但旅游目的地的旅游吸引力都有一个"经验法则"（Richard Sharpley, 2006），即旅游者必须有前往旅行并逗留的理由。因此，对于目的地来说，重要的是保持并有效管理其吸引力，并在必要时开发新的吸引点。各旅游吸引点的类型、规模和数量根据目的地而有所不同，可能只有一个旗舰（或者说一个主体）吸引力，然后也有其他的旅游吸引力作为补充。旗舰旅游吸引力是旅游目的地的形象，而其他旅游吸引力提供旅游的深度，延长旅游者的逗留时间，满足旅游者的多样化娱乐或公务活动的需求。比如体育（主要是休闲式体育，而非竞技性体育，如高尔夫或网球）、餐饮、文化活动（如参观博物馆、画廊、音乐厅、传统节庆等）、当地特色夜生活、购物和户外休闲（如山脉和海滩）、会议、培训、展览，等等。上海的旗舰吸引力是外滩，但现代上海的都市风光包含民国历史建筑、上海博物馆、豫园、国际会展中心等许多旅游吸引点，还有非常丰富的文化艺术活动、市民音乐节、世界各地的美食、酒吧、咖啡馆，等等。

此外旅游目的地本身的属性，例如当地的物价水平、气候、治安、居民对游客的态度、是否存在语言障碍、四季变换、住宿设施的多样性和质量，以及空气质量等，也是旅游目的地吸引力的重要组成部分（Chris Ryan et al., 2000）。

商务旅行和个人事务旅游目的地的旗舰吸引力，也有很多是公共资源，比如国家公园、博物馆、滨海沙滩、温泉等，公共资源不以营利为目的，而是注重社会价值，同时也服务于常住居民，提升常住居民的生活品质。而娱乐性设施、体育俱乐部等多数是企业投资，为的是赢利。

旅游目的地的旅游项目开发，一般有五个发展阶段（Chris Ryan et al., 2000）：

其一，概念设计阶段：对区域内的旅游资源进行调查评价，根据市场偏好，进行旅游项目概念设计。

其二，项目设计：根据旅游资源效用与用地条件，进行成本核算，设计旅游项目。

其三，项目开发可行性研究：包括对潜在需求的研究，适当的地点和环境审核。

其四，旅游项目的开发：建设景点和相关的基础设施，提供其他服务，例如茶点和零售。

其五，客户体验管理：旅游区的实际运营。

不同于个人事务性质的旅游目的地，商（公）务旅游目的地的旗舰吸引力在于其经济发展与商业繁荣程度，或者是毗邻经济发展中心地区。

越来越多的城市商务旅游依托于现代商务服务业集聚区开发（张文建等，2010）。现代商务服务业集聚区综合了商务楼宇、星级宾馆、商业设施以及相关的生产、生活服务配套设施，形成形态美观、内外连通、生态协调、资源节约、以人为本、具有较强现代服务产业集聚能力的区域。现代服务业集聚区一般多是城市形象突出、经济发展持续增长、区域内消费市场旺盛的特色区域。而现代服务业集聚区的旅游吸引点汇集了现代建筑群、大型购物中心、特色餐饮与时尚休闲娱乐场所。

现代服务业集聚区最能吸引商务旅游者因素分别是：会议设施与服务水平、位置、成本、社交设施与服务水平。

2. 旅游目的地生命周期管理

R.W. Butler（1980）提出了他的 S 形度假村周期模型（David Weaver et al., 2014），该模型提出旅游目的地在自由市场条件下往往经历六个个不同的阶段（即探索、参与、发展、整合、停滞、衰弱或复兴）。

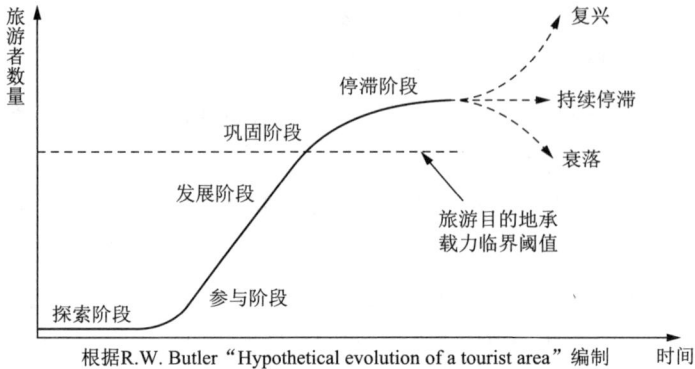

根据R.W. Butler"Hypothetical evolution of a tourist area"编制

图 4-2　旅游目的地生命周期

第一阶段，即旅游者探索（Exploration）阶段。

探索阶段的特点是前来旅游的旅游者数量很少，并且分散在整个目的地，但旅游者可能逗留时间较长。在这一阶段，旅游目的地还没有形成旅游业，因为市场还来不及作出反应，企业不太可能为不成规模的旅游者提供服务，公共管理部门也不会为少数旅游者进行大规模的旅游基础设施建设。

探索阶段的旅游者主要是冒险意识比较强、喜欢尝试新兴旅游项目的人，他们特别青睐"未受破坏的"、尚未商品化的文化和自然旅游区点。虽然此阶段的旅游者的消费绝对数额不大，也不会对当地经济的发展带来多大的影响。但他们的消费比较具有开拓性，对旅游目的地的乘数效应很大。

而当地社区的居民，对外来的旅游者会感到好奇，因而这些游客也会被当地居民看成是贵宾。

第二阶段，即参与（involvement）阶段。

当地居民或企业开始在自发的旅游活动中找到商机，开始为逐渐增多的旅游者提供小型的、非正式的旅游服务业务。这些服务和设施通常包括小型宾馆和旅馆以及饮食场所，包括提供导游、小型旅游业务和一些小型半商业化的旅游区点。

这个阶段的特点是，当地社区居民参与旅游业的积极性较高，而地方政府尚未意识到旅游业可能带来的经济与社会效益。但是随着旅游者越来越多，民间自发的旅游经营活动难以满足旅游者的需求，特别是基础设施无法满足旅游者的需要，从而引发地方政府对旅游开发的关注，并着手进行旅游基础设施的投资建设。

第三阶段，即发展（development）阶段。

发展阶段的特点是旅游业的快速增长，和相对较短的时间内旅游业各方面的巨大变化。但是旅游者的快速增加，使当地社区开始感到环境质量的下降，旅游者与当地居民会产生一定的摩擦，公共管理在旅游者与当地居民之间需要取得平衡。旅游目的地旅游业的迅速发展，吸引来较大的非本地，甚至是跨国旅游企业前来投资，推动旅游目的地的吸引力进一步提升。

在空间上，发展阶段是景观快速变化的时期，小型酒店和宾馆让位于大型度假村；农业用地被高尔夫球场、二手房开发和主题公园所取代。大面积农田可能在被投机者购买后被遗弃。也可能是因为劳动力和投资被转移到了旅游业上，旅游目的地的"地方特色"或文化的独特性迅速被通行的"国际"风格的旅游区点所取代。旅游环境的负面效应很明显，当地居民对游客的欢迎态度快速转变为冷漠，旅游目的地文化在各个方面也变得越来越商品化。

第四阶段，即巩固（consolidation）阶段。

巩固阶段的特点是到访旅游者及其他旅游相关活动的增长率开始下降，但旅游活动的总量还是会持续增加。在这个阶段最重要的是，目的地的接待能力超过临界的阈值，目的地的自然、社会和经济等环境出现劣质化趋向，从而导致旅游产品的质量下降，以及随之而来的游客和居民体验感下降。在巩固阶段，拥挤、高密度的旅游区出现，并以心理追随性的旅游者为主，他们主要依赖于大型旅行社和连锁酒店相关的短期旅行团安排。该目的地完全融入了大规模、全球化的旅游体系，旅游业主导了该地区的经济。很多景点主要是人造的、迎合流俗性质的专门娱乐场所（以主题公园、高尔夫球场和博彩为标志）。

正是在巩固阶段，当地社会可能出席"撕裂"现象。一些常住居民会对旅游者不友好，部分常住居民可能搬离旅游目的地，并转让个人房屋给旅游经营者。在旅游旺季，甚至只有旅游者和外来旅游经营商户，而没有当地居民。

第五阶段，停滞（stagnation）阶段。

停滞阶段，旅游目的地到访的旅游者增长达到峰值，旅游服务产能过剩将是一个长期存在的问题，旅游行业固定成本高昂，导致频繁的价格战，从而进一步降低旅游服务水准，旅游产品体验质量也会进一步恶化。受到负面影响的旅游目的地可能仍然具有很高的知名度，但这种知名度并不一定会转化为旅游者到访量的增长。

第六阶段，衰落或复兴（Decline or rejuvenation）。

停滞阶段理论上可以无限期持续，但旅游目的地最终也可能会通过新的旅游项目改造复兴起来，也可能从此进入持续低迷的状态，甚至可能由此进入衰落。

衰退的情景将由于以下旅游相关因素的某种组合而发生。

其一，回头客不再对现有旅游产品感到满意，而新的旅游项目未能获得市场响应。

其二，旅游市场的兴趣发生了转移，旅游目的地所依赖的主要旅游区点不再可用，比如观光旅游让位于度假旅游。

其三，旅游目的地利益相关者没有尝试振兴或改造当地旅游产品，或者进行了这些尝试但不成功。

其四，当地居民的敌意发展到彻底和广泛的程度，这会导致目的地的负面形象固化。

随着旅游人数的下降，越来越多的酒店和其他专业旅游设施被废弃或改建为公寓、保健中心或其他适合退休人员的用途。同时，旅游业的衰退往往会降低该行业在目的地的主导地位，因为其他服务行业（例如医疗保健、公共服务）被吸引到该地区以应对其不断变化的人口结构。

### 3. 旅游目的地的社区关系

所有旅游活动都会引起目的地的变化，这通常涉及所有利益相关者的成本和收益的结合（参见第十章的旅游利益相关者理论）。对目的地整体或特定利益相关者的净影响是正面还是负面取决于多种因素，包括目的地的经济发展水平和多样性，其社会文化和物质承载能力。

目的地本质上是社会经济网络，由一群动态互动的利益相关者组成，共同为旅游者提供消费体验。因此，这些利益相关者的协调与互动关系，是旅游目的地管理的基本要素。而旅游目的地的管理能力，特别是平衡旅游发展与地方文化特色的保持，极大地影响着旅游目的地魅力的持续保持，这对于目的地竞争力至关重要（Muzaffer Uysal et al., 2017）。

因此，旅游目的地当地居民对于旅游业发展的态度往往决定了旅游目的地的良性发展。而旅游业的良性发展也会给目的地居民提供更多的就业机会，传播地方文化，提升目的地的社会影响力。目的地社区作为具有影响力的利益相关者，与行业或政府一样，至少具有以下三个方面的影响意义（David Weaver et al.,

2014）：

其一，当地居民通常是旅游发展的利益相关者群体中最大的利益受损者，因此，他们对于地方旅游发展规划的意见和建议，是旅游目的地良性发展的重要因素。

其二，个别当地居民会产生对旅游者的不满，这可能树立负面的目的地形象，从而损害旅游业。

其三，当地居民掌握其所在地区的知识，可以通过解释当地的历史和文化景点以及准备独特的当地美食来协助旅游目的地的规划和管理。

**思考题：**

1. 如何理解政策也是经济发展的重要资源？

2. 如何理解旅游开发就是资源化的过程？从操作性资源和运营性资源的关系解读。

3. 运用 TCM 和 CVM 评价法分析你所熟悉的旅游资源类型。

4. 举例说明旅游资源转换为经济效益的机制。

5. 旅游区功能对旅游资源与经济效益转换的作用。

6. 分析旅游目的地生命周期理论对旅游目的地管理的启发。

7. 分析旅游目的地社区环境对旅游开发的影响。

**参考文献：**

［1］Aaron J. Douglas, Richard L. Johnson, 2004, The Travel Cost Method and the Economic Value of Leisure Time, International Journal of Tourism Research, (6), 365–374.

［2］Chris Ryan, Stephen Page, 2000, Tourism Management, Elsevier Science, 10.

〔3〕Clare A. Gunn, 1979, Tourism Planning, Crane, Russak, 133.

〔4〕Davis, R.K. 1963, Recreation planning as an economic problem. Nat. Res. J. (3): 239–249.

〔5〕David Weaver, Laura Lawton, 2014, Tourism Management, John Wiley & Sons, 289–295.

〔6〕David Weaver, Laura Lawton, Tourism Management, John Wiley & Sons, 2014: 20.

〔7〕Gareth Shaw, Allan M. Williams, 2004, Tourism and Tourism Spaces, SAGE Publications, 186.

〔8〕J. Christopher Holloway, Claire Humphreys, Rob Davidson, 2009, The Business of Tourism, Pearson Education Limited, 231.

〔9〕John Swarbrooke, Susan Horner, 2001, Business Travel and Tourism, Butterworth-Heinemann, 59.

〔10〕Kerry Godfrey, Jackie Clarke, 2000, The Tourism Development Handbook—A Practical Approach to Planning and Marketing, Pat Bond, 64–82.

〔11〕Mark Anthony Camilleri, 2019, Tourism Planning and Destination Marketing, Emerald Publishing Limited, 19.

〔12〕Muzaffer Uysal, Zvi Schwartz, Ercan Sirakaya-Turk, 2017, Management Science in Hospitality and Tourism, Apple Academic Press, 64, 22.

〔13〕Paul P. Maglio, Cheryl A. Kieliszewski, James C. Spohrer, 2010, Handbook of Service Science, Springer, 152–153.

〔14〕P. Chaudhry, V.P. Tewari, 2006, A Comparison between TCM and CVM in Assessing the Recreational Use Value of Urban Forestry. International Forestry Review, 8(4):439–448.

〔15〕Richard Sharpley, 2006, Travel and Tourism, SAGE Publications, 120–125.

〔16〕Richard Sharpley, 2006, Travel and Tourism, SAGE Publications, 66.

〔17〕R.W. Butler, 1980, The Concept of A Tourist Area Cycle of Evolution: Implications for Management of Resources, Canadian Geographer, XXIV, (1): 5–12.

〔18〕熊月之，周武，2007，上海——一座现代化都市的编年史，上海书店出版社，49—54。

〔19〕张文建，侯洁，2010，上海现代服务业集聚区与商务旅游优化研究，华东师范大学学报（哲学社会科学版）1：119—124。

# 第五章　旅游产品

**本章学习要点：**

1. 产品与旅游产品的含义、基本构成。

2. 旅游产品的分类：个人事务类旅游产品与公务（商务）类旅游产品。

3. 旅游产品设计与开发。

## 第一节　产品与旅游产品

### 一、产品与旅游产品的含义

#### 1. 产品

著名的市场营销学者科特勒（1998）认为，"产品是指任何可以供给某个市场以满足其欲望或需要的事物。包括有形物品，以及服务、体验、节事、人物、地方特产、组织、信息和创意等等"。这个定义有两个变化，首先是模糊了供给方或者说生产方是谁，以前国内很强调产品的提供者或生产者是指企业，但实际上个人也可以向市场提供产品，政府或非营利组织也可以提供公共产品；其次早期的产品通常是指物质产品，但现在的产品也包含非物质形态的服务。

其中，满足消费者某种欲望或需求，表示任何组织或个人向市场提供的产品要有使用价值，这里的使用价值就是我们所说的满足消费者的某种欲望或需求。通俗讲，产品是要有某种用途的，没有使用价值的产品是没有意义的。

科特勒对产品的定义主要从两个方面进行了拓展，一是产品提供的主体，不仅是指企业也包含自然人即个人和组织，组织又包括营利性和非营利组织。二是对于产品形态的拓展。比如，公共产品一般是政府或社会团体，即广义的非营利组织所提供的；公共产品既包括物质性产品，如政府为满足居民的健康、文化生活需要所建立的社区健身设施、图书馆、文化馆等；也包括非物质形态的服务，如义务教育等。

科特勒认为，产品有五个层次：第一是产品为消费者提供的核心利益（Core Benefit）；第二是产品的基本形态（Basic Product）；第三是产品期望值（Expected Product）；第四是产品的附属功能（Augmented Product）；第五是产品的延伸功能（Potential Product）。

产品的第一个层次，是产品向顾客提供的核心利益（Core Benefit）。顾客购买产品的目的，在于产品能够满足顾客的某种欲望，这些欲望就是产品的服务或使用价值，比如顾客购买空调机，不是购买空调机这个设备物件，而是购买空调机所提供的空气调节功能，让顾客能够在一个小环境中常年得到人体舒适的感觉；顾客住酒店，也是购买"休息和睡觉"的服务功能。

第二个层次是产品的基本形态（Basic Product）。这是指产品承载核心利益的载体，空调机是提供空气调节的载体，在出现空调机之前，可以将空调机设计成任何形态，在科技人员的不断试验后，空调机成为我们当今常见的形态。服务的功能是提供体验过程，因此很难以有形的事务作为载体。比如大多数软件，现在只需购买一个序列号就可以通过互联网获取，为了让服务产品也具有有形的载体，大多数企业会给服务产品设计一个标志，并赋予这个标志以一定的服务功能，而这个标志就成为产品的载体。

第三个层次是产品期望值（Expected Product）。消费者购买的产品都会有一个可以期待的性能标准，这个期待值通常决定了产品的质量标准。消费者也会根据自身对产品功能作用的期待值去匹配产品是否符合要求，消费者的期望值是促使消费者产生实际购买行为的推动力。对旅游者来说，他们通常是出门旅游之前就要形成对这趟旅行的期待，这些期待主要来自旅游者以往的旅游经历，以及从各种渠道所获得的旅游目的地的信息，从而形成对即将成行的旅游体验的预期设想。

第四个层次是产品的附属功能（Augmented Product）。这个层次的英文字面意思是指产品的增值功能，但从中国消费者的通常理解来说，也可以看成是产品的附加值，这是指产品所包含的各种附加服务和利益。很多时候，不同厂家的同一种产品，其核心功能都是一致的，但附着于产品上的附加值功能则有区别，于是这些附加值的区别反而成为很多产品相互之间识别的卖点。比如各种品牌空调机的核心功能都是夏天制冷，冬天制热，这是所有空调机的共同点。但不同品牌的空调机可能会突出自己的附属功能，以增强自己销售空调机的市场识别度，有的空调机突出节能环保，而有的品牌的空调机可能会宣传其主要特点是安静。有时候可以将产品的附属功能看成是给消费者所提供的边际利益。

如今的市场竞争更多地体现在产品的附加价值方面，对于旅馆行业来说，大家不再比拼设施的豪华，而是比拼服务的细节，比如快速结账、美味餐饮、房间摆设等。埃尔莫·惠勒说得很形象，"不要卖牛排，而要卖煎牛排的嘶嘶声"。

第五个层次是产品的潜在延伸功能（Potential Product）。很多产品可以从一个基本型号，发展出一系列的产品群。智能手机就是如此，从最早的仅仅是打电话，最终整合了拍摄、移动网络，甚至发展到移动银行业务的功能。而手机又因为整合的核心功能不同，提供的服务不同，而形成了不同价位的产品。

2. 旅游产品

旅游产品的定义很多，多数学者也是根据科特勒关于产品的定义，加上旅游行业的限定性特点，再给出旅游产品的定义。当然也有很多旅游学者独辟蹊径，根据各自的研究角度，对旅游产品进行定义。

Leonard（1997）等人认为，旅游产品是人们为了外出旅行的需要，所购买的各种非物质性服务和物质性商品的总和。通常来说，人们所购买的服务或商品是旅行过程中所发生的，但旅游产品的购买多数情况下是一种预付的行为，因此，无论是旅行前、旅行中，或旅行后，凡是人们的购买行为是为了该次旅行的顺利完成所发生的，都属于旅游产品的购买行为。人们出行的目的多种多样，通常可以区分为两大类，即出于商务（或公务）以及个人事务。根据旅行目的的不同，旅游产品也可以分成这两大类。

J. Christopher Holloway 等认为，旅游产品是由不同服务组成的复杂混合体，需要将不同行业的服务都整合在一起，但每项服务却是由不同的部门分别向旅游者提供。其中一些服务对于旅游者需求的产生和满足至关重要，而另外一些服务可能仅仅是起到辅助或支持的作用，因此正因为构成旅游产品的服务来自许多不同的部门，这导致定义"旅游业"的含义充满了困难。他们认为旅游产品本是服务而不是有形的商品。"销售假日，就像销售梦境一样；旅游销售面临的最大挑战就是如何将梦境与现实相匹配。"

John Swarbrooke（2007）等人认为旅游产品是旅游者购买的整体旅行体验，而不是明确功能定义的产品。这个体验有几个明确的阶段：第一是旅行开始之前的计划阶段，第二是旅途中的消费阶段，第三是行程结束后的回味阶段。

David Weaver（2014）等人从旅游系统的供给侧来考察旅游产品，认为旅游产品可以定义为旅游吸引物和旅游产业的总和。这包括旅游目的地以及旅游产业的其他主要组成部分，诸如旅行社、交通、住宿、旅游运营商和商品等。

Middleton（2009）等人认为旅游产品是不同类型的服务要素组合，这些打包的服务要素可以通过多种不同的方式设计、协调和配合在一起，以匹配特定客户的需求。即旅游产品涵盖了旅游者往返常住地的完整体验。因此，"旅游产品应被视为景点、目的地设施和目的地可达性三个主要组成部分的组合体"。换句话说，旅游产品"不是飞机座位或酒店的房间，或者是在阳光明媚的海滩上休闲"。"而是许多服务模块组合体，或一个完整的'服务包'。飞机座位和酒店床位，只是作为复合产品的总旅游产品的要素或组成部分。"从旅游企业的角度来看，旅游产品就是特定服务交付、操作和使用的线性过程。

吴必虎（2009）等认为旅游产品是一个综合概念，它是人们进行旅游活动所需的多种吸引物、设施和服务的综合。人们实施一次旅游活动，需要多种吸引物、设施和服务提供支持，如出游前的信息服务，出游过程中的交通、住宿、饮食、游览、购物、娱乐等各种服务及部分相关产品，乃至于出游之后的一些追踪服务。这样一些产品和服务的总和可以称为整体旅游产品（或总体旅游产品）。

徐惠群（2009）认为，旅游产品是指旅游经营者为了满足旅游者在旅游活动中的各种需求，而向旅游市场提供的各种物质产品、精神产品和旅游服务的组合。徐惠群从供需两方面讨论了旅游产品的含义，从旅游目的地角度来说，旅游产品是指旅游经营者凭借旅游景区景点、交通和旅游设施，向旅游者提供的用以满足其旅游活动需求的全部服务；从旅游者角度来看，旅游产品是指旅游者花费了一定的时间、费用和精力所换取的一次完整的旅游经历。

综合海外学者对于旅游产品的定义，可以发现 Middleton、Medlik 和 Swarbrooke 等人对旅游产品的定义大致相同，均认为旅游产品包括了旅游者往返常住地完整体验的服务，整合了"吃住行游娱购"各个方面的服务形成一个完整的旅游过程，而这些服务是由不同部门的企业实施的，并通过旅行代理机构整合。从旅游者方面来说是体验的过程，但从旅游企业方面来看，则是生产的过程。这个定义类似于我国 20 世纪 80 年代对于包价旅游的定义。

近年来，国内学者对于旅游产品的定义基本形成共识，就是根据科特勒对于产品的定义，引入旅游产业的属性。即旅游产品是指任何可以向旅游市场所提供的，满足旅游者出行体验的任何物质性事物或非物质性服务。

与其他定义不同，这个定义有两大特点：

第一，旅游产品不再强调产品的生产者属性。因为向旅游市场提供旅游产品的主体，不仅仅有企业，也包括公共服务部门和个人（自由职业者或自雇企业）。在公众的一般印象中，旅游产品是旅行社、酒店、旅游景区等各种旅游企业所提供的，但旅游活动涉及的公共领域特别多，要保证旅游者的旅游活动顺利实现，不可能离开公共部门所提供的公共产品。比如，各种节庆旅游活动，需要公安交警部门维持秩序，需要消防部门预防公共安全隐患、提供应急救援，需要医疗部门提供公共卫生服务，等等，这些公共服务，就属于公共服务型旅游产品。国内的旅游景区通常都是在山区等偏僻的地方，必须有政府修筑景区公路才能通达，这些公路也属于公共服务产品。

同时，越来越多的个人（自由职业者或自雇企业）向旅游市场提供旅游服务。比如，导游服务很多时候是导游个人向旅游市场提供的服务。现在的导游很可能不属于任何企业，而是一名自由职业者，特别是随着旅游门户网站成为旅游产品零售的主要平台之后，很多原来从属于旅行社的导游，就成为自由职业者。他（她）们不从属于任何企业，而是在各个旅游平台上自行招揽业务，负责网络旅游平台的线下出团操作业务。

第二，这个定义也不强调旅游产品必须是从出发到返回的完整的、综合性的旅游服务。旅游产品以单项服务形式出现得越来越多，因此，旅游产品并非一定是 Holloway 等人所认为的包含"往返"旅游服务的混合体，也就是国内常说的"包价旅游"。实际上，今天的旅游市场上，旅游者很少购买包价旅游产品，可能更多的是分别购买单项旅游产品，比如，旅游者可能会分别在旅游门户网站上预订机票或酒店房间，而不是通过旅行社预订打包的一条龙服务的旅游线路。

因此，这种根据科特勒对于产品定义而界定的旅游产品，给托马斯·库克时代传承下来的包价旅游经营模式带来很大的挑战，甚至带动了对于整个旅游经营业务模式的再认识。

## 二、旅游产品构成

### 1. 旅游产品性质

旅游产品与其他的服务产品有着相似的性质和特征。

第一是其综合性，旅游产品既包含了物质形态的事务（酒店床位、食物等），也包含有非物质形态的服务，同时旅游产品也集成了多个不同行业所提供的服务内容，是由吃住行等不同元素的组合而成。比如，旅游者在出游时，需要购买交通服务、酒店住宿服务、餐饮服务，等等，这些服务分属于不同的行业，由不同的服务设施提供，但是旅游产品元素之间的相互依存程度很高。例如，如果航班严重延误，旅客可能无法使用他们预订的酒店服务。这些相互独立的产品元素，因为旅游者的出行而被集成到一起，共同向同一个旅游者提供服务。

第二是无形性，旅游产品虽然有有形元素，但以无形要素为主。旅游产品主要是旅游者所购买的体验服务，也就是为旅游者顺利实现旅游提供了帮助，节省了旅游者的时间，提高了旅游者的体验感，让旅游者得到更好的享受，而这种帮助无法以有形的方式展示出来。比如，一些游客在网站上发布的旅游攻略，也属于旅游服务。无形性这个特征决定了旅游产品供给者需要借助有形的宣传方式去帮助旅游消费者更方便地了解旅游产品。

第三是其不可储存性。旅游是无形的服务，冰箱生产出来可以储存在仓库，汽车生产出来可以停放在大型的停车坪，而旅游产品主要是非物质形态的，无法储存。这个特性决定了旅游产品不可能预先生产出来，旅游者没有出行，旅游产品就没有生产，因此，这个特性也决定了旅游的生产和消费是同步的。比如，购买去黄山旅游的服务，在消费者到黄山旅游之前是没有生产的，只有当消费者完成了黄山的旅游，黄山旅游的这个产品才被生产出来。也就是说，旅游产品生产的过程也是旅游者的消费过程。

第四是临时性，或者称为易逝性（John Swarbrooke, 2001）。旅游者购买了旅游产品，只是获得了相应的旅游设施在特定时间段的临时使用权，也只是获得了旅游服务人员在约定的时间段所提供的旅游相关服务。也就是说，旅游者只能在购买的旅游产品中所规定的时间段使用特定航班或在酒店停留特定时间。旅游者并没有购买到相关旅游设施的产权，旅游服务人员也不会在旅游产品所约定的时间之外继续向旅游者提供相关服务。

第五是共享性。大多数购买仅授予共享使用权，例如消费者必须与他们无法控制的其他用户共享航班、旅馆、饭店。

最后是不可替代性。这是指旅游产品的消费必须是旅游者本人进行体验，必须前往产品所在地实现，其他人不可能替代。

2. 包价旅游产品与单项旅游产品构成

长期以来，旅游学者对于旅游产品的理解是，旅游者从常住地出发到目的地旅游并返回，这是一个完整的旅游过程。这种对于旅游产品的认识，相当于"包价旅游"。

包价旅游的优势（Jorizzo Joseph L. et al., 2012）：

一、能够节省旅游的时间。

二、包价旅游始终如一的质量和主题，要体现旅游目的地的形象。

三、购买方式便捷。

四、包价旅游的核心功能设计，更关注旅游目的地的特殊吸引力，游览线路与服务都只安排旅游中的精华部分。

五、降低了旅游者的价格风险。一般来说，包价旅游的价格，低于单项旅游价格的总和。

六、包价旅游包含了所有核心功能、支持功能和延伸功能等各个细节。

但是，现在的旅游产品更多是独立的单项旅游产品，单项旅游产品比集成在包价产品中的相同单项产品价格高，但独立单项旅游产品对旅游者来说，具有更高的灵活性和自由度，在休闲旅游者中，他们更愿意支付较高的价格，以获得较为自由的旅游体验。

包价旅游中的单项产品是旅行社向旅游过程中所涉及的"吃住行游娱购"等不同的服务部门分别购买，然后整合在一起。

而独立的单项旅游产品则是旅游者分别向不同的旅游企业直接购买诸如交通、住宿、导游等单项服务。这些服务的生产者（或"制造商"）包括航空、水运、公路和铁路运输工具，酒店或其他形式的旅游住宿以及旨在吸引休闲和商务游客的各种形式的设施，如奢华的家园或文化遗产，游乐园，会议和展览场所，以及其他文化和体育、娱乐等活动中心，例如滑雪场地。

这些单项的旅游产品可以通过多种方式出售给游客，既可以直接通过旅行社（仍然是旅游业的主要零售商），也可以通过旅行社或经纪人（或者被称为旅游批发商）出售（J. Christopher Holloway，2009）。

单项旅游产品的结构通常也包括"核心功能 + 支持功能 + 延伸功能"。当然，很多时候，单项旅游产品可能比较简化，只有核心功能。比如，预订一项酒店住宿，通常有延伸功能，免费提供早餐，支持功能除卧室需要之外，还包括必要的娱乐、办公、通信等功能。

### 3. 旅游产品的一般构成

参照科特勒的产品结构模式，可以将旅游产品的结构分成四个层次：一是旅游产品的主题，二是旅游产品的主要功能，三是旅游产品的支持性功能（辅助功能），四是旅游产品的增强功能（或称延伸功能）。

（1）旅游产品的主题。作为体验性服务，旅游产品的主题的设计体现了其核心价值。所谓主题是指旅游产品所要表达的旅游形象，用以传达旅游产品的体验价值，激发旅游者的出行欲望。旅游产品的主题，通常用旅游产品的名称和商标（logo）来表达，这也是旅游产品之类非物质性服务产品的载体。就广义的服务产品而言，所有的产品都是为了提供服务功能而设计，不管是物质性还是非物质性的产品。对于物质性产品来说，物质只是服务功能的载体。而对于非物质性产品而言，其载体则是产品的名称、商标，以及所包含的这些名称或商标之上的旅游形象。

（2）旅游产品的主要功能。这是指旅游产品为旅游者所提供的各项旅游经历，旅游产品的功能由旅游资源的性质决定，包括各种观光景点、海滨度假地、温泉疗养、乡村俱乐部、商（公）务活动场地，等等。旅游产品的主要功能决定了旅游者的出行选择，并能凸显旅游产品在市场上的竞争优势。旅游者会根据出行的目的，选择不同功能的旅游产品类型。

（3）旅游产品的支持功能。主要是为了旅游出行目的能够顺利实现，所必须提供的各种出行服务，通常包括吃、住、行、导游、秘书服务等。

（4）旅游产品的增值功能（或者说是延伸功能）。旅游产品中,特别是那些观光旅游,其核心功能是一致的,没有本质上的区别,于是旅游产品的差异往往体现为"增值功能"方面的竞争。以"黄山旅游"产品为例,无论是两日游还是三日游,所有的黄山旅游产品所设计的旅游线路都是一致的,不同之处只在于黄山旅游的增值功能,比如提高服务设施的档次,增加更多享受型服务,导游的服务能力不同,或者特色购物服务不同,等等。

旅游产品是在旅游者购买的时间内,在特定的场所,为旅游者提供服务。旅游产品并不会导致旅游者将酒店买走,只是在约定时间里获得在酒店住宿的权利。在旅游景区旅游,也只是旅游者购买的在特定时间内进旅游区观赏的权利,一个旅游者在旅游区观赏,并不具有排他性,其他旅游者可以同时在场。旅游产品的终极目标是满足旅游者的旅游需求,实现旅游者出行的体验价值。

所以,很多时候,旅游产品的核心功能是一样的,旅游者的选择只能在价格、支持功能、增值功能(或者说延伸功能)中进行比较,以获取更多的旅游收益。

## 第二节　旅游产品类属

旅游产品的分类:

根据出行目的区分,可以划分为个人事务旅游产品和商务(公务)旅游产品。

根据旅游目的地性质,可以划分为"乡村旅游产品"和"城市旅游产品"。

根据旅游市场的规模,可以区分为"大众旅游产品"(Mass

Tourism）和"利基旅游产品"（Niche Tourism）。

## 一、个人事务旅游产品

个人事务类旅游产品，是满足旅游者精神愉悦、生活品质提升、探亲访友、个人修养提升等需要的旅游产品。这类旅游产品又可以根据旅游产品的功能区分为观光旅游、休闲旅游、度假旅游、文化旅游、购物旅游、探亲访友旅游等；根据旅游产品的范畴可以区分为乡村旅游和城市旅游。

1. 观光旅游产品

观光旅游产品是传统的旅游产品。长期以来，一般旅游者对于旅游的理解就是观光，俗称看风景，游山玩水之类。这是指旅游者以观赏景观景物为主要目的的旅行，通过观赏异地他乡的自然风光、文物古迹、民俗风情等吸引物，得到美的享受，达到获得愉快和休闲目的的旅游形式。观光旅游主要包括观赏自然风光、都市风光旅游以及游览名胜古迹几方面的内容。

无论是对境外旅游者还是对境内旅游者，观光旅游都是最常见、最基本的旅游产品，在未来相当长的时间内也仍然是重要的旅游产品。

相对于其他旅游而言，观光旅游产品依赖于高质量的景观景物，旅游者在每一个景点景区无法长时间停留，节奏较快。在同等时间条件下，要求观光旅游产品提供更多的景观数量，且景观分布尽可能较为集中。因此，观光旅游产品，需要旅游者耗费较多的体力才能完整地体验。最常见的观光旅游包括自然风光和人文景观观光。

观光旅游产品的盈利主要依靠门票。而门票收入的高低，则取决于旅游景观的知名度和观赏质量。

（1）自然景观观光旅游产品

自然风光旅游是历史最悠久，也是中国普通老百姓最熟悉的旅游产品。长期以来，人们所理解的旅游，包括很多旅游业界从业人员，以及最初的一批旅游学者，也是将旅游等同于"看风景"。今天，自然景观观光旅游依然是旅游市场的重要产品。

自然风光是由自然地理环境的各要素所组成的，如山地、水体、动植物以及自然气候等，常被称为旅游的第一环境。自然景观的观赏价值，可以归纳为三个字，"新、奇、特"。所谓"新"，是指景观的新鲜感，这是相对于旅游者在自己日常生活中不常见到的景观景物，比如山区的居民见惯了山景，在外人看来是风景秀丽，可是对常年生活在其中的居民就是交通不便，出门就爬山；"奇"是指景观景物造型的奇异性，因为不同的自然作用力，出现许多正常情况下难以发生的景观和景物，这种景物呈现出与众不同的造型，比如黄山的飞来石、三清山的"巨蟒出山"等，都是难得一见的奇异景观；所谓"特"是指景观景物的特殊性，或者说独特性，某些景观可能很多地方都会出现，但某些景观却可能是唯一的。比如喀斯特地貌，世界上很多地方都有，但桂林喀斯特地貌的象鼻山却是独特的。

自然旅游景观的开发主要依赖于开发的目标区域内自然景观的数量以及品位高低。一般而言，旅游景观的构景因素主要是地貌，而各种地貌类型中，比较著名的是喀斯特地貌，比如桂林山水；丹霞地貌，比如广东的丹霞山、江西的龙虎山；雅丹地貌，比如新疆的"魔鬼城"等。

自然观光旅游产品的质量高低取决于自然景观的数量、规模和观赏质量高低。经过了几十年的旅游开发，中国乃至于世界各地的旅游景观都已经开发出来。观光旅游基本上属于一次性旅游产品，旅游者的重游率很低，需要不断开发新的旅游客源市场，或者开发新的旅游群体。

（2）人文旅游观光产品

人文景观观光旅游产品，是指以非自然产生的景观或者说由人工创造出来的景观为吸引物的旅游观光活动。

由于人们对旅游的理解长期以来都是观光，因此，在很多没有自然景观的地方，人文景观就受到了特别重视。人文景观的重要内容主要是历史古迹。各地的历史古迹保存下来的不多，特别是那些新兴城市，比如深圳，本来就是改革开放后才形成的大城市，因此这些地方常见的做法就是人造景点，著名的有"锦绣中华"和"世界之窗"。这两个以人造景观为主的旅游主题公园成功后，全国各地兴起了人造景点建设的高潮，但几十年以后再回顾，人造景点成功的案例并不多。对人造景区景点的设计和开发，还是属于对"旅游"概念的理解较为狭隘，现代旅游开发不再将旅游定义为观光，因此新的旅游产品较为侧重旅游者的娱乐性，而不是其观光性。

2. 休闲旅游产品

休闲旅游产品是旅游者在可自由支配（闲暇）的时间内，以放松心情、愉悦精神为主，且没有特定的出行目的的旅游方式。与观光旅游的节奏快、空间移动范围广、体力消耗大相比，休闲旅游则属于节奏慢、空间移动范围窄、体力消耗适度的旅游产品。休闲旅游是应城市居民朝九晚五、周而复始、程式化的工作与生活方式而产生的。

"休闲有三个主要功能。一是休息放松；二是娱乐，享受生活中的不同乐趣；三是学习。休闲不仅应该有助于人们在紧张工作之余的放松，而且还应该设法使人们能够以一种积极性和创造

性的态度更多地参与到各类活动中去。"（Gui Lohmann, et al., 2008）

21世纪以来，旅游休闲产品发生了四个重大变化（John Beech, 2006）。

第一，技术创新引入了新的休闲活动。互联网成为休闲活动的核心支持技术，无论是居家休闲还是外出旅游休闲，互联网技术既丰富了休闲品种的目录，也增加了休闲产品的新内容。

第二，传统的休闲方式得到了不断的创新。各国，甚至各地区都有很多传统的休闲娱乐方式，比如钓鱼，东西方国家的很多居民都有此爱好，科技的发展，让钓鱼技术得到了越来越大的提高。棋牌类娱乐，各国有较多的区别，麻将可以说是中国传统游戏的代表，但也走出了中国，在其他一些国家也有不少拥趸。在国内，麻将依然是一种重要的休闲娱乐方式，随着网络技术的发展，这种传统的休闲方式已经跨越了空间阻碍。

第三，传统的旅游景区景点，也在向休闲旅游地转型。观光旅游的再游率较低，但随着旅游业的发展，居民生活水平的提高，外出休闲旅游成为常态化的旅游方式，观光旅游地的吸引力趋于下降，因此，传统上以景观景物为吸引力的旅游景区景点，也在向休闲旅游目的地转型。

最后，技术创新与娱乐业的推动，导致休闲旅游面临许多公共管理上的难题，既要推动休闲娱乐的发展，又要限制可能发生的负面影响，比如对博彩业地位的判定。反过来，这进一步助长了某些休闲活动，包括海外短暂休养。

随着全球化与城市化的加快，世界人口越来越多地往城市集中，休闲旅游也超过了观光旅游产品，成为现代旅游业中发展得最快的一类旅游产品。休闲旅游也是种类十分庞杂的一类旅游形式，包括许多新开发的旅游产品：乡村旅游、购物旅游、美食旅游、文化旅游、娱乐旅游、运动与健身旅游等。

休闲旅游大致又可以区分为以下几类。

（1）购物旅游

购物旅游是指出行目的以前往商业场所闲逛为主，这种闲逛很多时候是凑热闹，感受商业场所的活跃气氛，并欣赏各种商品，闲逛的结果不一定会导致购买行为的发生。因此，购物旅游要与日常购物相区分，日常购物出行完全是以购物为目的，所购物品也是日常生活中的必需品。而购物旅游，则是购物的目的性不明确，很多购物行为是临时起意，所购物品不一定是日常生活用品，人们只是享受购物的过程。

"购物，即使是购买日常用品，现在几乎完全不是作为一种日常谋生的活动，而变成了一种简单的体验。它失去了物质性，变成了一种文化活动。"（Dallen J. Timothy，2005）

第一，购物越来越成为一种休闲活动，而不仅仅是日常生存的一部分。这可以从闲暇时间的增加、生活水平的提高以及网络购物挤压下线下消费者购物的行为方式中看出。

第二，购物、消费和物质主义现在通常被视为身份象征。人们所属的社会阶层，被这个阶层的消费模式、购买的产品、财产地位的暗示以及他们的消费行为所定义，而网络购物则越来越被理解为是日常生活的消费行为，只有线下购物才能够表达一定的社会身份。

第三，购物旅游与旅游过程中的购物活动不同，前者出行的目的是购物场所的休闲与旅游活动，吸引旅游者的是商业氛围；后者出行的目的是普通的旅游，购物是出行过程中的一个附带内容，所购物品是对旅游者的出行有纪念意义的商品（这种商品，通常被称为旅游商品）。也就是说旅游购物的这些商品与旅游目的地或旅游活动有相关意义或纪念意义，在很多情况下，物品的象征意义已经超越了商品本身的功能价值。

城市在其发展过程中，购物中心往往被建设为一个城市商业核心综合体，购物场所通常与休闲场所以及其他服务场所相结合。这使得购物中心本身已成为以购物休闲为主的旅游区，吸引了大量准备消磨数小时悠闲时光的游客，并让他们在各种商品的诱惑中，不由自主地消费。中国的快速城市化过程中，这种以大型超市为中心的购物中心（或称为购物广场）除大型超市之外，还集中了餐厅、家庭娱乐场所、艺术剧院，甚至奢侈品店等商业综合体。比如"开元地中海"、万达广场、奥特莱斯等都属于这类购物中心。

另外，乡村地区的集市也是重要的休闲购物旅游的场所，相比于城市的购物中心，乡村集市有较悠久的历史，也有浓厚的民俗传统以及乡村音乐活动。乡村集市所出售的物品大多也是乡村居民自产的土特产，相比于富丽堂皇的城市购物中心，乡野集市更富有休闲式的野趣，能够让旅游者真正享受到无拘无束的逛市场的乐趣。

近年来，随着网络支付与网上购物的兴起，许多购物中心面临着巨大的生存危机，但网络购物替代的是日常购物，这对超市、奢侈品店、奥特莱斯、传统商业街之类的购物中心造成巨大的竞争压力，但并不影响出行的旅游者休闲式的购物活动。因为，消费者日常购物是日常生活中的一项负担，网络购物提供了比价和送货上门的便利，帮助消费者提高了生活质量，同时也增加了消费者日常的闲暇时间。而休闲购物是一种享受，旅游者逛街的目的不是购物而是"逛"，一旦有打动消费者心意的商品，消费者往往会冲动式地购买。因此,传统街区、商业中心在面临网络购物竞争压力的时候,必须向休闲购物转型。

(2)文化旅游

文化旅游无疑是休闲旅游业中发展最快的旅游产品,这可能得益于"文化"的含义较广,导致任何旅游产品都可以跟文化挂钩。在中文语境下,"文化旅游"和"旅游文化"是不同的概念,前者是一种旅游产品,即指将文化资源作为旅游产品设计的依据,比如说博物馆参观就是一款文化旅游产品,在这里博物馆就是旅游产品的核心吸引物;后者是指因为旅游者的旅游活动所形成的"文化现象",比如早期各地出现的旅游者在景观景物上刻上"到此一游",今天很多旅游打卡地等就属于旅游行为中所形成的"文化现象"。

从广义上划分的话,文化可以区分成"高雅"文化和"流行"文化(J. Christopher Holloway et al., 2009)。

各种形式的"艺术"通常被认为属于高雅文化:绘画、雕塑、装饰艺术、建筑、音乐、戏剧和古典文学。

流行文化则主要指包括体育和流行音乐在内的"大众文化",以及与之相配的各种旅游景点、神话传说、娱乐活动、民间舞蹈和曲艺、美食和手工艺品。在后现代社会中,"高雅"文化与"流行"文化之间的区分变得越来越模糊,并且由于文化产业的推动,高雅与流行已经显现出相互融合的趋势,特别在包装和装饰艺术中比较典型。

在全球消费的后现代世界中,文化和商业显然交织在一起。文化已经成为一种可以像其他商品一样被包装和销售的商品,这是文化产业兴起的主要原因。

许多城市将旅游与文化融合在一起,创建"综合文化区"或

"特色文化区"，作为旅游城市建设的一个重要战略。Melanie K. Smith（2007）将"文化街区"描述为"一个城市或城镇中文化和娱乐设施最集中的地理区域"。

在许多情况下，综合文化区旨在为常住居民和旅游者提供旅游景点或休闲活动设施，这些设施包括娱乐场所、零售店、餐饮店以及文化场所或景点（例如博物馆、画廊或剧院）。

特色文化区则是创意产业聚集区，例如媒体、设计、技术产业。当然，在任何文化创意产业园区，重要的是将文化和创意开发整合到各种公共场所，比如用于办公空间、住宅、酒店、餐饮、零售和娱乐等区域中，为当地提高文化产业附加值，而不是建造孤立的艺术中心或文化地标。

还有一些特色文化区以地方民俗或民族文化等元素吸引旅游者，在世界各地都有各种"民族文化街区"或"民俗文化景观"，如美国很多大城市都有的"唐人街"，美国加州太平洋公路上的"丹麦村"，等等。这些文化街区很受常住居民和外来旅游者的青睐，以至于它们经常作为文化景点出现在旅游手册中，特别是不同民族的美食、购物和节庆活动最受欢迎。

相比而言，高雅艺术在旅游产品开发中，确实属于小众产品，所谓曲高和寡古今中外皆然。但这也意味着高雅艺术类旅游产品的附加值更高，比如每年的维也纳新年音乐会就已经具有世界性影响力，而每年一次的这个音乐会也提升了维也纳的城市形象，让维也纳能够因为这个音乐会成为世界著名旅游目的地。与此相似的是，上海辰山植物园的草地音乐会举办已经超过十年，也成为辰山植物园的著名高雅文化节庆活动之一，其影响力已经逐步超出上海市的范围。

但是，文化是容易相互影响的，而特色文化往往地域性很强，是在与外界相对隔离状况下形成的。随着旅游者的大量光临，不少旅游目的地的文化魅力逐渐降低，甚至最终与全球流行文化趋同，从而丧失特色文化的独特魅力。

（3）度假旅游

度假旅游是一个很广泛的概念，它代表着多种度假旅游的方式。比如海滨度假、温泉疗养度假、乡村俱乐部度假、山地避暑度假，等等。最早的度假旅游可以追溯到古罗马时期，去浴室几乎是罗马社会各阶层人所共好的一种度假形式。浴室除了满足罗马人沐浴洁身的需要之外，还有医疗保健的作用，同时浴室也成为罗马人的社交中心，罗马作为城邦制国家，许多城市公共政策就是在浴室中辩论与谋划的。

因此，浴室文化与罗马的城邦制密切相关，这也是度假旅游方式的发展源头，而度假旅游的主要功能就是"健身"与"社交"。近年来，中国度假旅游者的快速增长，正与中国城市化的突飞猛进有着巨大的关联性，而城市化的发展导致城市居民的生活方式发生了巨大变化，这是度假旅游市场形成的市场基础：

① 私家车的普及，推动了城市私家车活动圈度假地的需求大增，私家车活动圈通常是驾车行驶的 2 至 4 小时行程范围。

② 朝九晚五的工作节奏。越来越多的城市实行了朝九晚五的工作方式，这种日常生活表现出强烈的程序性、高节奏、单调性的特点，度假旅游而不是观光旅游是排遣城市紧张生活方式的主要旅游产品。

③ 注重家庭的价值。家庭少子化使得城市人际关系趋于简单，以家庭为单位的出行现象较普遍，公司活动也刻意营造家庭氛围，而呼朋唤友的团体观光旅游趋于减少。

④ 注重生活情调。在单调的生活中寻找生活的变化，比较在意有文化内涵的活动，回避观看表演性质的民俗文化。

⑤ 在意生活的闲适。旅游区的景点只是衬托，而追求生活的闲适才是主要目的。

⑥ 老龄化日趋严重。他们的怀旧感是度假旅游的主要诉求。

相对于观光旅游而言，度假旅游具有一些鲜明的特点：

第一，度假行为的经常性。经常性不是指旅游这种行为本身的经常性，而是指旅游者会在一个相对不太长的时间内，对同一目的地进行重复的旅游，而观光旅游则在一个较短的时间内，不太可能到同一目的地进行多次访问。

第二，度假旅游的消费水平较高。观光旅游的消费主要集中在观赏景物方面，旅游者除了购买门票之外，其他的消费不多，而且在观光旅游地也不提倡修建大量的其他旅游娱乐设施，因此旅游者在观光旅游区中的消费环节也不多。度假旅游是以娱乐活动为主，其行为不依赖于观赏景物，而需要大量的娱乐设施。因此要求在度假地修建配套游玩设施，每一种设施的使用基本上都是付费的，因此度假旅游的消费较高。

第三，度假旅游者在度假地的逗留时间，要大大多于观光旅游者在风景区的逗留时间。实际上旅游者度假的目的，就是找一个与自己日常生活不同的环境，摆脱自己熟悉的人和事，悠闲地消磨时光。而观光旅游则是匆匆忙忙把一个风景区内该看的景观看完，然后拍一些以景观为背景的照片，作为到过某地的证据，观光旅游者需要在有限的时间内看尽可能多的景点。

第四，度假旅游的方式是休闲、放松，其旅游吸引物主要是各种娱乐、健身、休闲的设施，景观景物对于度假旅游区而言，只是环境设计的标志，因此度假旅游开发侧重于对娱乐性旅游项目的策划和设计。而观光旅游是以欣赏风景为主，旅游产品设计的核心是挖掘具有观赏价值的自然或人文景观，或者进行景观景物的再造。

第五，度假旅游的开发不依赖于自然的赋予，而依赖于度假地吸引的范围内市场容量的大小。观光旅游开发不是所有的地方都有条件，它对于自然景观资源或人文古迹有较高的要求。但度假旅游地则是与市场范围内城市居民的可自由支配收入高低以及人口数量的规模相关。市场潜力越大，则度假旅游产品的市场需求就越大。

第六，度假旅游的组织方式与观光旅游大不相同。绝大多数度假旅游是由家庭式散客组成，较少由旅行社组织，而观光旅游则旅行社组织得较多。从市场层次来说，市民对应的度假产品是大众化产品，企业对应的是高档产品。

在现代社会中，人们的生活和工作节奏很快，压力也较大，人们常常感到十分疲倦，而这种疲倦不一定是器质上的病变，在很大程度上是心理上的疲劳。度假是缓解人们心理紧张的一个重要方法，因此现代度假旅游的保健功能，主要体现为舒缓人们的精神压力。

不容忽视的是，现代度假旅游延续了罗马人的传统需要，即度假旅游越来越成为人们的一种社交方式，社交也是度假旅游的一个重要功能。

此外，度假旅游地的功能还包括向旅游者提供以下一些服务（朱卓仁，1992）：

① 丰富多彩的消遣活动；

② 特色餐饮、别具一格的进餐环境；

③ 卫生、舒适的客房；

④ 优质服务，及按照不同客人的特点分别款待；

⑤ 有吸引力的地理位置（对不同类别的度假地来说，其客源市场不同，对位置的优越理解不同）；

⑥ 有创意的活动安排；

⑦ 超值的享受；

⑧ 具有与自己的社会地位、经济地位相当或高于自己的人们交往的机会；

⑨ 文化名胜和观光活动；

⑩ 营造出的家庭气氛。

（4）体育旅游

体育消费是指人们参与体育活动和观赏体育表演的消费，是现代生活消费的重要组成部分。20世纪90年代以来，随着生活水平提高，随着体育运动的生活化、市场化和商品化，体育消费需求大幅度增长。为追求健康文明的生活方式，许多国家的家庭和个人用于获得健身器材、服装、场地、指导的消费大幅度提高，形成巨大的体育消费市场，成为新的消费热点和投资热点，成为经济学家、社会学家和政府部门关注的热点。

度假的目的之一是健身。本来体育运动是最好的健身方法，但是人们对长寿的追求，变成了对长寿神话的塑造。这在很大的程度上抑制了体育旅游的发展，因为体育是建立在国人对健康理性的追求上，建立在全民健身的群众性体育运动发达的基础上。现代的体育度假旅游其实就是从休闲体育发展而来的，最典型的是，当初在海滨度假时兴起的沙滩排球，后来竟然发展成为奥运会的一个正式比赛项目。衡量休闲行业繁荣与否的一个有效指标，是体育用品的零售量。只有当国人不再认为体育运动仅仅是运动员的事情的时候,体育旅游才能迅速发展起来。

在发达国家,人们追求健康,主要通过参加体育运动来实现,因此他们拥有良好的群众体育基础。但在我国,人们普遍认为从事体育运动太累或要有一定的技巧,难以学会。因此对于健身总想走捷径,对保健品的追求替代了对健身的行动。因此,国内发展体育度假旅游,还需要从市场培育开始。

与度假旅游有关的体育活动,可以"休闲体育"的名称来与"竞技体育"相区分。

不管是什么体育项目,都有一定的技术要求,而大多数普通旅游者,又不太愿意花较多的时间去学习,因此休闲体育的开展有一定的难度。不仅需要开发者建设硬件,而且软件服务应该适应需要,特别是有关运动项目的教练应该有足够的耐心面向普通人提供训练服务。不少旅游者喜欢随大流,追求时尚,他们可能今天喜欢高尔夫球,明天又迷上了网球,改日又对呼啦圈感兴趣,这些都是很正常的,关键是要有持之以恒的市场开发,并善于制造体育运动的时尚。

(5)宗教旅游

宗教,在同人类文化一起产生之后,逐渐向人类生活的各个方面拓展,最终导致了相对独立的宗教文化的诞生。它具有巨大的包容性,几乎囊括了从哲学、道德、文学到建筑、绘画、雕塑等方面的各种内容。

宗教旅游向来是中国一项重要的旅游内容。所谓"天下名山僧占多",有的旅游区因为有著名的宗教场所而增色不少,有的旅游区更是以宗教旅游场所为核心旅游吸引物。许多地方一谈到发展旅游,首先想到的就是当地有哪些寺院或道观,或其他的宗教场所。

　　宗教文化旅游实质上指的是宗教信仰者的专门朝圣以及一般旅游者参观宗教景区景点的活动，是一项富有特色的旅游形式。也就是说，它不仅仅指以宗教作为唯一动机的一种旅游形式，也应该包括非朝拜目的的宗教景区景点观光、学习以及游憩行为。

　　不少旅游胜地都有宗教旅游场所，到这些宗教场所参观的游客不能单纯地称他们为信徒，因为多数旅游者到宗教场所参观并不带有宗教目的。通常认为，如果不是像四大佛教名山等以宗教文化内涵为主开发的旅游名胜，一般都不是将宗教场所作为核心旅游吸引物。

　　在旅游的组织方面，基本上没有旅行社组织的旅游团队。客人大多数是家庭或者信众，同一个村庄或单位的人员自发前来。不以旅游为目的，只以宗教活动为目的。

　　宗教旅游吸引物，一般以宗教场所为主。在我国，人们信仰的宗教主要有佛教、道教、伊斯兰教、基督教。道教是中国土生土长的宗教，在民间道教没有一定的仪轨，属于多神教系统，但中国各地的旅游区大多有神话传说的遗址遗迹作为旅游资源的补充。但从全国来说，影响最大的当属佛教，某些地区的道教也有很大的影响。

　　宗教场所中最具旅游吸引力的要素有：神殿（或灵塔等宗教建筑物）、神像、宗教仪规、宗教圣物、宗教园林等具有一定神秘感的事物。

　　从旅游资源的角度看，宗教文化旅游吸引物主要包括：宗教建筑、宗教活动和宗教艺术三类，它们具有巨大的旅游魅力和开发价值。

　　宗教建筑：宗教建筑包括寺院宫观、殿堂楼塔等。一般在选址、布局、造型、园林色彩等方面因地制宜，并将人工美与自然美有机结合，能巧妙地利用自然形态，形成强烈的宗教气氛。

宗教活动：宗教是一种群众性的组织，而宗教活动，是宗教文化的重要组成部分，不同的宗教有不同的仪式仪轨，这是一类特殊的旅游资源，对广大非教徒游客也有一定的吸引力，游客并非出于对宗教的虔诚，而是对宗教活动有着新奇和神秘感。

宗教艺术：宗教艺术是宗教文化的重要组成部分和体现，是古代艺术珍品的荟萃。由于宗教的特殊历史作用，封建统治者常常利用宗教来巩固自己的统治，他们对寺院、石窟等宗教建筑的修缮、装饰非常重视，常常组织大量技艺精湛的画师、雕塑艺人进行创作；其次是有些画师、艺人本身就是宗教信徒，艺术修养也较高。国内的宗教建筑、石窟造像本身也属于历史古迹，同时具有较高的艺术价值。如，佛教有三大石窟，敦煌莫高窟、大同云冈石窟、洛阳龙门石窟；道教造像，有泉州老君岩。

宗教文化与自然景观资源：中国的宗教场所大多选择在乡野环境中，其周边的自然环境往往具有较高的观赏性。汉传佛教在其长期的发展中积淀下来的神秘文化体系，与自然山水结合形成了我国宗教园林的独特魅力。我国古代文化名人也十分乐于与宗教界人士交往，如庐山东林寺创始人慧远法师与诗人陶渊明之间的交往，使得东林寺有众多他们两人留下的遗迹，成为东林寺重要的旅游点。

### 3. 乡村旅游产品

乡村旅游产品广义来说，是与城市旅游产品相对而言的，涉及发生在乡村地区的旅游活动，乡村地区包括所有城市以外的地区。所有在乡村地区的旅游活动，不管是观光旅游还是休闲度假旅游，都属于乡村旅游。而狭义地说，乡村旅游产品仅指与乡村事务有关的旅游产品。

相比于城市，乡村更加贴近自然，商业气氛远不如城市，从而也保留有更多的传统。而乡村与乡村之间的差异则在于地理环境、气候类型不同，导致的农业生态环境有较大的差异。

到农村地区旅行的旅游者主要来自城市。随着经济的发展和社会的变迁，城市居民可支配收入和闲暇时间的增长，以及交通、互联网以及其他技术的变化，城市居民开始更多地向往乡居生活，而乡居生活的主要驱动力则是"怀旧"（nostalgia）和"逃避"（escapism）喧嚣（E. Wanda George et al., 2009），这是乡村生活体验具有强大吸引力的主要原因。许多人寻求乡村体验，以与过去的、被认为更简单的生活或他们的"根"重新建立联系。

英国旅游学者 Bill Bramwell（1994）等人归纳了乡村旅游四种类型的怀旧：渴望天堂；简约生活；过去时光；回到童年。这些类型的怀旧都意味着乡村旅游的基本诉求就是逃离日常生活的压力或乏味。其认为真正的乡村旅游产品是：

① 位于乡村地区。

② 旅游活动是乡村式的，即旅游活动建立在小企业经营的基础上，乡村地区空间是开放的，与自然的关系密切，具有文化传统和传统活动等乡村世界的特点。

③ 规模是乡村的，即无论是建筑群还是居民点都是小规模的。

④ 社会结构和文化具有传统特征，变化较为缓慢，旅游活动常与当地居民家庭相联系，乡村旅游在很大程度上受当地控制。

⑤ 由于乡村自然、经济、历史环境和区位条件的复杂多样，乡村旅游具有不同的类型。

英国旅游学者 Busby（2000）等人则认为，乡村旅游是乡村生活体验的商品化和模式化。

国内对乡村旅游产品的理解主要是狭义的，就是将乡村旅游定义为旅游活动仅仅与农村事务有关，它包括农业旅游、农业节日、乡村特殊活动和节日、乡村历史遗址、乡村集市、以主题为特色的农业旅游路线，等等。

国内的乡村旅游产品此前是以"农家乐"的形式出现的，当今的乡村旅游产品主要是"民宿"。前者让普通民众以为，乡村旅游无非是吃农家饭，住农家屋的廉价农村生活体验。这导致农家乐活动投入不少，收入不多，而且乡村旅游的形象被破坏。"农家乐"方式的乡村旅游产品，基本上是"农村生活方式"的产品化。

近几年国内发展起来的"民宿"，则是对于"农家乐"乡村旅游产品的一种提升，民宿旅游产品其实就是城市生活方式的延伸。这种乡村旅游产品是"乡村环境 + 城市生活方式"的组合。乡村民宿旅游具有一定的乡村度假旅游的特点，但还没发展到乡村度假旅游的全面。

农村与乡村涵义的区别就在于：农村一定是自然经济条件下的居民聚居区；而乡村却可能是市场经济条件下的居民生活与工作场所。农家乐是农村生活方式的体验；乡村度假则是城市生活方式的延续。

乡村旅游产品主要有三类（Humaira Irshad, 2010）：

第一种类型是乡村文化遗产旅游。这是指以体验乡村传统文化为主要目的的休闲旅游，相比于城市，乡村经济发展较为缓慢，也较为保守，相应就保留了较多的文化遗产，这些文化遗产既有物质性的遗产，也有非物质性的遗产。

第二种类型的乡村旅游活动是乡村自然生态旅游。这是以亲近乡野自然环境为目的，参加乡村户外休闲或冒险旅行活动。

第三种类型就是狭义的农业旅游。它包括参与广泛的以农场为基础的活动，包括农贸市场、"宠物"农场、路边摊和"果蔬采摘"操作；参与过夜农场或牧场住宿和其他农场休闲活动；参观与农业相关的节日、博物馆和其他此类景点任何园艺或农业综合企业的行为。

狭义的乡村旅游产品所依赖的乡村旅游资源包括（黄郁成等，2003）：

① 农事活动：相对于标准化的工业生产活动的枯燥、单调来说，农事活动没有很强的组织性和纪律性，它完全依照四时变化进行，是一种自然型的生产活动。日出而作、日落而息的生产形态，比较悠闲，非常适合城里人放松的需要。因此模仿农事活动，是比较重要的旅游项目。但并不是所有的农事活动都可以进行旅游开发，传统的重体力活，或带有一定危险性的工作，如锄地、喷洒农药等就不适合于旅游项目开发。但传统的牛耕、拖拉机耕田，旅游者可能会有兴趣试一试。旅游者尝试下田耕地，并不是为了谋生，而是出于好奇、玩耍。农事活动的整套程式，能否组合成旅游者可体验的、适合观赏的活动流程，是农事活动旅游产品开发的关键。

② 乡村聚落：乡村聚落旅游不仅仅体现在观赏凝固的民居建筑方面，一些地区为了开发乡村聚落旅游，把民居内的农民迁走，单独留下老房子给旅游者参观。这是对乡村旅游的误解。没有人气，乡村聚落对于大多数旅游者来说，只是简单的房子，要看房子的话，城市建筑景观远远超过农村。旅游者之所以对乡村聚落感兴趣，是因为乡村的人居环境完全不同于都市，它保留着不同地域特点、不同人群居住的习俗和居住状态。没有人居住

的建筑，只是一个个单体建筑标本，而不是反映农民居住形式的聚落。

③ 农民生活：农民生活是与农事活动相辅相成的，农民生活比较恬淡，与世无争。这种生活对久居城市中的人来说，是非常令人向往的。在长达数千年的乡村生活中，中国农民积累了很多生活习俗，拥有自己的娱乐方式，这对已经远离乡村生活的都市人群，具有较强的吸引力。因此，农民生活为乡村旅游开发提供了无尽的素材。

④ 农业生态：随着农业科技的发展，人们在农业生产中，已经普遍大规模地使用各种农药、化肥、除草剂等。当人们采用工业生产方式进行农业生产活动，庆幸农业生产开始摆脱"老天爷"的摆布，为农业带来丰收的同时，农业生态环境也开始遭受破坏。乡村旅游就是要恢复传统农业生产和生活方式，让旅游者在传统的农业生产与生活活动中得到享受。

⑤ 农作物：农作物种类繁多，地域不同，季节不同，则农作物不同。农作物不仅为农民提供食物，也为乡村增添了各种景观。国内不少乡村地区就是利用柑橘、南瓜、葫芦、佛手、西瓜、冬瓜、油菜花等各种农作物营造出不同的农业景观。但农作物的季节性较强，在收获的季节过后，乡村的景观就显得较为凋零，而且农作物观赏性季节也比较短暂。

这些乡村旅游资源对于乡村旅游产品来说，是一个整体，旅游开发应该综合考虑这些资源的配置。

在许多乡村旅游经营中，对门票的过分执着，往往成为阻碍乡村旅游开发的一个重要因素。由于传统旅游观念的束缚，人们总以为，旅游就是观光，因此反映在乡村旅游产品设计方面，很多乡村旅游开发被设计成乡村景观，或者农业主题公园。但对于已经城市化的旅游者来说，他们需要的乡村旅游产品，仅仅是不同于城市的乡野环境，能够让他们自由地徜徉、冥想，甚至是无所事事。

### 4. 城市旅游

什么是城市旅游，字面上的解释就是，发生在城市或城市区域内的旅游活动，都属于城市旅游。

许多国家对"城市"区域的定义是以人口规模来确定的。1968 年，联合国对城市区域的定义是，以是否达到 2 万人为标准。但事实上，2 万人和 999 人对于一个城市和另一个城市是没有区别的。因此，单纯从人口一个指标来看待城市并不是一个理想的衡量方法。

从经济发展与社会变化的角度来看，城市地区是科学与技术创新、财富创造，以及复杂技能培养的地方。城市也是人们生活、购物或享受休闲活动的地方，这使城市成为其所在地区甚至整个国家的增长引擎。

对"城市地区"的理解，不仅仅只包含市区，还包括城市经济覆盖的地区。随着市区人口集聚度越来越高，许多城市居民迁居郊区，但他们工作通常还在市区。因此仅仅把城市市区定义为城市，已不够准确，城市旅游产品也包含了发生在城市地区的旅游活动。而对城市地区的理解可能包括以下一些要素（Alastair M. Morrison et al.，2022）：

① 强大而广泛的经济基础，形成多个商业和专业服务支持的经济中心。

② 拥有复杂公共交通网络，是与其他地区联系的门户。

③ 大量人口，劳动力流动频繁。

④ 有长期规划的发展。

现代城市是工业化的产物，而工业化带来的最大特点就是标准化、规模化、程式化。现代城市无论东西南北中，无论国内还是国外，一定程度上都存在千城一面的现象，因此，各城市的旅游核心功能很难有大的区别。

城市的特点和吸引力是其繁华、喧嚣、忙碌、文化多样性，这与乡村的宁静、空旷、冷清恰成鲜明对比。

与乡村旅游产品不同的是，城市旅游与城市的人口规模和经济发展水平有较大关系，从世界范围来看，城市越大，旅游发展越好。这可能有两个原因，一是城市规模大，意味着城市自身的市场潜力越大；二是城市经济发展水平越高，意味着城市的商务旅游机会越多。

Morrison（2021）等人归纳了八种特定类型的城市旅游产品：

① 历史、遗产、文化和创意；

② 节庆活动；

③ 商务活动；

④ 体育与运动；

⑤ 购物、娱乐、餐饮、现代化酒店；

⑥ 图书馆、博物馆、文化休闲中心与城市景观；

⑦ 建筑；

⑧ 多元文化和探亲访友。

城市可以为旅游者提供的核心产品包括：访问旅游景点、文化机构、历史遗迹，参与各种娱乐活动、体育赛事，乃至于获得独特的购物机会。

城市旅游的支持产品是提升旅游的体验感，提升旅游的快乐感，但本身不足以激发旅游行为的附加服务和产品，比如纪念品、旅游、餐厅、住宿、交通和紧急服务。

城市旅游的增强产品是围绕核心和支持产品的载体，它是城市的物理环境，包括街道和人行道、公园和小径、建筑物和店面、人们的友善程度和安全问题等。

大城市是吸引国际商业，容纳重要文化资产、历史古迹和标志性建筑并吸引大量游客的多功能中心。因此，旅游业只是这些城市经济中嵌入的众多活动中的一种，与乡村或沿海等其他形式的旅游业相比，旅游业在城市环境中的知名度较低。此外，在城市中，旅游者和当地人之间的区别不是很明显，因为他们在很多情况下使用与当地人相同的工具和基础设施，例如博物馆、餐馆、购物设施和公共交通工具。因此，越来越难以将旅游与城市中发生的其他活动区分开来，并将其与某些地区和时间联系起来。

5. 大众旅游（mass tourism）产品

大众旅游是指大规模的旅游行为，大众旅游的出现是工业革命的产物。托马斯·库克创立的"包价旅游"旅游经营模式，就建立在大众旅游出现的基础上。它是标准化的包价旅游产品，以大众消费为特征，大众旅游的组织和服务类似于工业过程。大众旅游与大众生产、大众消费和大众旅游目的地的涌现相关，从概念上讲，大众旅游属于标准化、规模化、全包价、集体消费的产品。

这意味着大众旅游无论是观光还是休闲，乃至于商务活动都缺乏灵活性和个性化，它的本质是静态和同质化的。大众旅游产品经营方式除了标准化和规模化之外，经营者实行"一条龙"服务，因而大众旅游产品相对较为廉价。

大众旅游目的地的开发多数情况下比较注重景观、景点营造，以及人工建设的游乐园、度假屋等大众化设施。

现代大众旅游是第二次世界大战结束后，全球化与世界经济持续繁荣带来的"假日福特主义"（Vilhelmiina Vainikka，2013）兴起的结果，基于高效、大规模、综合生产、标准化和产业集聚性高。福特主义是指受益于规模经济和产业集聚效应的现代、高效、标准化的生产模式。结合生产线技术和规模经济的廉价生产，有一个先决条件，就是存在着庞大的规模性消费市场。

大众旅游产品可以说是托马斯·库克时代以来，最经典、最常见，也最流行的旅游产品形式。综合而言，大众旅游产品的主要特点包括（Vilhelmiina Vainikka，2013）：

第一，大众旅游产品具有一定的市场规模，这是大众旅游产品的基本特点。当然，早期的市场规模主要是指出游人数达到一定的规模，从而可以降低旅游的单价。

第二，旅游接待服务形成了一定的标准。吃住行，包括出游的路线都有一定的标准，旅游者可以对照出游前经营者的承诺，检验旅游过程是否符合事前的承诺。

第三，大众旅游产品的接待，通常是形成完整的出游回路，也就是说有一个旅游者离开常住地到目的地旅游之后再返回常住地的完整过程。

第四，大众旅游产品通常是旅行社购买吃住行等不同行业的服务，组合在一起，形成包价旅游产品，再向旅游者出售。旅行社本身并不一定能够提供所有吃住行等各种不同的服务。

第五，大众旅游产品通常是以价格优势取胜。

从 20 世纪 80 年代以来，大众旅游在世界各地都有快速的发展，亚洲地区的大众旅游增长最快，这与亚洲是世界经济发展最快的地区有很大的关系。

当然，大众旅游产品关注的对象是旅游者群体性的需要，因而大众旅游产品难免会缺乏个性。因为强调规模化与标准化以及旅游的程序化，难免会牺牲大众旅游产品的独特性魅力。从"大众"的字面上理解，也可以看出大众是"大量的人"，或者是由大量的人组成的集体，在集体中，个性难免会被忽略。

6. 利基旅游（Niche Tourism）产品

Niche 一词来源于法语，意指供奉圣像的壁龛。壁龛很小，但边界清晰，而供奉之"神"却法力无边，因而被用来形容大市场中的缝隙市场。这种缝隙性的小市场，虽然小，但却有不可忽视的市场能量。

"利基旅游"（Niche Tourism）的概念近年来才出现，与通常所说的"大众旅游"相对，就是指"小众旅游产品"。利基旅游是"向单个客户或具有相似特征或需求的狭义客户群提供差异化产品且没有多种选择的过程"（Greg Richard，2021）。因此也有学者将利基旅游产品称为"精英"旅游产品。

利基旅游产品是满足特定群体的旅游需求而量身定制的产品，针对性、专业性很强，它不应被认为是具有普遍需求的简单化、同质性的产品，利基旅游者可以通过相同的专业需求或兴趣来区分。

利基旅游市场的规模可能有很大差异，但有效需求应该有足够的盈利空间，以确保最小的业务量，这种业务量要在足够小和被竞争对手忽视之间取得平衡。利基旅游市场理念的背后是一个关于知识的过程，涉及生产者、研究、识别和定位特定旅游者群体，并在竞争面前与它们保持联系。

利基旅游也可以从宏观和微观层面区分，一方面，利基旅游可以以相对较大的市场细分部门来定义，就是宏观利基，比如文化旅游、乡村旅游、体育旅游等，这些宏观的利基，又可以进一步细分成微观利基,比如地域文化旅游、乡村美食旅游、自行车旅游等。另一方面,利基旅游也可以专注于非常精确的小众市场,这些市场很难进一步分割,比如陶艺修学旅游、波音飞机制造厂观光旅游。

除了基于游客行为的小众旅游之外,还有基于地理维度的小众旅游,具有高度特定价值的地点能够将自己确立为小众目的地。例如,一个葡萄酒产区可以将自己定位为提供特定葡萄酒之旅的利基目的地,这方面张裕葡萄基地与酒庄体验旅游较为典型。

近年来,利基旅游更注重为特定群体的旅游者量身定制,以及提供个性化的旅游服务内容,并实施小规模的运营。与更传统的大众旅游形式相比,小众旅游被视为一种吸引高端旅游者的产品,属于精英式的旅游形式,而不是隐含的千篇一律和廉价的大众包价旅游。

当然,利基旅游也可能存在包价旅游的形式,众多的利基旅游产品组合,其实也能达到大众旅游的规模。利基旅游产品是针对个体旅游者高度个性化的需求而"细分"的,但大量拥有相似兴趣和需求的个体旅游者同样可以形成一定的产品需求规模。这不能被解释为某种"后福特主义"[1]的生产碎片化,而是一种转向灵活性、专业化的新福特主义,利用现有技术开发旅游产品类型、产品变体、品牌和子品牌。

尽管营业额、市场份额和价格战一直是旅游经营者战略管理的主要特征,但大中型旅游企业的利润渠道一直很窄。利基旅游

---

[1] 福特主义是指工业生产流程化、规模化、标准化的方式;后福特主义是指个性化、定制化、专业化的生产方式。

产品的开发已成为旅游企业多元化产品结构的一部分，旅游经营者纷纷通过建立新的客户群，或通过收购其他（通常较小）专门提供高价值定制产品的企业，进入利基旅游产品经营领域。

这些年不少旅游小企业在利基旅游经营方面出现了相当大的势头。凭借贴近市场、提供个性化服务和高水平产品知识的能力，这些企业已经能够推出专业旅游和度假套餐。

利基旅游产品为旅游者在旅游梦想、欲望、想象和实际的旅游体验之间建立了联系。因此，我们不能再将旅游产品形态完全理解为托马斯·库克时代那种旅游产品，即不可将旅游产品等同于综合的、功能明确的、易于标准化操作的大众化产品（Marina Novelli，2005）。

## 二、公务与商务类旅游产品

### 1. 商务（公务）旅游产品特点

商务（公务）旅游（business travel），又称商务（公务）旅行、出差、差旅活动等。在中文语境中，"旅游"天然具有明显的出行的目的，是指游览、观光的意思。公务（商务）旅游严格地说，称为"旅行"更符合中文习惯，但"旅游管理"学科是从托马斯·库克开创的旅行服务经营模式中发展出来的。在托马斯·库克的经营活动中，并不区分出行者的目的是旅游还是旅行，而是为出行者提供"达成其各种出行目的的服务，这些目的包括了任何因私或因公的行为"。因此本书所说的商务旅游，涵盖了"旅行"的意义。

商务旅游（以下所说的商务旅游，均涵盖公务，及各种与公务活动相关的旅游或旅行）的目的是从事与旅游者本人业务（公务）相关联的活动，是旅游行业中细分出来的一个概念。主要涉及公务或商务活动，以及由此引发的各种交通、住宿、会务、体育赛事，文化或者饮食活动和饭店行业的宴会等。公务与商务类旅游一般是工作时间出行。商务旅行与旅行者的专业和工作性质相关，代表了旅游的非休闲形式。

商务旅行的费用由雇主支付，如果是自我雇佣者，那么这笔费用其实也等于自费，但这种自费与休闲性质的旅游不同，因为这种旅行费用是出于自我雇佣者的业务活动，所有这些都是个人有薪工作的一部分。而个人事务旅游是个人为娱乐或休闲目的而进行的旅行，旅行者自行承担旅行费用，其费用与业务活动无关。

中国全年有 100 余天的闲暇时间，占全年时间比重的 31.5%；相应的，工作时间是 250 天，占全年时间的 68.5%。因此商务旅游从时间上来说，比个人事务旅游更充沛。公务与商务类旅游与个人事务旅游形成良好的补充。

商务旅游产品的主要特点（John Swarbrooke et al., 2001）：

● 商务旅游产品的人均消费水平高于任何其他类型的旅游产品。

● 商务旅客是大多数航空公司和连锁酒店的核心市场群体。

● 商务旅游的基础设施多是专业性的，与休闲旅游的基础设施相平行。

● 商务旅游是许多城市目的地的主要旅游形式，是一座城市经济活跃程度的一个很重要的指标。

● 商务旅游拥有自己独特的实体设施，例如会展中心。

● 商务旅游通常是由旅游者派出单位负责承担旅行费用，食宿消费通常是由企业或者别的单位公费支付；个人花费主要用于与公务活动无关，而与个人或家庭需要相关比如购物和消遣方面。

2. 商务旅游类别

商务旅游目的地依赖于产业本身的发展，或者是交通中心，当然度假旅游胜地也容易成为商务旅游目的地。

中国城市接待旅游者排名前列的，多与该城市的经济发达程度有关，而并不是旅游资源丰富的城市，或者说不是那些传统观光旅游资源丰富的城市，其主要原因就在于城市经济越发达，所吸引的商务旅游者就越多。

现代商务旅游产品有四种主要形式（J. Christopher Holloway et al., 2009）:

（1）会议旅行

为参加某种会议而旅行是商务旅游最广泛的形式之一。会议的形式多种多样，会议规模大小不同，会议目的也千差万别，但是所有会议都是与参加者的业务活动相关的。

（2）奖励旅游

奖励旅游是企业或各种非营利组织，奖励雇员外出旅游的活动，旅游费用由企业或各组织承担，以奖励员工在工作中取得的优异成绩。比如，各单位工会组织的职工疗休养以及当下较为流行的企业团建活动等。

当然也有不少企业将奖励旅游作为营销工具，通过抽奖的形式，组织购买了本企业产品的顾客免费旅游。

获得奖励旅游机会的员工或顾客，在外出旅游过程中建立起某种非正式的网络，为他们提供了更好地了解彼此的机会，这反过来又可以帮助他们在回到工作岗位后分享许多愉快而难忘的经历，从而形成更强的团队合作精神，或者宣传提供赞助奖励旅游企业的品牌形象。奖励旅游为旅游者提供了放松和企业内部交流的机会，这意味着他们能够恢复精力，提高员工的幸福感，从而改善员工的工作表现。

奖励旅游的过程中，企业通常会向员工灌输"公司价值"或"企业文化"，并对员工进行激励性谈话，赞扬奖励旅行获奖者的辛勤工作，这是公司减少人员流动，特别是保留那些对公司的盈利能力作出最宝贵贡献的员工的管理技术之一。

奖励旅游比金钱更有效地激励员工的工作态度，也能推动员工之间建立良好的协作关系。

不可否认的是，与派遣有成就的员工进行奖励旅行相比，使用现金奖励也一定程度上具有其自身的优势（J. Christopher Holloway et al., 2009）。

（3）展览或交易会

这类旅行的目的是为了参加展览或商品交易会，这里的展览不是文化性质的，例如在美术馆和博物馆中参观绘画或雕塑等艺术品，而是参展商租用展位以展示商品，并向参观展览的观众介绍他们公司的商品或服务。而参观展览会的多半是专业观众，他们观看展会，是为了寻找潜在商品或服务信息，以便公司或组织能够批量购买。

展览多是定期举办的市场活动，展览期内，参展公司会展示一个或多个行业的代表性产品系列，并出于促销目的，根据样品进行现场销售，或向参观者提供样品详细信息。除了大众消费品展览会，此类展览活动不对社会公众开放，只吸引贸易和商业等方面的专业观众。

（4）个人商务旅行

很多自雇者（在中国多被称为个体户）独立从事商务活动，他们也要经常出差旅行，独立进行产品购销、市场营销等商务活动。他们的旅行费用当然是自行承担，但由于他们的商务旅行也是为了业务活动，因而也属于商务旅行的范畴。

自雇者的商务旅行活动主要是从事商品购销的活动，如批发、零售等"中间商"活动，或者从事运输、仓储、加工整理等中小型贸易活动。某些自雇者是从事广告咨询业、市场调研等服务业，这些人多属于自由职业者，他们的旅行也属于商务（公务）旅行，只不过有时候他们的旅行活动与个人事务旅行活动存在着交集。

（5）教育或培训等修学旅行

这类旅行也有不少被划入为个人事务旅游，因为他们是出于自我提升的需要，自费外出学习。但这种自费外出修学旅行，也具有业务活动的属性。更多的修学性质旅行是企业或组织付费，为员工提供培训机会，这是新技术的增长要求提升员工人力资源素质的需要。

## 第三节　旅游产品设计与开发

### 一、旅游新产品开发

#### 1. 旅游新产品类型

传统上，中国旅游者将旅游等同于观光即游山玩水，因此观光旅游更多地依赖于自然景观和历史古迹，这些旅游产品多依托于传统的旅游目的地。比如庐山，一千多年来都是文人骚客喜爱的旅游目的地。诸多名山大川也都是具有悠久历史的著名旅游目的地。不管社会如何变迁，这些拥有名山胜水、悠久人文古迹的旅游目的地，都会拥有较为稳定的市场群体，无需对市场前景担忧。但随着城市化进程的发展，旅游不再是一种奢侈品，而是城市居民日常生活中的必需品，传统的观光旅游产品远远不能满足当代城市居民的旅游需求，因此旅游新产品的开发成为丰富旅游市场的根本保障。

一般来说，旅游新产品的开发将取决于：

- 旅游者兴趣的转移。
- 旅游行业经营思路的变化。
- 技术创新。
- 社会文化的变迁。

除了传统的旅游产品，任何新投放到市场的产品都是新产品。依据与传统产品的关系，新产品的类型包括：

① 全新产品：这是指旅游市场上从未出现过的产品形式，能够为旅游者开创一种全新的体验模式，或者开拓新领域的旅游产品。例如，第一位自费赴太空旅游的美国人蒂托，便开创了一个全新领域的旅游形式——太空旅游。因为此前载人航天属于工作，而非商业活动。

② 新产品系列：在已有的旅游产品中开发出新的旅游产品系列，比如中国旅游者出境旅游中，长期以来都集中于欧美、日韩、东南亚，在2020年之前，不少旅游企业开始推出南美的旅游产品系列。在南美的旅游产品系列中，既有全包价的南美诸国游线路，也有专项南美旅游产品，比如墨西哥坎昆度假旅游、秘鲁印加王国旅游、乌斯怀亚南极探险旅游、南美自驾穿越旅游等系列产品。

③ 现有产品系列的新增产品：全新产品与新产品系列的开发都是很困难的，因为这是填补市场空白的行为，需要对市场有

广泛的调研，以及对旅游发展趋势的准确判断。但在现有产品系列基础上进行新产品开发则是相对更容易的，且前期产品开发的投资较小，更可以丰富新产品线。比如传统的海滨度假旅游产品线是海滨日光浴、冲浪、摩托艇、沙滩运动等，后来陆续开发出了海滨滑翔伞、海滨艺术节、近海垂钓、近海游艇休闲等。

④ 现有旅游产品的改良或更新：在旧有旅游产品的基础上，向旅游者提供经过重新设计，具有新的旅游体验内容的产品。例如，很多主题公园都会每隔一段时间就对园内一些体验活动产品进行更新，以适应新的旅游者需要，并延长主题公园的生命周期。

⑤ 产品再定位：这是调查目标市场的做法，即将新的市场或细分市场看作目标市场。例如，邮轮旅游本来是地中海地区、加勒比地区的传统旅游产品，但随着中国经济的发展，世界各大邮轮公司纷纷将邮轮开到中国，拓展中国市场。近年来在邮轮各方通力合作下，中国形成了以上海北外滩和吴淞口为重要母港的邮轮旅游热线。

⑥ 降低传统产品的成本：传统的旅游产品在投放市场若干年后，难免会出现旅游者关注度越来越低的现象，对于观光旅游产品而言，这种现象更常见。所以观光旅游产品主要依靠新的旅游市场补充旧客户的流失，为了延长传统旅游产品的生命周期，有时候降价销售不失为一种常用方法。很多著名的旅游区通常会在旅游淡季降价，以降低旺季的压力，提高淡季的经济效益。

2. 旅游产品设计原则

在设计旅游线路时，我们可能大多数地方都没有去过，所以在设计时要充分搜集信息，之后也需要进行实地踏勘。从生产者的角度来说，需要满足旅游者主要的旅游体验而不是面面俱到。

如果在旅游产品设计过程中将目的地所有景点或体验项目都涵盖进去，一旦行程耽搁无法按时进行，那么造成的损失可能都是由旅游经营者承担，因为这是旅游设计所造成的问题，这会导致这种旅游产品严重亏损。所以旅游产品的设计需要关注利润点在哪里，消费者的预算是多少，在预算的约束与合理利润空间条件下尽最大可能提升旅游产品的体验感。

旅游产品的设计需要预先设定约束条件，包括：预算约束、时间约束、体力约束、主题约束等。

观光旅游产品基本上是一次性旅游，行程不宜过长，根据旅游景点的精彩度、稀有性、知名度以及范围大小，以在 2 到 4 天为宜。一天以内的观光旅游，旅游者的兴趣难以提升，旅游者难以获得较高的体验感，而过长的外出旅游时间，旅游者耗费体力较大，容易让旅游者产生较多厌烦，甚至出现审美疲劳。

旅游产品设计的原则是需要满足旅游者的"即时文化体验感"( J. Christopher Holloway et al., 2009 )，这是去旅游目的地品尝"异样"的机会。游客对另一种文化的真实体验意愿，促使旅游目的地居民尽可能提供该文化的真实体验感。当然，这会导致文化出现过度商业化和琐碎化的危险，因为在为包价旅游者上演"道地"的民间舞蹈时，会以旅馆中的歌舞表演形式出现，或者安排成传统的部落舞蹈，通常是人为地塑造表演形式。在英国，这种琐碎化并不鲜见，比如定期、定时举办白金汉宫门口的传统皇家卫兵"换岗仪式"，以便给游客更多观看的机会。

旅游体验也是旅游产品的使用价值和功能，很多人在购买旅游产品之前没有去过那些地方，所以在进行旅游产品营销时是一种概念营销。如何说服那些有丰富经验的消费者购买只是一个概念的旅游产品？这就需要我们将旅游产品这种非物质形态的东西形象化，可以设计成标志（logo），或者可视化的视频、图片等。可视化的图像、标志、产品名称，也可以看成是旅游产品的载体。

旅游产品设计的成败在于细节，应该制定详细的旅游产品书，对于旅游过程中的琐碎事情，在旅游产品设计时都要考虑到，比如说天气问题、客人需要携带的物品、旅途过程中可能存在的安全隐患，并应明确旅行途中的责任归属，详列必要的免责条款。

怎样进行旅游产品的形象化设计？如果将不同年代丰田汽车的外形进行对比，可以发现一直在变化，这体现了不同时代人们审美观的变化，而汽车的外形其实就是交通服务产品的外包。从广义上讲，汽车提供的也是一种非物质形态的交通服务，满足的是人们出行便捷的需求，但是当人们购买汽车时会有一种先入为主的想法，脑海中会浮现一个外壳四个轮子的画面。

再比如说现在手机上的各种软件提供各种各样的服务，打开手机桌面显示不同的标志，这就是将服务形象化。

旅游产品也是非物质形态的，如何将其形象化？消费者的视角是有限的，会关注主题构图，比如提到黄山会想到迎客松，提到北京想到天安门，提到上海想到外滩。简单来讲，对于大多数的中国旅游者来说，关注的是到此一游的核心景观是什么。旅游产品设计时，需要抓住核心产品的功能特征，有些景点有自然标志，而多数娱乐型、度假型旅游产品没有自然景观作为标志，这就需要旅游产品设计图案加以形象化，这种形象化的图案实际上是旅游产品的载体。

综合上述分析，从旅游者角度，考虑旅游产品将提供什么使用价值，从旅游企业的角度，考虑主要利润点在哪里，考虑旅游产品的成本，最终反映在旅游产品功能与服务的综合设计方面。

## 二、旅游产品开发流程

中国的旅游业已经从单纯的观光旅游产品转向了产品多元化，观光旅游产品的开发比较简单，也容易开发，它比较多地依赖自然或传统的资源禀赋；而多元化时代的旅游产品则更多地有赖于旅游策划者的创意和设计。

新产品开发一般有五个阶段（柴帮衡等，2012）：市场分析、产品构思、产品设计、市场测试、商品化。

1. 第一阶段：市场分析

市场分析的内容包括组织的内外部运作效率、实际和潜在客户、政府政策、竞争对手的活动，以及其他有形资源。

市场分析的目的主要是对市场趋势、现有产品的竞争性供应以及目的地进行研究，以建立在新目的地开发新产品的可行性。市场分析又包括三个阶段，一是市场调查，二是市场定位，三是市场可行性分析。

（1）市场调研可从三个方面进行

① 市场需求分析，不仅应调查近期需求，还应调查分析潜在需求和市场发展趋势。

② 旅游者对旅游产品功能、用途、性能、质量等方面的具体期待。比如说，随着现代人越来越多地居住在建筑密集的地区，农村的吸引力也越来越大，许多人喜欢在周末进行一日游，或者花更长的时间在农场度假。生活方式的差异造成的旅游吸引力也很重要，久居城市的人喜欢乡村的恬静，身处乡野的居民则向往城市的繁华。

③ 竞争对手产品的优缺点、市场占有率及其企业经营实力

等进行调研。

（2）市场可行性分析

在以上综合调研的基础上，提出可行性研究报告。市场可行性分析的目的在于研究旅游新产品能否获得市场认可，以技术性分析为主。其内容包括：

① 产品设计开发的必要性和市场需求预测，旅游新产品预期能达到的服务水准、旅游产品属性和预期生命周期、新产品销售对象与销售量预测、新产品经济效益与社会效益分析，等。

② 旅游者对旅游产品功能、体验方式、质量、旅游产品销售载体及价格的要求，有关旅游产品在国内外水平与发展趋势。

③ 旅游产品设计所需的资源。

④ 旅游产品需要解决的关键问题。

⑤ 旅游产品预期应该达到的目标，包括长远目标和近期目标。

⑥ 旅游产品前期投资费用预测、产品开发进度计划等。

2. 第二阶段：产品概念化

新产品开发的第二个阶段就是对旅游产品进行概念化，这是产品的构思阶段，对旅游产品名称、主题进行概念化，并对旅游产品"功能"进行设计。

产品概念化又包括概念产生和构思方案筛选两个阶段。

产品设计最重要的是形成概念。有吸引力的旅游产品构思需要发展成为可以测试的产品概念。我们可以区分产品构思、产品概念和产品形象。产品构思是旅游目的地希望提供给市场的一个可能的旅游产品的设想；产品概念是用具体的、有意义的旅游术语表达的详尽描述；产品形象是旅游者从实际产品或潜在的产品中得到的特定形象。旅游者不会购买产品的构思，他只会购买产品的概念。

任何一种产品的构思都可能转化为几种产品的概念。首先，是谁将购买这种旅游产品，早期的观光旅游产品属于无差异市场，但现在旅游产品就比较强调目标市场，任何旅游产品都应该有其适用的旅游者群体；其次，应该赋予这种旅游产品什么内容，它能够向旅游者提供何种类型的旅游感受，能否满足旅游者一定的旅游期望。再进一步，旅游产品概念应该转换成旅游形象概念。

旅游产品构思的主要方法有头脑风暴法、经验分析法、属性列举法、强制关联法、问题分析法，等等。

在构思产生阶段会形成大量的构思，但哪些构思能够付诸实施，必须进行筛选，以挑选出切实可行、真正具有吸引力的构思。

新产品的构思应该符合一系列的条件：

① 产品构思是否符合目标市场的特征。

② 构思是否与旅游目的地的旅游发展战略相符。

③ 构思能否符合旅游目的地资源要求，与旅游目的地的功能是否相配等。

新产品的构思一般要求用标准的表格形式加以描述，描述应该说明产品构思、目标市场、市场竞争状况、市场规模的大致估计、产品的价格、收益率等。

3. 第三阶段：产品价值分析

价值创造是提升消费者效用，帮助消费者获得某种利益的过程（柴邦衡等，2012）。

消费者和企业为了创造各自所需的价值而投入自己的资源，通过互动和合作来实现资源交换，在为自己创造价值的同时也为对方创造价值，参见图 5-1（武文珍等，2012）。

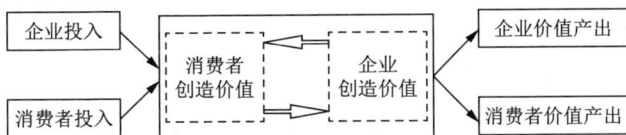

图 5-1 企业与消费者价值共创过程

（1）旅游产品价值构成

旅游产品的价值通常包括经济价值和社会价值两部分。

首先，经济价值是旅游产品通过消费者购买和体验，由市场所兑现的经济利益。

其次，旅游产品不仅仅只有经济价值，更多的时候是通过社会价值来体现旅游产品的真实价值。

人生的追求是生活幸福，虽然对幸福的认识有许多不同，但有一个基本的共识就是人生应该是"愉悦的"，而旅游产品的本质就是出售"愉悦"。因此旅游产品既可以向市场提供愉悦产品，也可以向社会提供免费的愉悦服务。

比如说，博物馆旅游产品，国内现在的博物馆大多数是免费开放，因此博物馆旅游产品基本上只有社会效益，而没有经济效益，或者说没有直接的经济效益。那么博物馆旅游产品的社会效益价值如何评价？旅游产品的经济价值可以通过市场交易所获得的经济利益进行衡量，而旅游产品的社会效益只能分析它的社会效益。比如博物馆的接待量，为参观者所提供的讲解、讲座等，博物馆的最终价值是城市人力资本的提升，城市魅力的提升。因此，衡量这类公益性旅游产品的价值，应该从其人流量，城市宜居度、居民对城市的归属感等方面评价，而非讨论其所创造的经济价值。

当然这类只提供社会价值的旅游产品必然是公共产品，而非企业产品。

（2）旅游产品价值分析

所谓旅游产品价值是指愿意为一次旅游所支付的费用，在价值分析中，将价值定义为产品的功能与成本之比，其表达式为 $V = F/C$。

式中 $V$ 是价值，表示花费每单位成本所获得的产品功能的大小。

$F$ 是功能，指产品所具有的特定功能和使用价值。

$C$ 是产品生命周期成本。

由上述定义可见，价值分析的主要目的包括：提高产品及其组件的价值，对于现有产品的价值分析是为了改善和提高现有产品价值，以改进设计；对于新产品开发的价值分析是为了保证新产品的价值，在功能与成本之间达到平衡。

4. 第四阶段：产品功能设计

产品功能设计的主要任务或目标任务：陈述产品所要达到的服务标准与设施档次，所涉及的各种服务包。

功能原理设计采用功能分析法，将系统的总功能分解为分功能，并区别主要功能、辅助功能与控制功能。

功能原理设计的任务和工作步骤：

（1）明确产品功能设计任务，确定旅游产品设计目标。

（2）分析旅游产品功能将给旅游者所提供的体验内容。

（3）通过对设计任务的抽象，确定产品的总功能。

（4）进行功能分析，把总功能分解为各级分功能，直至功能元素，使得产品功能属性层次分明，易于执行。可以用功能树表示功能间的相互关系。

（5）分功能设计：采用分析与归纳结合的方式，首先根据产品功能总体任务,赋予分功能工作原理,选择分功能的功能载体（物质性或非物质性载体）。

（6）对分功能属性进行整合,设计完整的功能运作模式,使之符合产品总体功能的约束条件。

产品功能结构设计较常用的是采用"功能树"设计方式（见图 5-2）。

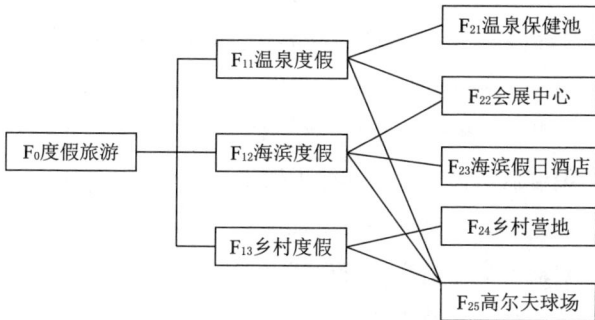

**图 5-2　旅游产品功能设计**

第一,进行产品功能定义。比如温泉度假旅游,核心功能是温泉浸泡,起到身心放松、保健身体的作用。

第二,产品总功能分解。功能结构分析的核心就是研究产品局部功能与整体功能的逻辑关系,以区分产品的必要功能和非必要功能,提高产品的经济性。

第三,按照一定的逻辑关系,将产品各组成部分的功能联系起来,绘制出功能结构图。在系统的功能结构中,存在着上下关系和并列关系。上下关系是指功能之间的目的与手段关系。目的功能称为上位功能,手段功能称为下位功能。一个功能对其上位功能来说是手段,而对其下位功能来说就是目的。所以,上位功能与下位功能都是相对的。

并列关系是指某个上位功能之后，同时并列存在几个下位功能，这些并列功能又可能各自成为子系统，构成一个功能区，称为功能定义域。

5. 第五阶段：产品商品化

产品商品化阶段的主要任务包括：第一，制定旅游产品相关技术文件，建立完整的旅游服务产品链，需要与利益相关者进行协商、整合服务标准；第二，旅游产品测试，主要是制定旅游接待行动方案；第三，旅游产品商品化，将旅游产品推向市场进行试运营；第四，旅游产品运营反馈与正式推广。

（1）制定旅游产品设计技术文件

① 编制旅游产品主要功能说明书与图示。

② 制定旅游产品服务质量标准。

③ 对旅游服务流程进行说明。

④ 旅游体验注意事项等。

（2）市场测试阶段

旅游产品设计出来之后，就进入市场测试阶段，主要是评价该项产品的商业吸引力，评价旅游者购买的踊跃程度。它一般包括：

① 描述旅游目标市场的规模、结构和行为。

② 对计划中的旅游产品定位，制定一定时期内旅游产品的销售量、市场份额以及利润目标。

（3）旅游产品商品化

主要把握几个机会：什么时候向市场推介，旅游产品有较强的季节性，旅游产品向市场的推广应该选准时机，行业内的做法通常是淡季促销；旅游客源市场的选择，即战略地域的选择；向哪些旅游者推介（目标市场展望）。应该掌握旅游者对旅游产品介绍的五个阶段：

- 知晓：旅游者对某种旅游产品有所知晓，但缺乏有关信息。
- 兴趣：旅游者受到诱惑，主动找寻有关该项产品的信息。
- 评估：旅游者考虑旅游的效费比。
- 试用：有部分旅游者前往旅游。
- 采用：大规模的旅游者前往旅游。

（4）产品运营反馈与正式推广

本阶段又包括两个内容，一是评估产品市场反应，二是反馈。

首先是产品评估。对新投放市场的旅游产品测试市场反应，评估旅游新产品的市场价值。

其次是将新产品的市场表现评估步骤的数据反馈到计划或管理周期中。并且由此对先前作出的任何产品设计决策进行修订，测试结果可能有三种结论：一是新产品获得了完全成功，二是新产品可能需要某些细节上的修改，三是新产品设计可能需要从头再来，"回到制图板"上重新设计。

### 三、产品的生命周期

旅游产品的生命周期（有的学者也将它称为旅游地生命周期，但是产品与旅游地应该是两个不同的概念），是旅游产品开发的一个重要概念，它提供了了解产品竞争能力、评估项目开发潜力的重要依据。

所谓旅游产品的生命周期是指某种旅游产品在进入旅游市场到退出市场的整个过程及其所经历的各个阶段。产品生命周期显示了旅游产品开发的不同阶段，与各个阶段相对应的是与市场营销战略、产品（或者项目）开发价值的判断。

1. 产品生命周期的内涵

了解产品的生命周期应该明确四个要点：

（1）任何旅游产品的生命都是有限的。

（2）旅游产品在投放市场后，会经历不同的阶段，产品会有不同的表现。

（3）在产品生命周期的不同阶段，旅游开发的预期目标会有所不同。

（4）在产品生命周期的不同阶段，应该有不同的产品开发措施。

2. 产品生命周期的阶段

产品的生命周期表现为一条 S 形曲线，典型的这种曲线分为四个阶段。

• 产品的导入期：产品进入市场，销售缓慢增长的时期，在这一阶段由于市场推广花费了较多的资金，因而产品很难产生利润。

• 成长期：产品开始被旅游者广泛接受，利润开始大量增加。

• 成熟期：此时该去的旅游者都已经去过了，旅游产品必须靠增加新的旅游内容，或降低价格，或加大市场营销力度，扩大客源市场。因此利润会稳定增长，而营销费用会相应增加。

• 衰退期：销售下降的趋势增强，利润不断下降的时期。

一般来说，旅游产品的生命周期越长，则旅游产品的开发价值越高。但也不能笼统地说旅游产品的生命周期越长，开发利益就越好，它还跟旅游产品生命周期的各阶段有关。产品开发期短，则产品开发成本低，产品的导入期和成长期也短，因此旅游产品的销售可以很快达到最高水平，这意味着可以较早获得最大收益。但成熟期持续的时间短，意味着旅游产品盈利的时间短。

衰退缓慢,则意味着利润是逐渐降低的。

产品生命周期的每个阶段之间并没有明确的界限,这些阶段通常以销售增长率或下降率的显著变化处作为区分点。

### 四、旅游产品质量

#### 1. 旅游产品质量涵义

产品质量是指该产品根据一定标准生产出来,能够满足消费者一定利益需求的属性的总和。所谓一定的标准可能是国际标准、国内标准、行业标准,也可以是企业自设标准。但无论是哪种标准,都是产品生产的依据,是产品在投放市场的时候对消费者的承诺。消费者购买产品后,能够在旅游过程中根据产品预先提供的标准衡量从产品中所获得的利益。决定产品质量的有多种参数或指标,这些参数或指标体现了产品使用特性,这些参数或指标组合的总体表现,一般通过性价比来衡量。根据《中华人民共和国产品质量法》2018年修订版第二十六条的规定,生产者应当对其生产的产品质量负责。产品质量至少应该保证三点,一是安全性,产品应该符合国家标准或行业标准;二是产品的使用性能(功能性);三是产品包装名实相符,即产品说明必须与产品实际性能相符合。

同理,根据对于产品的定义,旅游产品质量是指旅游产品所提供的服务和体验对旅游者旅游期望值的满足程度。旅游是一种体验,很多旅游者去的都是以往没有去过的地方,旅游者为什么想去没有去过的地方,在很大程度上取决于旅游的宣传。这种宣传也就成为旅游经营者预先给旅游者提供的服务承诺,而这种服务承诺赋予了旅游者一定的期望值,这构成了旅游产品的质量标准来源。

判断质量和满意度的主要标准是"目标是否合适"（John Swarbrooke，2001），产品和服务是否达到了预期目标。比如，购买了飞机航班，前往机场时，航班不能按时起飞，甚至被取消，这对于旅游者来说是非常扫兴的事情。因此，保证旅行的可靠性成为旅游产品质量的一个关键要素。

其次，出行期间对于突发事件的处理程序也很重要。因为在商务旅行和一般旅游中，很多情况下，旅游的总体体验取决于一次事件，如突发气候变化导致航班延误，或酒店超额预定。如果公司通过其行动将关键事件从消极转变为积极，客户可能会从抱怨转为满意。

再次，质量必须与客户或消费者愿意或能够承受的价格有关。例如，高铁一等座、二等座与商务座，有着较大的价格差异，乘坐的体验感和舒适度当然会有很多的差距。但是，无论付出了什么代价，客户和消费者都有权期望某些基本利益，例如安全性、准点率、服务人员的友好度等是不应该有差距的。

由于旅行活动包含不同产品的概要，因此在保持标准方面的一个困难是产品的每个元素在质量上应该大致相似。糟糕的食物可能会破坏酒店的优质客房和优质服务，或者航班可能会破坏原本令人愉快的酒店住宿。旅游者必须在出行前预先支付旅游服务，这当然增加了消费者的风险（J. Christopher Holloway，2009）。

旅游产品属于服务类产品，对于旅游者来说，感受到的服务是一个主观认知，旅游者这种主观认知也会因时因地因人有较大的差异。一般来说，客观事务比较容易制定公认的标准，而主观性认知却难以标准化。

比如，对于导游服务，不同的导游讲解好坏，对于不同教育背景的旅游者而言会有不同的判断。但如果导游词是标准化的，又显得千篇一律，难以提升旅游者的旅游体验感，甚至会导致旅游者对旅游产品的认识产生负面印象。

那么对于服务类型的产品质量的可衡量性如何设计？通常来说，可衡量性在物质层面容易做到，住宿提供四星级或五星级酒店；餐饮几个人一桌，一桌提供几个菜肴；旅游线路中包含哪些景点；飞机是坐商务舱还是经济舱，高铁是商务座还是一等、二等座，这些都比较容易给出详细规定。另外，旅游服务行为也可以标准化，比如服务人员的统一着装、标准的导游词、标准的待客礼仪等。旅游者在旅游产品消费完成后，也比较容易进行检验。

有些企业意识到旅游期望值与旅游承诺有关，会尽可能将承诺值降低，减少出错的概率，提升旅游产品的质量。但是承诺降低，又会导致潜在的旅游者购买意愿的降低，所以旅游期望值是一个较难把握的尺度，旅游产品质量需要和旅游产品定价结合起来。

旅游产品服务质量的满足感，很大程度上取决于服务者和被服务者的相互关系。一般而言，服务者的地位越高，被服务者的满足感就越强。例如，游客之前购买的机票是经济舱，当上飞机时被升级成商务舱，旅游者获得意外的惊喜，就会获得较高的满足感。卡尔里斯顿（丽兹）酒店提出的口号是"我的企业是为绅士淑女服务，因此我的员工也必须是绅士淑女"。这个口号隐含着一个意思，就是顾客能够得到与自身地位相称的服务员的照顾。

旅游者是否会将产品视为优质产品，取决于：

- 他们作为消费者的个人态度、期望和过往经历。

- 他们从特定购买中寻找到的额外好处。

## 2. 旅游产品质量构成

旅游者购买旅游产品的目的在于从旅游中得到最大的愉悦感，这种愉悦感是旅游者在旅游的过程中体验到的（黄郁成，1998）。

旅游产品质量的内含由三个因素构成，即：旅游产品设计的质量，旅游服务实施（亦即旅游接待）的质量，旅游产品售后服务的质量。这三个因素构成的综合质量才是旅游产品的总体质量。

第一，旅游产品设计的质量。当旅游者有旅游意愿的时候，其对于旅游目标的选择、对于旅游体验的具体内容，有时是盲目的，因此，旅游产品设计者在设计产品时应利用自身的专业优势为旅游者解决旅游决策的盲目性以及旅游体验预期的不明确性，以避免游客在旅游结束后产生强烈的后悔情绪，以致怀疑旅游企业的服务水平。

① 任何一项旅游产品的设计，首先必须主题明确。主题是旅游产品给以旅游者出行期望值的核心要素，在旅游产品的各项活动设计中，均应该体现主题的意义。

② 旅游产品的活动功能应该体现主题的意义。比如，2010年上海世界博览会的主题是"城市让生活更美好"，因此该届世界博览会的各国展馆都围绕城市主题进行设计。

③ 旅游产品的辅助旅游项目的设计、服务项目的编排，应体现在旅游过程中的各项活动中。很多此类辅助服务项目是旅游产品的重要赢利点。

第二，旅游过程中的服务质量。一项设计得完美的旅游产品若在旅游接待过程中产生问题将会前功尽弃。一定程度上说，旅游接待的质量构成了旅游产品质量的核心,这也是旅游产品设计质量的具体体现。衡量旅游接待的质量是通过旅游者在旅游过程中的体验反映出来的,这种旅游的体验由两方面因素决定:

①　旅游者所购买的旅游产品中所包含的物质待遇是否达标(亦即合同约定的标准)。

②　旅游过程中,旅游者体验的服务(比如导游服务、餐饮服务、住宿服务、旅途过程中的乘务服务等)是否达标。

旅游者对于诸如用车、用餐、住宿等方面的物质待遇是否达标,很容易判断,并可以据此提出索赔的经济要求。但对于所得到的导游等人工服务是否达标,却很难评判,其只能感觉到某位工作人员服务水平低。而对于水平低的人工服务,其也无法提出索赔的要求,因为这在合同中无法约定,但这种人工服务的水平高低却是反映旅游产品质量高低的关键指标。

第三,旅游产品售后服务的质量。旅游产品的售后服务是指旅游企业在旅游者的旅游结束后提供的后续服务,这种服务既是对旅游产品的品质保障,又是对另一次旅游产品服务的开始。专业的服务品质不仅仅体现在旅游接待的过程中。

旅游产品的质量标准,是由旅游者对旅游过程中的旅游体验的满足感来决定的。而旅游企业对旅游质量的保证,应从旅游产品的设计、旅游服务的实施以及旅游产品的售后服务三个方面来实现。

**思考题:**

1. 根据科特勒的产品定义,举例分析旅游产品的构成层次。

2. 举例说明旅游产品的核心功能是什么。

3. 分析大众旅游与利基旅游产品的特点。

4. 举例说明什么是文化旅游，什么是旅游文化。

5. 分析观光旅游与度假旅游需求变化的社会背景。

6. 举例说明乡村旅游的驱动力是什么。

7. 旅游产品生命周期理论对旅游产品设计的意义。

8. 举例分析旅游产品的质量标准构成。

## 参考文献：

［1］Alastair M. Morrison, Cristina Maxim, 2022, World Tourism Cities A Systematic Approach to Urban Tourism, Routledge, 68, 5.

［2］Bill Bramwell, Bernard Lane, 1994, Rural Tourism and Sustatinable Rural Development, Channel View Publications, 7–21.

［3］Busby, G. Rendle, S., 2000, The Transition from Tourism on Farms to Farms Tourism, Tourism Management, 21(6): 635–642.

［4］David Weaver, Laura Lawton, 2014, Tourism Management, John Wiley & Sons Australia, Ltd, 118.

［5］Dallen J. Timothy, 2005, Shopping Tourism, Retailing, and Leisure, Channel View Publications, 11.

［6］E. Wanda George, Heather Mair, Donald G. Reid, 2009, Rural Tourism Development Localism and Cultural Change, Channel View Publications, 7–8.

［7］Greg Richard, 2021, Rethinking Niche Tourism: The Example of Backpacking, Croatian Regional Development Journal, 2(1): 1–12.

［8］Gui Lohmann, Alexandre Panosso Netto, 2008, Tourism Theory: Concepts, Models and Systems, Editora Aleph, 14.

［9］Humaira Irshad, 2010, Rural Tourism—An Overview, https://www1. agric.gov.ab.ca/$Department/deptdocs.nsf/all/csi13476/$FILE/Rural-Tourism. pdf.

［10］John Beech, Simon Chadwick, 2006, The Business of Tourism Management, Pearson Education Limited, 293.

［11］J. Christopher Holloway, Claire Humphreys, Rob Davidson, 2009, The Business of Tourism, Pearson Education Limited, 10–11, 166, 259, 286, 296, 126, 11.

［12］John Swarbrooke, Susan Horner, 2001, Business Travel and Tourism, Butterworth-Heinemann, xiv. 138–139.

〔13〕John Swarbrooke, Susan Horner, 2007, Consumer Behaviour in Tourism, Elsevier Ltd, 51, 126.

〔14〕Jorizzo Joseph L., Schaffer Julie V., Callen Jeffrey P., Cerroni Lorenzo, Heymann Warren R., Hruza George J., Mancini Anthony J., Patterson James W., Röcken, Martin, 2012, Tourism Marketing for Cities and Towns: Using Branding and Events to Attract Tourists, Elsevier, 182–190.

〔15〕Leonard L. Jenkins, Carson L. Jenkins, 1997, An Introduction to Tourism, Reed Educational and Professional Publishing Ltd, 33.

〔16〕Marina Novelli, 2005, Niche Tourism Contemporary Issues, Trends and Cases, Elsevier Butterworth-heinemann, 4–8.

〔17〕Melanie K. Smith, 2007, Tourism, Culture and Regeneration, CAB International, 2–4.

〔18〕Victor T. C. Middleton, Alan Fyall, Michael Morgan, Ashok Ranchhod, 2009, Marketing in Travel and Tourism, Fourth Edition, Elsevier, 119–122.

〔19〕Vilhelmiina Vainikka, 2013, Rethinking Mass Tourism, Tourist Studies 13(3), 268–286.

〔20〕柴邦衡，黄费智等编著，2012，现代产品设计指南，机械工业出版社，177，94—95。

〔21〕菲利普·科特勒（Philip Kotler）、洪瑞云、梁绍明、陈振忠等著，郭国庆、成栋、王晓东、宋华等译，1998，市场营销管理（亚洲版，下册），中国人民大学出版社，66。

〔22〕黄郁成，黄光文，2003，论农村旅游开发的资源凭借，旅游学刊，2：73—76。

〔23〕黄郁成，1998，试论旅游产品的质量标准，社会科学家，5：52—55。

〔24〕徐惠群，2009，旅游营销，中国人民大学出版社，164。

〔25〕吴必虎，宋子千，2009，旅游学概论，中国人民大学出版社，75。

〔26〕武文珍，陈启杰，2012，价值共创理论形成路径探析与未来研究展望，外国经济与管理，6。

〔27〕朱卓仁著，南开大学旅游外语教研室译，1992，休假地的开发及其管理，旅游教育出版社。

# 第六章　旅游服务

**本章学习要点：**

1. 掌握服务与旅游服务的概念、特征及关系；通过了解旅游服务的分类方法更深刻、全面地理解旅游服务的内涵。

2. 掌握旅游服务系统的构成及各组成要素之间的内在联系；熟悉设计旅游服务传递系统的战略性工具——旅游服务蓝图，明确服务蓝图的构成、使用和建构步骤。

3. 掌握旅游服务质量和服务成本的定义；理解旅游服务质量对旅游服务组织和顾客的重要意义；明确旅游服务质量的评级标准和评价过程。

## 第一节　服务和旅游服务

### 一、服务

1. 服务的定义

（1）从产出的角度定义服务

服务运营的过程实际上可以看作是一个投入变换为产出的

过程，投入产出的通用模型见图 6-1（于干千等，2006）。图 6-1
显示，任何一个企业的运营过程都是投入人力、物料、设备、技
术、信息等各种资源，经过若干变换步骤，最后成为产出的过程。
但是，产出形态最后有两种：有形产品和无形服务。

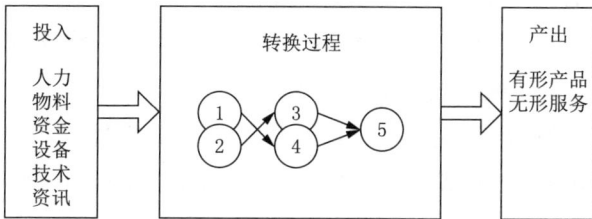

图 6-1　投入产出的通用模型

从产出的角度定义服务，可以把服务定义为："服务是顾客
通过相关设施和服务媒介所得到的显性和隐性效益的完整组
合。"企业的产出是有形产品和无形服务的综合，只是各自所占
比重不同。顾客购买企业的产出是为了获得企业某种产品或服
务的某种效用。但对制造业企业投入产出过程来说，投入的是
制造产品所需资源人力、物力、设备等。对服务企业来说，有时
顾客也是投入的一部分，有些服务甚至直接作用于顾客身体，比
如，医疗服务、顾客体验式参与的服务等。

（2）从转换过程的角度来定义服务

这一定义的出发点是把服务看作满足顾客需要的过程，正如
Dorothy I. Riddle（1986）、Leonard L. Berry（1980）认为的，服
务不同于普通产品，服务主要强调过程或者某种活动。制造的产
出是一种明确可得的有形产品，而服务则是从了解顾客的需求，
到采取行动去满足其需求，并最终赢得顾客满意的一个完整过
程，这一过程的产出是无形的、无法触及的，而且过程本身也包

含着顾客的参与。

（3）从服务特性的角度来定义服务

从服务特性的角度，可以将服务定义为"实体和无形两部分构成的组合"。这种定义强调，实际上任何一项服务，都不是完全无形的。例如，航空服务离不开机场、飞机等"实体"产品的支持；汽车、家电等修理服务业离不开"实体"的维修零件；速食、零售等服务业更是离不开所要出售的物品。因此，服务性企业所提供的"服务"实际上是"实体"和"无形"两部分构成的混合体。这种定义强调了服务具有这样一个特点，即其中物质性部分（实体部分）易于统一、定量地评价，但非物质性部分（无形部分），如方便性、速度、亲切程度、信任度、清洁度、气氛、吸引力等，难以统一、定量地评价。

表 6-1　基于服务特性角度的服务概念

| 代表人物 | 对服务的认识 |
|---|---|
| Regan（1963） | 为直接满足（交通、租房）或者与有形商品或其他服务一起提供满足的不可感知的活动。 |
| Gronroos（1990） | 服务体现出过程活动或是满足感，即它是一种无形特征和交互作用的过程活动，满足感体现在与顾客进行合作生产的过程中。 |
| Kotler（1907） | 服务是一方向另一方所提供的一种活动或利益，它通常是无形的，而且不牵涉所有权的变化。服务的生产可以与有形产品相关，也可能无关。 |
| Stanton（引自雷江，2001） | 可被独立识别的不可感知活动，为消费者或工业用户提供满足感，但并非一定要与某个产品或服务连在一起出售。 |
| Hill（1977） | 服务是某种状态的变化，这种状态变化是一个经济主体作用在另一经济主体的结果。 |
| Payne（1992） | 服务是指某种活动，这种活动与某些无形因素有关，发生在服务者与顾客或者顾客的财产之间，它不造成所有权的转移。 |

（4）ISO9004-2 所定义的服务

ISO9004-2（1991）关于服务的概念统一表述为：满足顾客需要，在与顾客接触中，供方活动和供方内部活动所产生的结果。

从上面的表述中可以看出，其中包含了三层内容：

一是指出了服务的目的。满足顾客的需要，这里的顾客指产品和服务的接受者。

二是指明了服务的条件。必须在供方与顾客的接触中进行。关于"与顾客接触"，ISO9004-2（1991）中有这样的解释："在接触中供方与顾客可能由人员或装备来代表。"也就是说"与顾客接触"可以分为"面对面"服务和非"面对面"服务两种情况："面对面"服务即消费者与服务提供者直接进行实际接触才能实现的服务；非"面对面"服务指需要通过一定媒介（如存取款机等）来实现的服务。

三是指出了服务内容。服务活动和服务活动所产生的结果，两者缺一不可。这里的"结果"是指顾客的反馈信息，即顾客对所提供服务的满意程度。

通过对以上不同服务概念的认识，可以得到如下发现：

① 服务可以从提供方和接受方来认识，是由服务提供者提供服务给接受者。

② 服务强调无形性，但是其实施需要借助有形的物质完成，需要从过程和结果两个方面来认识服务，同时需要考虑服务的无形和有形的结合。

③ 服务在交易中不发生所有权转移，但使用权可以转移。

综合以上各种定义，可以这样界定服务的概念：服务是服务提供方在有形设施（设备）的辅助下，为满足服务接受方的需要，与服务接受方产生的一系列活动及供方内部相关活动的过程及其结果,在此过程中服务接受方会直接或间接为之付费。

2. 服务要素

在传统的商品导向逻辑(Goods Domination Logic,G-D Logic)中,服务是有形产品的附加值;而在现代服务导向逻辑中(Service Domination Logic,S-D Logic)有形产品只是服务的载体,产品的最大作用是为客户提供服务(即产品的使用价值)。比如,空调是向消费者提供空气调节的服务,手机是整合了通讯、金融、摄影等多种服务的工具。

因此,现代经济是服务经济,而服务要素包括以下的内容:人员、资源、能力和过程。

① 服务人才管理。建立与业务发展相适应、具有专业管理知识与能力的人才队伍,以确保业务活动的可持续发展。服务专业人才最难的部分是养成良好的服务意识。服务意识包括很多,如严谨性、亲和力。服务意识这种职业精神的培养,很难在学习中进行,需要到工作中积累。

大多数时候,服务会按照既定的流程按照日常活动的惯性运行,在这个服务流程上的每个工作人员常年从事相同或相似的工作之后,容易产生熟视无睹的工作心情和态度,于是常常会跳过一些流程。但是往往有些疏忽就是在熟视无睹的过程中产生的,从而引发一些危机。养成良好的职业精神,需要经验的积累,更需要服务意识的培养。

② 服务资源管理。服务资源是保证服务活动正常运行的关键要素。服务资源包括各种服务设施、服务设备、服务场地以及服务设施所处的位置。比如酒店,希尔顿酒店的创始人斯塔特勒说饭店经营第一是地点,第二是地点,第三还是地点,一个成功的酒店最关键的就是酒店的选址。设施选址要求一般是高接触

业务比低接触业务更接近客户，因为高接触业务需要满足客户的生理和心理需求，而不仅仅是加强生产。

③ 服务能力管理。是指服务企业或服务从业者的服务活动满足客户需求的能力，是企业服务理念、服务交付系统和人员素质的综合表现。服务能力体现为对服务资源、服务流程和服务支持系统的综合运用，以实现最佳的服务效果。对于服务能力，不同文化背景有不同的要求。有的时候，人们先入为主，不太会考虑文化背景，但是不同的国家、不同的文化对于服务要求都会有些出入。因此，跨文化沟通是非常重要的一种能力。导游服务过程中就涉及很多服务能力，俗话说"一句话让人笑，一句话让人哭"，掌握一定的服务能力对于从事导游工作是很重要的。员工的服务能力还涉及培训、制定服务标准化等。服务能力最终需要用服务绩效体现，它包括经营绩效、客户体验和品牌影响。

④ 服务过程管理。服务过程管理是投入服务资源，实现服务绩效的过程。服务过程管理又包括决策流程、运营流程与操作流程。

## 二、旅游服务

旅游服务是一个较为笼统和抽象的概念，这是由服务的复杂性和广义性，以及旅游的综合性和交叉性决定的。旅游服务属于服务的范畴，具有一般服务的特征，但又不同于一般的服务，有属于自己的独特内涵。换句话说，旅游服务有自己的一个概念体系。旅游服务的定义应该从旅游服务的经济属性出发，以旅游服务市场的供需为基础。

### 1. 旅游服务的定义

旅游服务是一定经济发展阶段的一种综合性服务现象，是发生在旅游服务提供者和接受者之间的一种无形性的互动作用,旅游服务的供需双方在交换中实现了各自利益的满足,但是互动过程并不涉及所有权的转移。

因此,对旅游服务更为详细的定义可以从两方面予以表述:

① 基于旅游者角度的定义。旅游服务是指旅游者在旅游准备阶段、旅游过程中、旅游结束延续过程中与相关旅游企业或非旅游企业所发生的互动关系,这种互动使旅游者获得了经历和感受,但旅游者并没有得到实体结果。旅游者在旅游服务过程中,一般很注重心理和精神感受。

② 基于旅游服务供给角度的定义。旅游服务是指旅游企业或非旅游企业向旅游者提供的具有一定品质的无形产品,互动过程需要一定的支持设施,服务可能与物质产品相连,但服务的结果不可储存。而且服务互动不会引起实体要素的转移,发生互动是为了实现旅游企业既定的价值目标。

综合而言,旅游服务是涉及旅游企业和旅游者的动态互动体系,内涵十分丰富,其中既包括人与人的互动关系,也包括人与物的互动作用。这种复杂关系的交织直接导致对旅游服务的理解,不能仅仅停留在表面上,而应该从综合性和深层次上进行把握。旅游服务定义示意图见图 6-2(张文建等,2006)。

2. 旅游服务的特征

与有形物质产品相比,旅游服务有一般服务的特征,也有自己独特的属性。

(1)旅游服务的综合性

与其他服务行业相比,旅游业的综合性较为突出。首先,它涉及食、住、行、游、购、娱六大主导服务,其中既有物质设施设备的服务,也有服务人员的服务输出,还有旅游吸引物与旅

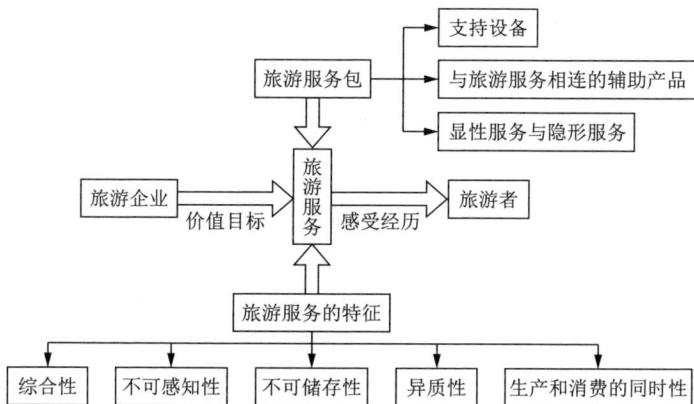

图 6-2 旅游服务定义图

游者的互动关系。其次，旅游服务的综合性还表现为旅游服务涉及众多的行业和部门，其中有直接向旅游者提供服务的酒店业、餐饮业、旅行社、交通部门、旅游区点、娱乐场所，还包括许多其他辅助服务行业，它们渗透在旅游服务中，成为旅游服务不可或缺的部分。例如：旅游者在旅游过程中，除了酒店等直接服务之外，辅助性服务还有金融服务（保险、外汇、信贷等服务）以及海关、邮电通信等服务。其他向旅游者提供产品和服务的间接行业和部门，包括工、农、商、文、教、园林、科技、卫生、公安等。

旅游服务的综合性也就决定了旅游服务对其他服务的强依赖性，这给旅游企业的经营带来了一定的困难，在许多情况下，并不是旅游企业提高了服务质量就可以给旅游者带来美好的旅游体验，其他一些外在因素也可能影响旅游者对旅游服务质量的评价。例如：海关服务效率低下，进出关手续烦琐，会增加旅游者的等候时间，影响旅游者的出游心情。因此，提高旅游者的整体服务感受需要旅游目的地政府的统一协调和管理，需要旅游业主管部门和旅游企业加强与相关行业、部门、政府机构和社会团体之间的沟通和联系，需要不同类型的旅游企业之间良好的协作，从而保证旅游服务的整体质量。

（2）旅游服务的无形性

无形性又称不可感知性，是指旅游服务与物质产品相比没有一定的形态，无法看到和触摸，而且在服务交付后没有产生实体结果。例如，顾客不可能带走航班上的座位、酒店的客房或者景点的景观，他们得到的只是一段时间内服务设施的暂时使用权，带走的是经历或者可以和其他人分享的记忆。

有形的物质产品再生产出来之后，需要一定的流通坏节才能到达消费者手中，变现为实体产品的流动。然而无形的旅游服务的生产和消费，通常表现为人的流动以及信息的流动。旅游目的地和旅游企业需要加强与潜在旅游者的信息沟通，通过信息的流动带来人员的流动。一方面，把最新的旅游服务信息及时、准确地传递给潜在消费群体；另一方面，充分利用现代信息技术，以方便顾客进行旅游服务的预定和购买。

旅游服务的无形性决定了它不能被储存，因此旅游企业无法像制造业企业那样通过储存产品来应对需求的波动。旅游服务的无形性增加了向顾客展示和沟通产品的难度，也使得消费者在真正消费旅游服务之前，无法对服务质量作出充分判断，从而增加了消费者的购买风险；同时，旅游服务的无形性决定了旅游者通常会以主观的方式来感知服务，增加了旅游企业对服务质量进行管理的难度和复杂性。

（3）旅游服务生产和消费的不可分离性

大部分有形产品是先生产出来然后进行销售和消费的，因此生产和消费是两个互相独立的过程。而大部分服务产品则是生产和消费同时进行的，生产与消费是同一个过程不可分离的两个方面。例如：从顾客开始进入酒店消费服务起，对该顾客的服务生产也同样开始进行；直到顾客离开酒店，该顾客的酒店服务消费以及对其的服务生产才同时宣告结束。

生产和消费的不可分离性使得旅游服务在消费之前并不存在，已经存在的酒店设施、航空公司的飞机等只是代表旅游服务的生产能力。

旅游服务的这一特性给旅游服务管理带来了巨大的挑战。首先，旅游服务不可能像有形产品那样，在被消费之前就通过质量检验程序来保证对外销售的都是符合一定标准的产品。这要求旅游服务组织的员工具有"第一次就做对"（do it right the first time）的能力，并能灵活应对服务过程中可能出现的服务问题。

其次，服务人员和顾客同时进入了服务与生产过程，服务人员及其同顾客的接触和相互作用，以及不同顾客之间所发生的相互作用都将成为服务产品的一部分，这种互动对顾客的服务质量感知会产生重要影响。因此，旅游服务管理中不可避免地要涉及对"人"这一最为能动的因素的管理，管理者既要善于管理员工，又要善于管理顾客。

最后，顾客更加重视服务过程。有形产品生产和消费的分离，决定了顾客往往只关心生产和消费的结果，即最终产品，而不会在意生产的过程。但对于旅游服务而言，由于顾客要参与生产过程，因此以何种方式或程序进行服务的生产也直接影响到顾客的服务经历。例如，酒店清扫客房时间的选择、入住登记的程序、旅行社旅游日程的安排，等等，都会影响到游客的利益。对服务过程的设计和管理也是旅游服务组织需要重点关注的问题。

（4）旅游服务的易逝性

旅游服务的易逝性是指其具有不可储存、不可再销售、不可回收、不可运输的特点，这一特性是由旅游服务的无形性和生产与消费不可分离性决定的。例如，旅游淡季时酒店未出租的客房、一次航班销售的座位、某段用餐时间内空闲的餐位，都不可能储存起来留待其他时间使用，它们在相应营业时间内应实现的服务价值也将永远丧失。

由于旅游服务的不可储存性，旅游企业无法享受到制造企业那种由于能够保持稳定的生产水平而带来的经济性，从而加深了旅游服务供需之间的矛盾，同时也加大了旅游企业应对需求波动的难度。为了充分利用服务生产能力，提升合理设计服务能力、预测旅游需求并采取强有力的措施调节供求，成为旅游企业富于挑战性的决策问题。

（5）旅游服务的异质性

旅游服务是一种人的行为，因此在服务过程中人与人之间的相互作用及多种变化因素的影响，导致了旅游服务的过程和结果具有非常不稳定的特征，没有两种服务会完全一致。

首先，不同的员工提供的服务不同，因为每位员工为顾客服务的能力和意愿各不相同，同时服务人员又构成了服务产品的重要组成部分。

其次，同一员工在不同的时间和场合也不可能提供完全相同的服务，因为人的行为要受到情绪、情感以及精力、体力的影响。

最后，不同顾客有着不同的服务需求，就有可能导致同一员工针对不同的顾客提供不同的服务，即便员工的服务行为没有太大的差别，也有可能由于不同顾客的价值观念和背景的不同，而产生不同的服务感知和服务质量评价。

此外，还有很多因素影响旅游服务的稳定性（郑向敏，2007）。比如：在旅游旺季，由于等待服务的游客过多，服务人员就有可能降低服务标准，加快服务速度；顾客参与服务生产过程的积极程度也有所不同，表现为是否清晰地表达自己的需要，积极地与服务人员交流、互动，这些都会对服务产出造成影响。在旅游企业经营中，经常需要第三方提供服务，就更进一步加大旅游服务的可变性，更加无法控制旅游服务的质量。

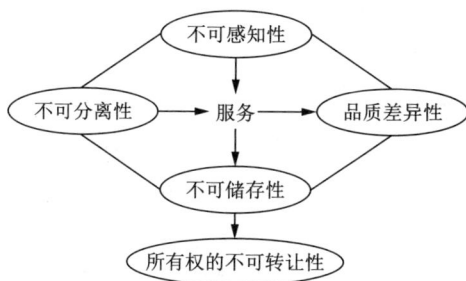

**图 6-3 旅游服务特征及其关系**

3. 旅游服务分类

旅游服务是一个综合性概念，对其进行分类是更加深入理解这一概念的基础，同时也可以为旅游目的地和旅游企业的服务管理决策提供依据。但是，旅游企业本身是一个边缘模糊的产业，因此旅游服务的范围十分广泛而又难以确定，从而大大增加了对旅游服务进行分类的难度。

根据 2019 年修订的《国民经济行业分类》标准（GB/T 4754-2017），旅游业主要涉及了交通运输、仓储和邮政业、住宿和餐饮业、租赁和商务服务业、水利、环境和公共设施管理，以及文化、体育和娱乐业等几大门类。除了以上所涉及的核心旅游服务之外，旅游者在旅游活动过程中还可能需要目的地政府，或其他相关组织机构提供的旅游信息查询、辅助服务,如旅游保险服务、银行外汇服务、海关服务、邮政服务等,这些服务也往往成为旅游服务的一部分。由于教育、卫生、建筑、文化等行业和部门也间接为旅游者提供产品和服务,因此旅游教育、旅游房产等服务也划入旅游服务的范畴。

目前对于旅游服务尚无统一的分类标准,从服务管理的角度出发,在传统的行业分类的基础上,根据不同旅游服务行业所共有的管理特征,同时结合一般服务的分类方法可对旅游服务做如下分类:

(1)Chase 的旅游服务分类法

美国学者 Richard B. Chase(1981)提出,可以根据顾客与服务交付系统接触的程度把服务分为高度接触服务、中度接触服务和低度接触服务三类。

在高度接触的服务中,由于顾客参与服务过程的程度高,服务质量在很大程度上由顾客感知决定,服务过程、服务水平有较大的不确定性,需要服务人员有较高的人际交往技能。在低度接触的服务中,顾客与服务交付系统之间的互动很少或者互动时间很短,顾客不会对服务生产过程产生直接影响。中度接触服务的特征处于两者之间。

相应,可以把旅游服务划分为三类:高度接触旅游服务、中度接触旅游服务以及低度接触旅游服务。从总体上来看,旅游服务属于高度接触服务。具体而言,高度接触旅游服务包括导游服务、住宿服务、餐饮服务、娱乐服务、客运交通服务、旅游教育服务等;中度接触旅游服务主要包括旅游购物服务、银行外汇服务、邮政服务等;低度接触旅游服务主要包括旅游信息服务中心等。随着信息技术的发展,如电子导游设备的运用、远程教育的发展、电子或电话银行的产生等，传统上需要高度人际接触的旅游服务开始向中度或低度接触旅游服务转化。

同一旅游企业的服务交付系统，也可以按照接触程度进行更为具体的划分。比如，可以将酒店的服务交付系统用一条可视分界线划为前台和后台。前台是高度接触的服务活动，如大堂、客房和餐厅服务；后台是低度接触的服务活动，如布草洗涤、设备维修和厨房作业。航空公司也可将不同接触程度的服务区分开来。空中小姐穿着漂亮合体的制服，以特有的接待礼仪为乘客提供服务，可见客舱服务表现出典型的高度接触特征；机场服务人员彬彬有礼地向顾客提供订票或登机服务，同时行李工在极少与顾客直接接触的情况下为其提供服务，因此机场服务可以归为中度接触服务；而客机检修则是低度接触的服务。

这种划分方法有着重要的管理意义。对于高度接触服务，旅游组织需要建立顾客数据库，详细了解市场需求，追求个性化服务，同时注重一线员工的人际交往能力的培训，管理的重点在于改善顾客的服务质量感知；而对于低度接触服务，旅游企业可以考虑类似于制造类企业的管理方法，重点在于提高生产效率。

（2）Lovelock 的旅游服务分类法

美国服务管理学者 Christopher Lovelock（1983）提出了六种服务分类方法，比较具有代表性。

第一，根据服务活动的本质和对象进行分类。

根据服务活动的有形和无形的性质，以及服务接受者是人还是物这两个维度将服务分成四种类型：

第一类，作用于人的身体的有形行为（人体处理）。在这类服务的整个传递过程中，顾客需要在场以接收服务所带来的预期效益。

第二类,作用于实物的有形行为(实物处理)。被处理的物体对象必须在场,而顾客本人则不一定在场。

第三类,作用于人的思想的无形行为(脑刺激处理)。顾客本人无需在场,可以在任何一个通过电子通信方式或者广播信号就能相连的地方,但顾客的意识或思维必须在场。

第四类,作用于无形资产的无形行为(信息处理)。一旦所要求的服务开始实施,可能就无需顾客的直接参与。

据此,旅游服务可作如下分类(见表 6-2)(黄晶,2006)。

表 6-2　根据旅游活动的本质和对象对旅游服务分类

| | | 旅游服务的接受者 | |
|---|---|---|---|
| | | 人 | 物 |
| 旅游服务活动的性质 | 有形的活动 | 人体处理 | 实物处理 |
| | | 航空服务<br>客房服务<br>餐饮服务<br>健身服务 | 旅游购物品邮寄服务<br>物品保管服务<br>景观修整<br>洗衣服务 |
| | 无形的活动 | 脑刺激处理 | 无形物处理 |
| | | 导游服务<br>旅游信息咨询服务<br>旅游教育服务<br>音乐会 | 信息处理<br>旅游保险<br>新航外汇服务 |

这种分类方法有助于旅游组织服务交付系统的设计与管理。属于"人体处理"这一类型的服务,一般都是高度接触型服务,需要顾客的亲自参与,服务过程直接影响顾客的质量认知。

如果顾客必须亲自到服务现场,服务人员与顾客之间的接触、服务设施的外观和特色,其他顾客的言行都会影响顾客的满意程度。同时,服务场所的地理位置、服务设施的地点和服务时间就必须以顾客为中心，要便于顾客接受服务。如果服务过程的性质决定了可以远距离传输服务，那么就要优先考虑生产运营问题。

第二，根据服务传递方式的不同进行分类。

服务传递方式可以从服务传递地点（服务在哪里传递）和与顾客相互作用的性质（服务如何传递）两个方面进行分析。根据这两个维度，可以把旅游服务划分为以下六种类型（见表6-3）（黄晶，2006）。

表 6-3　根据服务传递方式对旅游服务进行的分类

| | | 旅游服务发生的地点 | |
| --- | --- | --- | --- |
| | | 单一服务点 | 多个服务点 |
| 顾客与旅游服务组织互动的性质 | 顾客趋向服务组织 | 单体酒店<br>地方性餐厅<br>戏院 | 连锁酒店<br>连锁快餐店<br>公共交通服务 |
| | 服务组织趋向顾客 | 导游服务<br>出租车服务 | 旅游购物品邮寄服务 |
| | 顾客与服务组织的远距离沟通 | 旅行支票<br>信用卡 | 互联网<br>电话公司 |

这种分类方法可以促使管理者不断地考虑：是否在顾客方便的地点和时间为其提供服务？顾客在接受服务的过程中实际需要花费多少时间？需要付出多少货币及非货币成本？服务场所连同服务人员和设备，会对顾客的服务经历产生什么影响？

在顾客必须到场的情况下，服务场所位置的便利性就变得非常重要，而多场所服务可便于顾客就近购买。出于成本和质量控制的考虑，实际上越来越多的航空公司在鼓励顾客通过互联网或其他电子渠道预订和购买机票。信息技术的发展已经使得一些以往需要人际接触的服务,向着低度接触或无接触的远距离交易转化,由于减少了人员接触所产生的不确定性对服务质量的影响,因此便于服务组织对服务传递过程及结果进行管理。

第三,基于服务组织与顾客的关系进行分类。

服务的传递经常需要顾客与服务提供者面对面的人际互动,服务组织有机会与顾客建立长期的关系。根据顾客与服务组织之间的关系(是否存在会员关系)以及服务传递的性质(服务传递是持续还是间断),可以对服务进行分类。下表所示就是按照这种方法对旅游服务的分类(见表6-4)(黄晶,2006)。

表6-4  根据服务组织与顾客的关系服务组织的分类

|  |  | 顾客与旅游服务组织之间的关系 | |
|  |  | 会员关系 | 非正式关系 |
| 旅游服务传递的性质 | 持续的服务传递 | 旅游保险 银行外汇服务 | 高速公路 广播电视 |
|  | 间断的交易 | 酒店订房服务 景点套票订购 | 邮政服务 出租车服务 |

建立服务组织与客户的会员制度。一方面,旅游组织通过会员制度,建立顾客数据库,对顾客提供个性化服务,有利于旅游组织与顾客确立良好的长期关系;另一方面,会员顾客也会得到优惠价格的服务。因此,许多旅游企业都善于与其顾客发展会员关系。例如:酒店设立会员俱乐部,给会员顾客提供方便的入住和结账服务,并限定一些服务供会员免费享用;航空公司采用里程碑积分奖励方案,针对会员进行促销;博物馆提供套票订购服务,促使顾客不断重复参观。但如何有效运用会员关系来达到服务组织与顾客的"双赢"是旅游企业应该考虑的问题,如会员资格的限定,对会员顾客的特殊服务是否会引发其他顾客的不公平

感而影响企业的形象等。

第四，服务的定制化程度分类法。

提供定制化服务，需要服务人员对于顾客需求进行自主判断，据此可以将服务分为四种类型（表6-5）（黄晶，2006）。

表6-5　根据服务的定制化程度和服务人员的主观判断程度对旅游服务的分类

| | | 顾客定制化程度 | |
|---|---|---|---|
| | | 高 | 低 |
| 为满足顾客需求，服务人员需要自主判断的程度 | 高 | 法律服务 | 团队导游服务 |
| | 低 | 酒店服务<br>高级餐厅<br>银行服务 | 快餐服务<br>公共交通服务 |

第一类，定制化程度与服务人员主观能动性双高。

这类服务不仅要求高度定制化，而且要求服务人员作出大量主观判断来确定如何为顾客提供服务。在与顾客互动的过程中，服务人员掌握控制权，顾客希望听取服务提供者的建议，并要求他们提供定制化服务，因此，服务人员需要具备良好的判断能力和专业知识，比如，医疗、法律、会计等专业化服务一般都属于这一类型。

第二类，定制化程度与服务人员主观能动性双低。

这类服务通常提供给顾客很大范围的选择，但服务人员按照顾客的要求和既定的程序提供服务即可，需要作出主观判断的空间很小。例如，酒店和高级餐厅通常会提供给顾客很多服务选择，服务人员按照顾客的要求提供服务，判断的责任通常由领班或经理人员担当。但一些高档酒店为了达到顾客的全面满意，开始培训一线服务人员及时解决问题的能力并赋予他们相应的权力，要求服务人员对顾客提出的要求或抱怨作出自主判断并给予及时解决。

第三类，标准化程度与自主能动性双高。

这类旅游服务个性化不强，而标准化程度较高，但服务人员需要灵活判断和决定服务方法，为不同的顾客提供完全相同的服务。

第四类，标准化程度与自主能动性双低。

这类服务相当标准化，顾客的选择余地很小，如顾客对快餐店的菜单以及烹饪方法几乎没有什么选择。

定制化由于强调满足顾客的个体需要而被企业用作提高顾客满意度、建立顾客忠诚度的重要手段。与制造业相比，服务产品的过程属性使得服务企业更有条件实现顾客定制。当前，很多旅游企业都为顾客提供定制化服务，满足顾客的个性需求，以获得竞争优势。如：酒店要求服务人员称呼客人的名字，根据顾客喜好安排客房用品；旅行社在线路产品设计中加入更多顾客可选择的内容。但是，定制化并非是成功的必然选择，标准化也能使某些服务企业实现竞争优势，且标准化程度高的服务，成本相对较低，能够产生价格优势。正如 Levit（1972）所指出的，对服务进行工业化，从大规模生产中获益，可能提高顾客的满意度。对于许多顾客来说，低廉的价格、方便、快捷以及统一性可能更为重要；而对于快餐店这种性质的服务企业，标准化经营更可能使企业获益。因此，是否需要定制化，要根据企业的目标市场的需要，以及企业的经营性质和战略而定。

第五，根据服务经历的要素进行分类。

绝大多数的旅游服务或多或少包含了有形的成分，如建筑物、床、餐具、服务人员等。美国学者 Thomas 曾提出可以将服务分为以设备为主的服务和以人工为主的服务两类：以设备提供的服务为主的称为资本密集型服务组织,以人工提供的服务为主的称为劳动密集型服务组织。为揭示不同的服务相对于其他服务所处的位置,Lovelock(1983)进一步提出一个二维坐标来表示服务人员、顾客和其他顾客等作为服务经历一部分的程度。据此,我们可以把旅游服务分为不同的四种类型(见图 6-4)(黄晶,2006)。

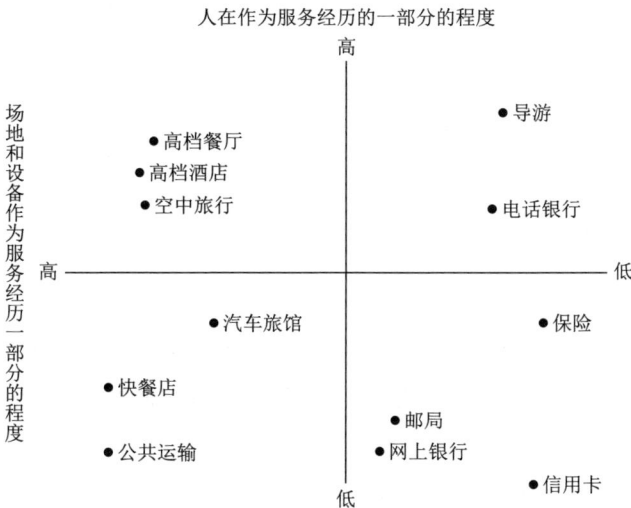

人在作为服务经历的一部分的程度

图 6-4 根据服务经历的要素对旅游服务的分类

在以人的因素为主导的旅游服务中,旅游组织需要更加重视对服务过程中人际接触的管理;而在那些以有形设备设施为基础的旅游服务中,对有形因素及生产效率的管理似乎更为重要,标准化往往是提高经营效益的重要途径。

第六,根据服务供给与需求的关系进行分类。

制造业企业可以把其生产的产品储存起来以应对需要的波动,而服务的不可储存性却使服务企业无法采取同样的措施来适应需求的变化。如果供大于求，服务组织无法充分利用生产能力，应当实现的服务价值就会永远丧失；如果供不应求，就会由于无法为一部分顾客提供服务而丧失一部分营业收入。

如果以横轴表示需求随时间波动的程度，以纵轴表示供应能力受到限制的程度，那么大多数旅游服务属于"双高"类型。例如，无论是酒店、餐厅，还是航空公司、旅行社以及旅游景点在经营中都面临着需求波动大与供应能力相对稳定之间的矛盾。

## 第二节　旅游服务交付

### 一、服务交付系统

#### 1. 服务交付系统要素

服务流程是旅游企业为顾客提供的服务交付系统，个体消费者出行之前分布在各个地方，处于原子状态。旅游服务交付系统贯穿于从旅游信息传达、提供支付系统，到实际享受服务的整个过程。

服务交付系统的组成元素包括：

服务提供者——服务机构、组织、个人。

服务对象——顾客（组织或个人）。

服务设施、设备和支持物——服务设施的空间分布、设备特点、服务过程所需要的各种物品等。

这些要素的不同组合以及它们之间的关系决定了服务交付系统的结构和特点，并影响服务交付系统整体功能的发挥。时间、季节的变化特点，以及服务提供者与服务对象结合方式等都会对服务交付系统带来影响。服务交付系统可以划分为以下几种类型。

2. 服务交付系统分类

（1）按照服务机构设置和顾客运动方式划分

① 服务工厂型系统

其基本特征是：服务机构固定，服务成本中设施设备所占比重大，服务设施集中在一个地点，服务对象到服务地点接受服务，服务的时间可长可短。按照服务机构与服务对象的结合方式可以划分为若干子类型。

• 服务工厂——Ⅰ型系统，服务机构的服务单元按照一定的顺序排列，服务者按顺序接受服务，类似于制造业中的生产流水线。这种类型是服务机构普遍采用的形式之一，如医院、学校、银行、公园等是典型的服务工厂型。患者到医院就诊的过程，需经历挂号、等待医生的诊断并开处方、缴费、取药等一系列活动。学生接受教育服务，必须经过由低年级到高年级，不断地学习考试，最终拿到毕业文凭。从教育服务的提供者学校的角度看，学校是一个生产流水线，学生则是被加工的产品，通过对学生进行知识传授和训练，经过考核，输出合格的产品———一定水平的毕业生。

• 服务工厂——Ⅱ型系统，类似于生产企业工艺专业化，向顾客提供个性化服务。服务设备和服务人员的设置，围绕服务对象安排。如理发店，当一个人走进理发店，坐在椅子上后，可以由理发师完成整个洗、染、剪、烫过程。

② 服务项目系统

类似于制造业中常见的工作的专业化，其特点是服务对象固定，而服务提供者上门服务。如私人医生、律师等提供的服务，以及家电维修、保险服务等。

③ 动态服务交付系统

服务提供者和服务对象都处在运动过程中，例如出租车、公共交通系统中的公共汽车、移动售货车等。

（2）按照服务机构与服务接触程度及其专业化程度分类

按照服务与顾客接触的专业化程度、服务的劳动密集程度可以将服务划分为以下四类（温碧燕，2010）：即服务工厂型、服务车间型、一般服务型和专业服务型。

表 6-6　服务接触和专业化程度

| | | 低 | 高 |
|---|---|---|---|
| 劳动密集程度 | 低 | 服务工厂 | 服务车间 |
| | | ·航空公司<br>·运输公司<br>·旅馆<br>·休闲娱乐中心 | ·医院<br>·机动车维修中心<br>·其他维修服务业 |
| | 高 | 一般性服务 | 专业型服务 |
| | | ·零售<br>·批发<br>·教育<br>·银行 | ·医生<br>·律师<br>·会计师<br>·建筑师 |

3. 服务交付系统的特征

服务交付系统由于涉及大量的可变要素，可以看作是一个复杂的、开放的动态系统，具有自适应性和嵌套性。

（1）复杂性

服务交付系统的复杂性主要表现在系统的多层次结构、不同子系统间的相互关系以及主客体交互方面。服务交付系统的最简单形式可以描述为主体对客体的简单活动，如理发师给顾客理发。这种简单形式只在传统服务行业出现，现代服务交付系统中主体对客体的活动要复杂得多，我们以物流服务交付系统为例，分析其复杂性。

根据服务的范围，物流服务交付系统可以分为国际物流、国内物流、区域间物流以及地区物流等不同的层级；在一个物流服务交付系统内，还存在着各种类型的子系统，如运输系统、仓储系统、信息系统等，这些不同的子系统之间相互影响、共同作用，以实现服务的最终目的；对于第三方物流来说，与客户间的协调是服务成功最为关键的因素。服务主体与服务对象间的沟通是服务交付系统复杂性的主要表现，因为它更多地涉及人的因素。

（2）开放性

服务交付系统的开放性反映了服务交付系统与客户间的关系。与物质商品生产不同，顾客只有参与到服务交付系统当中，服务才能被生产并消费，同时，顾客的知识、经验对服务交付系统也会产生影响，这是服务本身的特点所决定的。

以汽车维修为例说明服务交付系统的开放性。汽车维修部门是一个服务交付系统，在维修过程中，汽车必须送至维修部门，进入维修车间，通过修理师傅对故障的检测、损坏零部件的更换或修理，完成服务。这期间，客户要告诉维修人员故障的现象及自己的经历，以帮助维修人员判断故障的原因，及时准确地排除故障。该过程需要顾客对汽车的性能、驾驶知识有一定了解，否则无法提供准确的信息，从而影响维修的质量和速度。

服务交付系统的开放性主要表现在服务交付系统与顾客间的信息交换上，服务人员可以从顾客那里得到大量的信息和知识，这些信息和知识对服务交付系统的改善有积极的促进作用。

（3）动态性

服务交付系统的动态性体现在两个方面：一是服务过程的变化，二是客户需求的调整。

从接受服务请求开始，到服务结束，服务交付系统的状态是时刻变化的。如餐饮服务：当一名顾客进入餐厅接受服务后，餐厅的座位就减少一个；后厨将会根据顾客的要求进行食物的加工；然后是顾客用餐及餐后的清理等，每时每刻餐厅的状态都在变化。顾客在接受服务过程中，由于各种原因可能提出调整的要求，如出现新的想法、对服务不满意等，这时服务人员将会根据新的要求修改服务方式、服务内容或服务流程。例如，在家居装修行业，设计人员在动工前会给出一份详细图纸，但是在装修过程中，顾客往往还是会根据实际效果提出修改意见。设计与施工人员在了解顾客的想法后及时修改方案直至顾客满意。

## 二、旅游服务传导系统

利用系统论方法可以更好地理解旅游服务的本质及各相关组成要素之间的内在联系。旅游服务是一个复杂的系统。我们可以从旅游学（宏观层面）以及服务管理（微观层面）两个不同的角度对旅游服务交付系统进行分析。

1. 宏观意义上的旅游服务交付系统

宏观层面上的旅游服务交付系统建立在旅游服务活动的基础之上，是从横向上对旅游服务的分析。它由客源地旅游服务交付系统、出行服务交付系统、目的地旅游服务交付系统以及支持服务交付系统四个子系统构成，每个子系统相互联系，同时各自又包含着不同的旅游服务交付系统内容（如图 6-5 所示）（马勇等，2019）。可见，宏观意义上的旅游服务交付系统实质上是从旅游学的角度对旅游服务的一种阐释，它涵盖了旅游者完成一次旅游活动所经历的旅游服务。

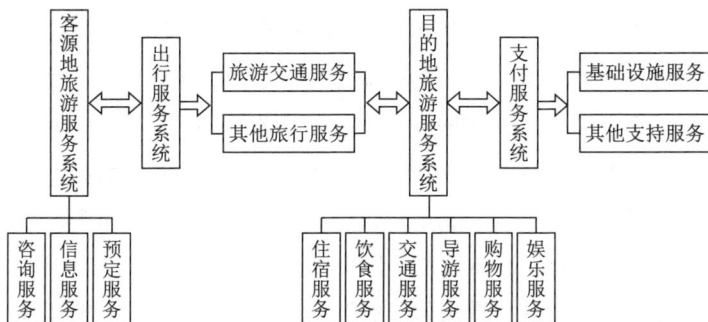

图 6-5　宏观意义上的旅游服务交付系统

（1）客源地旅游服务交付系统

客源地旅游服务交付系统是指为保证旅游者旅游活动的顺利进行，在旅游者出行之前为其提供一系列服务，以及旅游者结束旅游活动返回客源地之后的一系列售后服务。旅游者可以通过旅行社、专业旅游机构以及目的地旅游企业设在客源地的办事处提供的咨询服务和预订服务，获得必要的信息和建议，安排旅游行程，订购线路或者单项旅游产品；还可以通过政府机构、协会以及广播电视等多种渠道获得相关旅游信息，为出行做好充分准备。计算机和网络技术的发展更是使旅游者随时随地能够连线旅游目的地和旅游企业，获取所需的最新信息，以在线支付的方式完成旅游服务预订。

另外，客源地相关旅游企业如旅行社，还需对顾客进行售后跟踪，接收反馈信息，受理顾客投诉。

（2）出行服务交付系统

出行服务交付系统是指旅游者实现客源地与目的地之间空间位移的旅游服务，主要分为旅游交通服务和其他旅行服务两类。其中，旅游交通服务是指借助各种交通工具为旅游者提供的运输服务，主要包括航空服务、铁路服务、水路服务、公路服务。每一种服务类型都有自己的优缺点，而且每一种服务都有着多种不同的服务方式。有些服务方式如水路服务中的游船，就超越了简单的实现空间转移的功能，其本身就是一种旅游吸引物。旅游者在往返于目的地与客源地的过程中，往往会综合使用多种旅游交通服务。例如，从英国前往欧洲大陆旅游的游客，可以乘坐飞机，或者乘火车穿越漫长的海底隧道到达欧洲；也可以选择乘坐长途客运汽车，然后连同客运汽车一起乘坐短程渡轮穿过英吉利海峡到达欧洲大陆后，再利用公路服务抵达目的地。尤其对远程旅游而言，旅游者旅游活动过程中的很大一部分时间都在使用旅游交通服务，所以它的服务质量的高低会极大影响旅游者的旅游经历和对整体服务质量的感知。

出行服务交付系统中还包括一些辅助旅游服务，它们为旅游者的顺利出行提供了便利和保障。其他旅行服务主要有保险服务、外汇服务、免税购物服务等。

（3）目的地旅游服务交付系统

目的地旅游服务交付系统是指目的地为满足旅游者在当地逗留期间的多种需要而提供的一系列旅游服务，主要包括通常所说的餐饮服务、住宿服务、目的地内部交通服务、导游服务、娱乐服务和旅游购物服务，分别满足旅游者的食、住、行、游、娱、购六大要素需求。

另外，目的地的旅游信息服务也日益成为目的地旅游服务交付系统中的重要组成部分。随着散客旅游的迅速发展，旅游信息中心在目的地旅游接待中的作用凸显出来。很多散客到达目的地后第一个要光顾的就是当地的旅游信息中心。所以现在世界上很多重要的旅游目的地都在城市中心、交通枢纽处或是重要景点，设置旅游信息中心或旅游问询中心，并且使用统一标记，游客很容易发现或通过路标指示找到它。在信息中心，游客可以得到免费的城市或景点宣传手册，也可以从掌握多种语言的服务人员那里进行咨询并得到建议。

目的地旅游服务交付系统是旅游者旅游活动过程中接触时间最长、接触面最广、对旅游感受影响最大的子系统，同时它也要与客源地服务交付系统和出行服务交付系统进行较好的衔接和协调。

（4）服务交付保障系统

服务交付保障系统是指那些主要为满足当地居民的生产和生活需要而提供的服务，但旅游者为完成旅游活动也可能需要使用，同时直接向旅游者提供服务的旅游企业在经营中也必须使用。服务交付保障系统主要包括水、电、热、气的供应，废水、废物、废气的处理，交通运输系统，市容美化和环境卫生治理，安全保卫等基础性服务；还包括旅游教育和培训服务、海关服务、保险服务、银行服务、医疗保健服务等其他支持性服务。

2. 微观意义上的旅游服务交付系统

微观层面上的旅游服务交付系统实际上是从服务管理的角度或者说纵向上对一种具体的旅游服务的剖析。由于服务产出过程是由多种活动和要素构成的一个整体，因此服务就可以被视为一个系统来分析。综合国内外服务管理学者的观点，我们认为旅游服务交付系统由旅游服务运营系统、旅游服务传递系统和旅游服务营销系统三个子系统构成,如图6-6所示(马勇等,2019)。

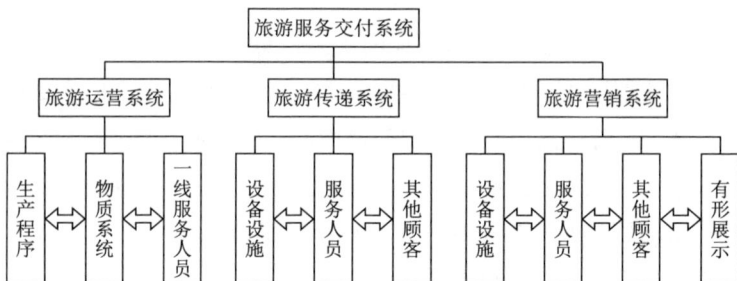

图6-6 微观意义上的旅游服务交付系统

(1)旅游服务运营系统

服务运营系统是整体服务交付系统的一部分,它通过对投入的资料进行处理,形成服务产品的各个要素。这个系统被一条可视分界线分为前台(Front Stage)和后台(Backstage)两部分。前台是顾客可见的部分,包括有形环境(有形的设施、设备和其他有形物)和一线服务人员;后台是顾客不可见的部分,顾客不会注意甚至不知道它们的存在,主要是指内部组织系统或技术核心。

虽然后台不与顾客直接接触,但如果后台没有较好地完成对前台的支持性任务而影响前台活动的质量,也会被顾客注意到。例如:顾客从餐厅菜单上点单,却被告知售罄;酒店顾客收到了错误账单;航空公司乘客由于飞机检修而耽误登机等,都会影响顾客的感知质量以及前台员工的对客服务。在服务运营系统的设计中,往往需要对可视分界线的位置作出决策,也就是要确定让顾客看见什么,什么应该避开客人的视线,比如顾客在许多餐厅就餐时不会看到后厨的操作过程,而有些餐厅却打造可视化厨房,向顾客呈现餐品的制作过程。这种敞开式厨房除了要求厨师能做出精美的菜品，还要求厨师具备整洁的外表、优美娴熟的动作，厨房环境也必须具有吸引力。

在整个服务运营系统中顾客可见部分的比例取决于顾客接触的程度。由于许多旅游服务属于高度接触服务，顾客需要亲自前往服务场所，并与服务人员和有形环境发生相互作用，可见部分的比例就大；而像电话服务和网络订票这样的低度接触服务，服务运营系统的绝大部分都属于不可见部分。

（2）旅游服务传递系统

服务传递系统涉及何时、何地以及如何把服务产品传递给顾客的问题。换句话说，服务传递系统就是在与顾客接触过程中，对所有的服务产品要素进行组装并把服务产品传递给顾客。

传统上，服务提供者都是在与其顾客发生直接接触的情况下传递服务的。但从降低成本和方便顾客的角度出发，一些服务组织开始对服务传递系统进行变革，顾客可以在不必与服务提供者面对面接触的条件下接受服务，信息技术的发展为这种变革提供了可能。

自助式服务传递通常能够给顾客提供更大的方便。如：博物馆的自助导游式参观可以让顾客根据自己的兴趣和节奏游览；用自助加油机、银行自动柜员机（ATM）、自动售货机等机器代替人工可以让顾客在方便的地点一天24小时、一周7天地使用服务。但是，自助服务的传递也有不足。从人员服务（高接触）向自助服务（高技术）的转化可能由于顾客缺乏使用知识而使顾客受挫。因此，如果旅游企业想要在服务传递系统中用机器或自助服务程序代替人工，就需要注意和顾客的沟通，让顾客了解如何使用并清楚这种改变给他带来的便利；同时，机器设备的设计应便于操作者使用，还应配备少量员工，采用免费电话或实时互动的社交软件等方式准备及时回答和解决问题。

在旅游服务传递系统中，还存在着顾客之间的相互接触。顾客间的互动也会对彼此的服务体验产生积极或者消极的影响。例如：一位顾客想享受安静的用餐环境，周围顾客的大声喧哗就会对其用餐经历造成负面影响；酒店其他客人的穿着、举止，会影响某一特定顾客的住宿体验和对酒店整体形象的认知；旅游团队中游客之间友好融洽的关系会对游客的旅游体验产生积极的影响。因此，旅游服务组织必须对顾客及其之间的互动进行管理。

（3）旅游服务营销系统

旅游服务营销系统包含了旅游服务组织与顾客发生联系的所有可能途径，其中包括了在服务传递中与顾客的接触。除了以上所说的服务传递系统，其他许多因素也会影响顾客对旅游服务组织的整体感知，如广告、人员推销、大众媒体的报道、市场上的口头宣传、与服务人员或设施的偶然接触等。所有这些与顾客发生的接触或顾客了解服务组织的方式就构成了服务营销系统。

对于有形产品的营销是独立于其生产过程之外的，而旅游服务的体验性使其在服务的传递过程中包含着重要的营销机会。另外，顾客通常会借助于与无形的服务有关的一系列有形因素来对服务质量作出判断和评价，所以旅游企业的管理人员需要认真考虑通过服务营销系统向顾客展示什么样的有形因素并加以管理。

### 三、旅游服务蓝图

服务蓝图是详细描绘服务交付过程的设计图。服务过程中涉及不同的人员，无论他们的角色或个人观点如何，都可以理解并客观地使用它。服务蓝图直观地从几个方面展示服务：描绘服务实施过程，接触顾客的地点，顾客角色与员工角色，服务传递过程中的可见要素。它提供了一种把服务合理分块的方法，旨在逐一描述服务过程中的步骤和任务、执行任务的方法和顾客能够感受到的有形展示。

开发新的服务或者改善已有的服务，关键的是将服务概念开发、服务过程开发及市场测试等阶段准确地描绘出来，特别是能客观准确地将服务过程的特点加以描绘，并使之形象化。这样，顾客、员工和管理者都会清楚地知道正在做的服务是什么，以及在服务实施过程中自己所扮演的角色。通过服务蓝图可以较好地解决上述问题。

旅游服务蓝图是描述旅游服务交付过程的可视技术，是详细描画旅游服务交付系统的"图片"或"地图"。如同技术人员一样，旅游服务过程中的不同人员可以通过旅游服务蓝图，理解旅游服务的实施过程、接待顾客的地点、顾客的角色以及服务的可见要素。

1. 旅游服务蓝图的构成

旅游服务蓝图的构成要素包括顾客行为、前台员工行为、后台员工行为、支持过程及有形展示。顾客行为是指顾客在购买、消费和评价服务过程中的步骤、选择、行为和互动。如顾客消费酒店服务的行为包括预订客房、办理登记手续入住酒店、在酒店中接受各种服务、结账离开酒店。前台员工行为是指顾客能看见的服务人员表现出的行为和步骤，如顾客入住酒店，前台服务人员的服务有迎接服务、行李服务、登记服务、结账服务等。后台员工行为是指服务人员在顾客视线之外所从事的行为，这些行为能影响前台的服务质量，如前厅服务人员的夜间稽核、餐厅服务员的餐前准备等。支持过程行为是指内部服务或者支持服务人员履行的服务步骤和互动行为。如酒店的工程维修、保安服务、厨房生产、电话总机、采购工作等。有形展示是指顾客在服务现场可以看到的用于提示服务质量线索的实体内容，如装饰装潢、设施设备、物品等。

以顾客入住酒店的服务蓝图为例，下面对服务蓝图的构成进行说明，见图 6-7（张文建，2006）。

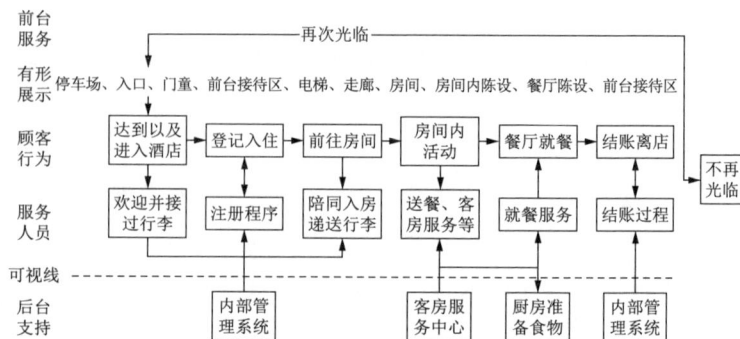

图 6-7　某酒店服务蓝图

2. 旅游服务蓝图的使用

根据旅游企业不同的战略意图，可以采用不同方式使用旅游服务蓝图，即横向使用、纵向使用和全面使用。

（1）横向使用

如果旅游企业的战略意图在于了解顾客是如何使用服务的，则可以从左至右使用，跟踪顾客的行为，并提出相应的问题：

① 顾客使用各种不同类型服务的规律是什么？

② 顾客在使用过程中有什么不同的选择？

③ 顾客使用服务的参与程度如何？

④ 顾客对有形展示有什么要求？

⑤ 如何满足顾客的需求，是否能保持与服务战略和服务定位相吻合？

如果旅游企业的战略意图在于了解服务员工的角色，也可以从左至右使用，跟踪服务人员的行为，并提出以下问题：

① 服务人员的操作流程是否合理、有效率、有效果？

② 哪些员工与顾客直接接触，在什么时间？什么地点？发生的频率如何？

③ 顾客的服务问题是由一名服务人员直接负责到底，还是需要向其他服务人员交接？

（2）纵向使用

如果旅游企业的战略意图在于了解服务过程中不同因素的组合，或者在大背景下识别某一员工的位置，则可以纵向使用旅游服务蓝图。这时，我们会清楚地看到顾客有哪些服务要求，旅游企业的服务任务是什么，由谁来执行这些服务任务，哪些人在服务中起关键性的作用，执行这些服务任务需要内部组织提供什么样的支持。为解决上述问题，旅游企业需要考虑以下问题：

① 在关键性服务环节上，需要什么样的服务人员？

② 为支持关键性的服务接触，服务人员需要做哪些后台工作？

③ 相关的服务接触需要提供什么样的支持行为？

④ 在不同的服务环节之间是如何衔接的？

（3）全面使用

如果旅游企业的战略意图在于对服务进行重新设计，则可以从总体上全面使用旅游服务蓝图。首先，需要了解服务的总体特征和服务过程的复杂程度，这是重新设计服务的基础。然后，对顾客接受服务的行为进行考察，发现重新设计服务的关键性环节，并进行改进。同时，考虑这些变化要求服务人员如何改变行为，需要组织内部提供怎样的支持性行为。另外，还要考察有形展示的内容是否需要发生变化，这些变化与服务战略目标是否保持一致。最后，旅游服务蓝图还可用来发现服务过程的失误和瓶颈点，进而进行分析和研究，提出解决问题的方案。

3. 旅游服务蓝图的建立

（1）建立服务旅游蓝图的意义

① 提供全局性的视点。让员工树立整体性的服务意识，找准自己在蓝图中的位置，并考虑自己能为整体性服务做些什么，从而在员工中树立以顾客为导向的服务意识。

② 识别服务过程中的薄弱环节，然后确定服务质量改进的目标。

③ 通过服务人员与顾客的接触线，发现顾客在何处感受并评价服务质量，从而促进服务的设计。

④ 通过内部互动线的显示，发现顾客在服务现场的接触点，以促进服务质量的持续改进。

⑤ 通过显示服务过程的构成要素和关系，以促进服务战略的形成。

⑥ 为识别成本、收入以及向不同的服务要素投资提供基础。

⑦ 为外部营销和内部营销活动提供重要的基础。

⑧ 提供一种由表及里地提高服务质量的途径。

（2）建立服务旅游蓝图的步骤

① 识别制定旅游服务蓝图的意图。

在开发旅游服务蓝图之前，首先需要识别建立蓝图的目的，并就此在组织内部达成共识。服务蓝图可以在旅游企业不同的层面上开发，既可以在整体层面上开发，不涉及具体的服务细节，如酒店的整体服务蓝图；也可以在职能部门的层面上开发，如酒店前厅部服务蓝图；还可以就某一具体业务进行开发，如送餐服务蓝图。另外，还可以基于某些特定的细分市场或某些服务产品进行服务蓝图设计，如会议服务蓝图、婚宴服务蓝图。

② 识别顾客接受服务的经历。

任何旅游企业都服务于特定的细分市场，而不同细分市场的顾客需求存在差异，他们对服务质量的期望也不相同。因此，旅游企业需要根据顾客的需求，确定顾客接受服务的经历和过程。如团队观光客人数和商务散客对酒店的服务需求存在差异，他们在酒店中的活动规律也不相同。

③ 从顾客角度描绘服务过程。

该步骤是指顾客在咨询、消费以及评价中所经历的选择和行为。如果描述的是内部服务，则顾客就是参与外部服务的员工。从顾客角度认识服务过程，可以将注意力集中在关键服务环节和关键服务要素上，避免从主观角度认识顾客需求，造成服务资源的浪费和顾客满意度的下降。

④ 描绘前台和后台员工的行为。

首先画出顾客与服务人员的接触线以及区别前台行为和后台行为的可视线。然后从顾客角度和服务人员的角度设计绘制过程，并区分出前台行为和后台行为。若是对现有服务的描述，可以向一线服务人员征询其行为，以及哪些行为顾客可以看到，哪些行为发生在后台。

⑤ 把顾客行为、服务人员行为和支持性行为进行组合。

首先画出组织内部服务的互动线，然后识别出服务人员的行为与内部职能部门的联系以及联系的程度。从中可以发现服务行为的关键性支持因素，也就是说这些因素与顾客满意度的关联性较强，需要引起旅游企业的高度重视。

⑥ 对服务蓝图进行图形化设计。

旅游服务蓝图开发的最后一个步骤就是在蓝图上添加有形展示的内容，以此说明顾客在每一段服务经历中所需要的有形物质以及看到的实体内容。这些物质实体可以通过照片、录像等形式加以反映，以帮助分析有形展示对顾客感知服务质量的影响以及是否与企业的服务战略和服务定位保持一致。

## 第三节　旅游服务质量

### 一、旅游服务质量标准

#### 1. 服务质量的概念

质量的一般概念是指产品或服务满足顾客需求的能力。国际标准化组织在 ISO8402-1994 中对产品或服务质量给出如下定义：质量是反映实体满足明确和隐含需要能力的特性综合。实体是可以单独描述和研究的事物，泛指质量管理、质量控制、质量保证和质量认证工作的对象，既可以是活动过程也可以是产品，还可以是组织，也可以是以上各种要素的综合体。这里所说的明确需要是指在合同、标准、规范、图纸及其他文件中明确作出规范的需要。隐含需要是指需求主体——顾客、社会对实体的期望，或者虽然没有在相关文件中给出明确的解释，但是为人们所公认、无需申明的需要。比如从日本进口的汽车，其方向盘应该符合我国交通规则的规定，设在驾驶室的左边；售出的商品房也应该包括门窗、水电设施和其他必要的设备。特性是对需要特征的定性或定量化的描述，表征实体满足需要的能力。不同类别的实体，满足需要的特征不同。对于实物产品，其产品特征分为性能、可靠性、安全性、经济性和适应性等。对于服务产品，其质量特性则强调功能性、经济性和舒适性等。

服务质量比实物产品质量更难界定，从而使服务质量的定义和评价要比实物产品质量评价困难得多。其主要原因是服务产品的无形性，服务质量的高低更多是由顾客的心理感受决定的，其表现形式是顾客对服务产品的满意程度。顾客的满意程度来自顾客对服务的期望与实际得到的服务感受之间所作的比较，简言之，服务质量的高低是由服务产品符合顾客预期的程度来判断的，这种判断过程描述如下：

服务质量 = 顾客满意度

= 顾客感受到的服务 - 顾客期望得到的服务

当顾客的实际感受优于预期，将会得到较高的满意度，服务质量比较好。相反，若顾客的实际感受与期望有差距，则满意度较低，服务质量较差。顾客的感受是由个人的需要、顾客过去的消费经验以及服务产品在顾客心目中的形象三方面因素综合作用的结果。

2. 服务质量的评价准则和评价过程

服务质量的评价准则采用如下五项准则，即可触摸性、可靠性、互动性、保证性（信誉、安全）、感情交流性。

① 可触摸性：是指服务场所、服务设施设备、服务人员和通信设备与顾客联系的状态。

② 可靠性：服务交付系统可靠、准确地履行服务承诺的能力。

③ 互动性：服务交付系统即时了解顾客的需求并能够迅速

作出反应的能力。

④ 保证性：服务机构的员工在知识、礼仪方面能够使顾客产生信赖的能力。

⑤ 情感交流性：服务交付系统对顾客个性化需求的关心和注意程度。

以上五项准则可划分为两大部分，准则①为第一部分，主要是指服务机构的硬件环境给顾客的总体印象，通称为服务环境。准则②至⑤主要是与服务交付系统中人员有关的因素，如服务水平、服务态度等人文因素。为了能够从顾客满意的角度测量服务质量，根据上述五项准则，给出评价服务质量的指标体系如表6-7所示（柴小青，2002）。

表6-7　服务质量的指标体系

| 指标名称 | 顾客评分<br>（1—10） | 指标的权重 |
|---|---|---|
| **有形要素指标** | | 30% |
| • 服务机构设备的先进程度 | | 10% |
| • 服务机构员工姿态与仪表 | | 10% |
| • 服务机构的设备与服务水平的匹配程度 | | 10% |
| **可靠性指标** | | 20% |
| • 服务机构履行承诺的程度 | | 8% |
| • 服务机构对顾客需求的态度 | | 7% |
| • 按照服务标准提供服务的程度 | | 5% |
| • 对顾客要求的反应速度 | | 10% |
| **服务保证** | | 25% |
| • 服务机构员工的可信赖程度 | | 10% |
| • 员工具备回答顾客问题的能力 | | 8% |
| • 员工乐意帮助顾客的主动性 | | 7% |
| **感性交流性** | | 15% |
| • 员工对顾客个性化需求的关注程度 | | 5% |
| • 服务机构营业时间方便所有顾客的程度 | | 5% |
| • 员工了解顾客具体需求的能力 | | 5% |

服务质量评价指标体系是一个参考性框架，具体使用可以根据实际工作需要进行调整，如指标数量的多少和具体含义，指标的权重分配以及评分标准等。使用中由顾客给服务机构打分，完全同意的项目给予最高分数 10 分，完全不同意的项目给予 0 分，在完全同意和完全不同意之间的项目，根据认可程度在 1—9 分之间选择适合的分数打分。将每项指标得分与对应的权数相乘，然后求和即得到顾客对服务机构服务质量的评价，满分为 100 分。值得指出的是，表 6-7 给出的评价指标体系是在 SERVQUAL 质量评价问卷基础上设计的。SERVQUAL 是由 Parsuraman、Zeithaml 以及 Berry（1988）发明的一种评价服务质量的工具，SERVQUAL 的问卷调查表由两部分内容组成，一部分是调查顾客对某一类服务的期望，另一部分是调查顾客对具体服务企业的实际感受。两部分所调查的项目基本相同，各有 22 项指标。实际的评价过程要求顾客按照服务期望和服务感受进行两次打分，评分采用 7 分制，7 分表示完全同意，1 分表示完全不同意，2—6 分表示同意的不同程度。本书对评价指标体系和评价过程进行简化，将评价指标缩减为 13 项，增加了各个指标的权重，并将两次评价改为一次评价，更符合国内服务管理的需要。无论顾客是提出对服务质量的期望，还是根据自己的实际感受对服务质量进行评价打分，客观上都包含比较判断的成分，尤其是对服务质量的评价打分，本身就是将服务期望与实际感受进行比较后给出判断，因此只进行一次评价是可操作的。

## 二、旅游服务质量与服务成本

1. 旅游服务质量的概念

对旅游服务质量的概念界定，学术界以及业界尚未形成统一标准。目前存在以下四种不同的观点。

一是认为旅游服务质量只局限于旅游企业提供的软体服务的质量，由服务项目、服务效率、服务态度、礼貌礼仪、操作技能、清洁卫生、环境气氛等构成。这一观点缩小了旅游服务质量的涵盖内容，实际上这只是旅游服务质量的一部分。

二是认为旅游服务质量是由产品质量、有形产品质量和无形产品质量三部分构成。这一观点得到较为广泛与普遍的接受。

三是认为旅游服务质量是由旅游产品技术质量、功能质量、客人的预期质量和经验质量决定的。这种观点把顾客纳入旅游服务质量的构成要素之中，拓宽了旅游服务质量的内涵。

四是认为旅游服务质量指顾客在旅游活动的过程中所享受服务的使用价值，是顾客得到某种物质和精神的体验和感受。

对旅游服务质量界定的不规范是导致当前旅游服务质量评价不系统的原因之一。根据国际标准化组织颁布的 ISO9004-2《质量管理和质量体系要素服务指南》，"服务"是指"为满足顾客的需要，供方和顾客之间接触的活动以及供方内部活动所产生的结果"；"质量"是指"反映实体满足明确或隐含需要的能力的特性总和"。因此，旅游服务质量可以定义为"以旅游企业设备、设施等有形产品为基础和依托，以旅游企业员工所提供的活劳动而形成的无形产品所带来的，让顾客在旅游活动中获得物质和精神需要的满足程度"。

2. 旅游服务质量的内容

（1）技术性质量

技术性质量是旅游服务结果的质量，即旅游企业提供的服务项目、服务时间、设施设备、服务质量标准、环境气氛等满足顾客需求的程度。如酒店为顾客提供的客房和床位、餐厅为顾客提供的菜肴和酒水、航空公司为顾客提供的空间位置的转移、旅行社网点设置的方便程度等。服务结果是顾客服务体验的重要组成部分，顾客对它的评价比较客观。

（2）功能性质量

功能性质量是旅游服务过程的质量。旅游服务具有不可分离性的特征，服务过程中发生的互动，必然会影响顾客感知的质量。功能性质量与服务人员的仪表仪容、礼貌礼节、服务态度、服务程序、服务技能技巧等有关，还与顾客的心理特征、知识水平、个人偏好等因素相关。同时，受到其他外在条件的影响，如服务现场其他顾客对服务质量的评价。顾客对功能性质量的评价较为主观。

技术性质量和功能性质量相互作用、相互影响，是一个有机的统一体，在二者之间合理配置资源，有助于服务质量的优化。另外，旅游企业的形象也影响顾客感知质量的形成。如果旅游企业有良好的形象，即使服务过程中出现失误，顾客容忍的可能性也更高，但是若服务失误过多，则会影响其服务形象。如果旅游企业的形象不佳，服务事物会严重影响顾客的感知质量。因此在服务质量形成的过程中，旅游企业的形象可视为服务质量的"过滤器"。旅游服务质量的内容和传导过程可用图来表示（见图6-8）（张文建等，2006）。

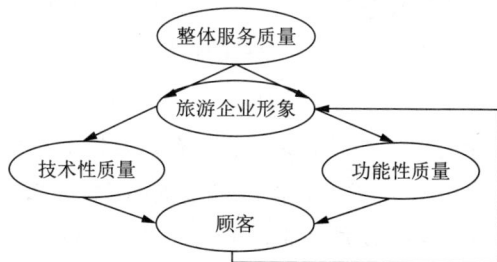

图6-8　旅游服务质量传导示意图

### 3. 旅游服务质量的特点

（1）旅游服务质量评判的主观性

顾客对服务质量的感知，主要来自主观期望、心理感觉、个人判断等主观因素。因此，对旅游服务质量评价的好坏，更多地受到主观因素的影响。这些主观因素是由顾客的文化背景、心理偏好、个人经历等相互作用的结果。因此，对于相同的服务，不同的顾客会作出不同的服务质量评价。旅游服务质量的这一特点，与旅游服务的不可感知性和生产消费的不可分离性有关。由于不可感知性，服务质量缺乏客观的评价标准，顾客的主观评价就成为决定性的因素。由于生产消费的不可分离性，服务质量的形成必然有顾客的参与，而服务质量的感知更多表现为心理体验，因此必然带有顾客的主观因素。

（2）旅游服务质量的波动性

旅游服务质量的波动性表现为：一是服务人员在服务过程中由于自身或者企业内部其他条件的影响，每一次的服务质量不可能完全一致。二是旅游服务流程设计的合理性、服务设施的规划也会增加服务质量的波动性。三是旅游服务的季节性决定了服务质量的不稳定性。例如，在旅游旺季，服务需求超过服务供给，服务人员超负荷的工作会影响服务质量的一致性。在旅游淡季，顾客需求低于服务供给，过剩的劳动力会互相干扰，而且员工也存在懈怠心理，影响服务质量的稳定性。

（3）旅游服务质量的整体性

从旅游业的角度看，旅游活动具有综合性的特征，包括食、住、行、游、购、娱六要素。在旅游过程中，顾客感受各种要素的质量，并形成整体服务质量的评价，因而旅游服务质量体现为整体性。从旅游企业的角度看，服务质量的形成需要全体员工的参与，不仅与顾客接触的员工影响顾客的感知质量，后台员工也会间接影响服务质量。另外，服务质量需要全面监控，以保证顾客的感知。最后，优质服务质量的输出需要服务资源在企业内部各个部门之间的平衡协调，并要求各部门之间相互沟通、相互协调。全员参与、全面监控、全面协调决定了旅游服务质量的整体性。

4. 顾客评价旅游服务质量的过程

（1）差异理论

美国服务营销专家 Berry、Parasurraman、Zeithaml（1986）在全面研究顾客评价服务质量的基础上，提出了"差异理论"（Gap Theory）。他们认为顾客的感知服务质量的高低决定了顾客对服务质量的评价，而顾客的感知服务质量取决于服务过程中顾客的感觉与服务期望之间的差异程度。在这里，感知服务质量是"顾客作出的，与服务是否优质有关的全面判断和看法"，顾客的感觉是"顾客接受的及经历的服务感受"，顾客期望是"顾客的愿望与需求，即顾客认为服务提供者应该为他们提供的服务"。该理论也适用于旅游服务质量的评估过程。在服务过程中，顾客亲身体验的服务与他们的服务期望进行了比较，以获得感知服务质量，顾客感知的服务质量决定了顾客的满意度。

（2）顾客期望的影响因素

顾客在消费旅游服务之前，会通过各种渠道搜集有关决策的信息，并结合自己的经历、经验和心理偏好，形成对旅游服务的期望。影响顾客期望形成的因素包括：

① 明确的服务承诺。

明确的服务承诺是指服务提供者传递给顾客关于服务的说明，包括广告、宣传手册及宣传品、人员推销、销售促进、公共关系等,是服务提供者可以控制的影响因素。为了有效管理顾客期望,保证承诺与顾客感知质量的一致性,服务提供者在沟通时应承诺可以实现的服务质量。然而,不少服务提供者在沟通时,为了促进或扩大销售,经常夸大营销,使顾客形成较高的期望,若实际体验的服务质量达不到顾客的预期,即使是优质的服务质量,顾客给出的评价也会较低。

② 隐含的服务承诺。

隐含的服务承诺是指服务提供者没有直接明确的承诺,但是却通过与服务相关的内容提供了暗示。与服务相关的内容包括服务品牌和形象、服务价格、设备设施等,这些因素间接影响顾客期望的形成。品牌知名度较高,有良好服务形象的旅游企业,顾客也会期望他们提供较高质量的服务。同样,服务价格较高、设施设备豪华的旅游企业,顾客对服务质量的期望也较高。例如,下榻豪华饭店的顾客期望更高的服务水准,而下榻汽车旅馆的顾客对服务质量的期待要低得多。

③ 口头交流。

口头交流是指由服务体验或经历者,而不是服务提供者发表的个人及非个人的言论,这是服务提供者难以控制的因素。口头交流的信息传播者向现有顾客或潜在顾客传递服务是什么或服务如何的信息,由于顾客认为他们的信息是中性的,因此可以直接影响顾客期望的形成。口头交流的来源包括亲朋好友、邻居同事、专家学者等。需要注意的是,有的顾客由于在旅游企业中受到特别的待遇,因而在口头中可能会夸大服务质量,从而提高潜在顾客对旅游服务质量的期望。

④ 顾客经历。

顾客经历是指顾客过去的服务接触。由于顾客的服务经历是一种学习，因此也是形成服务期望的重要因素。期望的服务质量是由关键的服务接触所决定的，即过去服务感受中印象最深的一次或几次，而且通过多种比较体现出来。如顾客将在某一家酒店印象最深的一次住宿与过去所有的住宿进行比较，并且还会与其他酒店或国际连锁酒店进行比较。比较的结果最终形成顾客的服务期望。

通过以上分析，可以看出顾客评估旅游服务质量的过程，如图 6-9 所示（张文建等，2006）。

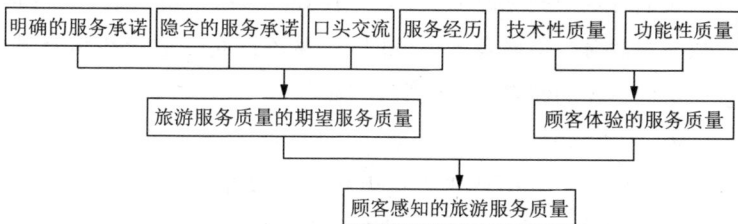

**图 6-9　顾客评估旅游服务质量的过程**

5. 旅游服务成本

成本是评价企业经济效益的重要指标，是影响企业经营决策的关键因素。随着旅游市场的逐步扩大，旅游企业间竞争不断加剧，旅游企业如何挖掘潜力、发挥自身的竞争优势就显得非常重要。在现代激烈的市场竞争中，旅游企业需要发挥技术和管理上的优势，依靠降低产品成本来提高经济效益，增加市场竞争力。

（1）旅游成本的概念

成本，一般是指为了实现一定目的而用货币测定的支付。从经济学理论来看，成本是指产品价值中的物化劳动和活劳动的货币表现；从企业经营角度来看，成本是指企业为市场和销售产品所支出的费用总和。

旅游成本，从微观上讲是指旅游企业在一定时期内，为生产和销售旅游产品而发生的各种消耗和支出的货币表现，即旅游企业成本。旅游企业成本是旅游产品价值的一部分，是转移到产品中已被消耗的物化劳动和活劳动价值的综合。从宏观上讲，旅游成本是指为了实现旅游经济活动目的而发生的全部可用货币测定的支出，包括旅游企业的各种支出和社会环境等方面的支出，即旅游宏观成本。

（2）旅游成本的分类

为了有效控制旅游成本，取得良好的旅游经济效益，必须根据成本的性质、构成及支出范围等，从不同角度进行科学分类，按照不同分类的特点进行成本的控制。

① 按成本的经济内容分类。

营业成本。它一般指直接为旅游者服务所发生的支出。旅游企业包括很多不同的服务部门，各部门营业成本有着不同的内容。其中，饭店、旅馆的营业成本包括餐饮原材料成本、商品进价成本、车队的营业成本等；旅行社的营业成本包括各项代付费用，如代付的房费、餐费、交通费、文娱费、行李托运费、票务费、门票费、专业活动费、签证费、陪同费、劳务费、宣传费、保险费、机场费等；酒楼、餐馆的营业成本包括餐饮原材料成本、商品进价成本等；照相、洗染、修理等服务企业的营业成本主要指耗用的原材料成本。

营业费用。营业费用是指旅游企业各营业部门在销售商品、提供劳务等经营过程中发生的各项费用，包括：运输费、装卸费、包装费、保管费、保险费、燃料费、展览费、广告宣传费、邮电费、水电费、差旅费、洗涤费、物料消耗、折旧费、修理费、低值易耗品摊销、营业部门人员的工资、福利费和类似于工资及福利性质的费用（如工作餐费、服装费等），以及其他营业费用。

管理费用。管理费用是指旅游企业为组织和管理经营活动而发生的各项费用。包括：行政管理部门在经营管理过程中发生的，或应由企业负担的公司经费（指行政管理部门人员工资、福利费、工作餐费、服装费、办公费、差旅费、会议费、物料消耗、低值易耗品摊销、水电费、折旧费、修理费及其他行政经费等）、工会经费、职工教育经费、养老保险费、医疗保险费、工伤保险费、失业保险费、咨询费、排污费、土地使用费、技术转让费、不用从营业成本和营业费用中列支的房产税、车船使用费、坏账损失、库存货盘亏和毁损、存货跌价准备等费用。

财务费用。财务费用是指旅游企业为筹集生产经营所需资金而发生的费用。包括：利息支出、汇兑损失以及相关的手续费等。

②　按成本的形态分类。

直接成本和间接成本。旅游企业按照所发生的成本费用与所服务的对象之间是否直接相关联，分为直接成本和间接成本。直接成本是指可以直接追踪归属于某一服务对象的成本，如旅行社为旅行团队代付的房费、餐费、交通费、票务费等，饭店餐饮部门耗用的食品、饮料成本，以及旅游商品销售部门的商品进价成本等；间接成本是指不能直接归属于某一服务对象的成本，该部分成本往往通过分配分摊到服务对象上，如旅游企业的职工工资。由于旅游企业职工提供的是服务，在一段时间内某一职工服务的对象很多，而对一个服务对象而言，在同一时间内为其服务的职工也很多。因此，职工工资的支付不能直接归属于某一服务对象，需要在不同的服务对象之间按一定比例进行分摊。

固定成本、变动成本和混合成本。旅游企业按成本总额和服务工作量之间的依存关系分为固定成本、变动成本和混合成本。固定成本是指在一定时间内成本总额不受服务工作量水平变动影响的成本，如旅游企业固定资产的折旧、旅游企业聘用正式职工工资及职工培训费、固定资产租赁费等，此部分开支相对于旅游企业的一定规模的营业业务来说是固定不变的。变动成本是指成本总额随服务工作量的变动而发生变化的成本，比如旅游企业直接耗用的材料成本、聘用临时工的工资等，该部分开支与旅游企业的服务工作量直接相关联。一般来说，工作量增加变动成本也增加，工作量减少相应的支出也会减少。混合成本是指既包含固定因素也包含变动因素的成本，如饭店的电费开支，用于公共场所照明的电费，由于无论是否有客人入住，饭店均需要发生这笔开支，所以属于固定成本，但用于客房照明的电费开支直接与客人的入住率相关，它又属于变动成本。因此此类支出就应当按混合成本进行核算。

**思考题：**

1. 服务与有形产品有何差别？

2. 旅游服务有哪些特点？这些特点如何对旅游服务管理产生影响？

3. 举例说明旅游服务的分类方法。

4. 从旅游学角度和从服务管理角度出发的旅游服务交付系统各有哪些要素构成？它们之间有何种内在联系？

5. 旅游服务蓝图的构成要素有哪些？

6. 尝试绘制某一旅游服务企业的旅游服务蓝图。

7. 旅游服务质量的特性有哪些？范围包括哪些方面？

8. 结合实例，讨论一家企业如何改进其服务质量？

9. 谈一下自己对旅游服务的理解。以旅游景区为对象，谈一谈如何进行质量管理。

10. 技术质量与功能质量有何区别？结合自身经历阐释为什么说功能质量与技术质量同等重要？

11. 结合某一旅游服务企业，利用服务蓝图具体分析该企业的旅游服务系统。

## 参考文献：

［1］Adrian Payne, Pennie Frow, 2005, A Strategic Framework for Custome Relationship Management, Journal of Marketing American Marketin Association.

［2］A. Parasuraman. and V. A. Zeithaml. and L. L. Berry, 1988, SERVQUAL: A Multiple-Item Scale for Measuring Consumer Perceptions of Service Quality, Journal of Retailing, 64(1): 12–40.

［3］Christopher H. Lovelock, 1983, Classifying Services to Gain Strategic Marketing Insights. Journal of Marketing, 47(1): 15–920.

［4］David A Collier, 1983, The Service Sector Revolution: The Automation of Services, Long Range Planning, 16(6): 10–12.

［5］Dorothy I. Riddle, 1986, Service-led growth: the role of the service sector in world development, Praeger.

［6］E. H. Blum, 1971, Urban Fire Protection: Studies of the New York City Fire Department, New York City Rand Institute.

［7］Gronroos C., 1990, Service management and marketing. Lexington Massachusetts: Lexington Books.

［8］Gary Armstrong & Philip Kotler, 2005, Marketing: An Introduction, New Jersey: Pearson Education Inc.

［9］G. Lynn Shostack, 1984, Designing Services That Deliver, Harvard Business Review, (1): 133–139.

［10］G. Lynn Shostack, 1987, Service Positioning through Structural Change, Journal of Marketing, 51(1): 34–43.

［11］G. M. Hostage, 1975, Quality Control in a Service Business, Harvard Business Review, 53(4): 98–106.

［12］J. M. Juran, F. M. Gryna. Jr., 1980, Quality Planning and Analysis,

McGraw-Hill Book Company, New York.

［13］James A. Fitzsimmons, 1974, The Use of Spectral Analysis to Validate Planning Models, Socio-Economic Planning Sciences, 8(3): 123–128.

［14］Leonard L.Berry, 1980, Services Marketing is Different, Research Gate, 30: 24–29.

［15］Regan W. J., 1963, The service revolution. Journal of Marketing, 27:57–62.

［16］R. B. Chase, D. A. Garvin, 1989, The Service Factory, Harvard Business Review, 67(4): 61–69.

［17］Richard. B. Chase, 1978, Where Does the Customer Fit in a Service Operation? Harvard Business Review, November-December, 137–142.

［18］Richard B. Chase, 1981, The Customer Contact Approach to Services: Theoretical Bases and Practical Extensions, Operations Research, 29(4): 698–706.

［19］R. C. Cohen, R. McBridge, R. Thornton, T. White, Letker Mail, 1970, System Performance Design: An Analytical Method for Evaluating Candidate Mechanization, Institute for Defense Analysis, Washington, D. C., Report R-168.

［20］Robert P. Radchuck, 1982, Step-by-Step into High Tech, CA Magzine, 115(6): 72–73.

［21］Terry Hill, 1989, Manufacturing Strategy, Irwin, Homewood (Ⅲ), 36–46.

［22］Theodore Levitt, 1972, Production-Line Approach to Service, Harvard Business Review. September-October, 41–52.

［23］柴小青, 2002, 现代服务管理, 企业管理出版社, 62—91。

［24］陈柏年, 1995, ISO9004-2: 1991（E）质量管理和质量体系要素第二部分服务指南（1）, 交通标准化,（03）: 9—11。

［25］楚东晓, 彭玉洁, 2018, 服务蓝图的历史、现状与趋势研究, 装饰,（05）: 120—123。

［26］丁宁, 2007, 服务管理, 清华大学出版社, 91—186。

［27］黄晶, 2006, 旅游服务管理, 南开大学出版社, 15—110。

［28］黄少军, 2001, 服务业与经济增长, 经济科学出版社, 150—153。

［29］蔺雷, 吴贵生, 2003, 服务创新, 清华大学出版社, 52—60。

［30］李万春, 田胡, 2020, 全渠道服务蓝图研究, 商业经济研究, 07: 85—88。

［31］雷江升, 2007, 服务及服务质量理论研究综述, 生产力研究,（20）:

148—150。

　　［32］刘爱珍，2008，现代服务学概论，上海财经大学出版社，101—260。

　　［33］刘建国，申宏丽，2005，服务营销与运营，清华大学出版社，2—75，110—195。

　　［34］刘丽文，2004，服务运营管理，清华大学出版社，8—10。

　　［35］刘晓莉，金明华，2007，基于服务质量差距模型的服务质量提升探讨，学术交流，(09)：121—124。

　　［36］马勇，陈小连，马世骏，2010，现代服务业管理原理、方法与案例，北京大学出版社，142—177。

　　［37］马勇，李应军，唐慧，2019，旅游服务质量管理，华中科技大学出版社，31—40。

　　［38］温碧燕，2010，服务质量管理，暨南大学出版社，7—185。

　　［39］韦福祥，2005，服务质量评价与管理，北京人民邮电出版社，75—76。

　　［40］雅各布斯(Jacobs F.R.)，理查德·B.蔡斯(Richard B.Chase)著，任建标译，2003，运营管理(原书第9版)，机械工业出版社，263—266。

　　［41］杨春江，马钦海，2011，服务管理国内外研究现状和发展趋势分析，科技进步与对策，28(17)：150—156。

　　［42］于干千，秦德智，2006，服务管理，云南大学出版社，1—36、273—307。

　　［43］张宁俊，2006，服务管理——基于质量与能力的竞争研究，经济科学出版社，7—75。

　　［44］张文建，王晖，2006，旅游服务管理，广东旅游出版社，12—100。

　　［45］郑向敏，2007，旅游服务概论，旅游教育出版社，1—12。

# 第七章　旅游市场

**本章学习要点：**

1. 旅游市场是由对某种旅游产品具有购买欲望、购买能力和购买权力的现实和潜在旅游者构成的群体。

2. 旅游者的时间与收入、旅游者的心理偏好、旅游者的行为特征是影响旅游市场需求的关键微观因素。

3. 旅游市场细分、旅游形象设计和营销渠道建设，是提高旅游产品销售效率和增强市场竞争力的重要环节。

## 第一节　市场与旅游市场

旅游市场的概念是基于市场的概念发展而来，因此，理解旅游市场之前有必要先了解什么是市场。

### 一、市场

市场是经济学、管理学、旅游学等学科领域的重要概念。在不同的语境下，市场具有不同的释义。代表性的市场定义有以下三种：

① 市场是商品交易的场所或行销的区域（吴承明，1985）。属于该定义的场所如农贸市场、旅游小商品市场，区域如淮南市场、华东市场等。

② 市场是物品买卖双方相互作用并得以决定其交易价格和交易数量的一种组织形式或制度安排（高鸿业，2007）。属于该定义的，如完全竞争市场、垄断竞争市场等。

③ 市场是某种产品的现实购买者和潜在购买者的集合（科特勒，2010）。属于该定义的，如观光旅游市场、入境旅游市场等。

从上述代表性定义看，三个"市场"之间尚存在很大差异，主要包括以下两个方面：

① 使用的语境不同。第一个定义是对市场作为一般日常用语的解释，第二个定义是基于经济学的视角对市场作的界定，第三个定义则是从市场营销学角度对市场的认识（李天元，2016）；

② 强调的重点不同。第一个定义将市场视为具体的场所或区域，是一个"地方"的概念；第二个定义将市场抽象为某种组织形式或制度安排，它能对供给与需求的关系进行调控并使其趋于一种均衡状态；第三个定义将市场理解为产品的现实或潜在的购买者，由一个个具有消费需求的人构成。

市场的不同定义在旅游研究中都有比较广的使用，但基于以人为本的思想，旅游学者们探究的市场以上述定义中的第三种为主，即主要将市场视为"人"而不是"地方"或"制度"。

因此，与以往的大多数研究一致，本书将市场定义为：对某种产品或服务有需求的现实购买者和潜在购买者。

## 二、旅游市场

### 1. 概念

根据市场的定义,旅游市场可以界定为对某种旅游产品具有需求的现实购买者和潜在购买者。旅游研究中常见的观光旅游市场、度假旅游市场等,就是指对观光旅游产品、度假旅游产品有需求的购买者群体。由于旅游市场是指旅游产品的现实购买者和潜在购买者,因此,有时候也将其表述为旅游需求市场或旅游客源市场。即,旅游市场、旅游需求市场、旅游客源市场可以互换使用。

### 2. 构成要素

从营销的角度而言,旅游市场是由对某种旅游产品具有购买欲望、购买能力和购买权力的现实和潜在旅游者构成的群体。旅游产品需求者、购买欲望、购买能力、购买权利是构成旅游市场的四个基本要素,四者缺一不可。它们与旅游市场的关系可以表示为:

旅游市场 = 旅游产品需求者□购买欲望□购买能力□购买权利[1](见图 7-1)。

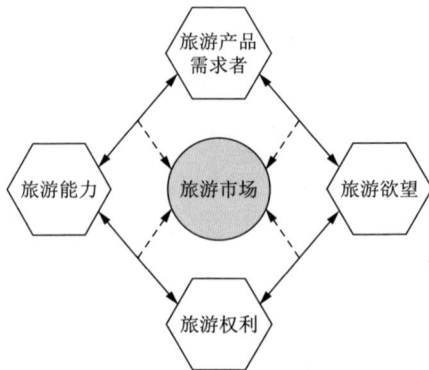

**图 7-1 旅游市场构成要素**

---

[1] □表示逻辑"与"。

（1）旅游产品需求者

旅游市场的规模取决于旅游产品需求者的规模。对某种旅游产品的需求者越多，意味着该旅游市场的规模越大，反之则越小。如果某种旅游产品没有需求者，也就无所谓旅游市场的存在。因此，旅游产品需求者是构成旅游市场最重要的条件。

（2）购买欲望

购买欲望是人们购买旅游产品的内在驱动力。当人们对某种旅游产品有需要，就会产生对该旅游产品的购买欲望，待购买能力等交易条件成熟后，就有可能发生对旅游产品的购买行为；相反，如果人们对某种旅游产品没有购买欲望，那么，再优质的旅游产品也不会引发需求者与供给者的交易行为。因此，购买欲望是构成旅游市场的一个重要条件。

（3）购买能力

购买能力是指人们购买旅游产品的支付能力。支付能力的高低取决于可自由支配收入水平。可自由支配收入水平越高，对旅游产品的购买能力会越强。对旅游产品的供给者而言，其生存和发展依赖于旅游产品能否成功交易并从中获得利润。旅游者的购买能力则是旅游产品买卖双方完成交易行为的前提。如果人们不具备相应的购买能力，旅游产品买卖双方的交易行为就无法完成。因而，购买能力也是构成旅游市场的重要条件。

（4）购买权利

购买权利是指人们打算购买且有支付能力购买旅游产品时，不受特定法律、制度、政治等因素影响，能够自由选择旅游产品的权利。人们购买旅游产品不仅受到购买欲望、支付能力等个体因素影响，还受到居住地或旅游目的地的法律、制度、政治等外部因素影响。外部因素如果限制了人们对旅游产品的购买，则即便有购买欲望和购买能力也不能如愿以偿。因而，购买权利也是构成旅游市场的重要条件。

## 第二节　旅游市场理论

### 一、旅游市场研究

1. 旅游市场研究的综合因素

从宏、微观的角度划分，旅游需求的影响因素包括社会因素和个人因素（图 7-2）。社会因素包括人口因素、人口特征、经济因素、社会文化因素、政治法律因素、旅游供给因素、特殊事件等，这些因素属于宏观因素。对于旅游者而言，宏观因素不会随个人意志发生变化，属于客观不可控因素。个人因素包括个人的可自由支配时间/闲暇时间、可自由支配收入、旅游消费占收入的比例/旅游成本、旅游者的旅游动机、心理偏好、身心障碍、消费意识的改变等，这些因素属于微观因素。对于旅游者而言，微观因素因人而异，属于可控的个人因素。鉴于社会因素的客观性即不随个人意志发生变化，本部分重点介绍相对可控的旅游者个人因素。在这些微观因素中，旅游者的时间与收入、旅游者的心理偏好、旅游者的行为特征等被认为是影响旅游市场需求的关键因素。

社会因素
├ 人口因素
│ 　人口特征
│ 　├ 人口数量
│ 　├ 性别
│ 　├ 年龄
│ 　├ 职业
│ 　└ 受教育水平
├ 经济因素
│ 　├ 经济发展水平/价格水平/人均收入水平（客源地与目的地）
│ 　├ 汇率
│ 　├ 旅游产品价格
│ 　├ 目的地与竞争目的地价格水平/替代价格
│ 　└ 营销宣传手段及强度
├ 社会文化因素
│ 　├ 文化观念
│ 　├ 民族性格
│ 　└ 消费行为习惯
├ 政治法律因素
│ 　├ 国家制度
│ 　├ 国家对旅游业的重视程度
│ 　├ 休假体制（如我国特有的——黄金周）
│ 　└ 安全
├ 旅游供给因素
│ 　├ 旅游资源的质量
│ 　├ 距离与交通（如可进入性、交通条件）
│ 　└ 相关的旅游基础配套设施的完善程度
└ 特殊事件
　　金融危机、大型体育赛事、恐怖主义事件、SARS、海啸等

个人因素
├ 可自由支配时间/闲暇时间
├ 个人可支配收入
├ 旅游消费占收入的比例/旅游成本
├ 旅游者自身的旅游动机
├ 心理偏好
├ 身心障碍
└ 旅游者消费意识的改变

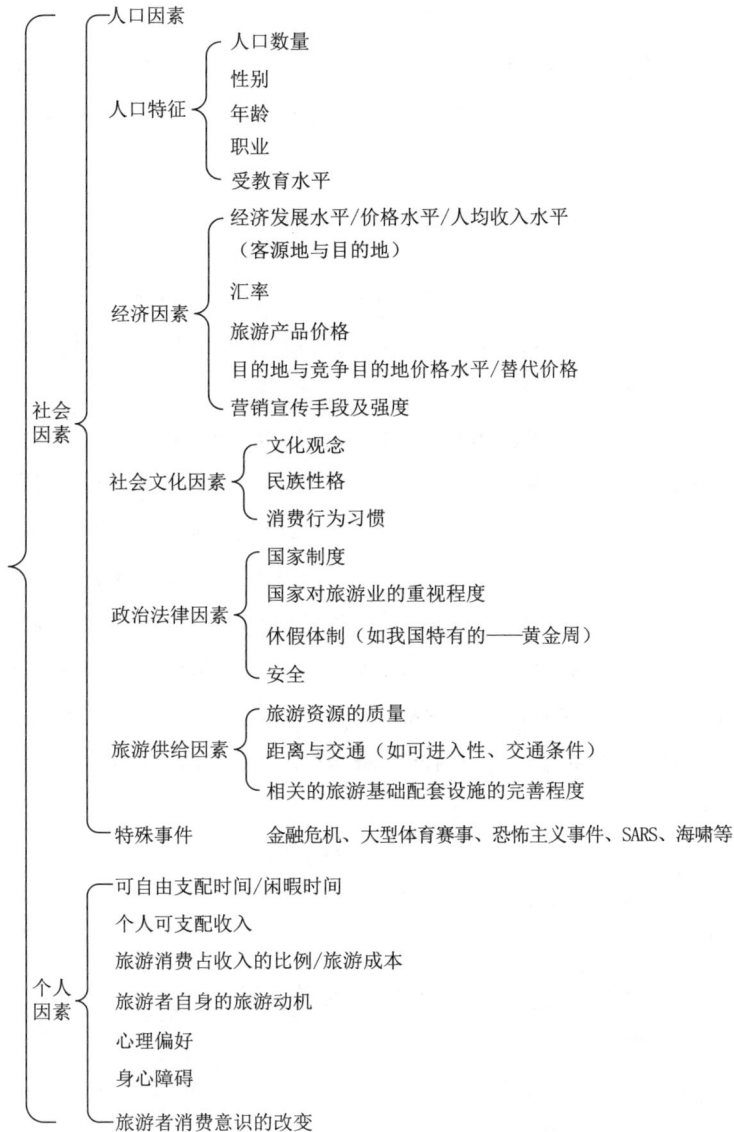

**图 7-2　按宏观、微观划分的旅游需求影响因素**

资料来源：陶伟等（2010）。

2. 旅游市场营销的基本内容

传统的市场营销理论主要是三大内容（Michael C. Sturman et al., 2011）：市场细分（Market Segmenting）、市场目标（Market Targeting）和市场定位（Market Positioning）。

（1）市场细分

旅游细分市场：大众旅游市场由一定数量的相对同类的旅游群体组成，可以根据不同的标准对旅游者群体进行细分，以提高旅游市场营销的效率。旅游细分市场的主要变量包括：地理特征、人口特征、心理特征、与产品相关的特征。

从全球化的角度来说，旅游市场研究的任务是分析全球旅行和旅游市场规模、流向以及产生的原因。具体来说，旅行和旅游业的流量是不均衡的，它们倾向于区域化，即在特定区域内流动；以及两极化，即旅游流量集中在某些特定国家或区域。在一定程度上，旅游区域流动或者旅游客流量向传统旅游目的地流动会受到历史惯性的影响。此外，全球旅游者流量的产生与流向还取决于以下因素（Richard Sharpley, 2006）：

① 全球和国家范围内旅游资源（自然、人造、文化）的性质和供应。

② 旅游目的地与主要客源地之间的距离。

③ 旅游交通运输和通信网络。

④ 气候变化。

⑤ 国家和国际政治、经济、文化的变迁。

⑥ 世界经济和商业全球化。

旅游市场研究需要大量关于旅游行为的定性和定量数据（John Swarbrooke et al., 2001），包括：

① 旅游者个体特点。比如：旅游者的年龄、性别、社区、职

业、收入状况等。

②　旅游者旅游行为特征。包括旅游者对旅游目的地的偏好、旅游者通常外出度假的季节偏好、旅游者度假的开销、年均出行次数等。

③　旅游者作出旅游产品购买的决策过程。旅游者作出购买决定的过程非常复杂，而且每个旅游者的决策过程都是不同的，影响最终决定的动机和决定因素更是非常复杂。

④　谁作出购买决定。在一起旅行的家庭或团体中，营销人员需要知道谁作出决定，以便知道他们的促销信息应该针对谁。

⑤　作出购买决定的时机。这也很重要，因为它会影响旅游经营者何时计划其促销活动。经营者需要知道在一年中的什么时间设计出旅游产品的方案，以及在出行前多长时间向目标市场推出旅游新产品。

⑥　消费者的看法。真正重要的是旅游者的感知，因为正是这些感知决定了他们的实际行为。因此，旅游经营者需要了解消费者对个别产品、目的地、假期类型和特定旅游组织的看法。

⑦　旅游者满意度。旅游经营者必须了解是什么决定了旅游者对旅游产品的满意度，需要了解旅游者的期望如何随着时间的推移而上升，以便经营者能够领先于这些期望，从而调整自己的经营策略。

⑧　旅游市场细分标准。过度的市场竞争使旅游市场细分成为必要。细分市场具有差异化的市场特征，旅游经营者需要将旅游者置于适当的细分市场并满足其需要。

⑨　相对于竞争对手的产品定位。旅游经营者需要了解旅游者如何看待竞争产品，以及他们如何决定购买哪种产品。

⑩　产品非消费者的态度。想要获得新的消费者，旅游经营

者必须了解这部分群体目前为什么没有购买其产品,然后通过修改其产品范围来吸引其中一部分人。

⑪ 旅游行为中的跨文化差异。想要在国际上销售其旅游产品,必须了解营销和旅游行为在全球范围内不同文化圈、不同民族国家的跨文化差异。

⑫ 旅游者的消费行为与购买的旅游产品之间的联系。掌握二者之间的联系有助于规划联合促销。

(2)目标市场

一旦确定了细分市场,接下来就需要决定瞄准哪些市场和放弃哪些市场,即目标市场的选择问题。采用什么标准选择目标市场,不同的营销人员可能会给出略微不同的建议。但在大多数人看来,以下四方面可以说是有吸引力目标市场的共识(Sturman et al., 2011):

① 具有强大的销售和增长潜力。目标市场不仅要有适度的规模,而且要有较强的增长潜力。这一标准既是选择目标市场的驱动力,也是实现盈利目标的重要保证。

② 营销成本相对较低。营销成本是选择目标市场的门槛条件。较低的营销成本既减轻旅游经营者的成本负担,也使竞争获胜和实现盈利目标成为可能。

③ 目前由少数或较弱的竞争对手提供服务。目标市场上竞争对手较少或实力较弱,为旅游经营者进入该市场提供了机会。如果竞争对手较强,一是进入市场的要求和条件较高,二是即便进入市场也很难获利。

④ 所持资源能够较好地满足市场需要和愿望。选择哪些目标市场,不仅要关注竞争对手、市场条件,还要考虑自身有无满足市场需要的能力和条件。如果旅游经营者所持的资源能够满

足市场需要和愿望，较之竞争对手将有竞争优势。否则，即便进入市场也难以获取市场认可。

选定目标市场后，还要选择合适的目标市场营销策略。主要有以下三种策略：即无差异营销策略、差异化营销策略和集中性营销策略：

① 无差异营销策略。旅游经营者把目标市场看作同质化的整体，只向市场提供一种产品。这种营销策略的优点是可以集中资源优势进行产品研发，在市场上塑造优势产品和核心品牌。缺点则在于，单一产品策略总是面临激烈的同类型产品竞争，实现营销目标的风险大大增加。

② 差异化营销策略。旅游经营者将目标市场进行细分，针对不同细分市场提供差异化产品。该营销策略的优点在于可以满足不同细分市场的消费需要，缺点则在于对旅游经营者的经济实力和研发能力要求较高。

③ 集中性营销策略。旅游经营者集中有限的资源和精力，专注于满足一个或少数几个细分市场的需要。该营销策略的优点是有利于更好地满足市场需要和赢得消费者忠诚，缺点则是专注于少数细分市场不可避免地增加了经营风险。

（3）市场定位

市场定位是指结合市场需要、竞争状况和自身实力，向市场提供既能满足消费需要又能区别竞争对手的产品，使该产品在市场上拥有明确的竞争位置。掌握该定义，需要注意以下三个方面：

第一，市场定位应以市场需要为前提。这要求进行市场定位之前必须了解市场的需要、偏好和愿望。

第二，市场定位应考虑市场上的竞争状况。产品差异化虽能降低市场竞争，但市场定位不能止步于产品功能、供给服务等的不同,应该寻求市场认可的具有特色的差异化。

第三,市场定位不能脱离自身实力。自身在资金、技术等方面的实力是进行市场定位的基础和保障。

市场定位可以结合营销目标和竞争形势制定适宜的定位策略。常见的市场定位策略有避强定位法、竞争定位法、重新定位法等。

① 避强定位法。如果自身实力不够强大,市场定位就应该尽量避免与强势竞争者发生冲突。身为弱势一方,可以瞄准强势竞争者尚未占据的市场位置,填补目标市场上的空缺。选择利基(小众)市场,采用的就是典型的避强定位法。

② 竞争定位法。这是一种与强势竞争者争夺重叠市场的定位法。这种定位法要求自身实力较强,一旦定位失利还有较强的抗风险能力。当然,定位成功则有助于获得大部分市场份额,在市场上塑造良好形象。

③ 重新定位法。如果初次定位失准或者竞争形式发生了变化,可以采用重新定位法。这是一种以退求进的市场定位法。不可否认的是,重新定位可能导致先前的营销努力失效,因此采取该方法之前必须权衡重新定位的收益和成本。

**二、旅游者偏好**

1. 旅游者偏好的类型

(1)经济学与心理学的偏好定义

个人事务旅游者的出行偏好通常需要从人口特征进行分析(见第三章相关论述),学者们从经济学和心理学两个方面归纳了旅游者偏好。

① 经济学视角的旅游者偏好。偏好是经济学中的重要概

念，偏好理论是微观经济学的基础理论。在微观经济学中，消费者偏好是指在不考虑预算约束的条件下，消费者喜欢或愿意消费的各种物品和劳务的数量，反映消费者在具有无限收入的假定条件下，对各种物品和劳务喜欢和愿意消费的程度（魏埙，2001）。基于消费者偏好的定义，焦彦（2006）对旅游者偏好下了类似的定义，即旅游者在无限收入的假定条件下，对各种旅游产品感兴趣和愿意消费的程度。

②　心理学视角的旅游者偏好。从心理学角度看，旅游者偏好是旅游者趋向某一目标的心理倾向，包含认知、情感和意向三个因素。认知因素是旅游者对目标的了解和判断，情感因素是旅游者对目标的情感倾向，意向因素是旅游者对目标的行为倾向。依据"认知—情感—意向"关系理论，认知因素是产生情感和意向的基础。鉴于此，旅游者偏好可以界定为潜在或现实旅游者对某一旅游产品或旅游目的地所表现出的以认知因素为主导的具有情感和意向因素成分的心理倾向（白凯和马耀峰，2007）。

经济学视角的旅游者偏好未考虑闲暇时间、经济收入、社会地位等因素影响，将消费者置于"完全理性"和"无限收入"的假定条件下（王晓庆，2014），没有反映旅游者基于个人喜好和已知信息对特定目标的主观态度，因而，越来越多的学者倾向从心理学角度定义旅游者偏好。与大多数研究一样，本书也将旅游者偏好视为旅游者的一种态度，并将其定义为旅游者基于个人喜好和已知信息对特定旅游产品或旅游目的地的心理倾向。

（2）现实旅游者偏好和潜在旅游者偏好

根据有无产生实际的旅游活动，其主体可以分为现实旅游者和潜在旅游者。相应地，根据偏好的主体是现实旅游者还是潜在旅游者，旅游者偏好可以分为现实旅游者偏好和潜在旅游者偏好两类。例如，苏丽娟等（2015）所分析的兰州入境旅游者的偏好属于现实旅游者偏好。张佑印（2016）所分析的潜在海洋旅游者的偏好属于潜在旅游者偏好。

（3）旅游产品偏好和旅游目的地偏好

根据偏好的对象是旅游产品还是旅游目的地，可以将旅游者偏好分为旅游产品偏好和旅游目的地偏好。吴宝清等（2015）考察的旅游者对巴丹吉林沙漠旅游吸引物、旅游活动和旅游活动方式的偏好，即为旅游者对沙漠旅游产品的偏好。周慧玲（2008）考察不同人口特征的长沙居民对自然山水型、热闹都市型、清净乡村型等旅游目的地的偏好，即为旅游者对旅游目的地的偏好。

2. 旅游者偏好的影响

旅游者偏好是旅游决策的关键影响因素。焦彦（2006）整合旅游者偏好和风险感知构建旅游者旅游决策模型（图7-3）。从旅游动机产生到旅行社产品选择，该模型将旅游者旅游决策分为三个阶段：从旅游动机到目的地倾向的第一阶段，旅游者基本不受旅游决策落实风险的影响，主要依据自己的偏好建立可接受的旅游目的地集。在该阶段，旅游者偏好不仅影响旅游动机产生，还影响未来的旅游选择。从目的地倾向到目的地选择的第二阶段，旅游者会根据自己的偏好和知觉风险[1]对旅游目的地进行权衡比较。在该阶段，旅游者偏好被强化或者被弱化，需要结合知觉风险进行决策。从目的地选择到旅行社产品选择的第三阶段，旅

---

[1] 用"知觉风险"而不用"风险"，是因为旅游者对风险的认定是一个主观的知觉过程（焦彦，2006）。

游者同样是综合自身偏好和知觉风险进行旅游社产品选择。旅
游者偏好贯穿和影响从旅游动机到旅游社产品选择的整个旅游
决策过程。

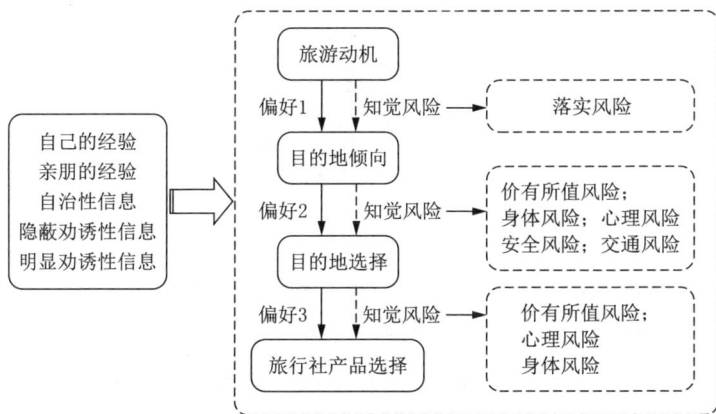

**图 7-3 旅游者偏好对旅游决策的影响**

资料来源：焦彦（2006）。

旅游者偏好经旅游决策对旅游者需求具有重要影响。旅游
者偏好与其消费行为存在很强的关联性，是影响旅游需求、产
生旅游行为的主要动力之一（刘培松，2014）。不过，旅游者偏
好是影响消费行为的重要因素但不是唯一的因素。Moutinho
（1987）指出，偏好与行为之间存在时空间隔。偏好需要通过
"决策"才能对"行动"产生间接影响。而旅游者"决策"除受
到来自旅游者偏好的影响，还受到出游动机等内部影响和交通
可达性等外部因素的影响。因而，旅游者偏好最终能否引发实
际行为，还依赖旅游者偏好、内部因素、外部因素的共同作用
（图 7-4）。

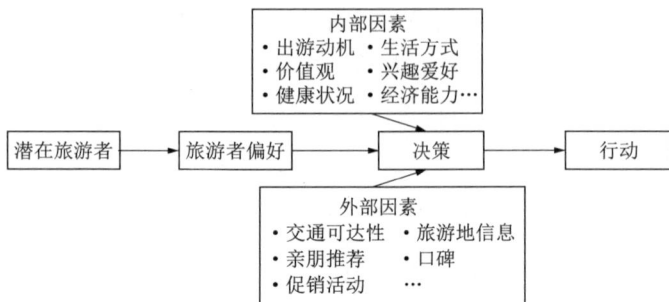

图 7-4　旅游者偏好与实际行为的关系

资料来源：梁江川（2006）。

　　鉴于旅游者偏好对旅游决策和消费行为的影响，焦彦（2006）提出"引"和"防"两种策略引导旅游者偏好。"引"是在把握旅游者偏好的基础上，通过引导将本地资源开发成特色产品；"防"是旅游目的地要对信息来源加以控制，防止其他因素从负面改变旅游者的积极偏好。

### 三、旅游者行为特征

　　旅游者行为特征是指旅游者在出游方式、旅游范围、停留时间、旅游目的等方面表现出来的具有共性的普遍特征。根据这些特征可以预知旅游者的行为意向（郭亚军等，2009）、提出针对性的市场开拓建议（聂献忠等，1998）、促进旅游目的地可持续发展（谷晓萍等，2015）等。Legoherel 等（2009）认为不同群体存在不同行为特征的原因在于他们所持的文化价值观不同。

　　1. 生态旅游者行为特征

　　广义的生态旅游者指到生态旅游景区的所有游客，狭义的生态旅游者指到生态旅游景区且对环境保护和经济发展负有一定责任的部分游客（钟林生等，2016）。综合国内相关生态旅游者的研究成果（黄震方等，2003；李燕琴和蔡运龙，2004；钟林生等，2016），中国生态旅游者的行为特征可概况为：喜欢以团队形式（如单位组织或旅行社组织）去自然区域（如自然保护区或森林公园）开展旅游活动，进行旅游活动时具有环境保护意识，为减少对当地自然环境和文化系统的影响，一般能自觉约束自己的旅游行为，较强调旅游与保护的和谐统一。

　　根据游客的潜在价值观、伦理观和生态意识的差别，生态旅游者可分为一般生态旅游者和严格生态旅游者。从行为表现看，前者是被动的、浅显的，后者是主动的、深入的。当然，生态旅游者也有一个不断进步的过程。随着环保意识和个体素质的提高，一般生态旅游者也会向严格生态旅游者转变。一般生态旅游者与严格生态旅游者的行为特征存在差异（见表 7-1）。

表 7-1　一般生态旅游者与严格生态旅游者的行为特征差异

| 一般生态旅游者 | 严格生态旅游者 |
|---|---|
| 中等的或表面的环境责任感 | 强烈的环境责任感 |
| 静态可持续性 | 持续增长 |
| 多种目的的旅行 | 专业化的旅行 |
| 短途旅行 | 长途旅行 |
| 更大的团队 | 小团队 |
| 完全被动 | 完全主动 |
| 身体的舒适 | 体力的挑战 |
| 希望获得服务 | 无服务要求 |
| 与自然浅显的交流 | 与自然深入的相互交流 |
| 强调解说、介绍 | 强调个人的体验 |
| 依靠旅行社或旅游经营者 | 自己进行旅行安排 |

资料来源：鲁小波和李悦铮（2008）。

　　受游客教育与引导不足、生态旅游景区泛化等因素影响，我国生态旅游者大多还处于一般生态旅游者的层次（李明辉和谢辉，2008）。与国外生态旅游者相比，国内生态旅游者在活动项目、团队构成、信息渠道等方面存在一定区别（表7-2）。在活动项目方面，国内生态旅游者主要出于缓解压力、欣赏自然等目的，而国外生态旅游者强调对自然的体验和对个人意志与精神的挑战；在团队构成方面，国内生态旅游者喜欢以团队形式出游，偏好舒适的团队服务，而国外生态旅游者喜欢结伴或独自出游，表现出较弱的他人依赖性；在信息渠道方面，国内生态旅游者喜欢从旅行社获取信息，而国外生态旅游者偏好通过当地居民了解景区，独立性和自主性更强。

表 7-2　中外生态旅游者行为特征比较

| 比较内容 | 国内生态旅游者 | | 国外生态旅游者 | |
|---|---|---|---|---|
| | 前三位 | 占比（％） | 前三位 | 占比（％） |
| 活动项目 | 野外观鸟 | 71.5 | 探险旅游 | 60.5 |
| | 植物园观光 | 57.4 | 森林探险 | 57.8 |
| | 田园采摘 | 55.9 | 户外摄影 | 56.8 |
| 团队构成 | 加入旅游团 | 40.3 | 与他人结伴 | 41.1 |
| | 与亲友一起 | 30.8 | 独自出游 | 24.3 |
| | 与他人结伴 | 19.8 | 与亲友一起 | 18.4 |
| 信息渠道 | 导游讲解 | 41.4 | 向当地居民了解 | 35.1 |
| | 导游手册／景区标牌 | 24.3 | 导游手册／景区标牌 | 25.9 |
| | 向当地居民了解 | 16.3 | 导游讲解 | 17.8 |

资料来源：李明辉和谢辉（2008）。

2. 度假旅游者行为特征

　　度假旅游属于高级形态的休闲，是旅游者为了达到放松、体验、娱乐、健康等目的而进行的休憩活动（葛南南和樊信友，2014）。度假旅游不同于传统的观光旅游，其差异不仅体现在消费目的、消费行为、消费档次和消费形式上，也反映在对旅游地产品、服务体系和服务质量的需求上（王莹，2006）。度假旅游者倾向从报纸杂志、电视电台、亲戚朋友获取旅游信息，喜欢与朋友和家人一起度假，偏好自然环境清新、静谧的度假地，愿意住市区与度假区内的宾馆，追求与常住地有环境差异的中小尺度的度假地，但旅游需求层次表现出初级阶段特征（王莹，2006）。

度假旅游在西方是主流的旅游方式，但在中国属于新兴的产业形态和旅游方式。这决定了中西方度假旅游者的行为特征存

表 7-3 中俄赴三亚度假旅游者的行为特征

| 比较内容 | 中国度假旅游者（$n = 80$） | | 俄罗斯度假旅游者（$n = 51$） | |
| --- | --- | --- | --- | --- |
| | 项目 | 占比（%） | 项目 | 占比（%） |
| 出游伴侣 | 伴侣 | 28.75 | 家人 | 56.00 |
| | 同事或朋友 | 26.25 | 伴侣 | 30.00 |
| | 家人 | 8.75 | 同事或朋友 | 6.00 |
| 旅游方式 | 自己安排 | 43.75 | 旅行社包价旅游团 | 36.00 |
| | 旅行社包价旅游团 | 17.50 | 旅行社自由人项目 | 32.00 |
| | 单位组织安排 | 16.25 | 自己安排 | 20.00 |
| 信息渠道 | 互联网 | 42.50 | 旅行社 | 46.90 |
| | 旅行社 | 30.00 | 报纸杂志 | 30.60 |
| | 亲戚朋友 | 28.80 | 互联网 | 22.40 |
| 旅游目的 | 休闲放松 | 63.80 | 休闲放松 | 72.00 |
| | 观光游览 | 48.80 | 观光旅游 | 54.00 |
| | 参加会议 | 13.80 | 健康疗养 | 14.00 |
| 停留时间 | 2—4 夜 | 69.00 | 10—15 夜 | 74.00 |

资料来源：根据徐菊凤（2007）。

在差异。以中俄赴三亚度假旅游者为例，中国度假旅游者喜欢与"伴侣"出游，偏好"自己安排"度假方式和从互联网获取信息，以休闲放松、观光游览为目的，一般停留 3—4 夜；而俄罗斯度假旅游者喜欢携家人出游，偏好包价旅游和从旅行社获取信息，停留时间以 10—15 夜居多。

3．其他旅游者行为特征

（1）打工旅游者行为特征

打工旅游是一种新的人口流动现象。打工旅游者是将工作和旅游相结合并且把工作视为旅游体验的一部分或者当成延长旅游时间提供资金支持的主要手段的人。打工旅游者在旅游目的地消费的同时，也参与旅游生产。徐红罡和唐香姐（2015）以大理古城打工旅游者为例，从流出地、流入地和旅游通道三个空间范畴研究打工旅游者的行为特征。结果显示：打工旅游者在流出地有"工旅结合"动机和年轻化倾向；在流入地一方面表现出类似游客的行为特征，另一方面过着悠闲懒散但与日常相似的生活；在旅游通道则有多种类型的空间流动形式。打工旅游是集生产和消费于一身的流动类型，它的出现模糊了工作、旅游与休闲的界限。

（2）"黑色旅游"者行为特征

"黑色旅游"以灾害、战争、死亡、苦难、恐怖为吸引物。"黑色旅游"者到"与死亡或苦难相关的地方"（火山、火灾、地震、飓风、海啸、洪水、泥石流、森林砍伐、动植物灾害等自然遗迹、宗教圣地、墓地陵寝、战场遗址、名人故居、空难或车祸警示地、危害物质外泄地等）旅游（黄文，2012），是受到病态的好奇心、集体的认同感、面对伤害集体生命的重大灾害时所具有的生存感的驱动。黑色旅游是旅游者对死亡或者灾难的一种情感体验，由体验引发的生气、悲伤、恐惧、同情、骄傲、爱国主义等积极或消极的情感，可以让游客形成满意的旅游体验并有助于提升其思想深度和个人修养（申健健和喻学才，2009）。

（3）养老旅游者行为特征

养老旅游是发达国家老年人重要的生活方式（黄璜，2013）。随着我国老龄社会的到来，养老旅游也将成为提高老年人生活质量的新方式。养老旅游不同于观光旅游，它有自己独特的规律。国外的研究显示，宜居环境（如气候条件、自然环境、生活方式）、社会关系（如社交网络、社区联系、亲朋关系）、老年服务（如针对老年人提供医疗、保健、照护）、经济动机（如消费水平、生活成本、投资收益）是老年人前往养老旅游地的主要驱力。与观光旅游相比，养老旅游者的行为特征表现在以下四个方面（Gustafson，2002；黄璜，2013）：第一，在旅游地的停留时间长，连续停留时间在1个月至1年之间；第二，拥有固定的住所，不像观光旅游者住在酒店或短租房；第三，接纳本地生活方式，不喜欢非原真性的生活方式；第四，对目的地文化表现出认同和适应。

（4）农民旅游者行为特征

随着物质财富的增加和生活质量的提升，农民旅游得到快速发展。农民不再只是旅游产品的生产者，还是旅游产品的消费者。我国有将近7亿农民人口，是一个人口规模庞大、开发潜力巨大的市场。周国忠和郎富平（2009）在浙江省农村社区的调查显示，农民旅游者具有以下四个方面的行为特征：一是偏好集体或结伴出游。受自身文化水平限制，农民的自主决策能力较弱，多数旅游决策需要由集体共同作出。二是偏好选择公共交通工具。59.0%的农民会选择客车，25.9%的农民会选择火车，选择飞机、自驾车等交通工具的占比较小。三是出游时间不长。虽然出游时间比城镇居民宽裕，但整体消费能力不如城镇居民，出游的平均逗留时间为 2.98 天，比大众旅游者的平均逗留时间（2.5 天）高出不多。四是住宿以宾馆饭店或亲友家为主。出游过程中，选择宾馆饭店住宿的达 48.6%，选择在亲友家住宿的有 28.1%，在旅游住宿设施的选择上比较单一。王莹等（2008）针对浙江省宁波市农民旅游市场的调查还发现，农民旅游者的旅游动机以观光旅游和休闲度假为主，青睐前往知名风景区和现代化都市旅游。

（5）体育旅游者行为特征

体育旅游者是指为了满足精神需求或自我实现的需要，暂时离开常住地到旅游目的地以参加体育活动或观赏体育竞赛为目的，享受体育旅游产品，并在此过程中进行经济消费的旅游者（夏敏慧等，2015）。刘庆余（2012）以海南体育旅游者为调查对象探究其行为特征，结果显示：在停留时间方面，体育旅游者以中短期旅游为主，停留时间集中在 3—10 天；在季节选择上，58.39% 的被调查者选择冬季到海南参加体育旅游；在项目选择上，由于海南有丰富的海洋资源，与海水相关的游泳、冲浪、潜水、海钓等是体育旅游者青睐的项目；在消费行为方面，体育旅游者高端消费的比例很小，以中等消费为主。李珂（2012）针对武汉不同年龄群体的调查显示：居民参与体育旅游的动机主要包括健身、休闲和娱乐，出游时间多数集中在大、小长假；对休闲体育旅游、健身体育旅游的喜好程度以及每次体育旅游消费的费用随着年龄的增大而增加；每年参加体育旅游的次数随年龄增加呈 S 形变化，18—30 岁随年龄增加而增加，30 岁之后随年龄增加反而减少，60 岁以上居民体育旅游次数最多。

（6）自行车旅游者行为特征

自行车旅游者是指假期的某个阶段使用自行车作为主

要交通方式，且自行车是度假活动的重要组成部分的旅游者（Simonsen and Jorgenson，1998）。自行车旅游者的骑行动机以户外锻炼为主，其他动机还包括自主与成就、独处、探索、身体挑战、寻找/避免类似、社会交往、逃避社会等（Ritchie，1998）。为了避开繁忙的机动车交通、体验自然享受美丽风景、有更多挑战、遇见其他旅行者等，他们偏好选择非主流的骑行线路。经验型骑行旅游者每天的骑行距离较长，也能接受较长的骑行时间，如：穿越美国骑行游道的大多数骑行者每天能骑 50—75 公里，23% 的丹麦骑行者的单次骑行时间能可达 5—14 天（Simonsen and Jorgenson，1998；邓冰等，2015）。由于骑行旅游者过夜的地方通常较偏向于城市外围，因而骑行道路沿途的住宿设施和服务特别重要。Ritchie（1998）的调查显示，骑行旅游者对商业露营地最青睐，其次是背包客旅馆（包括青年旅馆和自助背包客旅馆）。

（7）海洋旅游者行为特征

海洋旅游是依托海滩、海水以及海岛等海洋资源，以观光、游览、度假、探险、娱乐、运动、疗养等为目的的旅游活动的总称（张佑印，2016）。张佑印（2016）对中国潜在海洋旅游者行为特征进行分析，统计结果（表 7-4）显示：潜在市场对海洋旅游的欲望非常高，"想去"和"非常想去"的占比达 85.86%；对海洋旅游时间偏好有很强的季节性，主要集中在寒暑假；停留时间总体呈倒"U"形结构，即游客偏好停留时间集中于较长水平，停留时间很短和很长的比重相对较低；景点类型偏好以海滨沙滩和山水风光为主，其次为民俗风情、文物古迹类景点；在活动类型上，休闲观光类项目的偏好度最高，具体包括海景观光、沙滩漫步、游泳浮潜、沙滩娱乐等项目。

表 7-4　中国潜在海洋旅游者行为特征

| 旅游欲望 | | 出游时间 | | 停留时间 | | 景区偏好 | | 活动偏好 | |
|---|---|---|---|---|---|---|---|---|---|
| 特征 | 占比(%) | 特征 | 占比(%) | 特征 | 占比(%) | 特征 | 占比(%) | 特征 | 占比(%) |
| 非常想去 | 21.21 | 黄金周 | 12.15 | ≤ 3 天 | 14.10 | 海滨沙滩 | 80.19 | 休闲观光 | 62.46 |
| 想去 | 64.65 | 年假 | 14.53 | 4—7 天 | 65.86 | 山水风光 | 73.19 | 探险竞技 | 16.32 |
| 一般 | 13.13 | 寒暑假 | 36.88 | 7—14 天 | 16.08 | 民俗风情 | 46.86 | 疗养保健 | 10.72 |
| 不太想去 | 1.01 | 周末 | 4.77 | ≥ 15 天 | 3.96 | 文物古迹 | 30.43 | 民俗体验 | 7.62 |
| 不想去 | 0 | 不固定 | 31.67 | | | 城市风貌 | 19.57 | 其他 | 2.88 |
| | | | | | | 主题公园 | 18.36 | | |
| | | | | | | 宗教圣地 | 11.84 | | |

资料来源: 张佑印（2016）。

## 第三节　旅游市场营销

### 一、旅游市场细分

1. 旅游市场细分概念

受经济实力、供给能力、竞争压力等因素影响，旅游目的地和旅游企业通常很难占据并维持整个旅游市场。加之市场竞争激烈和消费需求差异，旅游目的地和旅游企业难以吸引和满足整个旅游市场。因此，为了维护市场份额、保持市场竞争力、更好地满足市场需要，旅游目的地和旅游企业有必要对旅游市场进行细分，进而选择和确定与自身能力匹配的目标市场。

旅游市场细分是指旅游目的地或旅游企业根据旅游消费者的某个或某些特征，将整个旅游市场划分为若干消费者群的工作过程。一个消费者群就是一个细分市场，若干细分市场组成旅游市场整体。细分市场与旅游市场整体是部分与整体的关系。

2. 旅游市场细分意义

旅游目的地和旅游企业进行旅游市场细分，其目的是从旅游市场中识别重点目标群体，了解重点目标群体的消费特征，改进现有旅游产品或开发新型旅游产品，更好地满足旅游市场需要和实现高额利润回报。概而言之，旅游市场细分的意义体现在以下三方面：

第一，有助于选定目标市场。将整个旅游市场划分为若干个消费者群之后，旅游目的地或旅游企业可以结合自身的经济实力、供给能力、竞争优势等，从中择取一个或多个细分市场作为自己的目标市场，进而更稳当地占领细分市场和满足细分市场的消费需要。

第二，有助于开发旅游产品。每个细分市场都有自己独特的需求特征。旅游目的地或旅游企业选定目标市场后，可以集中人力、物力、财力、技术等自身优势，根据细分市场的消费需要有针对性地开发旅游产品，真正做到旅游产品适销对路。

第三，有助于促销旅游产品。旅游目的地和旅游企业不仅要开发符合市场需要的产品，还要让市场能够及时、准确地了解产品的相关信息。因此，向目标市场精准地传递产品信息就显得特别重要。旅游目的地和旅游企业选定目标市场之后,可以有的放矢地开展促销活动。

3. 旅游市场细分方法

为了识别重点旅游消费者群体,旅游目的地和旅游企业可以采用不同的方法对旅游市场进行细分。常用的旅游市场细分方法包括按照地理因素、人口学特征、心理因素和行为因素进行划分。其他的旅游市场细分方法还包括竞争态市场细分法、记忆图谱市场细分法等。

(1)常用的旅游市场细分方法

① 按照地理因素划分

按照国别对全球旅游市场进行划分,每个国家即为一个细分市场,如俄罗斯市场、韩国市场、日本市场、美国市场、英国市场等。由于客源国的经济实力、与接待国的空间距离、两国经济文化联系程度等不同,不同客源国(细分市场)对接待国的重要性也不同。类似地,我们也可以将地理上相邻的两个或多个国家作为一个整体,将旅游市场粗略地分为一个一个的区域性旅游市场,如南亚市场、中东市场、欧洲市场等。

美国旅游市场学家埃塞尔等按照旅游客流的规模,将旅游市场分为一级市场、二级市场和机会市场。一级市场是指游客人数占目的地接待总数比例最大,一般为40%—60%的客源市场;二级市场是指游客人数占目的地接待总数相当比例的客源市场;机会市场是指目前来访游客人数较少的客源市场(王绪才等,1998)。这种市场划分方法考虑了市场份额和空间距离,但未对客源地的人口状况、经济发展水平等因素予以充分估计,可能造成客源市场定位不准和降低市场开拓效率(吴普等,2010)。

　　根据游客流向，可以将旅游市场分为出境旅游市场和入境旅游市场。出境旅游市场是指从客源国前往其他国家或地区开展旅游活动的旅游市场。入境旅游市场则指从其他国家或地区前往接待国开展旅游活动的旅游市场。需要说明的是，由于我国的入境旅游包括外国游客入境旅游和港澳台游客入境旅游，相应地，中国的入境旅游市场也包括两大类，分别为外国游客入境旅游市场和港澳台游客入境旅游市场。中国出境旅游市场的发展改变了世界旅游的空间格局，也促使我国对旅游业的认识由经济层面提升至国家发展战略和整体利益层面，发挥出境旅游在文化输出、话语权提升、国际化布局等方面的作用对我国长期发展有重要意义（马晓龙等，2021）。

　　② 按照人口学特征划分

　　人口学特征变量包括性别、年龄、职业、文化程度、年收入等。按照这些人口学特征变量，可以将旅游市场划分为不同的消费者群。例如：按照性别划分，可以分为男性旅游市场和女性旅游市场；按照年龄划分，可以分为儿童旅游市场、青年旅游市场、中年旅游市场和老年旅游市场。按照职业划分，可以分为学生旅游市场、教师旅游市场、农民旅游市场、公务员旅游市场等。

　　按照人口学变量划分旅游市场，能够较好地揭示细分市场的需求特征。郑向敏和范向丽（2007）的研究发现，由于文化程度、兴趣爱好等方面的差异，"女性经济"时代女性旅游市场表现出不同的消费偏好（表7-5）。旅游目的地和旅游企业可以根据细分市场的需求特征有针对性地开展营销活动。

表 7-5　女性旅游市场细分及其旅游消费偏好

| 市场划分依据 | 细分市场 | 旅游消费偏好 |
|---|---|---|
| 按年龄 | 女学生（大学生为主） | 经济、知识、新鲜 |
| | 中青年女性 | 时尚、放松、炫耀 |
| | 中老年女性 | 品位、情感、放松 |
| | 老年女性 | 交流、安全、享受 |
| 按收入 | 高收入女性 | 享受、显示、放松 |
| | 中等收入女性 | 休闲、放松、经济 |
| | 低收入女性 | 经济、放松、新鲜 |
| 按家庭生命周期 | 单身未婚女性 | 时尚、享受、刺激 |
| | 已婚无子女女性 | 浪漫、情感、享受 |
| | 已婚有子女女性 | 经济、家庭、放松 |
| | "空巢期"女性 | 交流、享受、安全 |

资料来源：郑向敏和范向丽（2007）。

③ 按照心理因素划分

这些心理因素包括旅游动机、乐活[1]意识、感知价值等。如罗纪宁和赵宇飞（2015）基于旅游动机，将中国宗教文化旅游市场分为四类消费者群：烧香拜佛型、文化体验型、精神体验型和休闲游逛型。肖玉琴（2009）根据消费者的乐活程度不同，将生态旅游市场划分为五个消费者乐活集群：自我乐活型集群的价值推广意识差，注重自我身心的成长；漠不关心型集群对各方面都不热心，对社会公正公平的议题不太关心，相对较注重健康因素；积极乐活型集群很在意自己和家人的健康状况，关心心灵的成长，生活态度积极；利他乐活型集群不在意健康问题，但较关

---

[1]　乐活（Lifestyles of Health and Sustainability，缩写为LOHAS），意为"持续性地以健康的方式生活"（肖玉琴，2009）。

心社会和环境的持续发展，会适当地进行认同价值的推广；积极入世型集群不追求心灵的成长，关心社会的公正公平议题，生活态度相对积极。侯芳和胡兵（2013）对游客低碳旅游感知价值进行研究，据此将低碳旅游市场分为情感诉求型、远离型、质量务实型和低碳忠实型四个群体：情感诉求型群体关注内心情感体验，善于通过产品表达情感诉求，希望借低碳旅游给别人留下好印象；远离型群体不关注也不看好低碳旅游消费；质量务实型群体关注产品本身的质量、功能和服务，排斥低碳旅游产品及服务带来的利失（感知利失）；低碳忠实型群体看好低碳旅游和重视低碳旅游质量，喜欢自我展示和获得更多体验。

④ 按照行为因素划分

行为因素包括旅游者的消费目的、消费偏好等。按照消费目的划分，旅游市场可以分为观光旅游市场、度假旅游市场、商务旅游市场、探亲旅游市场、医疗旅游市场等。辛亚平等（2011）按照消费偏好，将农家乐旅游市场分为回归田园型、静态休闲型、康乐健身型、娱乐参与型和阳光运动型五个群体，田园回归型群体喜欢赏花摘果、体验农家生活；静态休闲型群体喜欢登山、攀岩之外的其他活动；康乐健身型群体偏好登山、散步；娱乐参与型群体喜欢温泉、烧烤、棋牌麻将；阳光运动型群体喜欢垂钓、避暑之外的其他活动。

（2）其他的旅游市场细分方法

① 竞争态市场细分法

若 $X_i^t$ 为第 $i$ 个市场第 $t$ 年的客流量，则市场占有率和市场增长率可定义为：市场占有率 $\alpha_i = \dfrac{X_i^t}{\sum_{i=1}^{n} X_i^t} \times 100\%$，市场增长率 $\beta_i = \dfrac{X_i^t - X_i^{t-1}}{X_i^{t-1}} \times 100\%$。市场占有率反映了市场分割中所占的份

额，市场增长率反映了市场竞争中的发展潜力，市场占有率和增长率的双指标组合 $\Omega(\alpha_i, \beta_i)$ 称为旅游市场竞争态。给定一对合适的阈值或划分标准（$a$, $b$），依据市场占有率（$\alpha_i$）和市场增长率（$\beta_i$），可以将旅游市场细分为明星市场、金牛市场、幼童市场和瘦狗市场（表 7-6）。

**表 7-6　四类市场的基本特征**

| 市场类型 | 划分依据 | 基本特征 | 模型图 |
|---|---|---|---|
| 明星市场 | $\alpha \geqslant a$ $\beta \geqslant b$ | 占有率和增长率"双高"，具有客观的获利和发展机会，但需要更多投资 | 市场增长率 $b$ ；幼童市场　明星市场；瘦狗市场　金牛市场；$a$　市场占有率 |
| 金牛市场 | $\alpha \geqslant a$ $\beta < b$ | 占有率高、增长率低，能大量回收资金，但市场趋于成熟和饱和 | |
| 幼童市场 | $\alpha < a$ $\beta \geqslant b$ | 占有率低、增长率高，是发展的新生力量和后备军，但方向不定、前途未卜 | |
| 瘦狗市场 | $\alpha < a$ $\beta < b$ | 占有率和增长率"双低"，有某种难以克服原因使其处于"不景气"状态 | |

资料来源：孙根年（2005）。

② 记忆图谱市场细分法

包括以下三个步骤：

第一步，以网络评论文本为素材，提炼旅游体验记忆要素，构建旅游体验记忆模型；

第二步，利用 TF 算法计算旅游体验记忆要素的权重；

第三步，使用基于复杂网络的图谱分析得出旅游市场细分结果。

许春晓和成锦（2017）采用记忆图谱市场细分法，将凤凰古城旅游市场分为三个层次八个体验记忆要素群体：

第一层次为核心市场，该市场关注陶醉感和公共服务与管理；

第二层次为次核心市场，该市场关注抽象概念类产品、文化载体类产品、开发创意类产品和旅游服务类产品；

第三层次为边缘市场，该市场主要关注享受感和向往感。

4. 总结

旅游市场细分对旅游目的地和旅游企业实施精准营销具有重要意义，也一直是旅游学界和业界关注的热门话题。从市场细分方法的发展看，最初是依据性别、年龄、职业、文化程度等单一的显变量进行划分，随着研究的深入，细分变量从显变量转向潜变量，并且出现复合化趋势（许春晓和成锦，2017）。尽管市场细分方法被不断改良优化，但由于旅游市场的多元演进趋势，没有一种市场细分方法能够准确刻画旅游市场的真实状态。不过，值得强调的是，作为旅游目的地和旅游企业，无论选取何种旅游市场细分方法，能识别具有规模性（有足够的交易量）、可衡量性（市场差异可测度）、稳定性（细分市场变化小）、差异性（细分市场差异大）、可盈利性（有足够的经济贡献）的细分市场便都是有效的细分方法。

## 二、旅游形象设计

形象对人们的选择行为具有重要的直接影响。随着旅游市场竞争加剧，旅游形象受到旅游目的地和旅游企业越来越多的关注。旅游形象不仅是继人、物、财之后的重要资源，也是进行市场竞争的强有力工具，甚至被视为旅游目的地和旅游企业的生命

（陶卓民和卢亮，2005）。因此，良好的旅游形象设计对维系和拓展客源市场、促销旅游产品具有重要意义。

1．旅游形象的概念

旅游形象是指旅游区域内各种旅游资源、设施、服务、管理、环境以及区域内的社会、经济、文化等给予人们的综合感知和印象（章锦河和陆林，2001）。根据涉及的对象不同，旅游形象可以分为旅游地形象、旅游企业形象、旅游设施形象等。其中，旅游地形象和旅游企业形象是旅游形象分析的重点。旅游地形象是指人们对旅游地的总体认知和评价，旅游企业形象是指人们对旅游企业特征和运行状况的认知和评价。

2．旅游形象构成要素

旅游形象设计需要一定的凭借，这些凭借包括旅游形象构建的硬件因素和软件因素（图 7-5）。硬件因素由旅游资源、旅游环境、旅游基础设施等构成。软件因素由旅游区域内的人员素质、旅游安全、旅游品牌等构成。硬件因素是旅游形象设计依托的硬件条件，好比大厦的基本框架。软件因素是旅游形象设计依托的软件条件，好比大厦的墙面和装饰。硬件因素和软件因素相互依

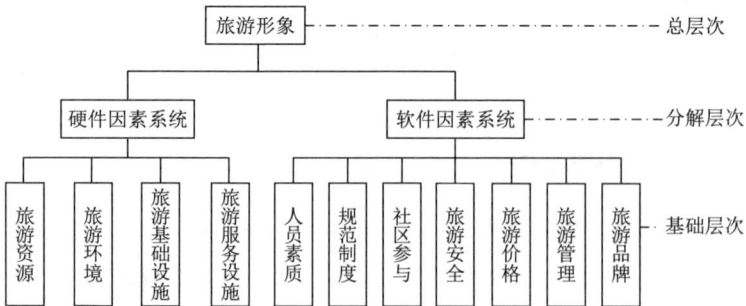

**图 7-5　旅游形象的构成**

资料来源：陆林和章锦河（2002）。

存，不可分割，二者同为旅游形象设计的重要构件（陆林和章锦河，2002）。

3．旅游形象设计思路

随着旅游市场竞争的加剧以及形象竞争意识的增强，旅游形象设计受到旅游地和旅游企业的重视。为了有力传播旅游形象和赢得市场竞争，旅游地和旅游企业不仅要了解旅游形象的构成要素，还要懂得针对目标市场设计特征鲜明、富有感染力和传播力的旅游形象。

借鉴企业形象（CI）设计的成功经验，可将企业形象识别系统理论引入旅游形象设计。根据旅游形象识别系统（图7-6），旅游形象设计由理念识别（MI）设计、行为识别（BI）设计和视觉

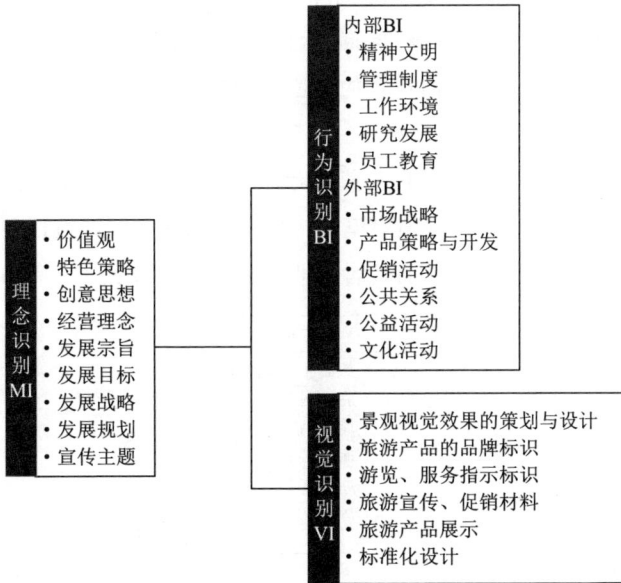

| 理念识别 MI | 行为识别 BI | 内部BI |
|---|---|---|
| ・价值观 ・特色策略 ・创意思想 ・经营理念 ・发展宗旨 ・发展目标 ・发展战略 ・发展规划 ・宣传主题 | | ・精神文明 ・管理制度 ・工作环境 ・研究发展 ・员工教育 |
| | | 外部BI |
| | | ・市场战略 ・产品策略与开发 ・促销活动 ・公共关系 ・公益活动 ・文化活动 |
| | 视觉识别 VI | ・景观视觉效果的策划与设计 ・旅游产品的品牌标识 ・游览、服务指示标识 ・旅游宣传、促销材料 ・旅游产品展示 ・标准化设计 |

**图 7-6　旅游形象识别系统**

资料来源：陆林和章锦河（2002）。

识别（VI）设计组成。理念识别设计要求旅游地或旅游企业将其价值观、创意思想、经营理念、发展宗旨等体现于各项工作中。行为识别设计要求将上述理念融于行动，做到言行一致。视觉识别设计则要求通过具体的视觉符号，对外传播理念和理念指导下的行为，在市场上塑造独特的旅游形象。

### 三、旅游营销渠道

从供给的角度而言，旅游市场细分是旅游目的地和旅游企业出于选定目标市场、开发旅游产品和促销旅游产品的需要而进行的市场分割。为了增强在细分市场上的竞争力和满足细分市场的消费需要，旅游产品生产者不仅要有良好的、有区分度的旅游形象设计让旅游产品进入旅游消费者的选择区域，还要有便利的、畅通的将旅游产品转至旅游消费者的实现渠道。在这里，旅游产品从生产者转至消费者的渠道即为旅游营销渠道。

1. 旅游营销渠道的概念

旅游产品从生产者转至消费者，大体有直接和间接两条营销渠道（图7-7）。直接营销渠道是指旅游产品不需要经过任何中间商，可以直接转至旅游消费者；间接营销渠道则指旅游产品需要

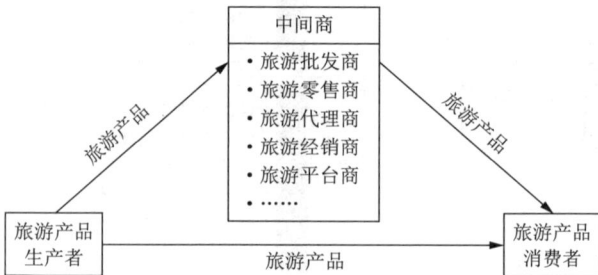

**图7-7　旅游营销渠道**

资料来源：赵书虹和杜靖川（2018）。

经过一个或者多个中间商，然后再转至旅游消费者。因此，旅游营销渠道实质上是帮助旅游产品实现从生产者转移至消费者的过程。综上所述，旅游营销渠道可以定义为旅游产品生产者通过直接或间接的营销方式，将旅游产品转移至旅游消费者的实现过程。

准确把握旅游营销渠道的内涵，还需要注意以下三个方面的内容：

第一，旅游营销渠道既包括将旅游产品直接转至旅游消费者的直接渠道，也包括将旅游产品通过中间商转至旅游消费者的间接渠道。与营销学"4P"理论中的分销渠道（Place）相比，由于分销渠道仅指间接渠道，故旅游营销渠道比分销渠道的内涵更宽。

第二，间接营销渠道中，中间商可以是一个也可以是多个。中间商包括旅游批发商、旅游零售商、旅游代理商、旅游经销商、旅游平台商等，如果中间商串联的层次较多，则会形成多级长营销渠道。

第三，如果旅游地或旅游企业面向的目标市场规模较大，同一区域分布旅游产品的销售网点密集，中间商并联的数量就会比较多，则会出现同级宽旅游营销渠道现象。

2. 旅游营销渠道的作用

旅游产品要实现由生产者销往消费者，营销渠道是其中十分重要的环节。其作用主要体现在以下三个方面：

第一，有助于提高旅游产品的市场占有率。旅游产品可以通过直接和间接两条营销渠道转至消费者。尤其是间接营销渠道，中间商是连接旅游产品生产者和旅游产品消费者的桥梁，对开拓、占领和巩固市场发挥着重要作用。通过中间商对旅游产品的推广和销售，拓宽了旅游产品转移的实现路径，增加了旅游产品的销售规模，扩大了旅游产品的市场份额。

第二，有助于加强生产者与消费者的联系。旅游营销渠道是旅游产品进入消费市场的重要途径，能为生产者与消费者的互动发挥信息传递作用。对旅游产品生产者而言，旅游营销渠道能将市场信息及时反馈给生产者，促进旅游产品生产者快速响应旅游市场变化；对旅游产品消费者而言，旅游营销渠道可以将旅游产品相关信息及时、准确地传递给消费者，方便消费者了解生产者的营销理念、产品特色等，并引导消费者进行购买决策。

第三，有助于提高旅游产品的销售效率。以间接营销渠道为例，旅游产品从生产者转移至消费者，中间商在其中发挥了重要作用。中间商拥有丰富的营销经验、良好的公共关系和广泛的信息来源。如果营销渠道数量多、容量大、信誉好、能力强，就可以减少旅游产品的交易次数，加速旅游产品流通过程，从而提高旅游产品的销售效率。

3. 旅游营销渠道的类型

受消费市场、旅游产品、外界环境等因素影响，旅游营销渠道存在不同的类型。细致了解旅游营销渠道的类型，有助于在过度市场竞争中建设合理的营销渠道，为旅游产品生产者节省营销成本、提高销售效率和增强市场竞争力。

（1）直接营销渠道和间接营销渠道

根据旅游产品从生产者转至消费者是否经过中间商，将旅游营销渠道分为直接营销渠道和间接营销渠道。直接营销渠道是指旅游产品生产者无需借力中间商，直接将旅游产品销售给消费者的实现过程（图7-8）。旅游景区在其所在地将旅游产品销售给到访的旅游者，旅游饭店通过网络预定将产品销售给远在客源地的消费者，实现路径都属于典型的直接营销渠道。与间接营销渠道相比，直接营销渠道的优点有二：一是由于没有中间商赚取产品差价，因而在价格上拥有市场竞争优势；二是可以掌握消费者态度和需求信息，有助于产品质量控制和顾客关系管理。

间接营销渠道是指旅游产品生产者通过一个或一个以上的中间商将旅游产品销售给消费者的实现过程（图7-9）。航空公司请"去哪儿网"代理销售机票，旅游景区请"美团网"代理销售门票，都是通过间接营销渠道实现的。与直接营销渠道相比，间接营销渠道的主要优点在于与目标市场有更广的接触面，有利于提高旅游产品的销售效率和市场份额。当然，间接营销渠道也有不足之处，如：旅游产品生产者对销售活动的控制力减弱，市场信息反馈的速度减慢，市场信息的准确度下降等。

| 旅游产品生产者 | ➤ | 旅游产品消费者 |
|---|---|---|

**图 7-8　直接营销渠道**
资料来源：赵西萍等（2006）。

| 旅游产品生产者 | ➤ | 中间商 | ➤ | 旅游产品消费者 |
|---|---|---|---|---|

**图 7-9　间接营销渠道**
资料来源：赵西萍等（2006）。

（2）长营销渠道和短营销渠道

旅游营销渠道的长度是指旅游产品从生产者转至消费者中间经历的层次数。根据串联的层次数多寡，可以将营销渠道分为长营销渠道和短营销渠道（图7-10）。营销渠道的长短是相对而言的，串联的层次数越多，营销渠道自然就越长，形成多级长营销渠道。最短的营销渠道为没有中间商的零级营销渠道（即直接营销渠道），稍长的营销渠道可以包括旅游代理商、旅游批发商、旅游零售商等。营销渠道长度对旅游产品的营销效果有重要影响，营销渠道长，旅游产品生产者对营销渠道的控制难度大，市场信息传递慢，不能及时响应市场的动态变化；营销渠道短，旅游产品生产者虽然要承担较重的销售任务，但有利于掌控营销渠道和及时掌握市场信息。

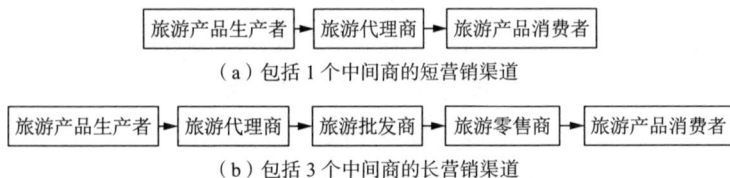

（a）包括 1 个中间商的短营销渠道

（b）包括 3 个中间商的长营销渠道

**图 7-10　长营销渠道和短营销渠道**

资料来源：赵西萍等（2006）。

（3）宽营销渠道和窄营销渠道

旅游营销渠道的宽度是指一定时期内旅游产品销售网点并联的数量。根据旅游产品生产者与消费者之间同类中间商的数量多寡，旅游营销渠道可以分为宽营销渠道和窄营销渠道（图7-11）。同类中间商并联的数量越多，表示旅游营销渠道越宽，形成同级宽旅游营销渠道。营销渠道越宽，说明旅游产品在市场上的销售面越广。一般而言，宽营销渠道适用于大众化的旅游产品，如观光旅游、度假旅游等；窄营销渠道则适合于专业性较强的旅游产品，如探险旅游、滑雪旅游等。

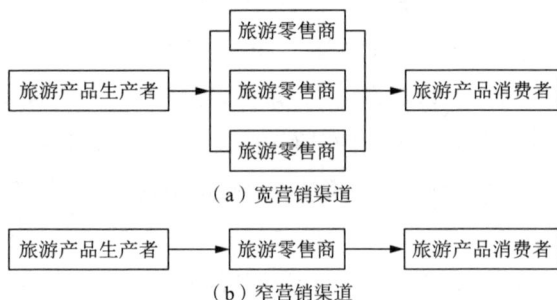

（a）宽营销渠道

（b）窄营销渠道

**图 7-11　宽营销渠道和窄营销渠道**

资料来源：鲍富元（2014）。

4. 旅游营销渠道选择的影响因素

一条从起点到终点完整的营销渠道，其两端分别连着旅游产品的生产者和消费者。从生产者而言，营销渠道的意义在于可以高效地将旅游产品转移至消费者手中并带来丰厚的销售利润；对消费者而言，营销渠道的意义则在于能够方便地购买到需要的旅游产品并带来高水平满意度。顾客关系是产品生产者的战略资产和宝贵财富，为了建立和维系良好的顾客关系，无论旅游产品生产者选择哪种类型的营销渠道，其目的都在于追求自身利润和顾客利益的最大化。因此，效率导向原则（高效率）和效益导向原则（低成本）乃是旅游营销渠道选择的两个基本原则。

旅游营销渠道有直接和间接、长和短、宽和窄之分，旅游产品生产者选择哪种类型的营销渠道，除了遵循效率导向原则和效益导向原则，还要考虑来自企业内部和外部的影响因素。归纳起来，内部影响因素主要包括企业自身和旅游产品，外部影响因素主要包括消费市场和外界环境。

（1）企业自身因素

旅游企业（旅游产品生产者）自身的规模、供给能力、管理经验等对旅游营销渠道的选择有重要影响。如果企业的规模大、供给能力强、管理经验丰富，愿意与其合作的中间商（如旅游批发商、旅游零售商、旅游平台商）也会增多。小、微旅游企业在市场上的销售面窄，可采用直接或短营销渠道；中、大型旅游企业的市场销售面广，市场竞争激烈，宜选择有一定长度和宽度的间接营销渠道。如果旅游企业的管理经验丰富，无需借力中间商销售产品，可选择直接营销渠道。相反，如果管理经验缺乏，自身销售能力较弱，则宜采用间接营销渠道。

（2）旅游产品因素

旅游产品的性质和等级对营销渠道的选择有重要影响。性质和等级不同的旅游产品，潜在客源市场对其需求也不同。对于大众化、等级较低的旅游产品（如观光旅游），由于消费者众、需求量大，适合采用长或宽的间接营销渠道；而对于专业性较强或等级较高的旅游产品（如滑雪旅游），因其市场销售面较窄，宜选择直接营销渠道。

（3）消费市场因素

消费市场的规模、偏好、空间分布等特征会对营销渠道的选择产生影响。消费市场规模大，需要更多的中间商提供服务，此时选择长或宽的间接营销渠道比较适宜；如果消费市场对旅游产品有特定偏好，例如较短时期内消费频次较多，也适宜采用长或宽的间接营销渠道；如果消费市场的空间分布较集中，采用直接或短的营销渠道更合适。相反，若空间分布较分散，需要更多中间商提高销售能力，则选择长或宽的营销渠道更好。

（4）外界环境因素

外界环境因素包括经济发展、技术革新等，它们会对旅游营销渠道产生较大影响。例如，随着智能手机的普及和电子支付技术的发展，越来越多的人偏好从旅游平台商手中购买旅游产品。作为旅游企业，营销渠道还需要根据外界环境的变化及时作出调整。

**思考题：**

1. 阐述将旅游市场理解为"现实和潜在旅游者构成的群体"的重要意义。

2. 事件往往是多因并发的结果。试从集合视角理解旅游市场与其构成要素的关系。

3. 结合我国国内旅游市场近些年出现的新变化，请选择合适的切入点，对旅游市场细分并分析细分市场的特征。

4. 查阅文献资料理解"利基市场"的含义，并在此基础上分析利基市场与市场定位的关系。

5. 从旅游市场细分、旅游形象设计和营销渠道建设三个方面，试述如何提升自己所在城市的旅游市场竞争力。

## 参考文献：

［1］Gustafson P., 2002, Tourism and seasonal retirement migration, Annals of Tourism Research, 29(4): 899–918.

［2］John Swarbrooke, Susan Horner, 2007, Consumer Behaviour in Tourism, Elsevier Ltd, 154–155.

［3］Legohrel P., Dauc B., Hsu C. H. C., 2009, Culture, time orientation, and exploratory buying behavior, Journal of International Consumer Marketing, 21(2): 93–107.

［4］Michael C. Sturman, Jack B. Corgel, Rohit Verma, 2011, The Cornell School of Hotel Administration on Hospitality, John Wiley & Sons, 358.

［5］Moutinho L., 1987, Consumer behavior in tourism, European Journal of Marketing, 21(10): 1–44.

［6］Ritchie B., 1998, Bicycle tourism in the South Island of New Zealand: Planning and management issues, Tourism Management, 19(6): 567–582.

［7］Richard Sharpley, 2006, Travel and Tourism, SAGE Publications, 21.

［8］Simonsen P. S., Jorgenson B., Robbins D., 1998, Cycling Tourism, Unit of Tourism Research at Research Centre of Bornholm.

［9］白凯，马耀峰，2007，旅游者购物偏好行为研究——以西安入境旅游者为例，旅游学刊，22（11）：52—57。

［10］鲍富元，2014，旅游市场营销学，机械工业出版社。

［11］邓冰，陈玲玲，张翱，2015，国外自行车旅游研究综述，旅游学刊，30（3）：116—126。

［12］高鸿业，2007，西方经济学（微观部分），中国人民大学出版社。

［13］葛南南，樊信友，2014，城市居民休闲度假旅游的消费动机与行为

规律：重庆例证，重庆社会科学，(5)：60—66。

［14］谷晓萍，李岩泉，牛丽君，2015，本溪关门山国家森林公园游客行为特征，生态学报，35(1)：204—211。

［15］郭亚军，曹卓，杜跃平，2009，国外旅游者行为研究述评，旅游科学，23(2)：38—43。

［16］侯芳，胡兵，2013，基于因子和聚类分析方法的游客低碳旅游感知价值研究，生态经济，(4)：132—137。

［17］黄璜，2013，国外养老旅游研究进展与我国借鉴，旅游科学，27(6)：13—24。

［18］黄文，2012，民族社区黑色旅游发展研究——以四川汶川大地震为例，四川大学学报(哲学社会科学版)，67(5)：138—144。

［19］黄震方，陈志钢，张新峰，2003，国内外生态旅游者行为特征的比较研究，现代经济探讨，(12)：71—73。

［20］焦彦，2006，基于旅游者偏好和知觉风险的旅游者决策模型分析，旅游学刊，21(5)：42—47。

［21］科特勒，阿姆斯特朗，2010，市场营销原理(第13版)，中国人民大学出版社。

［22］雷平，2009，中国外国游客入境旅游市场景气指数的编制与应用，旅游学刊，24(11)：36—41。

［23］李珂，2012，武汉市不同年龄群体体育旅游的认知、需求、动机和行为特征，武汉体育学院学报，46(6)：58—62。

［24］李明辉，谢辉，2008，中外生态旅游者动机与行为的比较研究，旅游科学，22(3)：18—23。

［25］李天元，2016，旅游学概论，南开大学出版社。

［26］李燕琴，蔡运龙，2004，北京市生态旅游者的行为特征调查与分析：以百花山自然保护区为例，地理研究，23(6)：863—874。

［27］梁江川，2006，沪杭甬居民旅游偏好及产品开发策略，旅游科学，(6)：59—64。

［28］刘培松，2014，基于旅游者偏好的低碳旅游发展策略研究，经济管理，36(10)：128—135。

［29］刘庆余，2012，国内外体育旅游研究比较，上海体育学院学报，36(4)：39—43。

［30］鲁小波，李悦铮，2008，从内部矛盾的角度探讨生态旅游的定义、条件和发展阶段，经济地理，28(3)：512—522。

［31］陆林，章锦河，2002，旅游形象设计，安徽教育出版社。

［32］罗纪宁，赵宇飞，2015，基于旅游动机的中国宗教文化旅游市场细分研究，管理学报，12（8）：1118—1123。

［33］马晓龙，陈泠静，魏楠，等（2021）.中国及周边国家出境旅游市场互动格局动态研究，人文地理，36（2）：155—163。

［34］聂献忠，张捷，吕菽菲，1998，九寨沟国内旅游者行为特征初步研究及其意义，自然资源学报，13（3）：249—255。

［35］申健健，喻学才，2009，国外黑色旅游研究综述，旅游学刊，24（4）：92—96。

［36］苏丽娟，陈兴鹏，陈仁，2015，基于对兰州市入境旅游者调查的入境旅游者行为偏好实证分析，兰州大学学报（社会科学版），43（1）：136—140。

［37］孙根年，2005，新世纪中国入境旅游市场竞争态分析，经济地理，25（1）：212—125。

［38］陶伟，倪明，2010，中西方旅游需求预测对比研究：理论基础与模型，旅游学刊，25（8）：12—17。

［39］陶卓民，卢亮，2005，长江三角洲区域旅游形象设计和开拓研究，经济地理，25（5）：728—731。

［40］万绪才，丁登山，马永立，1998，旅游客源市场结构分析——以南京市为例，人文地理，13（3）：70—75。

［41］王晓庆，2014，国内外旅游偏好研究综述，现代城市研究，29（1）：110—115。

［42］王莹，徐东亚，王元浩，2008，农民旅游特征及旅行社市场开发对策研究，农村经济，（10）：54—57。

［43］王莹，2006，杭州国内休闲度假旅游市场调查及启示，旅游学刊，21（6）：44—48。

［44］魏埙，蔡继明，刘俊民，2001，现代西方经济学教程（上册），南开大学出版社。

［45］吴宝清，吴晋峰，刘佳，2015，基于网络文本的巴丹吉林沙漠旅游者偏好研究，中国沙漠，35（4）：1041—1047。

［46］吴承明，1985，中国资本主义与国内市场，中国社会科学出版社。

［47］吴普，葛全胜，齐晓波，2010，气候因素对滨海旅游目的地旅游需求的影响——以海南岛为例，资源科学，32（1）：157—162。

［48］夏敏慧，田晓玉，王辉，2015，体育旅游者行为特征的研究——以海南为例，沈阳体育学院学报，34（1）：56—60。

［49］肖玉琴，2009，消费者乐活意识倾向的实证分析——以生态旅游为

例，经济管理，31（8）：96—105。

［50］辛亚平，吴晋峰，邓晨晖，2011，于活动偏好的西安市"农家乐"旅游市场细分，资源开发与市场，27（3）：267—270。

［51］徐红罡，唐香姐，2015，流动性视角下打工旅游者行为特征研究——以大理古城为例，人文地理，30（4）：129—135。

［52］徐菊凤，2007，度假旅游者需求与行为特征分析——以中、俄赴三亚旅游者为例，旅游学刊，22（12）：59—65。

［53］许春晓，成锦，2017，旅游目的地记忆图谱市场细分法构建，经济地理，37（2）：187—192。

［54］章锦河，陆林，2001，资源型城市旅游形象设计研究——以淮南市为例，人文地理，16（1）：16—19。

［55］赵书虹，杜靖川，2018，旅游市场营销学，高等教育出版社。

［56］郑向敏，范向丽，2007，论"女性经济"时代的女性旅游市场开发，旅游科学，21（3）：65—71。

［57］钟林生，马向远，曾瑜皙，2016，中国生态旅游研究进展与展望，地理科学进展，35（6）：679—690。

［58］周国忠，郎富平，2009，农民旅游者出游特征、影响因素及对策——以浙江省为例，经济地理，29（4）：688—692。

［59］周慧玲，2008，城市居民旅游目的地偏好的差异性研究——以长沙为例，商业研究，51（1）：192—195。

# 第八章　旅游系统与旅游的价值输出

**本章学习要点：**

1. 理解什么是系统、旅游系统以及旅游系统的有机构成。

2. 旅游系统的价值输出：经济价值与社会价值。

3. 旅游系统的经济价值形成了旅游业。

4. 旅游系统的社会价值形成了旅游文化。

## 第一节　旅游系统

### 一、系统与旅游系统的含义

1. 系统

系统是由一系列相互联系、相互制约又相互依存，具有特定功能的元件组成的，这些元件按照一定的规则组成一个个单一运行功能，以实现总体目标。

在 20 世纪 30 年代出现了系统理论，以澄清和解释复杂的现象，否则这些现象很难描述或分析。系统往往是分层的，它们由子系统组成，并且本身是较大结构的一部分。例如，人体由消化、呼吸和其他子系统组成，而人体本身则是更广泛的社会系统（例如家庭、氏族、国家）的成员。系统还涉及能量的流动和交换，几乎总是涉及与外部系统的相互作用（例如，人类捕鱼或狩猎食物）。系统定义中隐含着相互依赖的观念，即给定组件的更改将影响该系统的其他组件（David Weaver et al., 2014）。

系统输入各种资源，并经由一定的流程输出功率，这些功率的输出就是为了共同完成整个系统的总体预期目标。而复杂系统，例如社会系统，是由众多子系统组成的。这些子系统按层次排列，并集成在一起以完成整个系统的总体目标。每个子系统都有各自的边界，包括旨在实现子系统目标的各种输入、流程、输出和结果。复杂系统通常与其环境发生交互作用，通常是开放系统（Carter McNamara, 2006）。

我们可以从三个方面理解系统的概念：

其一，系统是由系列要素（或称元器件）组成的。这些要素本身不是独立的个体，但有独立的功能，而这些独立的功能又为了实现整个系统功能而发挥作用。

其二，系统按照一定的工作流程形成特定的结构。一个系统是其构成要素的集合，这些要素相互联系、相互制约，系统内部各要素之间形成相对稳定的联系方式、组织秩序及时空关系的内在表现形式。

其三，系统的运行符合一定的规律，可以用相关理论进行解释、归纳、设计。

系统运行的各个流程都需要资源的输入以实现系统总体目标。资源输入的一般类型包括：人、金钱、设备、设施、原材料、人的智慧或者劳动者的时间。例如，为客户提供培训服务的投入可能包括：受过培训的教师、学生、培训材料、教室、资金以及纸笔。资源输入也可以是影响组织及其产品和服务的主要力量。例如，各种法律法规会影响产品或服务的提供方式。资源输入通常要考虑投入的成本，以及与所获取的收益之比。

评价一个系统的运行效率，通常需要考虑以下一些因素：

第一，系统运行流程。系统的流程或者说系统的活动是由"组织""生产"或"服务"等一系列活动构成，它们投入资源以实现系统的总体预期目标。例如，为客户提供培训服务所经过的主要流程可能包括招收学生、预测试、培训、后测试和认证。

第二，产出。产出是系统输出的成果。一般以数量来测度，例如完成某个程序的学生人数，培训产生的经济效益并不是培训系统成功与否的标志，而是取决于学生从培训中受益的程度。典型的就是雅思、托福的培训，其产出不是培训机构所获得的经济收益，而是参与培训的学生参加这些考试的成绩。

第三，目标和预期结果。目标是系统想要实现的最终目标，所有系统都是目标导向的，系统及其子系统也必须有明确的目标。系统的总体目标通常是根据其使命、愿景或战略在战略规划期内确定的。

第四，反馈。反馈在系统的各个部分之间不断交换，理想情况下，还与系统外部的环境进行交换。反馈有各种来源，例如外部利益相关者（客户、社区领袖、投资者）、董事会成员、首席执行官和其他员工。反馈也可以来自对组织、生产、服务和人员的评估。

第五，评估与评价。评估是根据反馈信息进行测评，以衡量系统输出能量所产生的效果。评估可以集中在整个组织或其任何子系统上，例如行政和管理功能、产品、服务和人员。

第六，学习与提升。学习是为了保持或更有效地实现预期结果，而获得知识、技能和态度。学习至关重要，因为它可以确保系统不断提高对自身及其环境的理解。

2. 旅游系统

旅游者在各种旅游活动中，接受各种旅游服务，并与各种旅游相关者互动，从而形成了一系列的旅游关系，这被称为"旅游系统"，旅游系统因旅游者的旅游行为而形成。

"旅游系统"（Stephen J. Page，2019）是一个框架，使人们可以分别从旅游者和旅游企业的角度（分别称为"需求"和"供应"）理解旅游或旅行的整个过程。它使人们能够理解旅游的不同因素之间存在着何种联系，旅游者从何处与旅行组织者（旅行社或零售商、旅游预订平台）、旅行提供者（航空公司或运输方式）、目的地区域和旅游部门进行交流，购买旅游产品，实现旅游活动。Neil Leiper（1979）认为一个基本的旅游系统包括三个要素，即旅游者、地理要素和旅游部门（包括公私部门，即公共管理部门和旅游企业）。

Neil Leiper 认为，旅游系统是由旅游者的旅行及其在旅行中的各种活动所构成，而旅游活动主体和发起者是旅游者。

Neil Leiper 所说的旅游地理要素包括"旅游客源地""旅游目的地"和"旅游过境地"（也被称为旅游中转地）。

旅游客源地，或者称为旅游者产生地（The Traveller-Generating Region，TGR）代表了旅游业的区域滋生市场，是旅游者在旅游客源地寻找各种旅游信息，进行预订并开始自己的旅行的地区。旅游客源地与旅行和旅游的市场需求方面有关，旅游客源地的人口规模与收入水平等因素决定了旅游市场规模的大小。旅游客源地的自然与人文环境是促使旅游者产生旅游意愿的根本性因素，这成为旅游系统的源泉，是旅游行为发生的内在驱动力。当然随着旅游业的快速发展，越来越多的旅游者是在客源地范围内旅游，因此旅游客源地很多时候也同样是旅游目的地。

旅游目的地地区（The Tourist Destination Region，TDR），旅游目的地就是旅游者前往从事旅游活动的区域，旅游目的地依靠旅游资源的开发吸引旅游者。旅游目的地对旅游者产生吸引力，这被称为旅游的拉动效应。旅游目的地的拉力除了激发旅行者产生区域的旅行需求外，还激活了整个旅游系统。

旅游过境地或称旅游中转地，是指从旅游客源地前往旅游目的地所经过并短暂逗留的地区。

Leiper（1990）建立的模型中（见图8-1）的三个地理要素考察了旅游客源地（旅游者生成区）、中转路线区域（包括途中游览区或办事活动区）以及旅游目的地。该模型的最后一个要素是旅游部门，包括负责提供旅游体验或产品的企业和组织，也就是参与到旅游者活动中的旅游服务企业以及公共管理部门的总和。

这里所说的"旅游部门"是旅游者在出行活动过程中所涉及的公私部门，前者为旅游公共管理部门，后者为构成旅游业的旅游企业。

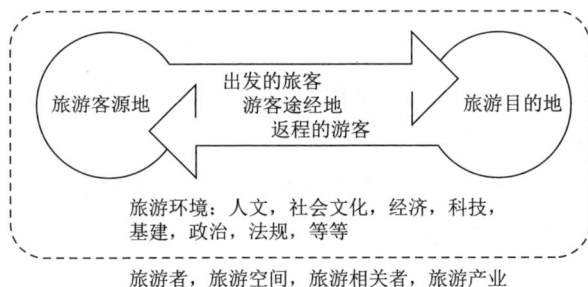

图 8-1 Leiper 旅游系统模型

J. Christopher Holloway（2009）等人在总结该旅游系统模型的基础上，认为旅游系统要考虑的重要因素是旅游者消费在空间维度上的分布，这表明了旅游者外出旅行时消费与常住地的关系。
Neil Leiper 还引述 Burkart 和 Medlik 的研究，将旅游者的旅游活动划分成两个有机组成部分：一个是"动态元素，即旅游者的旅途"，另一个是"静态元素，即旅游者在旅游目的地的逗留行为"。

旅游者的旅游活动"地理"空间行为的组成部分包括：

（1）在旅行者的客源地或自己家乡本地的旅行消费；

（2）在旅游目的地地区的旅游消费；

（3）在过境路线，即客源地与目的地之间"区域"的旅游服务的供应。

Gui Lohmann（2008）等人认为，"系统应该能体现其所处位置的环境，构成系统单元的部件，系统构件的组合关系，系统构件的功能与属性，外部元素输入路径，系统功能的输出路径，系统控制与运行方式，以及系统框架体系模型与蓝图"。

综合上述的旅游系统模型，可以总结出旅游系统包括三个要素：旅游者、地理通道和旅游服务部门。

旅游者是这个系统中的主角，因为旅游者是旅游的发起者，他们的旅游经历成为旅游活动的主要内容。

模型中的三个地理要素考察了旅游客源市场（旅客生成区域）、中转路线区域（包括途中要参观的活动和景点）以及旅游目的地（这是旅行的动机所在）。

旅游服务部门，包括负责提供旅游体验、旅游产品以及旅游公共服务的企业和组织。

## 二、旅游系统驱动机制与旅游系统构成

1. 旅游系统驱动力的"推—拉"机制

旅游系统的构成，是以旅游者的出行活动为线索进行设计，

这就要从推动旅游者出行的驱动力开始分析。旅游者的出行一般取决于两大驱动因素，一是受到内在因素的驱动（推动力），二是受到外在因素的吸引（拉动力），俗称"推—拉"机制（Graham M. S. Dann，1977）。

将旅游系统的驱动因素集中在"推—拉"两个维度上，受到了一定的批评，不少观点认为旅游系统是非常复杂的，而"推—拉"驱动机制似乎过于简单。但是，换个角度而言，正是因为"推—拉"机制的简单，这个驱动机制可以简化分析复杂的旅游过程。

Holloway（2009）等人根据 Dann 的"推—拉"机制模型进行了进一步的分析，他们认为旅游者的内在需求是一般驱动力，而受到外在旅游产品的吸引是特定驱动力。一般驱动力旨在实现一个广泛的目标，例如摆脱工作场所的常规和压力，以便突破常规的活动安排，享受健康的环境。但是，旅游者决定要具体去哪里旅游、具体从事哪种休闲活动取决于特定驱动力。比如，上海城区人口密度极高，空间逼仄，这种环境是居民外出旅游的一般驱动力；但他们决定去黄山还是去庐山，则是基于特定目标，属于特定驱动力。

也就是说，一般驱动力是旅游者的内在需求，特定驱动力是旅游目的地的吸引力拉动。

"推拉"机制是基于旅游者内心的两种欲望相互作用而产生，一方面旅行者既被个性特征或个人需求和欲望"推动"去旅行，另一方面又被旅游目的地的吸引力"拉动"或者说被旅游目的地"诱惑"而前往旅行。一般来说，推动动机有助于解释旅行愿望，而拉动动机有助于解释实际目的地的选择。

这种"推—拉"式的旅游驱动理论突出了旅游者被多种因素

同时推动（或者激励）的旅游，也强调了旅游目的地通过资源组合开发拉动（或者吸引）旅游者的机制。例如，一个游客产生了逃离其平凡的日常生活的愿望，并寻找一个适合调整自己心情的目的地。学者们普遍认为旅游者的出行很大程度上是出于对享受、舒适和娱乐的渴望（见表8-1）。

表 8-1　旅游出行动机的"推拉"因素

| 推动力 | 拉动力 |
| --- | --- |
| 渴望逃离<br>休息和放松<br>健康和健身<br>冒险<br>声望<br>社交联系<br>寻求改变<br>自我评价<br>求知欲<br>渴望呵护/舒适<br>娱乐<br>个人兴趣与爱好 | 海滩<br>娱乐设施<br>历史地标<br>合理的价格<br>文化资源<br>不受干扰的自然<br>四通八达的交通网络<br>国际化的环境<br>气候<br>安全保障<br>购物设施<br>与名人亲近的机会<br>风景<br>独特品质的住宿设施 |

旅游活动的"推—拉"驱动机制解释了旅游系统形成的动力机制，"推"即是推动旅游者出行的原因，它决定了旅游者是否出行；"拉"是吸引旅游者出行的原因，它决定了旅游者往何处去。

2. 旅游价值输出与旅游系统构成

可以将 Leiper 的旅游系统模型看成一次旅游活动的线性流程。旅游者以常住地为出发地，前往目的地旅游，并在旅游过程中接受了各种出行服务，由此形成了一个以旅游活动为线索的旅游系统。其中，旅游系统是由"客源地"、"旅游目的地"和"旅游者过境通道或中转通道"的联动关系构成。

　　Page（2019）对 Leiper 的旅游系统进行了扩展，从旅游服务提供者和购买者（分别称为旅游"供应"和旅游"需求"）角度，也就是从买卖关系的角度来理解旅游或旅行的整个过程。它使人们能够理解旅游的不同元素之间存在什么联系，旅游者从何处与旅行组织者（旅行社或零售商、旅游预订平台等），旅行提供者（航空公司或运输方式），目的地区域和旅游部门进行交流。在目的地内，这套旅游系统能够组合旅游各部门以创造旅游体验。

　　Leiper 的旅游系统是以旅游者一次往返的行为为纽带，建构一个旅游系统，具有明确的地理系统特征，并形成一个完整的闭环往复行程，从而将旅游系统统合在了一个客源地（旅游者出发地）和旅游目的地的"地理系统"内，这个系统是基于对旅游者的推动力和吸引力的相互关系而设计。

　　但现代旅游发展是以托马斯·库克的旅行服务经营模式为基础而设计的，因为工业化和城市化带来的社会和经济变迁，存在着一个规模化的旅行需求，而技术的进步为人们规模化的旅行服务提供了条件。因此在托马斯·库克的经营模式中模糊了地理系统，也不强调旅游者的"客源地"和"目的地"往复的闭环行程，只要有空间上的移动，而这个移动的空间尺度大小与其日常活动环境有关，旅游行为是否成立取决于出行者是否从事了非日常活动，也许旅游者就是在常住地周边的活动，都可能被定义为旅游行为。因此，"客源地"和"目的地"的相互位置与距离长短无关，只与其日常活动范围和活动特点有关。在现代旅游业中，旅游者的活动范畴很多时候就是旅游者居住地所在的城市，旅游者的"客源地"和"目的地"在大多数情况下其实是统一的。

　　因此，旅游者的旅游行为，只与旅游者及其旅游过程中的利益相关者所获得的价值有关（见图 8-2 ）。

图 8-2　旅游价值输出

在这个意义上，旅游只与旅游者的行为有关，而与旅游者出行的空间范围无关，旅游系统的驱动力只能是旅游者的出行行为。旅游者在旅游过程中产生了消费，获得了愉快的经历，或者达成了公务活动的目的，这些旅游（或旅行）经历输出了两大价值，即经济价值和社会价值。旅游系统是由旅游者的旅游过程和旅游服务提供商共同构成，而这两者可以进一步分别建模为两个单独的服务系统实体，即旅游者旅游系统和旅游服务提供商系统。

从旅游服务提供商系统来说，可以用产值衡量，由此形成了旅游产业；从旅游者的价值来说，可以用人居环境改善或人力资

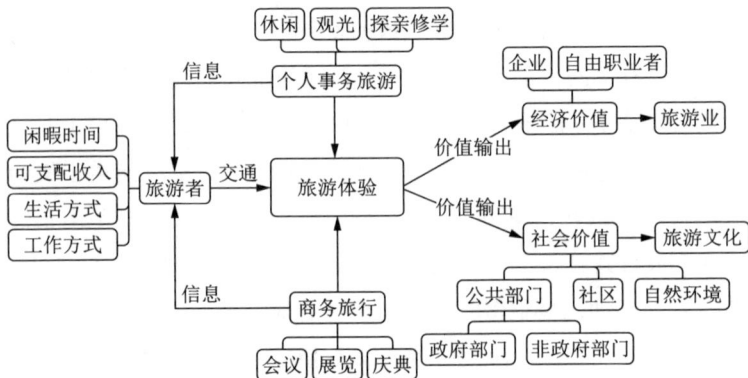

图 8-3　旅游系统构成

源提升价值来衡量。而这两大价值的输出也就形成了"旅游产业系统"与"旅游文化系统"。

旅游产业系统包括围绕旅游者出行所形成的服务与商业零售产业集群，这个产业集群被定义为旅游业。

旅游文化系统则是因为旅游者的旅游行为，以及与旅游目的地东道社区居民，甚至与其他旅游者的互动关系，形成的以旅游为纽带的文化社会现象（见图8-3）。

## 第二节　旅游业

### 一、旅游业内涵

1. 旅游业定义

旅游者在旅游体验过程中输出了经济与社会价值，这两大价值分别是旅游从业者的收益与旅游者的收益（见图8-2）。其中旅游从业者的收益，就是旅游者过程中输出的经济价值总和，这就是旅游业；而旅游者的收益，就形成旅游的社会价值，可以称之为旅游文化（见图8-3）。

旅游者在旅游地旅游的过程，实际上是时间的消耗过程。在时间的消耗中，旅游者会产生消费的欲望，并将这种欲望转化为实际的购买行为，随着时间的消失，旅游者最迫切的需要就是购买住宿和餐饮服务。这也是旅游资源转化为经济效益的过程。

长期以来，学界与业界对旅游业的定义一直难以达成共识，因为旅游业的构成中，各个分支行业差异巨大，比如交通业和住宿业，基本是不相干的两个行业，两者只是由于旅游者的旅游经历而产生了联系。在旅游统计中，这两者可以分别被计入不同的行业，统计口径不同，也关系到行业规模的大小。因此，对于旅游业的定义，学界和业界的理解有很多差异，学界是从学理的角度，以旅行过程中行业的关联性来定义；而业界则是从旅游经营业务的关联性来定义，类似于住宿业和交通业、旅游娱乐业等行业，经营的关联性较低，各自所需要的知识点、理论工具都有较大的不同。

世界旅游组织（UNWTO）在对各国旅游行政管理以及业界进行广泛调查后，提出"旅游卫星账户"的概念，其中对旅游消费的定义如下："旅游消费是指旅游者在旅行和在目的地停留期间，为直接满足他们的各种旅行需求和其他欲望而购买的商品和服务总和。旅游消费可能包括所有的消费品和服务，只要它们的价值低于海关规定的门槛。"

另一种定义方式是根据与旅游者消费相关的生产，即将旅游业定义为全部或主要为旅游者消费而生产商品和服务的工业和商业活动的总和。通常与旅游业相关的大类包括：住宿、交通、餐饮、营利性旅游景区、旅行社，以及旅游商品，免税产品和主要由游客购买的其他商品的销售。

但是，旅游业已成为无所不包的术语，它描述了人们离开常住地以在其他地方旅行、逗留的消费行为。旅游者位置的变化以及为使旅行成为可能所需的各种服务共同构成了旅游业，并对目的地地区的经济带来很大的影响。旅行者将钱花在了所到达的目的地，而这笔钱是在旅游目的地之外的区域赚取的。因此，旅游业代表了游客接待区的财富和大量收入的外部注入，这实际上是一种经济成长的分享方式（Leonard J. Lickorish et al., 1997）。

但不管是业界还是学界，对于旅游业的内涵和特点都难以给出一个确切的界定，甚至有观点怀疑旅游能否成为一个行业。国家统计局曾经将旅游业归属于零售行业，也曾经只是将旅行社业看成旅游业。进入 21 世纪以来，随着中国经济的快速发展，中国城乡居民外出旅游的人数爆发式增长，对于旅游业的界定成为一个重要的话题。

随着对旅游研究的深入，学界倾向于根据旅游系统的动力驱动机制对"旅游业"进行定义，因为旅游业是旅游者在旅游过程中的消费总和，是旅游者在旅游活动所产生的经济价值总输出。旅行和旅游业被视为所有个人、企业和组织共同为旅游者旅游活动的开展创造便利条件并提供所需商品和服务的综合性产业。

迄今为止，国家统计局也没有明确界定旅游业的边界和内涵。按照旅游的六大要素——吃、住、行、游、购、娱——来划分，对于其他行业就会有影响，比如旅游交通和交通部统计数据会有重叠，餐饮属于零售类，与商务部的统计会有重复，事实上也很难区分哪些餐饮是为当地常住居民服务，哪些又是为外来旅游者服务。酒店和景区收入都归于旅游业的收入，而购物就涉及如何区分日常购物和旅行购物，这部分也无法完全分割。

总体而言，旅游业具有以下特征（Richard Sharpley, 2006）：

第一，旅游业的业务形式高度多样化。旅游业是由吃、住、行、娱乐、观光、购物、会议、展览等业务范畴差异巨大的众多分支行业构成，这些行业的管理方式、产品类别都有很大不同，但共同为旅游者提供服务，并形成旅游服务的上下游关系。许多旅行和旅游分支行业本身就是独立的行业。

第二，旅游行业容纳了众多企业类型，既有跨国公司，比如国际酒店连锁集团，又有众多的中小企业，比如个体户、家族小企业。

第三，旅游业的分支行业高度分散，整个行业几乎没有凝聚力或协调性，而且各分支行业的专业性都较强，一个分支行业的经验未必可以为另一个分支行业借鉴。比如交通、住宿、娱乐等各自都有不同的特点，如果不是旅游者的旅游联系，相互之间几乎完全没有交集。

第四，旅游行业需要集成诸多的公共管理部门的服务，但又是以私营部门为主。

第五，有些旅游产品和服务（例如金融、保险、指南等）并不是旅游从业者或旅游企业提供的。

2. 旅游业的界定

"产业"这个术语与产品的提供者相关，是"所有制造相同或相似产品的企业的集合"（John Beech et al., 2006），在一个行业和另一个行业之间有严格界限，产品的提供者之间应有高度的相似性。产业包括了"行业结构或行业组织"，这关系到各个公司或非营利组织的所有权、组织结构和管理方式。因此，"产业"这个术语涵盖了商业和非商业运营。旅游业所涉及的行业数量很多，无论是从行业构成还是从组织构成、空间维度，乃至于跨国性来说，都难以划分出旅游产业结构的严格界限。

旅游业的各要素组合在"客源地""目的地""中转地"三个地理空间上的分布差异很大，各旅游要素组件并不是在三大地理空间平均分布。

"目的地"地区占旅游业的大部分，而出发地地区仅由旅行社以及运输和商品销售的某些方面来代表。因此，在目的地一级将产业纳入旅游业管理考虑尤为必要，很多著名的旅游目的地，其经济成分中，旅游业占据了很大比重。当然旅游业占比过高，经济构成较为单一，经济发展也比较脆弱。

当然，在旅游业的上述定义中，一个令人困惑的因素是各种商业、商品、服务与旅游业的关联程度（David Weaver et al.，2014）。在一种极端情况下，旅游者在旅游目的地的几乎所有活动都是与旅游有关的。

互联网的出现，使得旅游信息交流更加畅通无阻。电子旅游（e-tourism）鼓励旅游组织与旅行者之间的互动关系，从而产生开发和营销旅游产品的全新方式。新的旅游业态也随之诞生，互联网催生了许多新的旅游电子媒体，它们直接将产品信息传递给消费者。

由于更容易获得信息，旅游目的地相互之间的竞争加剧，人们会注意到从传统的"旧"旅游向"新"旅游的转变。前者是 20 世纪 50 年代至 70 年代的旅游业，主要提供标准化的包价旅游、大众度假等产品。但是后者的特点是灵活和细分的产品，这些产品越来越基于旅游体验，是现代城市生活方式中的必要组成部分。基于体验旅游的发展，新游客不断涌现。因此人们面临着新的机遇，那就是经常性游客的大幅度增加（Julia Henn，2014）。

在界定旅游服务供应方时存在技术问题，因为有些企业只为外来旅游者服务，而另一些企业既为旅游者服务，也为当地居民或其他市场服务。比如很多旅游小纪念品，都是从某些特定地区批发的，但却在全国乃至于全球各旅游区销售。

根据国家统计局《国家旅游及相关产业统计分类（2018）》对旅游业及相关产业的分类："旅游业是指直接为旅游者提供出行、住宿、餐饮、游览、购物、娱乐等服务活动的集合；旅游相关产业是指为游客出行提供旅游辅助服务和政府旅游管理服务等活动的集合。"

## 二、旅游业构成

综合国家统计局与世界旅游组织（UNWTO）开发的"旅游卫星账户"从旅游供应方面界定了旅游业的构成：住宿；食品和饮料；交通；旅行社与导游业；租车；文化服务、休闲娱乐活动；购物（Dimitrios Buhalis et al.，2006）。

国家统计局与此类似，将旅游业区分为旅游业和旅游相关产业，旅游业包括：交通、住宿、餐饮、旅游游览（包括会展）、旅游购物、旅游娱乐、旅游综合服务（包括旅行社）；旅游相关产业为：交通后勤与辅助服务、旅游金融、旅游教育与培训、体育、保健、翻译、广告、公共管理等。

综合学界对旅游业的描述性定义和统计部门的技术性定义，大致可以将旅游业区分为：旅行社业、餐饮、接待、购物、文化娱乐等。

1. 旅行社业

旅行社业是指从事招徕、组织、接待旅游者进行旅游活动，为旅游者提供相关旅途代理服务的业务总和。旅行社通常将旅游活动和旅途后勤服务打包组合为包价旅游产品出售给旅游者。旅行社是旅游产品的主要设计和销售者，特别是旅游产品的设计方面，更是旅行社的长处。

旅游业的发展就是从托马斯·库克开创旅行服务业务模式开始的，旅行社成为旅游业的龙头行业。随着互联网和智能手机的普及，旅行社的产品组合多通过互联网进行零售，而线下的旅游接待则被旅游销售平台委托给个体自由职业者（通常是导游或领队）完成。

在我国设有旅游管理专业的学校都会开设旅行社管理课程，

但作为企业的旅行社组织，具有一般企业的共同特征，当然，其业务形式也有较强的独特性。无论是大型、小型企业，甚至个体户，凡是有旅行活动功能，都会涉及旅行社这种业务形式。因此旅行社行业的核心业务是"旅行业务管理"。

旅行业务中的多目的旅行会涉及各种交通组合，比如去美国纽约旅行，可以选择从上海直接飞纽约，也可以选择向东飞行到达美国西海岸的洛杉矶中转，甚至可以往西飞行，前往中东地区的迪拜、英国伦敦等地中转前往美国的纽约。如果有对其他旅游目的地观光的愿望，也可以在沿途的中转地顺带进行。

包价旅游是指旅游企业经过事先计划、组织和编排旅游全程的活动项目，并以总价格一次性地收取全程费用，这是托马斯·库克发明的旅行社业务活动的基本模式。随着旅游市场变化，以及科技手段的不断进步，这种旅行业务基本模式发生了较多的变化。比如，由于旅行行程相对固定缺乏自由度，便产生了菜单式服务，即将不同包价旅游的各种旅游服务组合拆分，方便旅游者单独选择所需的旅游服务，比如单纯的机票预订服务，或"机票预订＋租车服务"，或"机票预订＋酒店预订＋租车"等模式。

旅行社最大的作用在于其能够发挥旅游系统的组织效能，从旅游者的招徕开始，到旅游接待计划的制定、旅途服务的实施、旅游附属产品的销售等各方面来说，没有旅行社的参与，旅游活动的实现就很难前后贯通。

旅行社业务发展的趋势。近年来，有很多"云旅游""虚拟旅游"项目的兴起，但是有一点必须明确，旅游必须有空间的移动，虚拟只能是一种营销手段，用以激发旅游者对于实际目的地的向往和前往旅游的愿望。如果只是在家里进行虚拟旅游，旅游者没有发生空间的改变，旅游就没有发生。

　　与"云旅游"不同,"云办公"和"云会议"则可能构成对会展旅游的重大威胁。因为,现实中的接触式的会展活动是为了解决不同组织之间的业务问题,而"云会展"并不妨碍这种目的,也就可以替代通过旅行实现的面对面会展活动。这对于旅游和会展业的发展也造成一定的冲击,未来旅游和会展行业如何适应技术的发展需要进一步研究。

　　随着互联网时代的来临,OTA 企业(online travel agency,即线上旅行社)的发展对于传统旅行社的业务造成很大的冲击,至少在旅游招徕和预订方面的业务,传统旅行社基本上被 OTA 企业所取代。但 OTA 企业需要线下服务落实旅游者接待工作,服务必须从虚到实进行转变。比如,旅游者去意大利旅游,自己可以在"携程""同程"等线上旅游平台预定往返机票,到达意大利之后,也可以自己先开始一段自由行,之后再参加"携程"或其他线上平台组织的当地旅行团。这种线上预定、线下接待的旅行社产品为旅游者提供了多种选择。

　　对于传统旅行社业务的冲击不仅来自 OTA 企业的发展,也来自自由职业者的影响,不少线上旅行社组织成团后,很多时候是直接交给当地的导游从事线下接待,而传统的旅游企业由于管理成本、财务成本较高,反而不如个体导游有优势。同时,自由职业者也可以采用"淘宝"模式,即个体导游通过在大的旅游门户网站出售旅游线路,或者通过微信公众号、微信群、代购群等社交媒体从事业务活动,这样可以降低旅游成本,也可以灵活设计旅游产品。而传统的旅行社要有固定办公场所,需要交各种税费,管理成本和财务成本较高,从经营实力来说不如大型旅游门户网站,从经营灵活性来说又不如个体自由职业者。

　　在 2019 年 9 月 23 日,被誉为旅行社鼻祖的托马斯·库克集团（Thomas Cook Group，TCG）宣布破产清算，在传统的旅行社行业造成巨大震动，当时还有不少库克旅行社组织的旅游者在海外旅游途中，一时间没法提供后续服务，导致英国政府不得不介入。实际上，TCG有很强的组团能力，固定客户也非常多，但上百年积累的企业官僚习惯，导致管理成本居高不下，而服务质量也面临着各种竞争，从而在互联网时代难以生存。

这就是说传统旅行社在组织旅游、宣传促销方面的招徕业务被线上企业所替代，而线下服务又面临着自我雇佣者的挤压，因此，传统旅行社要么推陈出新，开发新的业务模式，要么被淘汰。

无论是怎样的旅游运营，旅行社业者都要采用不同的策略来实现维持营业和获利的总体目标（Richard Sharpley，2006）。通常，旅行社经营的策略主要在于在追求赢利与扩大市场份额之间取得平衡。一般来说，较小的旅行社专注于开发高端、个性化的利基产品（niche products），从中他们可以获得更高的利润；而大型旅行社运营商或著名旅游预订平台，则倾向于提高其市场份额，例如，推出更多更广的旅游产品，延长产品线等，尽管每个类型的旅游产品利润都较低，却能发挥巨大的规模效益。因此，旅行社经营的类型将取决于其总体战略目标。

2．交通运输

旅游能否得到发展，其中起到决定性作用的因素是旅游交通系统是否畅通，一个地区的区位是否优良，也与其交通条件有密切的关系。交通系统又是一个非常庞大、牵涉部门众多的系统。对旅游来说，交通系统包括两个层次，一个层次是旅游目的地的外部交通，另一个是旅游目的地的内部交通。

（1）旅游外部交通

外部交通是指旅游客源地至旅游目的地之间的交通方式。

旅游交通工具可以分为空中、水上和陆地三种，其中陆地交通又有公路和铁路交通。旅游者在选择旅游交通工具时，主要考虑的因素有：快速、价格、方便、舒适、服务、安全。

在这些因素中，快速是民航的优势，价格是铁路的优势，方便是汽车的优势，舒适是轮船的优势，旅途过程中的服务也正在成为各种交通工具的附加值。旅游者在选择乘坐的交通工具时，会对这些因素予以综合考虑。

在中远程旅游方面，由于公路安全性、价格与快速的效费比较低、舒适度也不如火车与民航，因此旅游者会根据自己的经济能力，在民航以及铁路之间进行选择，而很少选择汽车。航空运输可以分为国内和国际航班。国内航班从同一国家的一个点飞往另一个点。国际航班从一个国家的某个点出发飞往另一个国家的某个点。

当前中国的远程交通主要是高铁和民航。随着铁路在进入旅游交通市场方面采取措施的增多，高铁基本上连通了全国大中城市，行程在1500公里以内的，高铁基本上能够做到朝发夕至。铁路部门根据旅游客流的变化，也推出一些高铁旅游专线。这使得原来的远程旅行现在都只能算近中程旅游，民航面临的竞争压力则越来越大。

近程旅游，旅游者首选的交通工具应该是汽车，汽车最大的优点是方便，可以实现门对门的接待服务。随着房车旅行的兴起，房车不仅是一个交通工具，也是一个住宿设施。随着中国国民经济的快速增长，汽车已经取代自行车成为城市中等收入群体的基本交通工具，因此中近程的旅游，旅游者多选择自驾。高等级公路在旅游交通上的作用越来越大。近年来我国的公路建设取得了长足发展，无论是公路的通车里程还是公路的质量与公路等级，都有很大的提高。

对于大多数经济发展较落后、旅游资源相对较丰富的地区，建设高等级公路远比建设铁路的作用大。因为铁路的终端大多数只是大中城市，它的最后一公里路程还需要公路来完成。因此在我国的旅游交通工具中，游客运输量最大的当属汽车。

汽车旅游的最大瓶颈因素是基础设施不完善：一是汽车营地建设还没起步；二是停车设施不足；三是公路沿线旅游吸引力有待提高，特别是高速公路收费较高，导致不少车主非必要不出远门，限制了汽车旅游消费。

水上运输。现在把邮轮当作一个度假村来看，或是一个浮动的旅游度假区，是新的旅游形式。

（2）旅游内部交通

旅游内部交通是指旅游者在旅游目的地内部各旅游区、点，以及在旅游目的地各种活动、后勤服务场所之间的交通方式。

旅游目的地内部交通是指旅游者在旅游目的地从生活服务区到旅游游览区之间，以及旅游者在旅游区内部的交通，即旅游者从一个旅游点到另一个旅游点之间的交通。旅游目的地内部交通包括城市公共交通系统、游览交通系统、抵离交通系统等。

旅游目的地内部交通系统使用的交通工具，可以根据需要采用不同的交通形式。大多数地方是采用公共汽车，有的为了突出地方旅游的特色，采用了公共马车或者是观光小火车、竹筏、敞篷汽车、电瓶车、自行车等不同的交通工具。

旅游区的交通系统，根据地形条件，一般以游步道建设为主，其他还可能有索道、观光轮船、无动力漂流等。

3. 旅游接待业

John Swarbrooke（2007）借用 Collin 的定义，将"热情好

客"（Hospitality）定义为"照顾好客人"。国内近年来也开始采用"热情好客"（或称款待）或"接待"一词，逐渐取代诸如旅馆和餐饮等接待服务的传统术语。这是因为在质量管理在服务接待行业越来越重要的时代，"热情好客"（Hospitality）一词暗含着质量的概念。款待除了住宿业之外，还包括所有为客人提供食物、饮料和休闲设施等服务的业务，凡是给到访的客人以接待服务都包括在"Hospitality"一词中。

但国内对于Hospitality还难以找到完全对应的中文词汇，传统上还是将这个词理解为饭店业，或者旅游住宿业。

根据旅游接待设施的功能、等级、布局等因素，可以将其划分为不同的类型，如，根据布局地点可划分为旅游目的地饭店与中转饭店。旅游目的地饭店比较追求旅游环境的舒适，而中转饭店则强调交通便利。

根据旅游接待设施不同的功能、用途，或者不同的客源细分市场等因素，又可区分为：城市饭店、郊外饭店、汽车旅馆、度假饭店、会议饭店（或中心）、商住型饭店、超豪华型饭店、综合饭店、旅社（或客栈）、青年旅馆。其中度假饭店又可以分为海滩度假别墅、高尔夫球或网球度假饭店、温泉度假村、分时度假饭店、观光饭店等。

但在实践中，我国的旅游饭店主要根据饭店的档次进行划分，分为星级饭店、旅社（客栈或招待所）、度假村等有限的几种饭店类型。这与我国的饭店业在经营中缺乏对自身客源市场的认识，仍然将饭店单纯地理解为"饭店是向离开家庭的人提供住宿服务的场所"这种思想有关。

因此我国的饭店比较单纯地追求档次，经营者大多喜欢将自己的饭店纳入星级评定系统，星越多，则饭店的权力越大，等级越高，越豪华，收费也应越高。甚至有不少饭店向媒体宣传自己是六星级、七星级饭店。而目前国内外相关星级评定等级中，最高依然是"五星"，超过五星都是自我授予。近年来，随着我国旅游业的发展，一些饭店经营者开始意识到饭店也应该定位，因此可以看到一些旅游地出现了民间老百姓开设的农家度假小屋；青年旅馆、学生公寓、民宿也有人经营；在一些交通要道，也出现了类似于汽车旅馆的饭店。

国内的旅游饭店大致有以下几类：

都市旅游饭店。大多数都市型旅游目的地（主要是大城市），旅游者是出差型的商务客人、羡慕城市繁华的小城镇和乡村客人、到大城市过境或中转的客人，这些旅游者要么消费能力很强，要么本来就是希望体验都市繁华的旅游者。因此旅游饭店建设可以与城市规模、特点相结合，突出豪华、商务活动的便利，展示现代化建设的特色，甚至饭店本身都可能成为体现都市风貌的一个组成部分。在都市型饭店中，提供的主要是标准式的饭店服务产品，无论是服务员的服务，还是饭店建设都是符合酒店标准的。

度假地酒店。这类酒店综合了各种旅游度假、会议展览等设施，为旅游者提供一站式吃、住、文化娱乐、健身康体等各种设施。度假地酒店本身就是休闲度假旅游地，所以这类酒店多分布于著名的环境优美、气候宜人的地区。

民宿。可能是别墅型、公寓式或农家小屋式建筑，提供的住宿服务也与家庭式住户一样，以物业管理、早餐服务为主，也可根据旅游者的需要提供保姆式服务。国内民宿发展较快，这类民宿多分布于大中城市周边，或者度假旅游地、乡村地区等。国内民宿大多分布在乡村地区，由居民将自家多余的房屋腾出，并进行环境提升，与民宿周边氛围形成一体，供旅游者休闲度假。也有不少城市投资者下乡进行乡村民宿建设，包租乡村居民住房，甚至重建乡村特色房屋进行民宿开发。这种方式其实是乡村度假旅游地开发建设，与民宿的概念有较大的差别，民宿一般限定于乡村居民利用自有住房开展的小型乡村度假屋。

青年旅馆。青年旅馆最早出现于德国。后来在全欧洲普及，并建立了青年旅馆国际协作网。到现在，青年旅馆已经成为世界上最大的住宿连锁组织。世界青年旅馆联合会被联合国教科文组织确认为国际非营利组织。其标志被允许进入交通标志系统，更加有利于青年学生的自助旅行。

汽车旅馆。汽车旅馆源于车轮上的国家美国，以"Motel"品牌著称。主要特点是有宽大的停车场，以及围绕汽车旅行配套服务的设施，比如汽车保养、简易维修、车主及家庭住宿设施、餐饮服务设施等。随着我国私家车的普及，汽车旅馆开始在国内流行，特别是在地广人稀的西部地区，汽车旅馆搭配房车营地是比较合适的旅游住宿产品。

酒店业在旅游业中提供了颇多的就业机会，包括从基层服务人员到各级各类管理人员，甚至延伸到居民小区、办公大厦等物业管理。

### 4. 餐饮服务业

餐饮业既可为旅游者服务，也同样为常住居民服务。中国是世界著名的饮食业大国，中餐在世界各地受到广泛的欢迎。因此，餐饮业不仅是旅游接待的必要组成部分，同时也是种重要的旅游吸引点，特别是在城市周边地区，特色餐饮、休闲餐饮往往是吸引食客前来旅游的重要手段。人们外出吃饭不再仅为饥饿而填饱肚子，更多的时候是一种休闲方式。特别是中国居民喜欢将餐饮活动作为社交、聚会、家庭欢聚的重要方式。

中国地大物博，海岸线绵长，各地气候、地形条件差异巨大，物产丰富，所谓一方水土养一方人，使得中国各地餐饮风味独特。这包括各种地方小吃，各地风味名菜，也有全国知名的四大菜系等。比如上海属于淮扬菜系，偏甜，讲究精致；川菜以麻辣著称；粤菜以清淡为主；鲁菜是四大菜系中唯一的北方菜系，具有北方敦厚的特点，突出奢华。

旅游餐饮以休闲餐饮为主，休闲餐饮包括火锅、烧烤、小吃、地方风味等。中国的茶馆不仅提供茶饮，也提供餐食，但随着咖啡馆在国内的普及，中式茶座逐渐在向西式咖啡馆经营方式看齐。

"吃住行游购娱"中餐饮所占的比重很高。欧洲不少国家的古镇，有很多老街沿街道的走廊部分都会辟出来作为休闲餐饮场所，这是具有旅游吸引力的旅游风情街。国内许多商业街也有不少被辟为"打边炉"，堪称都市一景。

旅游餐饮与普通的餐饮业不同，普通的餐饮是为城市人口服务，它满足城市居民日常生活、工作所需，强调快速、简便、价格适中，甚至有标准化的特点。而旅游餐饮则有两个目的：一个是在旅游区内的餐饮，主要保障旅游者在旅游过程中的餐饮需要，以保证旅游者有充足的体力继续旅游活动；另一个是在旅游区外，人口较多的旅游城镇，旅游餐饮设施的建设则主要体现出旅游地餐饮的特色服务，使旅游者在旅游地中享受到不同风味、不同意境的异地餐饮。

5. 旅游区、点

旅游区、点是接待旅游者从事旅游活动的场所。包括风景名胜、历史古迹、城乡风貌、主题公园、文化活动等。我国对旅游区、点的分类有两大体系，一是建设部负责的风景名胜区，包括国家级、省级、区县级三档；二是文化和旅游部评选的 A 级旅游区，以 5A 为最高，这是综合性的旅游区点。近年来，随着旅游业的发展，国家不同的行政管理部门也分别推出了不同体系的旅游区、点。

除了建设部的"风景名胜区"、文化旅游部的"5A 旅游区"之外，国土资源部有"国家地质公园"，水利部有国家"水利风景区"，国家林业局推出了"国家森林公园"，农业部推出了"休闲农园""采摘基地"，等等。

旅游区、点是旅游业的核心产业，因为旅游者出行的目的就是前往旅游区点游览、娱乐或从事其他活动。

广义来说，旅游区、点也是根据个人事务旅游者和公务（商务）旅游者的出行目的分类的。

满足个人事务旅游者需求的旅游区、点包括：

观光游览区。凡提供观光游览活动的场所都属于观光游览区，比如自然风景区、历史古迹、都市风貌等。

度假旅游区。凡提供休闲度假旅游活动的场所都属于度假旅游区，比如海滨度假、山岳度假、湖滨度假、乡村度假等。度假旅游区的特点是气候环境适合人们放松心情，放慢生活节奏。

商业街区。这包括为旅游者提供购物、休闲、文化等一体化活动的城市商业街区、乡村集市、教区购物中心等。比如上海的南京路、奥特莱斯、义乌小商品市场。当然，随着网络购物的普及，此类商业街区也面临着业态转型的问题。

文化科普场馆。这是为旅游者提供各种文化活动、科普教育、地方史地知识学习的场所，比如博物馆、科技馆、纪念馆、文化馆、艺术馆、音乐厅等。

其他文化娱乐场所。比如文化节、歌厅、运动中心、主题公园等。

公务（商务）旅游区、点。其包括会议中心、展览场馆、商务中心等从事公务（商务）活动的场所。

### 6. 旅游商品

根据旅游商品的特点，可以给出这样的定义：旅游商品是指旅游者在旅游过程中所购买的非日常生活必需的物质产品。

与一般商品不同的是，在空间上，旅游商品是旅游者在旅游途中购买的；旅游商品是特殊的商品，它与一般的吃、穿、用商品有一定的差别，虽然旅游商品也有很多吃、穿、用的内容，但这些都是适合于旅游的特点，具有一定的纪念意义，能够反映旅游者的旅游经历。

传统上，中国的旅游商品主要是土特产、地方特色产品、各种手工艺品、纪念品等。伴随农业的工业化开发，物品的交流频繁，特别是义乌小商品城的商业模式普及，很多地方的旅游商品逐渐都趋同了。

旅游商品可分为在原产地购买，或目的地购买的物品。原产地商品是指旅游目的地出产，并在旅游目的地所购买的商品。而目的地购买的物品，未必是当地生产的，仅仅是在旅游过程中所购买的物品。

纪念品是旅游者在目的地购买的主要商品形式（David Weaver et al., 2014）。这些包括从珠宝饰品、T恤衫，到昂贵、华丽的工艺品、艺术品和服装。这些物品中有许多可能是进口的，很多中国旅游者出国旅游，其实在国外旅游过程中所购买的物品，不少就是中国生产的。免税购物不是基于购买纪念品的愿望，而是以折扣价购买奢侈品，免税购物由大型公司和连锁店主导，而纪念品通常更多地与手工业相关。

旅游购物在一次旅行中往往会占到消费的 50% 以上，购物可以对当地的经济产生各种帮助。

旅游商品主要有以下特点：

一是原生性，即确实是当地出产的。随着我国经济的发展，交通条件的极大改善，物质交流日益频繁。原来在某地很出名的土特产现在在全国各地都能够买，从而失去了纪念意义。

二是独特性，即应该是旅游地独有的，如果不是独有的，也应该是别人较稀少的。自从出了小商品市场，全国许多旅游区的旅游小商品的独特性正在消失。在旅游商品走向批量化、规模化生产与销售的时候，旅游商品独特性的魅力正在削减。

三是真实性，假劣产品的销售是一种短视行为。

四是纪念性，旅游商品应该带有明显的地方旅游纪念意义。旅游者出门旅游的目的之一是"我来过、我到过"，这是人们的一种对征服和经历的渴望。对于大多数旅游者来说"到此一游"是旅游的主要动机，最能够证明自己"到此一游"的主要证据，除了一大堆能够真实反映自己旅游地点的照片以外，就是具有纪念意义的旅游商品。

五是便携性。考虑到旅游者购买旅游商品后还要继续旅游，或走远路回家，此类商品需要便携。

六是购买场所与商品档次相适应。在大多数旅游商品销售场所，都可以看到无论是从商品的摆放、商店的式样，还是售货员的服务，都与一般的商品销售商店没有区别。其实旅游商品的销售场所，也是旅游者游览的对象，它应该充分反映旅游商品的特色与地方民俗文化的特色。

7. 文化娱乐

Horner 和 Swarbrooke（1996）认为旅游业包含休闲。它可

能只涉及人们去休闲中心或外出喝酒。根据 Collin（1994）的说法，休闲作为名词意味着"有自由时间做自己想做的事"。他还将休闲产业定义为"提供人们在闲暇时间使用的商品和服务的公司"。这包括：假期、电影院、剧院、游客景点等。这表明，像服务接待一样，并非所有休闲组织都与旅游业息息相关。可见，休闲活动更多的是以文化娱乐、户外健身、休闲体育活动为主。

　　文化娱乐既包括各种文化娱乐场所，比如环球影城、图书馆、博物馆、科技馆、迪士尼、美术馆、各种展览；也包括各种文化娱乐活动，比如体育赛事、音乐节、元宵灯会、草地音乐会等。

　　文化旅游资源包括物质形态和非物质形态，而以非物质文化资源为主。非物质文化的旅游开发，重点在于将文化资源转换成可游览性、可体验性，以及可观赏、可使用的物质产品。比如迪士尼是将文化资源转换成可游览性的典型，而巴西的狂欢节则是文化资源成为可体验性的案例，各种艺术品、手工艺品、民族服饰、陶瓷艺术等等是可观赏、可使用的物质形态产品。

### 三、旅游经济

#### 1. 旅游企业

　　旅游企业源于托马斯·库克开创的旅行代理业务，也就是当今的旅行社。其特点，一是公、私两类旅游或旅行的产品设计；二是旅行计划的安排；三是旅途服务的落实。但是，旅游企业到底是仅指旅行社，还是指所有与旅游代理、旅游目的开发、旅途服务等相关的企业？毫无疑问，旅行社是旅游服务商业模式的发起者，也因为旅行社企业的出现，能够将所有旅途服务，以及文化娱乐、商务策划等不同类型的企业联系在一起，形成旅游者从出发到完成出行目的等一条龙配套服务的旅游企业集群。这些不同行业、不同类型的旅游企业根据旅游出行的角色和顺序先后出场，共同保障了旅游者旅游目的的实现。

旅游与旅行企业构成的关键问题是业务经营范围。虽然最显眼的部门是酒店、运输运营商、旅游零售商和景点，但来自公共和志愿部门（在全球、区域、国家和地方各级）的大量其他组织也直接或间接地贡献力量。

旅游和旅行的产品生产系统中除了包括不同类别的企业，也包含一定的非营利组织，比如行业协会，以及政府公共服务部门（见图 8-4）（Richard Sharpley, 2006）：

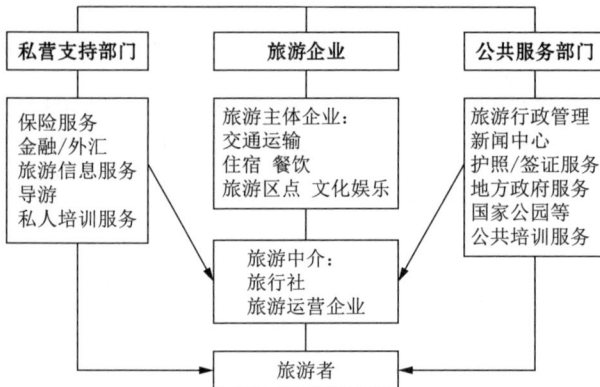

图 8-4　旅游产业构成

（1）旅游生产的主体企业：交通运营商、住宿与餐饮企业、旅游景区（或景点、各种旅游度假地、旅游区、旅游旅行活动场所等）。

（2）旅游服务中介机构：旅游运营商、旅行社。

（3）企业以及自由职业者等私营部门的经营：与旅游直接相关的旅游企业，以及间接支持旅行和旅游业的商业企业。

（4）公共部门的支持：对维系旅游企业经营、旅游者顺利实现旅游具有直接或间接支持作用的旅行和旅游业的政府和半政府机构。很多时候，随着网购方式的快速发展，旅游产品在线销售（例如零售）已经越来越多地取代了传统的旅行社业务，为旅游者提供从商务旅行到跨国观光、度假等一系列旅游产品。传统的旅行社在零售方面的业务基本上被线上旅游大型门户网站取代，而线下的接待又被很多个体自由职业者直接承揽。这使得传统的旅行社生存艰难。许多在线企业都出售各种旅行和旅游产品，并允许客户自行设计度假套餐，而旅游网络平台提供从交通到酒店、租车、保险、娱乐等方面的各种组合服务。

旅游产品的生产者——旅游企业，又以小微企业居多（John Beech et al., 2006）。一般来说，雇员少于10人的企业属于微型企业，很多旅行社甚至导游属于无雇主的自由职业者，或者是自雇者，他们自己承接业务，或者从旅行社预订平台上承接带团业务，这类自雇者也可被划入微型企业。

小微企业的员工需要具有通用技能，而且要求全面性，而不是拥有专业技能。也就是说小微企业对于员工的要求是全面性，而非很强的专业性。通常，由于购买服务的高成本，小微企业倾向于内部挖潜，尽量减少对外采购服务。早期国内的很多旅行社其实就是家庭式企业，企业老板一人将总经理、会计、出纳、导游、计调等各种工作全部都包揽了。

而家庭式旅馆，包括如今的民宿、餐馆，也多是小微企业。企业的老板一般是自己创业者、自我雇佣者，需要兼做财务、客房服务、厨师、采购等几乎所有的工作。

小微型旅游企业需要寻求和利用各种商机。但是，小微型企业通常缺乏效率（由于规模小和缺乏管理专长），因此很难实现高利润（John Beech et al., 2006）。通常，他们的管理专注于控制管理成本，这就限制了企业的发展，也减少了后续的收益。普通小微企业的财务目标是寻求财务稳定或收支平衡，而不是追求达到特定水平的利润或投资回报等绩效目标。

民宿多是利用自家住房，乡村地区则是利用农民的宅基地住房（当然依据国家相关法律，宅基地用房不能用于商业经营，但在乡村振兴的大环境下，乡村宅基地住房用于民宿经营，各地似乎有特殊政策予以照顾）。

大多数旅行社，特别是中小旅行社，喜欢承接任何客户，以及全方位的旅游服务，但是，有些旅行社则选择专业化，比如专门承接商务旅行，或者专门从事会展策划等，这种类型的旅行社主要是为企业客户服务，为企业的各种公务活动承担策划和接待安排。这些业务包括：旅行信息咨询、签证代理、外币兑换，以及在旅行目的地的各种活动安排。商务旅行预订的收入通常比较可观，但需要提供的后期服务、其他配套服务对旅行社的运营成本带来较大负担（John Beech et al., 2006）。

2. 旅游经济

（1）旅游经济界定

在旅游经济中，旅游者的旅游消费转换为旅游企业所提供的旅游服务和各种商品销售的收入，这些收入通常包括工资、津贴、利息、租金和利润。旅游经济可以理解为由于旅游者的出行活动，所引发的经济效益总和。

将旅游业的收入与国民经济核算中的其他行业收入区分开来并不容易，主要原因在于旅游业的构成争议较大。今天普遍被计入旅游业中的餐饮、住宿等传统产业是根据其生产的商品和服务来分类的。但是，将商品或服务归类为旅游商品或旅游服务则取决于消费者的状态，即旅游业收入必须是从旅游者消费中所获得的餐饮或其他服务收入，比如，餐馆更多的时候是向当地常住居民提供服务，而不是向旅游者提供服务。其他很多非旅游行业的企业及各种服务提供商，也或多或少都参与了直接或间接向旅游者提供商品或服务的工作。

因此，世界旅游组织（UNWTO）在2004年提出了旅游卫星账户（TSA）作为旅游业核算的标准。TSA将旅游业分为旅游和非旅游活动，从中可以揭示旅游业对经济的直接贡献，并将旅游业与制造业、农业和零售贸易等传统行业进行比较。通常，TSA是结合旅游者消费调查中的旅游者支出数据和国民经济账户中的行业数据而得出，但是，TSA对旅游业价值的估计仅与旅游业的直接影响有关。TSA忽略了旅游业对国民经济的间接贡献（John Beech et al.，2006）。

世界旅游组织认为，旅游卫星账户可以发挥以下作用（John Beech et al.，2006）：

第一，旅游业对国民经济的贡献及其相对于其他行业的排名，以及国际旅游业的比较。

第二，可以界定与旅游业相关的产业，以及间接相关，或无关的产业。

第三，可以明确旅游活动所产生的税额。

第四，可以界定旅游者的数据，以及与国内旅游需求所匹配的旅游产品需求程度。

第五，其他可以提高旅游有关工作的知识。

（2）旅游乘数与漏损

旅游者在整个旅游过程中直接花费的，属于旅游目的地所获得的旅游直接收入。这些消费是在观光、度假、娱乐、会展等各种公私旅游活动过程中所购买的商品和服务（例如住宿、餐饮、带导游的旅行）。在旅游业这样的劳动密集型行业中，直接为旅游者提供服务的收益，或间接由于旅游者到来而获得薪水可能占比最大。在那些旅游者接待量较多，以及旅游者逗留时间较长、高端旅游者占比较大的地区，会给旅游者提供更多的消费机会，因而旅游收入也会相应增加。

但是直接从事旅游服务的旅游企业，从旅游者那里获得的收益并不一定完全是自己的收入，其中有很大一部分是要支付给其他旅游供应商，并从他们那里获得商品和服务，才能够为旅游者提供完整的旅游（或旅行）服务。例如，网络预订的旅游企业，需要向酒店、导游、交通、旅游景区等部门支付住宿费、门票、机票或导游的工资等。这属于旅游收入的二次分配，也被称为旅游的间接收入。

另外，旅游目的地的旅游企业员工获得工资性收入后，可能会发生一些生活开销，例如旅游员工在自己日常生活中会购买食物、生活品，以及其他娱乐产品等。这些消费又推动了旅游目的地的经济发展，从而产生了旅游的乘数效应。

旅游收入乘数增强了旅游业对该地区收入的贡献。出现这种情况是因为旅游从业者会重新在该地区消费，并由此不断产生迭代效益，从而增加旅游目的地的消费总量（J. Christopher Holloway et al., 2009）。

$$经济乘数 = 1/ 漏损率$$

所谓经济漏损，是指旅游收入中，会有部分收入流出旅游目的地，在这里：

$$漏损 = 储蓄 + 税收 + 进口$$

储蓄和税收还可能属于当地的收入，但进口则是纯漏损。

旅游漏损包括汇率损失、购买区域外商品和劳务，可能造成旅游目的地漏损率最高的是区域外的投资，会以投资收益的形式流出当地。

由于很多旅游目的地属于经济欠发达地区，资金是当地的稀缺资源，因此很多著名旅游目的地的旅游设施、旅游项目都来自区域外的投资，这就必然会有较多的旅游收益以投资收益的形式流出。比如，很多旅游目的地的酒店多是区域外或者是外资企业的投资，这些酒店所获得的利润，随后会转移到区域外，或者是连锁酒店的总部，从而导致旅游目的地的旅游收入漏损增加。该地区的其他旅游设施可能也是如此，甚至本地的线下旅游服务代理商或旅游经营者也可能归其他地方的公司所有，从而导致乘数效应进一步放大损失。

根据经济学的"依附理论"（Dependency theory），在选择将旅游业作为区域经济发展的支柱产业时，当地通常会比较谨慎。主要原因就在于，欠发达地区的投资过于依赖区域外的大规模的投资，这实际上就会导致高额的利润汇回本国和流失，导致旅游目的地居民的就业和经济收入对外部市场的过度依赖（John Beech et al., 2006）。

大型旅游企业集团的总部通常设立在发达国家，或者国内一线城市，旅游业的业务运营为这些大型企业集团获得资本投资的机会，当然，这些大型企业集团在旅游目的地的就业、知识和技能转让方面，也能促进当地经济的收益。大型旅游跨国公司或企业集团主要是航空公司、旅馆和饭店连锁店。国内的旅游线上预订平台已经形成了一定程度的垄断，传统的中小旅行社生存空间日益狭小。

在漏损率很高的经济体中，消费者所需的许多商品都是从旅游目的地区域以外的地区购入，那么该旅游目的地的旅游收入乘数就可能很低，旅游对当地经济的促进作用也就没有想象中的大。因此，旅游目的地的"本地雇用"和"本地购买"计划可以帮助保留尽可能多的本地旅游消费成果。

（3）旅游业的经济地位

一个国家或地区所有收入的总和称为国民收入，而旅游业对一个国家经济的重要性可以通过旅游业在国民收入中所占的比例来衡量。如果一个国家或地区的经济体，对于旅游业依赖性过高，那么该国或地区的经济发展状况也是不健康的。

旅游经济对于平衡国际经济差距、国内区域发展差距有较大的作用，特别是为经济欠发达地区的居民，提供了较多的就业机会。无论是国内还是国外，很多时候，旅游客源地是人口较多、经济相对发达的城市，而旅游目的地则是经济欠发达，可是旅游资源较为丰富的地区。因此，旅游业起到了一种转移支付的作用，就是经济相对发达地区的居民，前往欠发达地区旅游目的地进行旅游消费，从而将旅游者在客源地所赚得的收入转移到了欠发达地区，为欠发达地区提供了就业机会，对于缩小区域经济发展的差距，具有一定的帮助。

很多一线旅游工作属于低薪和季节性的，特别是观光旅游、度假旅游目的地，季节性很强。比如黄山、庐山等国内著名的风景名胜区，旅游旺季多在夏天。海滨度假地的旺季也是在夏天。而温泉疗养地的旺季则是在冬天，会展与商务旅行多是在春秋季。

很多旅游工作虽然属于低薪工作，但这类工作的技术含量不高，这为那些受教育程度低、技能也较少的劳动人口，提供了较好的就业机会。因此旅游业的发展对于欠发达地区而言，能够保持住正在流失的人口，并繁荣地方经济。

当然也有许多旅游工作是全年性的。这类工作类型多是在大型旅游预订企业，而这类企业主要位于一线城市。技术进步正威胁着旅游业的传统就业机会。例如，网络预订系统正在迅速取代线下旅游预订系统，结果导致航空公司、旅行社和连锁酒店等大型公司中的许多预订文员的工作岗位正在消失。同样，通过互联网进行在线预订的趋势也威胁到旅行社和供应商的工作。

旅游经济的弹性较大，因而旅游业受到各种不确定因素的影响比之于其他行业来说更多，脆弱性更大。比如国际恐怖主义行为、经济发展水平发生较大的波动，以及国际疫情的大流行等医疗紧急事件，都会对旅游业带来巨大打击。但是，也正因为旅游业的弹性较大，当经济复苏的时候，旅游业又会起到领头羊的作用，迅速引领经济增长的回归。

旅游业的进出口。与制造业的进出口不同，制造业的出口是产品出口到境外，而进口则是从境外进口其他地区的制造品。但旅游业的进出口则是境外旅游者来境内旅游属于出口，这是因为境外旅游者来境内消费，购买了境内的产品和服务，相当于制造品输出到旅游者所在地。旅游业的进口则是相反，是境内旅游者前往境外旅游，因为旅游者的出境旅游是旅游者将自己在境内所获得的收入用于境外消费，相当于购买了境外的产品和服务。

旅游业是经济增长来源的众多行业之一。像其他行业一样，旅游投资也能在土地、劳动力、资本和技术等要素投入中进行衡量。对于旅游业而言，更特别的是，气候、风光、海岸和乡村等能够为旅游经济发展带来促进作用的旅游吸引物，被归类为"土地"要素投入的重要资源，而正是通过开发这些旅游资源，才能提升旅游目的地的相对优势，从而为区域旅游业的发展创造资源要素条件。旅游行业劳动力的素质对提高生产率也很重要，而对高素质旅游管理、旅游运营、旅游服务人才需求的增加，也推动了旅游教育和旅游培训行业的发展。

## 第三节　旅游文化

### 一、旅游文化概说

#### 1. 旅游文化

文化的定义非常多，而且差异很大，至今尚没有达成共识。姚昆遗等（2010）学者梳理了国内外对于"文化"和"旅游文化"的解释，并引用英国的文化学者泰勒在《原始文化》一书对文化的定义，"文化是指知识、信仰、艺术、道德、法律、习俗以及包括作为社会成员个人而获得的其他任何能力，以及习惯在内的一种综合体"。其后，对文化的各种解释层出不穷，但多数学者认为文化是相对于自然而言的事务，即，凡是人类创造出来的物质和精神文明的总和就可以称为文化。

大多数学者认为对于文化的界定太宽泛，将文化视为与"自然"相对应的人类创造的一切物质和非物质的事务，使得文化无所不包。但综合国内外各种关于文化的定义，在认可"文化是人类创造的物质性与非物质性事务总和"的基础上，可以根据英国文化学者泰勒对于文化的界定，进一步将文化界定为：人们在与自然、人群、个人相互交往过程中所形成的社会习惯、习俗、思想行为等的总和。这里强调人们在与自然环境相处过程中，在与所处社会环境，以及在人际交往过程中所形成的思考问题、行为习惯的特质。

每个人都会在其成长过程中，基于地理、家庭、社会交往、教育、职业等等不同的成长环境，形成自己在不同的社会群体中的思维和行为习惯，以及价值观，这个才是文化的本质意义。

因此，文化群体可以根据不同的要素进行区分。比如根据地域特点，可以分成高原游牧文化、江南稻作文化、山区梯田文化等等。根据城乡关系，可以区分出乡村文化、城市文化，而乡村与城市又可以根据不同的地理特征进行细分。根据职业特征，可以分为白领文化、流水线文化等等。

根据上述关于文化含义的分析，可以引申出"旅游文化"定义，所谓"旅游文化"是指人们在旅游过程中所形成的文化现象总和，旅游文化体现的是因为旅游者的旅游行为所形成的社会价值总和。与经济价值不同，社会价值是人们对于人居环境好坏、生活快乐度、人力资源提升的比较和判断。旅游者在旅游过程中形成的旅游文化，就是旅游对于社会价值的贡献。

旅游文化现象从旅游者角度，根据旅游者对于旅游的期望值，以见多识广为追求目的，可以区分出"到此一游"的旅游文化。"到此一游"的旅游文化现象，表现出旅游者并不是对于奇特的旅游景观有特定的鉴赏要求，而是旅游者希望获得尽可能多的旅游经历，以便在朋友圈中树立一定的声望。而越难到达、越艰苦的旅游目的地，比如南北极，青藏高原等旅游目的地，越是吸引旅游者前往。这种声望的表达，就是旅游文化的一种重要的表现形式，也是推动旅游社会价值再造的重要方式。

旅游文化现象从旅游目的地东道主角度来说，如果是经济欠发达的旅游目的地，通常其东道主的文化很容易被旅游者所同化，从而使得旅游目的地的文化特质消失，而与大众文化趋同。

一个典型表现就是，很多以民俗文化为旅游吸引物开发的旅游产品，沦为表演性、猎奇性演绎现象，从而使得旅游目的地的文化吸引力大幅度降低。

需要注意的是，与"旅游文化"不同，"文化旅游"是以文化为旅游资源，以文化体验为内容的旅游产品。

2. 旅游文化的社会价值

旅游者的旅游过程从旅游客源地到旅游目的地之间，形成一系列文化的适应、文化的混合、文化的示范效应、文化的商品化、文化空间的侵入等现象，从而引发了旅游客源地和旅游目的地相互之间的价值变化，这种价值变化可以是旅游者旅游行为驱动的社会价值，而社会价值才是旅游系统价值输出的关键价值，因为旅游经济价值只在旅游社会价值实现之后才能实现。

旅游业的发展为欠发达地区带去了许多积极的影响，比如环境的改善，基础设施建设的提升，年轻人眼界的开阔，生活水平的提高，等等。为了吸引远方的游客，一些旅游目的地有意识地开展乡土教育，保存当地的风俗习惯，在不破坏祖先文化特性的情况下，引进并吸收外来旅游者的文化，形成一个既有现代文化特质又保持传统文化的新兴文化面貌。

在旅游业发达的地区，旅游文化在重塑地方文化方面发挥了巨大的作用。由于旅游业的发展，许多地方文化元素得到了重新调查和再发现，被开发成为旅游产品，吸引到了外来旅游者。在一些较为偏僻的地区，很多保留完整的地方文化，将"下里巴人"的文化活动与国际市场联系起来。

旅游业也为文化遗产保护、文化传统的传承提供了资金，并在旅游目的地建立了文化自豪感，促进了民族文化的振兴。旅游业对了解、维护和保持当地文化、艺术、手工艺和传统带来了巨大的帮助。

旅游使特定国家或地区的文化和传统受益。例如，国内外许多老工业基地（在美国被称为铁锈带）、废弃的工厂和仓库通过引进文化创意，改造成为旅游者服务的各种工业遗产博览馆、复古情调的工业文化街区，这使得大量的老工业厂房、仓库、矿山遗迹得以保存，如果没有旅游业，很多工业遗产、古村、古镇、老车站、旧商业街区将会消失（J. Christopher Holloway et al., 2009）。

在农村地区和一些偏僻的欠发达地区，居民都在向大中城市迁移，由于旅游业的发展，这些偏僻的地区也兴建了许多文物景点、博物馆、美术馆和各种文化活动场所。旅游业的发展也推动了乡村手工艺品得到恢复和传承，而城市的酒吧、咖啡馆，以及一些城市的娱乐消遣方式，被引入了乡村，很大程度提升了乡村的生活品质，从而保住了乡村的人口，甚至吸引城市居民回流到乡村定居。

旅游业对社会价值的贡献包括（John Beech et al., 2006）：

第一，创造就业。

第二，振兴贫困或非工业化地区。

第三，推动地方手工艺品和传统文化活动的复兴。

第四，确立地方社会和文化生活的自豪感，提升地方文化的社会价值。

第五，更新地方特色的建筑传统。

第六，促进当地具有美学和文化价值的各种物质和非物质文化遗产的保护。

特别是在发展中国家或欠发达地区，旅游业可以通过从传统农业到服务业的就业变化，提高社会的流动性，创造更好的就业前景。

3. 旅游文化的消极影响

从消极方面来说，旅游者为东道主社区带去了客源地的文化，很容易干扰当地的文化，一些传统文化确实面临着独特魅力丧失的挑战。

旅游目的地的文化变迁是一个适应和调整的过程。当地人在招待旅游者时，他们会尽可能满足旅游者的需求并迎合旅游者的态度和价值观，这种对旅游者的迎合经常发生在一个经济与文化欠发达的地区。旅游者在旅游目的地可能会带去自己使用的物品，旅游者的新奇穿着，甚至行为方式，这些都可能为旅游目的地的居民带去一定的影响，导致他们追随旅游者的生活方式，使目的地社区文化向旅游者的文化特性趋同。

随着旅游者大量涌入，不仅仅环境恶化，东道主社区的居民常常会感到自己被旅游者淹没，特别是很多常住居民并不一定会从旅游业中获益，从而会导致居民相互之间矛盾重重，更严重的是常住居民可能将个人的情绪发泄到旅游者身上。

关于旅游业的社会文化影响，人们已经提出了许多理论。Doxey 提出了刺激（Irritants）指数。Doxey（1975）认为东道主社区的居民会随着时间的流逝改变他们对旅游者的态度，当旅游者第一次到访时，他们会被欣喜之情所吸引，然后随着时间的推移，随着游客人数的增加，态度将经历冷漠、烦恼，最终变成对游客的彻底拒绝。

有时，当地人被当作"旅游风景"。例如村庄和小镇，当地居民可能会被涌入的游客视为观赏对象。由于不了解当地的风俗习惯，旅游者可能违反当地居民的生活禁忌（J. Christopher Holloway et al., 2009）。

旅游业的正面和负面结果取决于人为因素，包括游客和东道主在互动过程中的态度和行为，因此旅游者、旅游企业和旅游目的地政府应共同合作。政府需要制定行为准则，保护物质和非物质文化遗产，以及组织文化教育、培训、讲习班、展览和文化研究等活动，以便管理旅游发展对文化的影响。

## 二、文化的旅游产业化与文化变迁

### 1. 文化的旅游产业化

旅游目的地文化的商业化，通常被认为是旅游业发展所带来的主要负面社会文化影响。当文化艺术品和文化表演的内在品质和意义无法获得旅游者欣赏，其市场价值得不到体现的时候，问题就出现了。一方面，文化可能会根据旅游市场的需求进行改变，其原有的意义被侵蚀或完全消失；另一方面，如果市场价值缺失，想再恢复以往的文化形态就不太可能了。

文化商品化，大致经历过以下四阶段：

第一阶段。旅游者在社区中很少见，当他们出现时，会被邀请为"贵宾"，免费观看或参加真正的当地仪式。他们可能会得到真正的手工艺品，作为当地社区对他们的高度尊重的标志。

第二阶段。旅游者越来越多，当地居民习以为常。因此，旅游者需要付费观摩文化表演活动，并且需要购买当地的手工艺品。

第三阶段。旅游者开始大量地定期访问该旅游社区。文化被改造为旅游产品，增加了许多仪式性表演，以提高对旅游者的吸引力，并定期为旅游者付费表演。价格越来越高，同时大量廉价生产的（通常是小商品市场批发进口的）纪念品充斥旅游区各旅游热点场所。

第四阶段。由于商品化和现代化的综合影响，当地文化的完整性完全丧失。尽管采取了保护措施，商品化仍延伸到文化中最神圣、最深刻的方面，最终导致旅游目的地文化魅力的丧失。

到第四阶段，目的地的居民可能会从旅游中获得可观的经济回报，但随着文化身份的丧失，随之而来的就是如何维持东道主社区原住民的传统规范和结构。一方面想保持传统，另一方面又希望跟经济发达地区保持文化的同化。而且，在表演者和旅游开发企业之间有关利益分配的纠葛，甚至可能会演化成新的社会问题（David Weaver et al., 2014）。

2. 旅游文化的快餐化

文化商品化推动了旅游目的地社会价值观的转变，一定程度上也会导致传统文化逐渐演变成一种有名无实的表演仪式。人们通过改变甚至破坏传统文化的原始意义，以便在文化的表演中获得尽可能多的收入。这通常是旅游产品设计的时候，会挖掘旅游目的地本土文化的各种元素，然后添加一些人造的东西来吸引眼球，经过包装并出售给游客；或者是赋予传统仪式新的内容，从中穿插一些流俗的刺激和营收环节，导致传统文化的庸俗化。比如，一些民族地区的婚俗旅游项目，以及一些餐厅夸张的红灯笼、朱红墙壁，等等。一些小型工艺品很难在旅游目的地买到当地出产的，很多具有地方特色的手工艺品，是在不知道哪个地方的工厂里大批量生产制造，这使得旅游商品失去了旅游的纪念意义（Md Shahzalal et al., 2016）。

随着技术的发展，基于地理间隔、文化隔阂、社会分层所带来的各种差异正在减少，世界作为一个"地球村"的概念不断得到确认。经济全球化在不断地缩小人群之间的物理空间和物理障碍，而旅游业的发展则推动了各种文化和生活方式的全球趋同化。甚至有经济全球化的批评者强调，全世界出现了恼人的"麦当劳化"和"可口可乐化"（John Beech et al., 2006），工业流水线似的标准化也被引入了旅游行业，从酒店的客房设计标准，到导游讲解词，都出现了标准化的现象。某种程度来说，旅游者在寻找不同的文化体验，但旅游业的发展却推动了旅游文化的趋同。

适应理论指出，当两种文化在任何时间段内接触，都会进行思想和产品的交换，随着时间的流逝，文化之间会产生不同程度的融合，也就是它们变得相似起来了。

但是，此过程不一定会保持平衡，因为一种文化可能比另一种文化"更强势"。与示范效应一样，过程最有可能发生在"发达国家—发展中国家"的关系中。相对来说，由于客源地通常是经济发达地区，拥有更强势的文化，而旅游目的地通常属于欠发达地区，因此，旅游目的地的文化趋同往往是被客源地的文化所同化。

### 3. 旅游文化表达与旅游商业价值

旅游价值是由旅游者的旅行活动产生的，对于旅游目的地而言，旅游者的消费，成为当地经济增长的重要源泉；对于旅游者而言，获得不同于常住地的快乐体验，是一种文化享受。但是文化价值和经济价值有时候是相互矛盾的，如果注重经济价值，文化价值可能就得不到体现；如果文化价值高，则可能经济价值难以实现。

比如，古典园林是中国文化四绝之一，园林的文化体验强调"幽静"，但旅游者体验这种"幽静"的文化氛围，只有在旅游者较少的情况下，才能实现。像柳宗元的山水诗"千山鸟飞绝，万径人踪灭；孤舟蓑笠翁，独钓寒江雪"，正是以万籁俱寂，凸显孤

347

人孤舟的艺术境界。园林的审美意境与中国山水诗的审美意境相同，以孤寂体现旅游的体验价值。旅游开发的商业价值，却要求园林旅游区接待的游客越多越好，入园的旅游者众多，才能尽可能多地提升园林旅游的经济价值。因此，从文化体验的角度而言，园林旅游应该尽可能控制入园旅游者人数，以实现旅游的体验价值；而从旅游开发的商业性而言，则必须尽可能提高园林的旅游者流量，以实现园林的经济价值。这就必然导致旅游的文化价值与经济价值的相悖离，旅游开发需要在两者之间寻找平衡。

旅游的文化价值，很多时候成为旅游者的社会表达方式之一。旅游者离开家门，离开熟人社会，置身于陌生的社会群体中。在旅游交往中，旅游者追求自身价值的实现，这是一种社会价值需求的文化表达。20 世纪八九十年代，国人逐渐迫切希望到各地旅行游玩。但让各旅游名胜区管理部门头疼的是，很多景点被刻上了"某某到此一游"，而且越著名的旅游景点中，这种留言越多。这就是有些游客渴望得到社会的尊重以提升个人社会声望的一种表达方式，尽管这种行为我们需要批评。越是艰险越向前，越是很难到达的地方越想去，比如说很多人想登上珠穆朗玛峰的山顶，这是个人实现自我价值的一个愿望。很多时候，旅游者对优美的风景并不是很感兴趣，深厚的文化底蕴、艺术风格、历史纪念更非旅游者追求与讨论的话题，旅游者更在意的可能是身份的表达。因此，"豪华旅游"通过提高价格门槛，满足一些游客对于社会身份追求的需要，比如很多高星级奢华酒店，宁可房间空着也不会降价，因为一旦降价，市场定位就会发生变化，之前"富有"的顾客就不会再光顾了。

旅游文化的形成源于旅游客源地与目的地之间不同文化背景、不同社会群体的人，混杂在一个陌生环境下的交流，包括文化交流、思想观念交流、生活方式交流、社会活动交流。文化和思想观念的交流是无形的，是通过生活方式和社会活动的交流过程来体现的。

当然，随着社会交流的日益频繁，中国人的用餐习惯也受到西方饮食习惯的影响。例如公筷的使用。西方的生活习惯倒逼我们餐饮业的经营，也推动着餐饮业的经营向西方经营方式靠拢。另外，随着中国人越来越多走出国门，西方的餐饮业也受到中国人的影响。比如，很多餐厅的装修风格会包含一些中国传统元素，以及很多西方餐厅的菜单都有中文。

随着不同地区旅游交流活动越来越多，旅游经营过程中也要作出相应的调整。旅游作为社会现象有很多内容值得研究，但一般情况下很多事情我们会熟视无睹，所以忽略了很多东西。一旦不同文化之间产生碰撞，便会产生一些问题，这就给旅游企业带来很多反思。

**思考题：**

1. 列举你所知道的旅游文化正面与负面价值。

2. 以张艺谋的"印象"系列文化表演为例，分析旅游文化商业化的正反作用。

3. 以博物馆为例，分析免费参观的条件下，博物馆的文化价值与经济价值的关系。

4. 网络条件下传统旅行社的转型与发展前景。

5. 民宿与传统酒店的差异。

6. 邮轮旅游预示着中国度假旅游发展的趋势，分析邮轮旅游母港建设的条件。

7. 请分析旅游区的门票高低与旅游区追求价值的关系。

## 参考文献：

［1］Carter McNamara, 2006, https://managementhelp.org/systems/defn-system.pdf.

［2］David Weaver, Laura Lawton, 2014, Tourism Management, John Wiley & Sons, 20, 40, 146, 257–258.

［3］Dimitrios Buhalis, Carlos Costa, 2006, Tourism Management Dynamics: Trends, Management and Tools, Elsevier Butterworth-Heinemann, 241.

［4］Doxey G. A., 1975, A Causation Theory of Visitor–Resident Irritants: Methodology and Research Inferences. The Impact of Tourism. *In* the Sixth Annual Conference Proceedings, 195–198.

［5］Graham M. S. Dann, 1977, Ego-enhancement and Tourism, Annals of Tourism Research, 4(4): 184–194.

［6］Gui Lohmann, Alexandre Panosso Netto, 2008, Tourism Theory Concepts, Models and Systems, Editora Aleph, 3–4.

［7］J. Christopher Holloway, Claire Humphreys, Rob Davidson, 2009, The Business of Toutism, Pearson Education Limited, 186–218, 63, 94–96, 114, 124.

［8］John Beech, Simon Chadwick, 2006, The Business of Tourism Management, Pearson Education Limited, 22, 329, 511–512, 340–341, 181–182, 420, 467–469.

［9］John Swarbrooke, Susan Horner, 2007, Consumer Behaviour in Tourism, Elsevier Ltd, 4.

［10］Julia Henn, 2014, Business model dynamics in the tourism industry, 1st IBA Bachelor Thesis Conference, July 3rd, Enschede, The Netherlands, University of Twente, Faculty of Management and Governance.

［11］Leonard J. Lickorish, Carson L. Jenkins, 1997, An Introduction to Tourism, Reed Educational and Professional Publishing Ltd, 33.

［12］Md Shahzalal, 2016, Positive and Negative Impacts of Tourism on Culture: A Critical Review of Examples from the Contemporary Literature, Journal of Tourism, Hospitality and Sports, 20: 30–34.

［13］Neil Leiper, 1979, The Framework Work of Tourism: Towards a Definition of Tourism, Tourist, and the Tourist Industry, Annals of Tourism Research, (12): 390–407.

〔14〕Neil Leiper, 1990, Tourist Attraction Systems, Annals of tourism Research, Vol. 17, 367–384.

〔15〕Richard Sharpley, 2006, Travel and Tourism, SAGE Publications, 38–39, 80, 40.

〔16〕Stephen J. Page, 2019, tourism management, Routledge, 17.

〔17〕国家统计局, 2018, 国家旅游及相关产业统计分类（2018）, http://www.gov.cn/zhengce/zhengceku/2018-12/31/content_5427567.htm。

〔18〕姚昆遗, 贡小妹, 2010, 旅游文化学, 旅游教育出版社, 7。

# 第九章　旅游运营管理

**本章学习要点：**

1. 了解什么是运营和旅游运营，运营管理的内容，以及运营管理的模式。运营管理是确保组织能够高效运转，并产生功效的过程。

2. 掌握旅游运营的战略管理内容，了解战略规划与战术思维的区别。战略规划的核心是组织发展方向的选择，战术思维在于分解战略规划的任务并落实。旅游发展战略的纵向与横向发展模式。

3. 掌握旅游供应链设计与管理。了解旅游供应链的运营模式。

## 第一节　运营管理与旅游运营管理

### 一、运营管理概说

1. 运营管理定义与功能

韦伯斯特词典对"operation"的定义是，"在实际工作中运用相关学科理论从事实际管理工作的活动"。这些管理工作的核心是"购入资源,转换成顾客所需要的产品或服务的流程"(罗伯特·雅各布斯等,2011)。"运营是商业组织行为,是组织从事商品生产或提供服务的商业行为,这是企业组织的核心工作。运营管理可以发生在学校、工厂、零售店、超市、饭店等各种各类企业或非营利组织"(William J. Stevenson,2018)。

企业经营的理想状态是达成供销均衡。供应或产能过剩会导致库存增加,成本高昂;供应不足则会损失客户,导致企业声誉受损。因此,企业运营从供应的角度来说就是保证供应链的畅通,从需求角度来说就是市场营销的高效。

运营职能的本质是在生产过程中的价值增值:"增值"是用于描述投入成本与产出效益(或价格)之间差异的术语,产品或服务的附加值越大,就说明运营管理的有效性越大。在非营利组织中,产出(例如高速公路建设、警察和消防)的价值是它们对社会的价值;在营利性组织中,产出的价值是由客户愿意为这些商品或服务支付的价格来衡量的。

企业将价值增值产生的资金用于研发、新设施和设备投资、工人工资和利润。因此,附加值越大,意味着增值越大,可用于这些目的的资金就越多。价值增值也可以是心理的,如品牌。品牌在于其商业信誉,品牌信誉度越高,消费者对该品牌所包含的产品或服务的购买可能性就越高。

运营管理的主要领域包括(Michael C. Sturman et al.,2011):

① 战略运营管理:是指商业运营模式的设计与优化。它定义企业理念和业务发展方向,控制着企业的行动和结构。它又被分解为三个子域:一是企业战略,即企业经营模式的发展。二是组织结构,它描述了企业分解成组织单元的过程。三是治理结

构，它界定了企业的内外承诺。

② 业务运营管理。是指企业日常经营活动的投入产出行为。它也被分解为三个子域：首先，企业的产品（即产品、服务，或两者的结合），为客户创造价值。其次，流程架构，代表后台和前台流程，旨在产生最佳的整体服务性能。再次，资源和能力，它们被用作流程的输入，以创建企业的产品。业务运营管理的目的在于通过动态管理需求以优化收入，既要做到不浪费产能，也要确保生产能力满足需要。

③ 市场运营管理。确保长期客户关系，鼓励客人预订旅游企业服务的战略与措施；监督和调整业务分销渠道的建立与使用，以建立与目标客户群的通畅联系，稳固并增强现有的客户关系。它包含四个子域：第一是在客户关系组合中，企业是服务提供者，比如酒店与房客之间，酒店就是服务的提供者；第二是在供应商关系组合中，企业本身是客户，比如旅行社与酒店之间，旅行社就是酒店的客户；第三是在产品开发组合中，企业与其他伙伴合作，设计和测试新产品和服务，这意味着旅游市场运营必须是跨学科、跨行业、跨部门的产品；第四是在企业外部关系中，企业受到竞争者、债务人和股东关系的影响。

④ 财务运营管理：涉及企业的财务和绩效领域。它涵盖了各个方面，例如企业的财务状况、财务资源、价值配置、财务优势、限制和目标等。其在于采取有效的收入管理措施，以实现近期盈利能力和长期生存能力的客观平衡。

⑤ 组织运营管理：以提升企业经营效率为中心的人力资源及组织功能规划与管理活动。

2. 旅游运营与性质

国内学者比较了制造业运营与服务业运营的区别，认为"服务运营是将人力、物料、设备、资金、信息、技术等生产要素（投入）变换为无形服务（产出）的过程"。因此"服务运营管理是指服务业企业所提供服务开发设计的管理，对服务运营过程及其运营系统的设计、计划、组织和控制"（舒伯阳等，2016）。

旅游运营属于服务运营的范畴（J. Christopher Holloway et al., 2009），是旅游服务商为旅游者提供综合旅行服务活动的经营行为，旅行服务商批量购买各种、各类、各级旅行服务，并作为包价旅行服务菜单的一部分，或者以全包价的形式向旅游者销售，并为旅游者提供出行服务。这些综合服务通常包括预订飞机座位，提供旅游目的地的观光或消遣活动、旅行过程中的住宿、订餐、导游、导购、会务，以及到达和离开时在住所和机场之间的接送等。

传统的旅游运营方式属于"线性旅行"，旅游者从旅行社购买旅行套餐（包价旅游），旅行社带领旅游者前往不同旅游目的地，甚至多个旅游目的地进行旅游。

旅游运营商的成功通常取决于购买旅行服务产品的组合，以及获取这些产品组合的价格折扣能力。实力较强、客户资源较多的旅游运营商，可能在一个旅游旺季中预订几百万间酒店客房，因此他们与酒店进行谈判的价格就比较低。同样，他们也可以保证以最佳价格批量购买飞机航班座位，或其他旅游服务产品。

旅游运营商为旅游者提供的旅游服务产品至少应该达成三个目的：满足旅游者的出行愿望、为旅游者节省时间以及获得价格优惠。

所有旅游部门面临的问题是大多数游客流量的高度季节性。21世纪的头20年中，随着经济的增长、法定假日的增加，中国境内旅游者出境旅游数发生井喷，这意味着旅游运营商可以在全年中更平均地开展业务,并分摊固定成本,而不必在旺季忙不过来,淡季则无所事事。更重要的是,它使旅游运营活动可以全年签订飞机和旅馆承包合同,也能够全年保留其工作人员,从而更容易吸引优秀的员工。

3. 运营管理范畴

运营管理的范畴涉及整个组织的运行。运营管理的人员需要参与产品和服务设计、流程选择和再造、技术选择和管理、工作系统设计、位置规划、设施规划以及组织产品或服务的质量改进,等等。

运营管理的职能包括许多相互关联的活动,如市场预测、服务容量规划、旅游计划调度、商品管理库存、旅游质量监控、人力资源管理、旅游区点选址,等等(William J. Stevenson, 2018)。

可以一个旅游目的地为例,来说明一个服务组织的运营系统。这个系统由旅游景区景点(或乡村俱乐部、度假胜地等等)、交通进出场站、旅游酒店、旅游信息咨询中心、特色购物中心等设施组成,可能会分布在整个旅游目的地。

这些运营活动包括:

① 市场预测。根据历年旅游者接待量,预测未来一段时间内的旅游者到访人次的变化,以及旅游者偏好的变化,以制定旅游产品和旅游接待规划。

② 旅游容量规划。大多数旅游目的需要吸引旅游者维持现金流和赚取合理利润。但是旅游设施的投入与客源市场预测、旅游容量要相适应。旅游者过少会导致设施闲置,浪费投资,也会导致设施维护费用高昂;旅游者过多会导致设施严重不足,降低旅游者的体验感受,也会导致旅游目的地的设施过载,降低旅游目的地当地常住居民的生活品质。

③ 各种旅游与服务设施、交通设施的选址规划。根据管理层的规划,确定设施的位置,为不同的旅游者提供不同的城市服务、旅游服务、交通服务、娱乐与购物服务,等等。

④ 各种旅游设施和服务设施的场地规划与布局。

⑤ 旅游目的地各种旅游活动、娱乐、旅游景区景点的设计与日程管理。

⑥ 日用品、耗材等用品的采购与管理。

⑦ 旅游质量控制,包括旅游投诉处理,等等。

⑧ 人力资源管理与激励机制。在服务行业中,员工绩效至关重要,旅游行业的很多工作岗位确实存在社会平均薪酬、职业声望不高的事实,因此旅游业人力资源的管理,需要关注员工的素质和工作的动力。塑造组织文化是旅游行业人力资源管理的重要方式。

⑨ 财务管理。景区景点需要获利,公共景区景点比如博物馆之类需要进行财政补贴,必须实现最低成本运营,并降低财务成本和管理成本,以维持景区景点的财务平衡。

所有旅游者都会有意或无意地对旅游目的地和旅游区点产生一定的负面影响。针对这一问题,运营管理对于"旅游者管理"是平衡旅游者、当地社区,以及地方和目的地区域中任何其他利益相关者需求的一种手段。

在旅游目的地运营管理中,旅游者管理是核心问题。对旅游者的管理可以分为两大类型:一是硬性管理,这是对某些旅游活动类型进行广泛和永久性限制,比如旅游者经常会在一些旅游景点乱刻乱画,或者画各种涂鸦,这是必须永久性禁止的行为。另一类就是软性管理,这是对某些类型的旅游活动进行解释或营销,比如在景点观赏的最佳角度竖立解释性说明匾牌,等等。

运营管理也可以根据国家相关法规，制定相关的旅游者行为管理方式，这一般包括三个级别（Richard Sharpley, 2006）：

① 旅游者行为警示。这旨在提高旅游者对其行为后果的意识，并鼓励他们改变行为。

② 运用人工智能，对旅游者人流量进行空间导流。这可以将旅游者从人流量密度较大的区域转移到人流量较为稀少的地点或景点。

③ 根据旅游者市场需求状况实施空间疏导。这是最严格的监管或限制级别，其目的在于随时限制需求。这种技术包括：淡旺季定价策略；有限的停车位；预订制度；竞争价格差异；最严厉的措施当然是紧急关闭旅游场馆。

## 二、旅游运营管理的价值创造

### 1. 旅游运营模式与步骤

成功的商业模式取决于对技术潜力实现高效的商业化。因此，旅游商业运营模式可以描述为"技术与经济价值之间的中介结构"，见图 9-1（Masood A. Badria et al., 2000）。这就是通过对外部环境资源输入，经过内部运营管理活动，取得经营绩效。

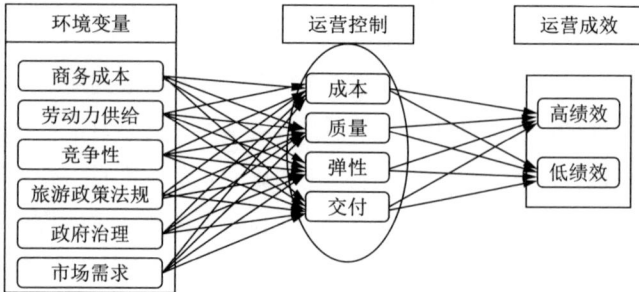

**图 9-1 旅游运营模式**

经营绩效的高低，取决于对于外在环境输入的资源进行综合运营管理，这包括成本控制、质量提升、市场弹性变化、旅游服务交付能力等。运营管理质量高低，也就决定了经营绩效的高低。

可以将上述运营模式简化成图 9-2 所示的价值增值模式。

总体来说，旅游运营模式应包括以下主要要素：价值主张、市场细分、价值链以及成本结构和获利潜力。

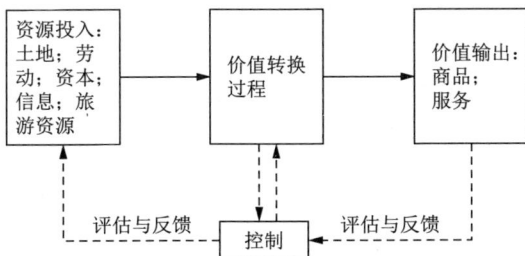

**图 9-2　价值增值模式**

2．价值创造

运营管理的目的在于提升企业（或其他非营利组织）经营活动的效率（F. 罗伯特·雅各布森等，2012），并提高经营管理的绩效。效率是指以尽可能低的成本完成一定的任务，绩效是指为企业（或非营利组织）创造尽可能高的价值，效率体现在工作的细节上。

但是，提高效率与提高绩效往往是矛盾的，两者一般不太可能同时达到最大化。比如说，园林旅游本来是以幽静、意境取胜，旅游者最高的体验价值是获得幽静的游园乐趣，这就要求在同一时间段，园林接待的旅游人数保持尽可能低的水平。但是，如果入园人数较低，园林旅游的经济价值就难以提升。

价值的概念通常是以"功能性"利益来表示。但在服务经济体系中，价值被定义为"系统的改进，由系统或系统适应环境的能力来判断"( Spohrer, J. et al., 2007 )。

在旅游系统中，旅游价值是由旅游者的行为引发的，因此旅游价值的实现是一种互动关系，以"旅游者—旅游服务的参与者"的关系发展和交流方式为价值的驱动力。

因此，旅游价值创造是"旅游服务系统"参与的三个主要活动来共同创造价值( Spohrer, J., 2008 )：

① 旅游者提出价值主张。

② 旅游企业接受价值提议。

③ 旅游过程实现提议。

价值主张由服务受益人( 例如旅游者 )整合服务提供商的资源时所产生的收益和成本组成。本质上，企业不会产生或交付价值；他们只能与旅游者协商价值提议，如果提议被接受，那么旅游企业将在旅游者的旅游活动过程中共同创造价值。

旅游体验成为价值创造的基础。根据"价值共创理论"( Co-creation )，旅游服务是以客户为中心，也就是说，受益人被认为是价值的决定者。当然价值共创的参与方，并不仅限于旅游者，所有参与旅游活动，以及提供旅游服务的企业、个人、非营利组织都是价值的共同创造者。这有两方面的含义( Prahalad C. K. et al., 2004 )：

① 互动关系，是旅游者和旅游企业共同创造价值的基础。

② 共同创造的体验场景，是实现价值的环境。

在传统价值创造体系中，由企业决定将生产什么产品和服务，意味着他们决定了提供给客户的价值。在这个系统中，消费者在价值创造中的作用很小，甚至没有。

而价值共创理论从根本上挑战了传统的供需关系。当体验价值以及附着于服务中的价值被共同创造时，企业仍然可能生产实物产品，但实物产品只是提供服务价值的载体。

此外，价值共创不限于任何单个交换事件的活动或资源。价值最终是通过对现有知识和新知识以及其他资源的吸收而得出的，并且受到经营环境，以及相关服务系统提供的资源的影响。经营环境中的价值强调了时间和地点维度，以及旅游运营网络关系，将此三者作为创造和确定价值的关键变量。

传统的价值创造概念是基于线性供应链的，即，价值的真正来源是嵌入有形材料（原材料和制成品）中的知识和信息（运营资源）。但服务系统创造的价值，是在各种资源聚合水平上的"网络"中发生的，即社会和经济参与者之间的相互作用产生价值。由于网络不限于线性、垂直或水平排列，并且有无数种方式排列，因此资源配置方式可以成为创新和竞争优势的主要来源。

## 第二节　旅游战略管理

### 一、战略管理概说

1. 战略规划与战术思维

所谓战略是指组织（包括任何营利或非营利组织），乃至于个人对未来一定时期的发展方向和发展任务的规划。

战略规划的核心是战略方向的选择，这类似于建立一种观点或一种方法来预见未来的业务决策和明确当前的行动方案。战略包括制定短期的战术性计划、部门职能计划。战术性计划与职能部门的规划必须整合到组织的整体战略计划中。

与战略规划相比，战术性思维是短期的，是从事业务活动的措施与技巧。人们经常将短期预算和职能部门计划与战略规划相混淆，而"战略"一词又被宽松地用于泛指几乎涉及整个业务的任何文件或行动。更糟糕的是，战略规划由于是较为长远性的方向性规划，因而很多组织往往将战略规划描绘成乌托邦式的宏伟蓝图，或者互联网转抄的空洞陈词滥调，导致很多组织对战略规划，不屑一顾，甚至调侃为"规划，规划，墙上一挂，都是空话"。

实际上，战略不是对运营或环境的短期波动作出的回应，不是一组仅仅预测未来三到五年的数字，也不是功能性计划（哪怕是部门的长期计划），例如五年营销计划或七年资本预算等。战略涉及战术思维，但战术仅仅是实现战略目标的具体行动任务，战术思维是从战略整体策略中产生，而不是相反（Michael C. Sturman，2011）。

明确战略发展方向，制定组织战略规划，并实施这些规划，是为了满足关键利益相关者的需求。关键是对组织外在竞争环境和内部运营能力进行分析。使用较多也较为简单的分析方法，是 SWOT 分析方法，即对组织的竞争优势（S，strengths）、劣势（W，weaknesses）、机遇（O，opportunities）和威胁（T，threats）的分析。

SWOT 分析旨在帮助组织制定以下策略：

① 利用组织的优势和环境机遇。

② 消除或克服组织的劣势和环境威胁。

优势，是指能够为组织经营过程中保持有利竞争态势的资源和能力，例如优越的地理位置或卓越的服务交付。

劣势，是指为了达成组织经营目标所需具备，却还不具备的资源和能力，这会让组织处于竞争不利态势。

机遇，是指组织在经营活动中可能获得的积极条件，例如，有利的税收优惠、有利的融资条件，等等。

威胁，是在广阔的运营环境中可能会阻碍竞争的条件，例如消费者偏好的转变。

战略规划制定之后，必须制定并执行实施战略的行动计划（Michael C. Sturman，2011），见图 9-3。这就是战略落实的路线图，有助于协调组织内外行动，节约资源，提高组织运营效率。如果没有长期的战略方向，组织的运营活动就会产生经常性的摇摆，管理团队的决策也会不一致，从而浪费资源，降低组织的活力。

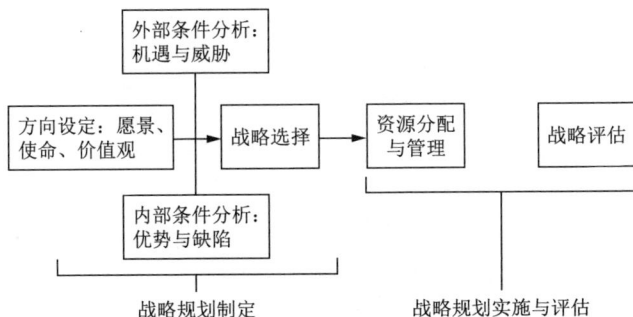

**图 9-3　战略规划模型**

战略规划的制定，需从分析组织的业务运营任务开始，到确立组织的价值观、愿景和原则，建立组织的发展战略方向，并由此制定组织的行动计划。

2. 旅游业战略管理任务

战略管理任务主要通过组织的资源管理，以及功能协同管理实现。

组织的资源包括有形资源，例如有形资产和金融资产；也包括无形资源，例如品牌或组织文化、人力资源、创新能力、组织声誉等。

旅游企业可以创建竞争优势的资源列表。单一资源不足以制定战略，也难以实现战略目标。企业的资源和功能是企业核心竞争力的源泉，是确立企业竞争优势的基础（Michael C. Sturman，2011），见表 9-1。

**表 9-1　战略管理的任务**

| 主要任务 | 标志性工作 |
|---|---|
| 旅游发展方向 | 创建并分享旅游发展愿景、使命、发展原则、长时段的发展目标；根据战略目标制定短时期的战术任务；生产能力管理。 |
| 经营环境分析 | SWOT 分析；考察国内外竞争环境；评估经营实力。 |
| 制定市场竞争策略 | 低价竞争策略；产品错位竞争策略；其他。 |
| 经营资源配置 | 获取并配置经营资源，提升旅游开发能力，以确立竞争优势；根据战略规划，优化组织内部管理；体现战略目标的各项指标。 |

确定企业（或非营利组织）的使命是战略管理过程的起点。使命是企业的长期目标，它明确了企业希望在长期内要成为什么样的企业以及同时要避免什么陷阱这两个问题。大部分使命陈述都有共同点，例如，很多企业对使命的阐述是围绕组织所从事的业务范围，而对企业使命的支撑，就是企业所有的经营管理活动都围绕每天的利润指标进行。

运营战略管理的具体任务主要是产能管理，所谓产能是指一定时期内，一个系统（比如企业、部门、车间、旅游区等）所能获得的产出量。对旅游之类的服务性企业来说，产能就是其在一定时间内的接待能力，或者提供服务的能力。

## 二、旅游业务发展战略

### 1. 什么是旅游发展战略

旅游发展战略到底是什么？从本质上讲，它是一个决策过程，是旅游或旅行组织（包括营利或非营利）通过该过程决定他们在未来一段相对长时期的发展方向和发展目标，并根据对方向和目标的描述与约束，制定最优和最有效的实现方式。

成功的旅游企业发展战略有四个共同要素（Richard Sharpley，2006）：

① 简单、一致，而且长期的目标。

② 对外部竞争环境有清晰的了解。

③ 对内部资源有客观的认识。

④ 制定出有效、便于实施的策略。

旅游业务战略发展主要有三要素：一是投资管理，需要评估一揽子投资组合相关的收益和风险；二是资产管理，确保有形资产保持良好状态，并且业务运营按预期进行；三是业务管理（或运营），涉及企业经营，产品生产与销售获得收入，并控制费用，以产生必要的现金流量（Michael C. Sturman，2011）。

John Beech（2006）等认为，旅游发展战略"是组织制定的一项计划，旨在在竞争中获得可持续优势"。战略管理的真正意义在于要善于做对旅游者最重要的事情。通过旅游或旅行服务实现旅游者价值来建立旅游企业价值，并寻找新的、更好的旅游产品开发来实现这些目标。

在旅游业中，由于季节性较强、受经济波动影响较大，同时进入门槛不高，因此旅游中小企业占了较大的比重，其中不少是自雇型或者自由职业者。因此，旅游业很多时候被称为一个"产业联系较为松散的行业"。与商务旅游相比，个人休闲旅游的碎片化程度更高。

旅游中小企业创业的门槛较低，对于推动区域发展和居民就业有较大的帮助，特别是对于弱势社会群体，例如，少数民族、受教育程度低的年轻人、职业中期的下岗管理人员、失业人员重新进入劳动力市场。同时，旅游中小企业面临的竞争压力较大，因而能够提供源源不断的新思想、新概念、新产品和旅游资源的开发，以推动旅游发展创新和增长（Dimitrios Buhalis et al., 2006）。

中小旅游企业由于规模小，业主或经理人员主要通过直接与旅游相关企业、旅游者建立特殊的个人关系开展业务。中小旅游企业的产品缺乏标准化和质量控制，但中小旅游企业产品的灵活性较强，在利基（小众）旅游市场，以及个性化服务方面有独特的优势。

中小旅游企业战略管理流程始于旅游经营的创业活动。旅游企业创业战略，始于创新理念的实施，以及如何建立新的企业文化，这是中小企业成长的先决条件。旅游业的波动性，市场环境变化巨大，自然气候变化，社会治安或重大社会事件等，都对中小旅游企业提出严峻挑战。

对中小旅游企业而言，资金的缺乏、融资成本较高是普遍现象，这使得中小旅游企业的业务难以扩展，也容易在经济波动中被淘汰，即使是"托马斯·库克"这种品牌影响力很大、世界上最先开展旅游业务的企业，都经历了多次的破产和重组，同时进入门槛较低，也导致旅游中小企业的竞争非常激烈，这就迫使旅游中小企业必须制定明确的业务发展和企业增长战略。

筹集资金需要长期战略导向，并且要有编写旅游商务发展规划的能力，制定战略目标、可行的商务规划是中小旅游企业融资的重要手段。中小企业战略规划的制定主要包括以下内容（Dimitrios Buhalis et al., 2006）：

第一，基于客户细分策略的市场研究。

第二，服务管理流程的概念化。

第三，新产品和服务的开发以及成本或收益分析。

2. 业务横向发展

旅游战略规划的一个重要措施是企业的投资与发展规划，特别是对于中小旅游企业而言，投资、并购也可能是被并购，都是企业战略规划的重要手段。

旅游企业的扩展多半会在旅游行业内进行，根据旅游系统（见第八章的相关内容）显示的出行的时空顺序，可以分成客源地旅游企业、旅途服务企业和旅游目的地服务企业。客源地旅游服务企业是旅游招徕方面的企业，包括旅行社、旅游代理公司、各种网上旅游预订企业；广义扩展的话，也包括留学中介、移民中介、会展推广企业，等等。旅游者开启旅游行动后，需要的就是旅途服务企业，这包括交通、酒店、餐饮、高速公路服务场站。最后是旅游目的地的旅游服务企业，这些类型的企业主要是提供吸引旅游者前来从事旅游活动的文化、娱乐、会务、展览、观光等类型的企业。

当然旅游客源地也可能和旅游目的地是重合的，那么这多半是短程旅游，但旅游者旅游的时空顺序并不会改变。因此从旅游企业的上下游关系来说，就是"客源地旅游服务企业—旅途服务企业—旅游目的地企业"。

旅游战略发展很多时候是通过旅游并购来实现。企业变革和重新调整在旅游业内不断发生，这也是一个旅游运营资源重新整合的过程。

旅游并购分为横向和纵向并购。

横向一体化是指发生在产业链中同一个层次的一体化发展战略（J. Christopher Holloway et al., 2009）。纵向一体化则描述了将产业链中不同层次的组织联系在一起的过程（一些作者也提到了对角线一体化——一个用来描述产业链中每个层次中互补企业之间联系的术语）。

横向发展战略，一般是横向并购或者称横向整合（David Weaver, 2014），主要是并购处在同一层次的旅游企业，通过与竞争对手合并或结盟，直接收购或通过收购该行业内其他公司的股份来实现。比如，旅行社的合并形成旅行社股份集团，旅游预订平台并购线下旅行社。旅行社行业是竞争非常充分的行业，各旅行社的业务内容高度雷同，只是不同地域的旅行社业务会有一定的差异。而旅行社并购重要的是考察其近一段时期的组团、接团等交易数额，这是旅行社的主要业务能力表现，并根据购买价格评估旅行社的生存能力。如果并购中的服务能力与被并购者的业务能力、服务能力具有可比性，那么就能够保留其忠实的客户群。收购现有代理商的另一个益处是执业执照和各种证书，保留优秀且经验丰富的员工，特别是对于那些想要自立门户的新员工，这能够在一定程度上降低市场竞争的激烈程度。

横向整合也可以通过建立独立的子公司，使得企业的基本产品线多样化，从而满足旅游者多样化的需求变化。比如，在同一个酒店管理品牌旗下，既有高端酒店，也有连锁酒店；而度假旅游品牌的独立子公司，可以从温泉疗养到海滨度假，形成完整的度假旅游产品线。

横向整合能够推动旅游企业设计和销售更多旅游产品，延长产品线，开拓新的旅游业态，从而产生规模效益，提升企业的发展能级。同时，整合后的旅游企业，可以批量购买连锁服务，获得尽可能优惠的净价格，就像航空公司从制造商处订购更多飞机时可以协商较低的价格。通过这两种规模经济所实现的节省可以以较低价格的形式传递给客户，从而使产品对消费者更具吸引力。

3. 旅游业务纵向发展

与横向整合一样，企业也可以通过纵向扩展实现规模经济效益。如果企业或单个部门的总利润很小，那么可以从整个产业链的各个层面向上游或下游扩展，以获取全产业链的整体利润，这就是旅游业务纵向发展战略。纵向整合通过业务交汇运营和行政职能合并、精简，可以降低管理成本，提高规模经济效益，并通过企业形象广告和促销来增加旅游企业在整个旅游产业链的市场影响力。

当旅游产业链中一个层次的企业与另一个层次的企业联合时，就会发生旅游业务的纵向（垂直）整合。这种整合可以是沿产业链向上游行业发展，也可以沿着产业链向下游发展。

网络经济的快速发展，导致传统旅行社的销售能力，特别是对散客的零售能力大幅度衰减，当然旅行社在线下的落地服务方面还有不可替代的作用，但毕竟旅行产品的销售是旅行社的核心业务。因此，旅行社要想在竞争激烈的旅游行业中生存并发展，在纵向业务运营方面进行扩张是一个重要的途径。

比如春秋旅行社，最初是一家单纯的旅行社，随着企业的发展,春秋旅行社涉足航空领域,成立了春秋航空,将航空公司和旅行社的销售网点、组团能力结合起来,成为纵贯上下游的旅游运营企业。

近年来,一些旅游运营商试图在国内外主要度假胜地拥有和经营自己的酒店,以确保提供房间并控制价格。这一般是通过直接购买或与酒店行业的合作伙伴成立合资公司来实现彼此的整合。这样的合作可以提高各自产品质量的整体优势,确保旅游旺季时热门旅游目的地的酒店房间数量以及价格不至于出现大的波动。

也有一些旅行社对旅游资源开发进行投资,这是直接到著名旅游胜地,利用这些旅游目的地已经形成的巨大的旅游吸引力,开发其他的旅游项目,这样可以通过旅行社的客源组织能力,为旅游景区、旅游娱乐等活动拓宽旅游产品线。旅游纵向扩展的模式随着时间而改变,会从一个国家到另一个国家,从一种住宿形式转变为另一种住宿形式;从观光活动,扩展到度假、购物等活动。随着国内旅游者蜂拥出国旅游,不少旅行社又将产业链扩展到一些中国旅游者热衷的目的地,并在这些旅游目的地开办免税店。

### 第三节　供应链与流程管理

#### 一、什么是供应链管理

1. 什么是运营与供应链管理

运营和供应链有着内在的联系( William J. Stevenson, 2018 ),没有这两者,任何商业组织都无法生存下去。供应链是组织按照一定的顺序，参与生产和交付产品或服务的活动，这包括组织的各种设施、职能和活动。该序列活动从原材料或单项服务的基本供应商开始，一直延伸到最终客户（见图 9-4）。设施可能包括：酒店、交通场站、信息中心、办公室、旅游车队和零售店。职能和活动包括：预测、服务外包、房间预订管理、信息管理、质量保证、调度、设计、分销、交付和客户服务，等等。

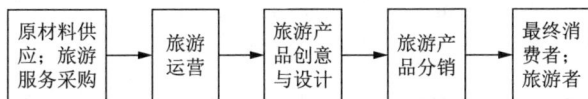

图 9-4　旅游运营供应链示意图

供应链既说明了供应链的顺序性质，也说明了供应链各要素的相互联系。

每个链接是前一个链接的客户和下一个链接的供应商。如果任何一个环节因任何原因（质量或交付问题、天气问题或其他问题等各种因素）出现故障，则可能会中断下游部分的供应链流动。

供应链对组织而言既是外部的，也是内部的。供应链的外部部分为组织提供外包服务、旅游接待零组件、设备、供应品，或其他输入，并将作为旅游产品的输出交付给组织的客户。供应链的内部部分是运营职能本身的一部分，为运营执行产品工作，或执行服务。

商品或服务的设计与生产涉及将投入转化为产出。投入，包括各种企业经营资源，比如资本、劳动力和信息，用于通过一个或多个转换过程来实现商品或服务的生产。

影响运营系统设计和管理的因素很多，其中包括客户在运营流程中的参与程度，以及客户在使用技术生产、产品或服务交付中的参与程度。客户参与程度越高,运营系统的设计和管理的挑战性就越大。技术选择会对生产力、成本、灵活性、质量和客户满意度产生重大影响。

2. 运营管理流程中的偏差

管理活动就是围绕辨别、预测、满足客户需求的管理流程展开。

所有管理流程都有各种各样的偏差。它是经营过程中,产品多样性、市场不确定性、资源的运用、政策变化、客户偏好的变化等各种因素造成的。大体来说,有四个基本的偏差来源。

第一,企业所提供的商品或服务的种类。商品和服务的种类越多,生产或服务所产生的偏差就越多。

第二,市场需求的结构性偏差。这些偏差,包括市场趋势和季节性变化,通常是可以预防的,对这些偏差的预防,对于提升服务能力有较大的帮助。

第三,经营中的随机偏差。这是管理中的自然偏差,一定程度上存在于所有流程中,也存在于对服务和产品的需求中,一般来说,管理者无法对其进行影响。

第四,不可测偏差。这些偏差是由有缺陷的投入、不正确的工作方法、失调的设备等造成的。这种类型的偏差可以通过分析和纠正措施来减少或消除。

管理中出现的偏差可能对运营和供应链流程管理造成破坏,干扰企业的运营效果。偏差的主要负面影响,在于会导致额外的成本、时间的延误和服务质量不高,以及低效的工作运营。而质量差、产品短缺或服务延误会导致客户不满意,并可能损害一个组织的声誉和形象。

发现和处理管理偏差可以使用一定的定量分析工具,有两个使用较为广泛的数学工具，就是指标的平均值和标准差，标准差量化了围绕平均值的变化。还有一个正态分布也能较好地描述管理过程中的偏差形态。

## 二、运营管理运行

### 1. 运营管理中的技术运用

信息技术的进步和全球竞争已经对运营管理产生重大影响。虽然互联网为商业组织提供了巨大的潜力，但必须清楚地了解其潜力以及风险，以确定是否以及如何利用这一潜力。在许多情况下，互联网已经改变了经营者在市场上的竞争方式。

技术是指将科学知识应用于商品和服务的开发和改进。它可以涉及知识、材料、方法和设备。高科技一词，指的是最先进和最发达的设备，以及科技方法在经营中的运用。运营管理主要关注三种技术：产品和服务技术、流程技术和信息技术（IT）。这三种技术都会对成本、生产力和竞争力产生重大影响（William J. Stevenson，2018）。

第一，电子商务，或称 e-business，涉及使用互联网进行交易的业务。电子商务正在改变商业组织与他们的客户和供应商的互动方式。大众最熟悉的电子商务，是消费者与企业之间的交易，如在线购买或请求信息。然而，企业与企业之间的交易，如电子采购，在电子商务中的份额越来越大。在制定战略、规划和决策方面，电子商务正受到企业主和管理者越来越多的关注。

第二，产品和服务技术。这是指新产品和服务的发现和开发。这主要是由研究人员和工程师完成的，他们使用科学方法来开发新知识，并将其转化为商业应用。

第三，流程技术。这是指用于生产货物和提供服务的方法、程序和设备。它们不仅包括一个组织内的流程，还包括供应链流程。

第四，信息技术（IT）。这是指使用计算机及其他电子设备来存储、处理和发送信息。信息技术在今天的商业运作中已经根深蒂固。这包括：电子数据处理、使用条形码来识别和跟踪服务过程、获得销售点信息、数据传输、互联网、电子商务、电子邮件，等等。

技术的管理在运营管理中占有非常重要的地位，例如，计算机在许多方面对企业产生了巨大的影响，包括：新产品和服务功能、流程管理、医疗诊断、生产计划和调度、数据处理和通信。对旅游业来说，高新技术在预订、旅游接待流程管理、旅游项目投资和财务管理方面发挥了重大作用，特别是网络预订，几乎淘汰了传统旅行社的组团和招徕业务。

但是，技术进步也给管理层带来了负担。例如，管理层必须紧跟变化，迅速评估其利益和风险。预测技术进步是一件棘手的事情，而且新技术往往价格很高，也有很高的操作或维护成本。就计算机操作系统而言，随着新系统的推出，对旧版本的支持也会停止，因此必须定期进行升级。相互冲突的技术可能存在，使技术选择更加困难。每次技术更新，都有一个再学习的过程，也会增加人力资源成本，甚至可能导致部分员工无法跟上持续变化的技术条件。产品和流程方面的技术创新将持续改变企业的运作方式，因此需要不断关注。

经济全球化降低了许多国家的关税和补贴，扩大了世界贸易。但也由此产生了全球性竞争，而全球性反过来又对全球大小企业的战略和运营产生了影响，其中最重要的影响就是企业组织需要在全球范围内组织自己的供应链。

2. 供应链构成

由于商业组织面临的改善其供应链管理的压力越来越大，供应链管理也在受到越来越多的关注。在过去，大多数组织在管理其供应链方面做得很少。相反，他们倾向于集中在他们自己的业务和他们的直接供应商。此外，供应链中各组织的计划、营销、生产和库存管理职能往往是独立运作的。因此，供应链存在一系列单个企业（或非营利组织）无法控制的问题。这些问题包括：库存的大幅振荡、库存缺货、延迟交货和质量问题。

供应链管理存在的主要问题包括：

① 改善运营。供应链管理的目的主要在于减少企业运营成本和时间，提高服务能力，以及提高服务质量。而提升供应链的效率在于采购、分销和物流等环节。

② 服务外包水平。各组织正在提高其外包水平，购买商品或服务，而不是自己生产或提供。随着外包的增加，各旅游企业在与供应有关的活动（住宿、餐饮、门票、娱乐等）上的开支越来越大。而且外包可能导致产品责任不清，而企业需要承担监督外包服务产品安全的责任，比如安全性、舒适性、时间性等等。

③ 交通成本的攀升。旅游活动强调性价比，优质的性价比是"旅短游长"，这是指旅游者在旅途上花费的时间、金钱较少，而在旅游目的地逗留期间花费的时间和金钱更多。

④ 竞争压力。竞争压力导致旅游新产品的数量越来越多，旅游新产品开发周期越来越短。居民随着收入水平提高，对定制的旅游需求也越来越大。

⑤ 经济全球化。经济全球化扩大了供应链的实际长度。一些大型旅游预订平台，已经是全球采购，这也对全球化的供应链增加了管理上的挑战。这包括：汇率问题、不同的文化习惯、语

言的差异等等，都会对旅游供应链造成难以预料的影响。

⑥ 线上预订与线下接待的衔接。现代旅游大多数是线上预订，但线下接待服务比较容易出现意外，这为旅游电子商务带来了新的挑战。

⑦ 供应链的复杂性。供应链是动态的，它们有许多固有的不确定性，可能产生不利影响，如不准确的预测、航班延误、突发天气、设备故障以及取消或改变的订单，等等。

供应链管理涉及协调整个供应链上的活动。这方面的核心是将客户的需求，转化为供应链各层面的相应活动。

表 9-2（William J. Stevenson，2018）列出了供应链管理的构成要素。第一个要素是旅游者，这是旅游活动的驱动要素。通常情况下，市场部负责确定旅游者的需求，并预测旅游者需求的数量和时间。旅游企业的产品和服务的设计，必须使旅游者的需求与旅游企业的运营能力相匹配。

旅游供应链的构成要素很多，关键在于整合。它是每个企业的核心工作。对于旅游供应链的内部和外部部分来说，整合的重点在于内外旅游服务资源的调度。

旅游价值链的供应部分是由一个或多个旅游供应商组成，它们都是价值链中的环节，每个环节都能对供应链的有效性或无效性产生影响。因此，供应链中的所有成员之间必须认真协调规划和执行。

旅游目的地、酒店、餐馆等等的选址可以在很多时候会成为一个因素。供应商的位置可能很重要，旅游目的地靠近客源地能够获得更多的客源，酒店的选址对于运营成本很关键，相同等级的酒店在不同地理位置价格有较大的差距。

供应链管理的战略和运营。供应链管理的主要决策领域是选址、旅游产品与旅游项目开发、分销和供应商选择。

企业资源规划（ERP，Enterprise Resource Planning）系统正被越来越多地用于在组织及其主要供应链伙伴之间提供信息，在组织及其主要供应链伙伴之间实时共享信息。ERP 系统是由美国计算机技术咨询和评估集团（Gartner Group）提出的一种供应链的管理思想。企业资源规划是指建立在信息技术基础上，以系统化的管理思想，为企业决策层及员工提供决策运行手段的管理平台。

表 9-2

| 旅游供应链构成要素 | 内　　容 |
|---|---|
| 旅游者 | 确定旅游者需要什么产品或服务 |
| 预测 | 预测旅游者需求的数量和时间 |
| 产品开发 | 将旅游者、需求量、服务能力和产品上市时间整合起来 |
| 产能规划 | 匹配旅游市场的供应和需求 |
| 营销与接待 | 控制质量，安排接待工作 |
| 采购 | 评估潜在的旅游供应商，制定采购货物和服务的需求与规格 |
| 供应商 | 监测供应商的质量、维护与供应商的关系 |
| 选址 | 确定旅游设施的位置 |

### 三、旅游运营供应链管理

1. 旅游运营供应链意义与构成

根据供应链的定义，可以将旅游供应链定义为，整合各种旅游服务与有形的商品并传导给旅游者，确保旅游者能够顺利完成旅游活动的过程。它是一个关系主体非常庞大的网络。旅游供应链包括：参与提供旅游服务的各种设施、旅游商品、各旅游企业所提供的服务行为，等等。

旅游供应链模式可以概括为：从基础设施生产商汇集到食、住、行、游、购、娱六类旅游供应商，再通过旅游中介商到旅游者，或是由供应商直接面向旅游者的一条以旅游产品为主线的供应链。需求管理是供应链管理的重要组成部分，连接着供应链的各个流程（黄猛等，2015）。

依据游客的需求预测而建立的数据储备库是否完备，直接影响了一条供应链的供给是否能维持长期、有效的运用。对于旅游业而言，这些需求可能包括：交通、住宿、能源、食物、员工数量以及景点开发或者具体接待流程等。

传统旅游供应链的网络结构可以看作由旅游供应商、旅游批发商、旅游代理商和旅游者四个主体构成。

现代供应链概念进一步扩展了组织边界，将企业内部管理流程延伸到包括顾客和供应商在内的系统性流程。引入供应链管理思想的目的是提高旅游服务需求与供给系统的运作效率，从业务流程上来优化和改进企业生产组织模式，提高产品质量和附加价值，改善供应链主体间的分工与协作关系，从而达到节约成本和创造出更多顾客让渡价值的目的，从而让顾客满意。

现代旅游供应链的构成包括：

① 信息流。在网络环境下的旅游供应链网络中，信息流不再是由旅行社或旅游目的地等旅游提供商向旅游者的单向传播，而是在网络上形成多向传播和共享，去中心化的信息流动和传播方式。

② 资金流。它是指在线旅游消费者为购买旅游产品与服务所支付的资金在供应链体系中逐层转移的过程。随着智能手机的普及，手机支付和无现金支付的形式日益普及，支付方式的简

化，提高了旅游资金的流动速度。

③ 服务流。它是指企业为了提升顾客的满意程度，所采取的服务系统设计与活动。旅游供应链中的服务流泛指所有提供服务的企业（机构）对于其所提供的服务活动的规划、设计与执行的过程，这些服务围绕在线消费者的旅游行程有机地串联在一起，并按照旅游者实际消费的先后顺序依次发生，随着旅游者消费的结束而消失。

④ 价值流。这是旅游者获得旅游体验的效用，旅游服务链条上的供应商通过向旅游者提供各阶段的旅游服务而获得经营收益的过程。旅游消费者在享受旅游体验的同时，实现了服务商品价值的最终经济效益的增值。

⑤ 旅游流。这是旅游者从旅游客源地到旅游目的地之间的旅游规模，以及由此所形成的旅游要素流动，比如人流量、交通流量、交通方式、资金流量等。

旅游活动以知识产品和无形服务为消费主体，以旅游消费者的空间流动代替了传统的商品物流，供应链中发生着显性资源和隐性资源的流动。以在线旅游服务商为核心的旅游供应链管理主要是通过对信息流、资金流、服务流等显性资源流的控制，以过程和环境为载体实现旅游产品与服务的价值传递，完成物质层面的实体价值和精神层面的服务价值转移，并以此在客源地和目的地之间形成旅游客流。

2. 网络环境下的旅游供应链

随着现代信息技术的应用以及居民生活水平的提高，自助旅游大幅度增加，传统旅行社的招徕功能大幅度衰减，而网络预订成为人们出行的首要选择。旅游需求者纷纷绕过中间商而直接与供应商接触，购买旅游产品；供应商也试图绕过平台与旅游者接触，销售旅游产品。旅游供应链不再是一条"链"，而是结构等级不明显的，一系列的内部差异较大的平行企业。供应链上的任何企业都有可能直接面向最终消费者出售产品，整条旅游供应链同时也是一条分销渠道。

这一旅游供应链模式衍生了许多以导游导购等推送功能为主的电子商务网站，例如"携程网""去哪儿网"等，游客不再需要通过中介商而是直接与旅游供应商形成交易关系。

在线旅游服务商提供的旅游目的地信息展示和间接的服务体验远远超越了传统旅行社。在线旅游服务商依靠新一代信息技术实现了对消费者需求的跟踪、对下游供应商资源的整合、对旅游行程的统筹安排，尤其是对旅游供应链中的信息拥有聚合、共享、处理、传播等能力，未来还将进一步增强和拓展对线上线下资源的控制权，为游客提供全方位的旅游信息服务。

网络环境下需要高度关注以下两类要素在旅游供应链中的作用（黄猛等，2015）：

第一，旅游者不再是被动的服务接受者，而是价值创造的合作生产者。消费者开始从单向的内部服务过程向整个旅游供应链蔓延，微博、微信、社交网络、在线点评和虚拟旅游社区等社会化媒体在其中发挥了重要作用。

第二，网络环境下旅游供应链外部环境要素的全面认识，一批新的旅游供应链外围主体逐步纳入节点网络，如网络与通讯运营服务商、在线旅游支付结算的金融部门、目的地提供旅游公共服务的部门（天气、交通、医疗等）、社会第三方专业服务机构（保险、急救等）。

网络环境下旅游供应链环境，是以"信息拉动式"为特征，以"信息流"管理为中心思想，以旅游者为核心的旅游信息共享平台（郑四渭等，2014）。

3. 旅游运营供应链模式

学者们提出了不同类型的旅游供应链模型，如以旅行社为核心的旅游供应链模型、以旅行社为核心的绿色旅游供应链模型、旅游目的地供应链概念模型、以游客为核心的柔性旅游供应链模型、虚拟集群式旅游供应链模型等，其他学者还研究了以主题公园、航空公司、豪华邮轮、旅行社、旅游电商平台为核心的旅游供应链结构及其运作效率。

旅游供应链与旅游企业或旅游非营利组织运营目的有关。

旅游业是从托马斯·库克的旅行社经营模式开始的，因此，以往将旅行社的运营供应链等同于旅游运营供应链，这种供应链模式可以称为"传统旅游供应链"（见图 9-5）。由于旅行社参与了从旅游产品销售到旅行者旅行服务的整个过程，因此由旅行社组织的供应链是旅游的完整的供应链。

在"传统旅游运营供应链"模式下，旅行社是一个旅游产品整合商，旅行社设计和销售的旅游产品中，整合了旅游过程中，旅游者所必需的各种旅游服务项目内容，主要包括：交通、餐饮、住宿、旅游区点活动日常安排，等等。

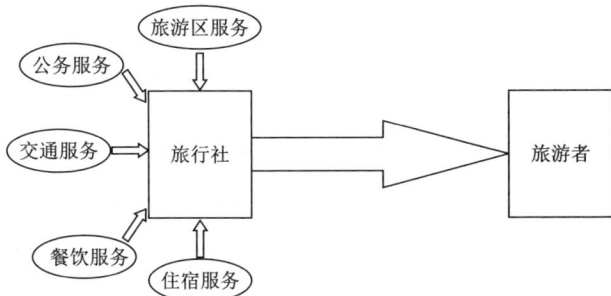

**图 9-5　旅行社供应链**

　　传统旅游供应链，包含了中文语境中俗称的"吃住行游娱购"六大要素。这也是一种包价旅游方式，旅行社将互无关联，或者相互关联性不高的住宿、交通、旅游活动等项内容整合到了一个旅游产品中，节约了旅游者的时间，确保了旅游者可以获得更便捷的旅游体验，同时不同环节的旅游质量可以由旅行社保证。另外，由于旅行社是规模性采购各项服务，也能够具有价格的优势。这种旅游运营方式，简化了旅游者的出行工作量，让旅游者无需逐个地与旅行过程中各个不相关的旅游服务企业打交道。

　　随着互联网技术的快速发展，智能手机通过互联网整合了支付、信息传输、社交等许多功能，传统旅行社的旅游产品设计和整合功能受到了互联网和智能手机的极大影响，一些如"携程""途牛""同程"等等旅游预订平台逐渐取代了传统旅行社的预订功能。互联网时代每个旅游者都可以自由地在网络上组合自己的旅游服务，每个人都可以通过互联网成为供应链的一部分（见图 9-6）。

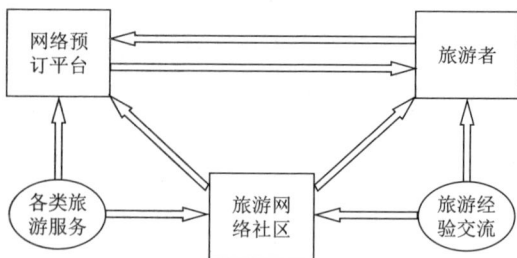

**图 9-6　网络条件下的旅游供应链**

　　旅游网络预订平台基本上取代了传统旅行社的预订功能，但预订平台无法建立线下服务网络，或者说预订平台建立线下服务体系的成本过高。因此，线下服务部分，传统旅行社依然能够发挥一定的作用，同时传统旅行社也纷纷建立自己的网上预订系统。但网络预订特别是大型网络预订门户网站有较大优势，而且随着出境旅游的人数增长，大型网络预订平台业务也随着中国旅游者的扩散而发展到世界各地。而传统旅行社的优势只保留在团体业务方面，在网络预订、散客接待方面已经难以与网络预订平台相媲美。

但是由于私家车、移动终端、互联网技术、云计算等等快速发展，对于旅游供应链发展来说，更大的影响在于供应链从线性、单向度，即从旅行社服务于旅游者这种模式，变成了多向度、非线性、去中心化的供应链方式：

① 旅游者根据自己的喜好，在旅游预订平台上按照旅游菜单选择各类旅游服务。

② 旅游者自由组合各类旅游，并自行组合旅游供应链，不再由旅行社或旅游预订平台整合。

③ 旅游预订平台不一定是旅游供应链整合者，而是一个旅游服务大卖场，各类旅游服务者自行在预订平台上销售自己的产品。

④ 旅游网络社区成为旅游预订平台和旅游者之间一种新的供应链组合方式。不少旅游自由职业者，比如个体导游、民宿业主、风味餐厅营销人员，以及很多有丰富经验的旅游者，喜欢在旅游社区交流各种旅游经验，从而不断形成新的旅游项目，社区内部就可能形成不断变化的新型供应链。

**思考题：**

1. 举例说明旅游价值共创中，旅游者是价值发起者的含义。
2. 网络条件下，如何制定旅行社的横向发展战略。

3. 举例分析旅游预订平台的供应链管理。

4. 分析酒店与民宿运营战略的差异。

5. 举例分析酒店管理公司的运营战略。

6. 技术进步对会展运营管理的挑战。

7. 旅游目的地的市场预测与产能规划的关系。

8. 旅游目的地接待服务流程设计与运营管理的要求。

## 参考文献:

［1］David Weaver, Laura Lawton, 2014, Tourism Management, John Wiley & Sons, 146.

［2］Dimitrios Buhalis, Carlos Costa, 2006, Tourism Management Dynamics: Trends, Management and Tools, Elsevier Butterworth-Heinemann, 116–118, 121.

［3］J. Christopher Holloway, Claire Humphreys, Rob Davidson, 2009, The Business of Tourism, Pearson Education Limited, 559–561, 175.

［4］John Beech, Simon Chadwick, 2006, The Business of Tourism Management, Pearson Education Limited, 204–205.

［5］Masood A. Badria, Donald Davis B., Donna Davis, Operations strategy, environmental uncertainty and performance: a path analytic model of industries in developing countries, Omega 28 (2000): 155–173.

［6］Michael C. Sturman, Jack B. Corgel, Rohit Verma, 2011, The Cornell School of Hotel Administration on Hospitality, John Wiley & Sons, 174, 208–210, 213, 271.

［7］Prahalad C.K., Ramaswamy V., 2004, Co-Creation Experiences: The Next Practice in Value Creation, Journal of Interactive Marketing, Vol. 18: 5–14.

［8］Richard Sharpley, 2006, Travel and Tourism, SAGE Publications, 135–139, 92.

［9］Spohrer, J., Maglio, P. P., Bailey, J. and Gruhl, D., 2007, Steps Toward a Science of Service Systems. Computer, 40, 71–77.

［10］Spohrer, J., Vargo, S., Caswell, N. and Maglio, P., 2008, The Service System is the Basic Abstraction of Service Science. 41st Annual HICSS Conference Proceedings: 8.

［11］William J. Stevenson, 2018, Operations Management, McGraw-Hill Education, 4, 9, 14–15, 4–6.

［12］罗伯特·雅各布斯（F. Robert Jacobs），理查德·B. 蔡斯（Richard N. Chase）著，任建标译，2011，运营管理，机械工业出版社，5、9。

［13］黄猛，舒伯阳，2015，以在线旅游服务商为核心的新型旅游供应链构建研究，湖北社会科学，（4）：83—88。

［14］舒伯阳，徐静，2016，服务运营管理，华中科技大学出版社，139。

［15］郑四渭，方芳，2014，旅游学刊，虚拟集群式旅游供应链模型构建研究，29（2）：46—54。

# 第十章　旅游学科理论与发展趋势

**本章学习要点：**

1. 了解旅游高等教育的国内外发展背景。

2. 了解旅游高等教育的国内外发展历程及特点。

3. 熟悉旅游学科的基本理论及其形成背景。

4. 熟悉旅游学科的基本理论及其发展特点。

## 第一节　旅游学科与旅游理论研究的发展

### 一、中外旅游高等教育的发展

1. 中外旅游教育回顾

　　旅游学是基于旅游行业快速发展而对旅游管理专业人才提出迫切需求时兴起的，旅游学对人才的培养方向，必然是满足旅游行业的发展对人才的需求，因此，旅游学建设几乎完全建立在与旅游行业发展需求的对接中，无论是旅游学理论研究，还是人才培养的课程建设基本上是围绕着旅游行业的实际需要而设计。

　　旅游业的快速发展，引发了旅游高等教育的快速扩张，但经历了从 20 世纪 90 年代末到 21 世纪最初几年的快速发展后, 伴随着中国旅游业的日益成熟和壮大, 却反而出现了停滞不前, 甚至有衰落的迹象 ( 保继刚等, 2008 )。

对于旅游学的学科属性, 南开大学的王健 ( 2008 ) 认为, "旅游学要建立起独立的旅游学, 而要证明具有这种学科资格, 就必须能够提出具有方法论内涵的旅游学基础理论体系。旅游学的理论体系由基础理论、专业理论和应用理论三个层级构成"。

谢彦君 ( 2003 ) 把旅游学归属于交叉学科, 但认为旅游研究 "对旅游的理解被局限为一种企业和行业活动; 旅游学术积累所形成的知识框架的主体是管理学知识。"

吴必虎等人 ( 2005 ) 在研究旅游学学科体系分类的基础上绘制了旅游学学科树, 希望构筑起旅游学的知识和研究体系, 但其学科树的构成也与众多学科相交。吴必虎 ( 2005 ) 还比较了国际旅游教育的特点, 欧洲以瑞士洛桑酒店管理学院为代表, 旅游专业教育以服务接待管理为起点, 十分重视培养学生的实践操作技能与知识, 他们认为酒店经营管理者必须能胜任酒店或餐馆内任何一项具体的工作。这种教育理念影响了欧洲旅游专业教育整整一个世纪。20 世纪 90 年代以后, 欧洲旅游专业教育接受美国旅游专业教育的 "管理" 理念, 开始将旅游专业设置在接待管理专业之下。欧洲旅游专业教育课程主要集中在商业管理、地理、政治、经济等专业领域。英国还设有专门的旅游学院或服务接待系, 但是研究者主要集中在人类学、食品、社会学等领域。

吴旭云等 ( 2003 ) 分析了上海旅游人才需求状况, 指出上海旅游行业急需 "旅游高端人才, 一线应用技能型人才, 新兴旅游业态专业人才" 三类人才。而上海各旅游高校专业设置单一, 对新兴旅游业态关注不够。

Maureen Ayikoru 等人（2009）把旅游高等教育和素质教育挂钩：旅游专业教育和培训是为了提升客户满意度，提高旅游业竞争力；关于教育和培训的区别，"培训是一种改变人们职业行为的技术手段，教育则是开拓人类环境的知识领域，并适应这种环境"。

何建民（2006）阐述了国际上旅游管理教育与学科建设分类：一是侧重于理论的研究与教学，以美国大学为主；二是侧重于实务的研究与教学，以欧洲大学为主。何建民总结了美国康奈尔大学酒店管理专业本科教育的特点，其课程设计与知识模块主要包括三大类别：

① 营运模块（Operations）：包括酒店运营、餐饮服务营运、旅馆业定量分析、俱乐部管理、餐馆管理、独立公司餐厅营运管理讲座等。其他还包括特色食品与饮料营运、节事管理、博彩营运介绍、温泉和温泉旅馆、度假旅馆的开发与管理、服务营运管理、收益管理等。

② 营销、旅游业与战略模块（Marketing Tourism Strategy）：主要包括服务经济学、营销原理、旅馆业的特许经营、旅游学、消费者行为、战略管理、服务营销等。

③ 管理沟通模块（Managerial Communication）：包括商务写作等书面沟通、跨文化沟通、组织中的说服沟通等。

黄松山（2019）归纳了澳大利亚大学的旅游学科建设的一些特点：

① 课程设置紧密结合行业发展需要。大学会定期对课程名称、教学内容及教学大纲进行评审，形式多样，有正式的第三方机构评估，也有学科组的自评。吸纳业界人士为委员，定期对旅游专业的教学内容进行评估，以保证教学内容切合行业发展的需要。

②　教学内容的国际化。旅游学科本身的国际化程度较高，在澳大利亚众多高校的旅游专业中，国际学生的占比也较高。针对国际学生未来可能回国工作的职业发展要求，澳大利亚高校旅游学科的教学内容比较国际化，所采用的教学案例会考虑到学生的多样化要求，照顾到不同的国家和地区的旅游市场与行业实践。

③　教学内容的时效性。澳大利亚高校要求各学科所选用教材的版本不得过于陈旧，并鼓励教师将自己最新的研究成果融入教学中去，以保证学生获得学科最前沿的知识。

④　师资的国际化。澳大利亚大学体系很久以来都有在全球招聘一流学者的传统。这一传统赋予大学在全球高校竞争中充足的生命力。师资的国际化也保证学生可以在学习中接受多元文化视角和国际化思维。

比较一下欧、美、澳等地的旅游管理专业教育区别，可以发现欧洲的旅游与酒店管理的学历教育历史最为悠久，但起步都以职业技能（Skill）培训和培养为主，这种教育方式，类似于我国高等或者中等职业教育。随着常春藤名校康奈尔大学开办旅游管理（Hospitality Management），美国本科层次的旅游与酒店管理专业的培养目标就不再是技能培训，而是以运营管理（Operation Management）教育为主，注重提升旅游管理专业学生在旅游行业管理、产品设计、市场分析与营销、企业运营、目的地管理方面的能力。澳大利亚是世界著名的旅游目的国之一，不同时代旅游者的兴趣偏好会发生不同的变化，因此，澳大利亚的旅游管理教育非常注重时效性，并强调国际性。

国内的旅游教育起始于中等以及专科层次的职业教育，与欧洲的旅游职业教育相似，国内的旅游专科和中专的旅游管理教育，也是以技能培训与提升为主。旅游教育的重点在于导游、酒店各一线服务部门的服务技能培养、规范化，等等。这对于提高中国旅游业的整体服务水平发挥了巨大的作用。由于未能在学科属性上达成共识，因此旅游学的高等教育在课程设计、培养目标、培养方案方面，学者们的争议也较多，但基本的共识在于从旅游行业的发展需要来设计培养方案，由于各地旅游业发展背景和方式有所不同，旅游高等教育也应有自己的特点。保继刚等学者认为应抓好就业才能提升旅游学地位。

在人才培养方面，则出现两极化现象，旅游本科生主要向管理干部培养方式靠拢，旅游大专类则向技校看齐。

进入 21 世纪以来，中国的经济发展迅猛，旅游业也进入了黄金时期，同时也推动了国内的旅游教育迅速在大学中占有一席之地。而大中专旅游管理教育不断升格，最终形成了以本科教育为主，研究生教育快速增长，但大中专教育不断萎缩的旅游管理教育的格局。

因此，本科层次的旅游管理专业培养目标定位不清。本科教育是从导游培训、酒店管理开始的，这很容易在服务技能培训或者运营管理教育两者之间出现摇摆。而研究生教育目标则更为模糊，特别是旅游学科建设与旅游行业发展息息相关，更使得旅游管理研究生教育难以定位。这导致旅游管理学历在提升，可就业层级却在下降，这一定程度上与旅游管理教育层次的定位混乱有关。

2. 旅游学科理论框架完善

今天国内旅游学科的理论框架在题为《旅游学》或《旅游学概论》的教材中得到了较为集中的体现。20 世纪八九十年代，学者们就确立了旅游学的四大基本概念体系，即"旅游活动""旅游者""旅游资源""旅游业"（李天元，1991；黄福才，1995；田里等，1994；孙文昌等，1997）。这四大概念体系，是根据旅游发展的历史，以托马斯·库克创立的旅行社经营模式为基础，搭建起了旅游学研究的基本框架。虽然对"旅游"和"旅游者"这两大基本概念，学界并未达成一致，但基本上是从对观光、娱乐和休闲等出行目的的分析出发，对"旅游"和"旅游者"进行界定。

马勇等（2004）在四大基本旅游概念的基础上，扩展出七大旅游基本概念体系，即除了"旅游""旅游者""旅游资源""旅游业"之外，增加了"旅游产品""旅游市场"和"旅游地"。这使得旅游学科的研究范畴进一步扩展，并逐渐形成了较为完善的旅游学科研究体系。

谢彦君（1999）在分析了四大基本概念之外，进一步分析了旅游活动的构成要素，认为旅游活动的本质属性是"旅游体验"，并讨论了"旅游流"和"旅游容量"的概念，试图将经济学和人文科学关于旅游学科的研究视角融入地理学的研究范畴。

吴必虎等（2009）等从经济学的研究视角建立了旅游学的研究框架，在上述四大概念体系中，吴必虎等将旅游资源改称为"旅游吸引物"，而旅游吸引物的载体是旅游目的地。但是吴必虎将"旅游业"的概念拆分，按照旅游产品的属性重新审视旅游业的构成。

杨勇（2018）从经济学的角度，分析了旅游学的理论框架（见表10-1）。研究对象涵盖旅游经济活动涉及的诸多主体，如旅游产品、旅游者、旅游市场以及旅游目的地。研究内容既包括微观经济学领域，如满足"食住行游购娱"不同需要的旅游产业元素之间的相互关系；还包括宏观经济学视角，如旅游目的地的投入产出分析，区域竞争合作、国际贸易、乘数效应等旅游宏观经济政策的分析。

表 10-1　旅游经济学的研究对象和研究主题

| 研究对象 | 研 究 主 题 |
|---|---|
| 旅游产品 | 旅游产品：生产、成本构成、生命周期；产品定价方法<br>旅游生产要素市场：劳动力、资本<br>旅游产品的不同组成部分：餐饮、住宿、交通、景区等，及其相互关系 |
| 旅游者 | 旅游需求<br>旅游消费 |
| 旅游市场 | 旅游市场结构：企业规模、市场集中度、进入/退出壁垒 |
| 旅游目的地 | 旅游国际贸易旅游区域竞争与合作<br>旅游投入产出分析市场失灵分析：外部性、公共物品、交易成本<br>旅游卫星账户旅游宏观经济政策：旅游扶贫政策等<br>旅游乘数效应 |

在旅游经济学理论体系中，杨勇归纳的旅游四大要素是"旅游产品""旅游者""旅游市场"和"旅游目的地"：

① 研究旅游产品区别于其他商品的本质特征。

② 从微观旅游经济角度研究旅游者、旅游经营者等单个经济主体围绕旅游产品形成的需求和供给、生产和消费。

③ 研究旅游产品、旅游生产要素通过旅游市场进行交换、分配和有效配置的机制。

④ 从宏观旅游经济角度研究整个旅游经济的运行，主要涉及旅游经济生产、交换、分配和消费的经济运行过程等内容。在上述内容板块的基础上，初步建立起旅游经济学的理论体系。

综上所述，学者们比较集中地认为旅游学的研究对象在四大概念体系上，即"旅游活动""旅游者""旅游资源"和"旅游业"。由于中国旅游研究，是在旅游业界率先发展的基础上逐步完善和提升的，因此，旅游研究者的学科背景比较庞杂，有注重文化旅游的文史类，有注重旅游空间结构的地理学类，而旅游学科的毕业生是被授予管理学位，因而经济与管理的理论与方法成为旅游学科的基本理论和方法。从经济学角度而言，旅游研究的重点在于旅游市场供求关系；从管理学角度而言，旅游研究的重点在于旅游企业管理和运营效率的提升。

## 二、旅游理论研究的发展

### 1. 旅游研究的目的与范式

旅游研究与旅游产业的发展密切相关，也与旅游活动所引发的各种社会现象有关，因此旅游的研究目的主要是满足两个方面的需要：

一是经济上，在旅游宏观经济发展方面，对旅游业发展的社会、环境和经济影响进行分析，为公共管理部门进行规划和制定管理决策、政策提供依据；在微观方面，分析旅游者的旅游动机、需求、期望和满意度，促进产品开发和市场销售。

二是在管理上，旅游研究目的在于对各组织，包括休闲和旅游业的组织，也包括营利性和非营利性组织，帮助其制定决策、进行规划以及管理资源以实现组织的经营目标，这些研究主要体现为对决策、规划和运营进行学理性分析。

三是在社会文化上，旅游研究关注作为一种生活方式的旅游，及其所引发的系列社会现象，以及由此带来的关于贫困、利益相关者、文化趋同等问题。

旅游研究范式，主要有三类：第一是描述性研究，描述事务的状态，比如旅游的过程，旅游的内涵，旅游的现象，等等，多是描述性的。第二是解释性研究，就是解释旅游行为、旅游经营产生的因果关系，并在此基础上，对旅游行为或旅游经营效益的演化作出预测。第三是对经营计划和政策进行评价研究。

而研究方法主要有两类，即定量与定性方法（A. J. Veal, 2006）。

定量研究涉及统计分析。它依靠数字证据得出结论或检验假设。为了确保结果的可靠性，通常需要研究大量的旅游者，并使用计算机分析数据。数据可能来自问卷调查、观察或二手数据。

定性研究方法通常与数字无关。它涉及收集有关较小人群的大量信息，而不是收集有关较大人群的有限信息。收集的信息通常无法以数字形式呈现，需要进行推理和演绎，当需要对少数人的休闲或旅游行为和状况有全面了解时，使用此方法。

旅游通常被认为是价格敏感性较高的服务产品，旅游业受到价格差异和经济波动的影响很大。旅游的供需关系受到技术、社会、经济等诸多因素的影响，需要进行扎实的应用研究。Amelung（2006）提出了一个旅游分析和解释框架，并区分了六个背景因素：人口（如人口变化和移民流动）、文化（如休闲、时尚、生活享受）、经济（如可支配收入）、技术（如互联网、高速运输系统）、环境（如自然和气候）以及制度和政治（如战争、治安、全球旅游运营商）。

2. 旅游研究特点

进入21世纪以来，全球旅游业获得快速发展，旅游研究形成了跨学科的特点。旅游业与其他产业以及领域的融合和交叉，也使得旅游成为难以被其他学科独立概括、研究或理解的学科。

总体而言，国外学者对旅游的研究范围较广且比较深入。对旅游的研究不仅集中在实用性旅游，而且站在理论的视角来分析旅游，关注旅游影响、旅游者行为与市场的理论与方法。从研究方法上看，国外学术界对旅游学，多通过数理统计和构建模型进行研究，从定量角度对旅游现象予以较为精准的研究（依绍华，2011）。

我国旅游学的研究始于 20 世纪 70 年代末，是伴随着改革开放的步伐逐渐发展起来的，经历了从无到有、从零散到系统、从翻译借鉴到自主创新、从肤浅到深刻的发展过程（张凌云等，2013）。经过 40 多年的改革开放和旅游发展，我国旅游研究已经逐步走出早期理论研究滞后于行业实践的困境，呈现出理论研究指导行业实践、科学研究适度超前的良好态势，形成了多学科和跨学科交叉融合的旅游学术研究个人与团队。

通过对旅游学研究演进脉络的梳理可以发现，旅游学研究内容、范围、方法等呈现日益多样化的态势。旅游学研究热点涉及旅游行为和心理研究、旅游市场、旅游管理、文化旅游、旅游效

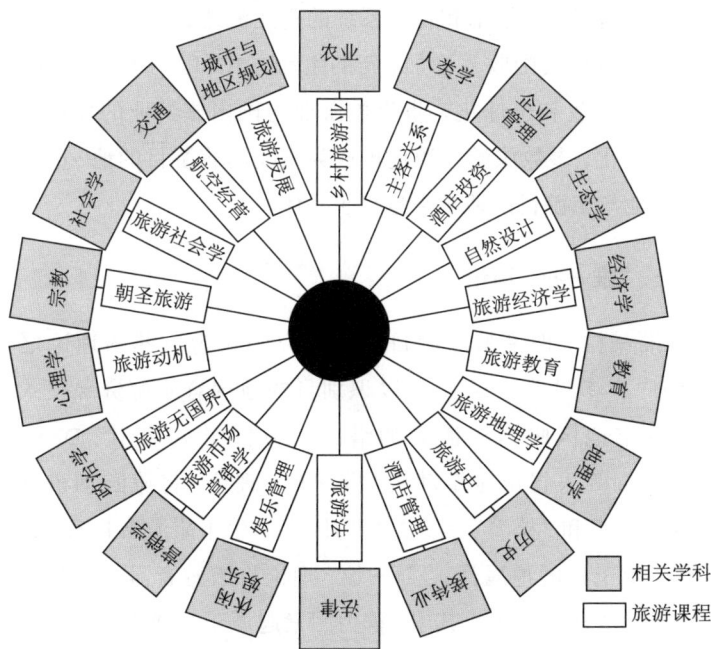

图 10-1　旅游研究的多学科基础

应、旅游管理与决策、生态环境与旅游、战争政治与旅游、旅游组织与旅游业发展、探险旅游和旅游安全以及旅游伦理等诸多方面。

旅游研究包括不同的理论和方法，以及多种研究侧重点与主题，旅游学的研究范围扩展到旅游、酒店管理、休闲与节事、体育运动等多个方面。根据旅游的多学科基础，图 10-1 显示了旅游学的课程设置的广泛性及其相关学科的多元性。

## 第二节 旅游地管理理论

全球旅游业的发展格局发生了巨大的变化：运输系统和基础设施的改善，信息技术和物流系统的高速流通，全球大部分地区的居民可自由支配收入增加，新的生活方式和更多的休闲时间，以及国际开放和全球化。世界旅游业与国内旅游业的发展出现了同步变化，多数旅游客源地也成为重要的旅游目的地，因此旅游客源地与旅游目的地越来越趋于一体。

### 一、"推—拉"理论

"推—拉"理论是旅游目的地研究中较为成熟的理论之一（详细内容参见第七章），可以识别目的地现有旅游资源模式和评估特定地区吸引旅游者的潜力。20 世纪 70 年代，Dann 和 Crompton 等人提出旅游动机"推—拉"理论，将旅游动机分为"推力"因素和"拉力"因素。推力因素产生于旅游者自身，拉力因素产生于目的地属性，"推—拉"理论将旅游者需求和目的地产品供给结合在一起。其中，推力因素起源于马斯洛需求层次模型，Dann（1977）认为推力因素可以定义为动机因素或者需求，主要来源于动机系统中的不平衡或者是紧张状态。其中，失范和自我提高是主要的推力因素，失范指超越日常生活的孤独和摆脱一切，自我提高指通过旅游来满足自我认可的需要。Crompton（1979）提出了七个社会心理因素作为推力，分别是逃离日常环境、探索和评价自我、放松、复原、增强亲属关系与社会互动；两个文化因素作为拉力因素，分别是新奇事物和旅游的教育功能。总的来说，推力因素揭示了为什么旅游者会选择某个目的地、旅游者寻求何种体验和偏好哪种活动类型。国内目前已有不少研究基于"推—拉"理论中的推力因素研究不同类型旅游者的出游动机（刘妍等，2016；高军等，2011；包亚芳，2009）。

拉力因素从目的地属性的角度描述目的地旅游供给对旅游者的拉力作用，同时也体现了目的地自身的吸引力大小。拉力因素涉及目的地特征、吸引物及其本身的属性（Klenosky，2002），具体包括旅游地的自然资源、人文资源、旅游地形象、基础服务设施水平、安全保障程度等。拉力因素可以通过一系列具有地方代表性的目的地核心属性和目的地附加属性来衡量。其中，核心属性包括独特的自然景观或者人文资源，如民俗、山川、历史、特殊事件等；附加属性指代功能性特性，包括交通、住宿、社会治安、解说服务等。学者们多使用拉力因素来构建目的地吸引力指标，如国内学者吴必虎（2001）认为目的地吸引力由旅游资源、产品、设施、企业和政策环境五个部分组成。张红贤（2018）等人认为高等级的旅游吸引物、良好的旅游设施以及高质量的旅游服务是构成目的地吸引力的三个重要因素。

## 二、旅游可持续发展理论

可持续发展是指既能满足当代人的需要，又不损害后代人满足需要的能力的一种发展模式,强调经济效率、社会公平和环境完整的统一。可持续发展概念一经提出,迅速在全世界范围内传播,并且不断向社会各个领域延伸。旅游可持续发展理论也正是可持续思想应用于旅游发展的结果。

最初,旅游业被认为是"无烟"产业、环境友好型产业,即旅游业的发展并不会对环境造成污染,不会破坏社会文化和经济活动。然而,从实践中发现,旅游与环境以及社会之间的关系并不总是积极的,如森林旅游过程中的垃圾乱扔乱放可能造成植被破坏;民俗文化商业化可能损害和扭曲本土文化的真正内涵。随着旅游业的快速发展,旅游业界在认识旅游经济发展与自然生态环境、区域旅游开发与社会文化保护等之间的关系上出现重要的转变,追求旅游、环境、社会和文化等各方的和谐、平衡和共赢成为世界的共识。旅游可持续发展理论就是在这样的背景下发展起来的。

作为可持续思想在旅游领域中的具体应用,旅游可持续发展目前尚无完全能达成一致的定义。世界旅游组织将旅游可持续发展定义为:在维持文化完整、保持生态环境的同时,满足人们对经济、社会和审美的要求。联合国教科文组织则强调目的地系统的可持续性,认为旅游可持续发展要求旅游与自然、文化和人类生存环境构成一个整体。世界旅游理事会更关注代际公平,认为旅游可持续发展既能满足现代旅游者和旅游地区的需要,同时也能保护和增加未来人类的机会。但无论是哪种定义,都体现了强化生态意识、旅游公平发展和保护自然环境的思想内涵。除了对旅游可持续发展进行理论层面的探讨,旅游可持续发展在实践中的应用也受到关注。为了能更好地指导旅游地的可持续发展,联合国教科文组织制定了"参与、利益相关者、当地所有、承载力控制、监控和评估、资源的可持续"等 11 条原则。世界自然保护基金组织也对旅游可持续发展制定了"可持续地利用资源、减少过度消费和浪费、将旅游结合到规划中、负责人的旅游营销"等 10 条原则。

推进旅游可持续发展实践的必要步骤是构建相应的评价指标体系。"旅游可持续性压力表"模型是 James（2001）构建的评价旅游目的地可持续发展程度的工具。该评价模型将目的地区域划分为人文系统和生态系统，分别包含了两个尺度和四个尺度，每个尺度由多个评价指标构成。Ko（2005）继而提出了区域旅游可持续发展评价初步框架，将人文系统和生态系统进一步细化成政治、环境政策与管理等八个子系统，并从旅游给当地居民带来的利益、旅游给旅游者带来的利益、旅游对自然环境的贡献三个方面选取评价指标。

### 三、旅游承载力理论

一个旅游目的地所能容纳的游客人数并不是无限的，相反，游客的过度密集会引发诸多环境、经济和社会问题，乃至影响整个区域的旅游可持续发展，它客观上存在着一个容量的极限值和最适值，这便是旅游承载力（或可称为旅游容量）。20 世纪 60 年代，由于旅游呈现出大众化发展的趋势，越来越多的游客纷纷涌向旅游目的地，进而造成部分景区拥挤、旅游生态环境被破坏，同时游客对景区的满意度也日益下降。在这样的背景下，Laipeqi 于 1963 年首次提出旅游承载力的概念，随后，Wagar（1964）进一步明确了旅游承载力的概念，并将其定义为"在自然环境和游客体验质量没有出现不可接受的降低的情况下，一个景点可以容纳的最多游客人数"。该定义被认为是对旅游承载力概念最经典的描述。此后，众多国内外学者在此基础上针对特定类型旅游目的地进行了更细致的界定，且逐渐达成共识，即旅游承载力研究要以可持续发展思想为指导，以探究旅游目的地开发限度为直接目的，避免旅游目的地自然、经济、社会等要素遭到破坏以及注重旅游者满意度（Mcintyre，1993；Butler，2010）。

基于对旅游承载力概念及内涵的认识，大量的学者开始对旅游承载力的评价指标进行探讨。其中，早期常见的指标有：第一，游客接待量，例如特定旅游地域的高峰期接待量、每小时接待量、日接待量、周接待量、月接待量和年接待量，等等；第二，游客密度，旅游目的地或各类旅游活动场所的单位面积容纳人数，例如，游客量/单位面积海滩、游客量/单位面积的景点接待空间，等等；第三，主客比例，游客量/当地人口，当地公共设施的游客使用量/居民使用量等。然而，学者们逐渐发现这些单一指标很难准确断定一个旅游目的地的承载力是否遭到破坏。于是，学者们开始由单一指标向多指标评价体系转变。Pierluigi（2017）等通过对滨海旅游目的地旅游承载力的研究，从社会、经济和生态三个方面构建了由二十四个评价指标组成的旅游承载力指标体系。Chen（2014）等从环境影响、环境发展和生态状况三个方面来对国家公园的旅游承载力进行评价。裴玮构建了省域层面的旅游承载力指标体系，包括综合压力系统、现状承载系统和发展支撑系统三个一级指标。

### 四、旅游利益相关者理论

利益相关者（Stakeholder）是管理学的一个概念，是指"任何能够影响组织目标实现或者被该目标影响的群体或者个人"。利益相关者理论（Stakeholder theory）的研究开始于20世纪60

年代，极大地挑战了以股东利益最大化为目标的股东至上理念。之后，该理论迅速得到了社会学、管理学、伦理学等众多学科的关注，其研究主体也逐渐从企业扩展到政府、社区、城市、环境和社会团体，等等。

利益相关者理论被引入旅游研究领域的契机其实是学者们对于旅游可持续发展的关注。早在1984年，《我们共同的未来》中就指出在旅游可持续发展过程中有必要理解利益相关者，旅游的可持续发展是一个困难而又复杂的过程，在让部分人收益的同时势必影响到另一部分群体的利益，因此，世界环境发展委员会明确指出，引入利益相关者理论是可持续发展过程中必不可少的要求之一。1999年，《全球旅游伦理规范》明确使用了"利益相关者"一词，提供了旅游业发展中不同利益相关者行为参照标准，标志着"旅游利益相关者"概念正式得到官方认可。

何谓旅游利益相关者？作为一个综合性的产业，旅游业比其他大部分行业所涉及的利益相关者都要多。国内外学者针对各自研究的对象作出了概念的界定和分类。Sautter（1999）认为旅游业的利益相关者包括员工、政府部门、竞争者、国家商务链、游客、本地市民和本地商户，并绘制了利益相关者基本图谱（图10-2），成为后来研究者进行旅游利益相关者研究的一个基础图谱。张玉钧（2017）等认为国家公园生态旅游利益相关者分为潜在利益相关者和已经介入的利益相关者，其中已经介入的利益相关者包括国家公园管委会、开发署、原住民、民宿经营者、专家学者团体、驴友和普通游客，潜在的利益相关者包括非政府组织、社会媒体和未来进入的旅游企业等。王纯阳和黄福才（2012）认为村落遗产地利益相关者包括政府、旅游企业、社区居民和旅游者，属于核心利益相关者；旅游从业人员、碉楼业主、旅游行业协会和旅游业相关企业属于蛰伏利益相关者；特殊利益团体、教育机构、媒体是边缘利益相关者。宋瑞（2005）认为生态旅游的利益相关者包括政府、保护地、当地社区、旅游企业、旅游者、非政府组织、学术界及相关机构、媒体、其他国际组织以及社会公众，具体如图 10-3 所示。

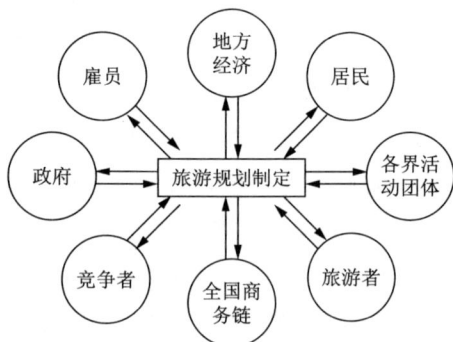

图 10-2　旅游业利益相关者图谱

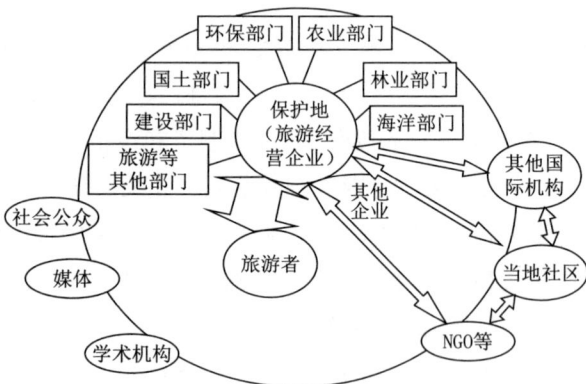

图 10-3　生态旅游发展利益相关者

注：图中各主体所处位置表示其本身的重要程度，保护地和旅游者（而不是当地社区）处于中心位置；图中箭头的粗细表示其关系的主次程度，其中保护地（旅游经营企业）和旅游者之间的关系占主要地位。

### 第三节　旅游经济与业态理论

#### 一、旅游系统论

系统是当今社会广泛应用的一个概念，系统是普遍存在于自然界和人类社会各个领域的。系统论认为，系统是由一组相互依存、相互作用和相互转化的客观事物所构成的具有一定目标和特定功能的整体。系统中各个单元之间，有物质、能量、信息、人员和资源的流动，通过单元的有机结合，整个系统具有统一的目标。

旅游系统（参见第八章相关内容）就是将系统论思想运用到旅游领域中，是专门用于研究旅游问题的。旅游系统论的核心观点要求研究者把旅游视为一个相互依赖又相互作用的系统平衡推进、协调发展的综合体。而该综合体又成了对旅游业进行系统论改造的对象，这样旅游系统就自然成了旅游学研究的对象。

国内外不同学科背景的研究者出于不同目的，从不同角度提出了各自的旅游系统模型。其中，国外最具代表性的是 Gunn 提出的旅游功能系统模型和 Leiper 提出的旅游地理系统模型。

美国著名旅游规划专家 Gunn 于 1972 年提出了旅游系统的概念，并构建了旅游功能系统模型（图 10-4）。该模型由五个部分组成，分别是旅游吸引物、服务与设施、交通、信息与引导和旅游者。他认为这五个要素相互作用形成了一个有机整体，即旅游功能系统。2002 年，Gunn 对原有模型进行了改进，进一步明确了供给系统中五要素之间的相互依存关系，提出了一个更能体现旅游系统本质的新的旅游功能系统模型（图 10-5）。

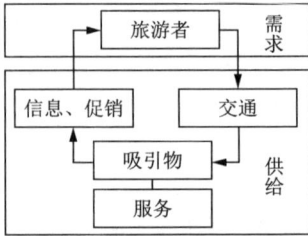

图 10-4　旅游功能系统模型　　　　图 10-5　旅游功能系统模型
（Gunn，1972）　　　　　　　　（Gunn，2002）

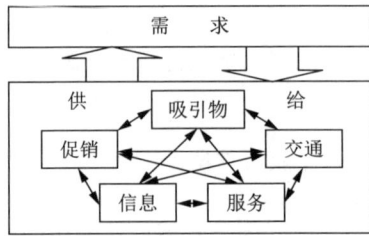

1979 年，澳大利亚学者 Leiper 将旅游视为客源地与目的地以及旅游通道相连的空间系统，提出了对旅游研究影响深远的旅游地理系统模型（图 10-6）。在 Leiper 模型中，重点突出了客源地、目的地和旅游通道三个空间要素，他把旅游系统描述为旅游通道连接的客源地和目的地的组合。旅游客源地是旅游者居住及旅行的始发地，而旅游目的地是吸引旅游者在此作短暂停留，进行观光度假的地方，旅游通道将客源地和目的地两个区域连接起来，其不仅仅指那些能够帮助旅游者实现空间移动的物质载体，同时也包括一些旅游者可能参观的地点。除此之外，Leiper 还指出了旅游系统中的另外两个要素，即旅游者和旅游业。旅游者是旅游系统的主体，在客源地和目的地的推拉作用下，旅游者在空间上进行流动。旅游业存在的意义在于通过其产品满足旅

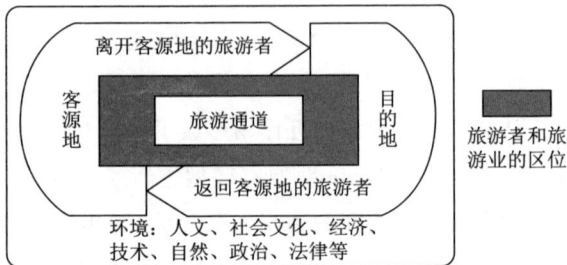

图 10-6　旅游地理系统模型（Leiper，1995）

游者的旅游需求，不同旅游业部门分布于客源地、目的地或旅游通道等不同的空间，共同为旅游者提供一套完整的旅游产品。

国内学者对旅游系统也进行了许多探讨，并建立了一些本土的旅游系统模型，但这些模型大多是在国外学者研究基础上的改进。如吴必虎（1998）将旅游系统构建成一个由客源市场系统、目的地系统、出行系统和支持系统四个子系统组成的整体。杨新军和刘家明（1998）对 Gunn 的旅游功能系统进行了改进和发展，在原有的基础上增加了宣传促销子系统。该模型强调了市场的重要性，认为在现代旅游竞争激烈的情况下，市场需求是旅游目的地制定开发规划的依据，旅游供给应该以市场需求为导向。

### 二、旅游本底趋势线理论

受环境评价本底值概念的启发，国内学者孙根年于 1988 年率先提出可以定量反映旅游业发展的本底趋势线理论（Natural Trend Curve），是指在不受偶然事件严重冲击和干扰的情况下，境外或境内旅游业发展所呈现的固有趋势线方程（动力学方程），它反映了一个国家（或地区）旅游业发展天然而稳定的趋势和时间规律。本底趋势线理论认为旅游业的发展呈现出"长期趋势项 + 周期波动项 + 随机波动项"的趋势特征。其中，长期趋势项一般表现为直线或者指数增长模式，周期波动项包括长周期波动和短周期波动，均可用变幅正（余）弦函数来表示，随机波动项则由于政治、环境、社会等多种因素的影响而表现出无规律的波动。本底趋势线模型就是长期趋势项、周期波动项和随机波动项的加总（孙根年，1988）。本底趋势线理论可以科学反映旅游业的兴衰变化，在旅游市场分析调查的基础上，严格区分旅游发展中的天然趋势和事件对旅游的影响，以本底线为基准，统计线的涨落起伏变化，不仅可以定性解释旅游业兴衰的社会政治环境巨变，还可以定量分析和评估突发事件对旅游业的冲击和影响程度，如，影响期的长短、消退时间、客流损失（上涨）量、外汇损失（上涨）量、冲击率大小和时间变化等。此外，本底趋势线的自然延伸又具有预测未来旅游业发展趋势的功能。基于此，大量的文献开始使用本底趋势线理论来研究突发事件对旅游业的影响（戴光全和保继刚，2007；孙根年等，2011；成观雄和喻晓玲，2015）。

　　旅游业的生命周期一般可划分为五个阶段（如图 10-7），其中，光滑曲线为生命周期的本底趋势线，带点实线为实测数据的统计线，"凹型谷"形象地反映了突发事件对旅游业发展的冲击和影响（张铁生等，2012）。"凹型谷"所代表的旅游损失及其相关指标统计方法如下：损失量 = 统计值 – 本底值；损失率 =（损失量 / 本底值）× 100%；"凹型谷"的持续时间以统计值与模型值相对偏差 ≥ 1% 为界。

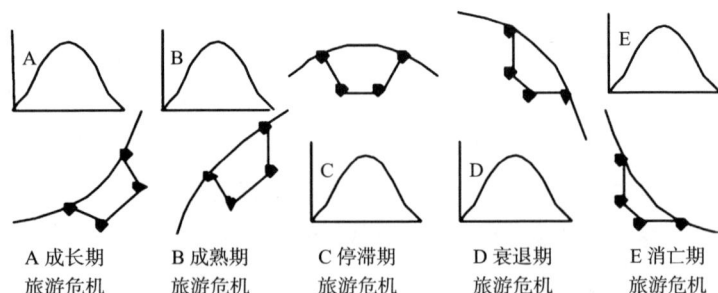

A 成长期　　B 成熟期　　C 停滞期　　D 衰退期　　E 消亡期
旅游危机　　旅游危机　　旅游危机　　旅游危机　　旅游危机

**图 10-7　旅游生命周期不同阶段突发事件的冲击所形成的凹型谷**
资料来源：张铁生（2012）。

　　在建立旅游本底趋势线方程之前往往需要采用直线内插法对旅游统计数据进行修正，具体步骤是：首先，用旅游统计数据（使用较多的是旅游人数和旅游收入）做出长期变化的趋势线；

其次，用目视观测法，从统计线上找到适合直线内插的起始点（$n_a$）和终点（$n_b$）；最后，运用内插方程 $Y_n = Y_a + (n - n_a) \times d$ 对异常年份的数据进行处理。其中，$n$ 表示需要进行处理的异常年份，$Y_n$ 表示第 $n$ 年进行修正过后的值，$d$ 表示直线内插的公差值，计算公式为 $d = (Y_b - Y_a) / (n_a - n_b)$。

建立旅游本底趋势线方程的步骤有三。首先是选取经过内插修订的数据做出趋势线方程；其次是观测统计图，选配一个合适的趋势方程；最后根据最小二乘法原理，进行数据的最优拟合，确定有关参数、建立旅游本底线方程。旅游业的发展有其自身的本底趋势线，作为反映经济发展规律的数学模型，通常有如下几种形式（表 10-2）。

表 10-2　旅游本底趋势线模型的主要类型

| 模型名称 | 方程的数学形式 |
| --- | --- |
| 直线增长函数 | $Y = a + bt$ |
| 曲线增长函数 | $Y = at^2 + bt + c$ |
| 逻辑增长函数 | $Y = K / [1 + \exp(a - bt)]$ |
| 指数增长函数 | $Y = y_0 \exp(at)$ |
| 正弦波动函数 | $Y = q\sin(\omega t + \varphi)$ |
| 直线—逻辑复合函数 | $Y = a + bt + K / [1 + \exp(c - rt)]$ |
| 直线—指数复合函数 | $Y = a + bt + y_0 \exp(rt)$ |
| 直线—正弦复合函数 | $Y = a + bt + q\sin(\omega t + \varphi)$ |
| 指数—逻辑复合函数 | $Y = a \cdot \exp(t) + K / [1 + \exp(b - ct)]$ |
| 指数—正弦复合函数 | $Y = a \cdot \exp(t) + q\sin(\omega t + \varphi)$ |
| 逻辑—正选复合函数 | $Y = K / [1 + \exp(a - bt)] + q\sin(\omega t + \varphi)$ |
| 曲线—正弦复合函数 | $Y = at^2 + bt + c + q\sin(\omega t + \varphi)$ |

资料来源：成观雄和喻晓玲（2015）。

除了在年际尺度上的分析，孙根年和马丽君（2008）还在研究旅游年内变化预测中引入了月指数的概念，为在更高分辨率上分析和评价危机事件对旅游业的冲击和影响提供了新的方法。所谓月指数，就是将基于本底趋势线方程计算的预测值，按月指数分解到年内各个月份。月指数的计算公式为 $Q_{ij} = k_{ij} \times y_j$。公式中，$Q_{ij}$ 为第 $j$ 年第 $i$ 个月的月旅游本底值；$k_{ij}$ 为第 $j$ 年第 $i$ 个月的月指数，$y_j$ 为第 $j$ 年旅游本底值。

### 三、旅游产业集聚理论

产业集聚是指同一产业在某个特定地理区域内高度集中，产业资本要素在空间范围内不断汇聚的过程，反映了产业在空间集中过程中成本降低、效益增加的规模经济与集聚经济效应。旅游产业集聚则属于旅游相关行业集聚。虽然，目前大多学者认同"旅游产业集聚是旅游相关企业在空间上的集聚现象"，但是对于旅游产业集聚的概念界定则尚未达成统一。Hawkins（2004）认为旅游产业集聚是为了提高旅游地的吸引力和竞争力而开展的旅游活动和服务所形成的旅游链。麻学峰（2005）等将其界定为以旅游地为核心，围绕旅游要素在目的地范围内聚合的企业单位的旅游经济集聚现象。马晓龙（2014）则认为旅游产业集聚是以市场为载体，以旅游价值为纽带，相互关联的旅游产业在地理空间范围内不断集聚的过程。

如其他的产业一般，集聚的外部性和规模经济是旅游产业集聚的根本原因（毛剑梅，2006）。影响旅游业集聚的因素有很多，在集聚的初期主要是自发集聚，与资源优势和交通便利有着相当大的关系（邓冰等，2004）。此外，客源市场、信息资源、目的地形象、企业品牌和人力资源等要素在空间上的集聚，也会进一步推动特定地区形成具有一定规模和竞争力水平的区域旅游产业群体（张建春，2006）。

旅游产业集聚作为一种特殊的经济现象，其发展过程中将产生 MAR 外部性和 Jacobs 外部性。基于此，旅游产业集聚可分为专业化集聚和多样化集聚两类。旅游产业专业化集聚是旅游产业的核心企业规模扩张所带来的效应。从旅游产业体系来看，旅行社、星级宾馆和旅游景区等企业是现代旅游产业的核心产业。旅游产业多样化集聚则是旅游产业中除核心产业外，辅助产业和延伸产业构成的空间集聚（王新越和卢雪静，2020）。

国内外学者涉及旅游产业集聚测度的方法有很多，主要采用区位熵、空间基尼系数、主成分分析、行业集中度和赫芬达尔-赫希曼指数等方法。下面列出最常用的两种衡量方法。使用空间基尼系数对旅游行业的集聚程度进行测量（杨勇，2010），计算方式为：

$$G^i(t) = \sum_j \left[ s_j^i(t) - s_j(t) \right]^2$$

公式中，$G^i(t)$ 为 $i$ 旅游行业 $t$ 年的空间基尼系数，$s_j^i(t)$ 表示 $t$ 年地区 $j$ 的旅游行业 $i$ 占全国旅游行业 $i$ 的份额，$s_j(t)$ 表示 $t$ 年地区 $j$ 的所有旅游行业占全国所有旅游行业的份额。空间基尼系数简洁直观，其值越高（最大值为1），则产业集聚程度越强。

区位熵因为能直观有效地反映产业的空间集聚情况而受到学者们的青睐（王凯等，2019）。其计算公式为：

$$LQ_{it} = (Q_{it}/Q_i)/(Q_t/Q)$$

公式中，$LQ_{it}$ 为旅游产业区位熵，表示 $t$ 年 $i$ 省区旅游产业集聚水平；$Q_{it}$ 为 $t$ 年 $i$ 省区旅游总收入；$Q_i$ 为 $t$ 年 $i$ 省区国民经济总产值；$Q_t$ 为 $t$ 年全国旅游总收入；$Q$ 为 $t$ 年全国国民经济总产值。

### 四、旅游空间演化理论

旅游空间演化研究是旅游地理学研究中的重要领域，里面涉及许多空间地理的理论，如点—轴理论、核心—边缘理论以及增长极理论。这些理论虽然并不是发源于旅游学研究，但是在旅游中得到了较好的应用和长足的发展。

1. 点—轴理论

20 世纪 70 年代初，英国著名地理学家哈格特（Haggett）在描述空间结构模式时，将区域抽象为由运动模式、路径、结点、地面和扩散五个几何要素组合而成的点—轴模式。

我国学者陆大道等人在大量宏观区域发展研究的基础之上，根据中心地、增长极和生长轴等多种点开发和轴开发的相关理论，详细阐述了社会生产力的空间组织过程，提出并完善了点—轴渐进扩散理论。

该理论认为在区域经济发展的初期，一些发展条件较好的地区将会优先成为区域经济中心，这些点上集聚大量的人口和社会经济职能，是特定区域范围内的重要发展目标。

当区域发展到一定阶段，区域经济中心的数量越来越多，此时便出现了连接各中心点的基础交通设施等用于地区间生产要素的交换和流通，这些基于交通等设施的线就成了区域经济中心间相互联系的轴线，这些轴线具有较强的经济吸引力和凝聚力，轴线上集聚的资金、信息、劳动力等要素流能够促进和带动邻近区域的发展。

点—轴理论在区域经济发展领域中具有普适性。旅游业作为现代区域经济发展的重要产业之一，其经济发展模式也遵循着点—轴理论中的规律，即各旅游节点由旅游线路连接，形成有机的旅游空间结构。

旅游经济发展过程中的"点"具体指的是各级旅游中心地，即旅游城市、旅游景区和旅游接待设施等旅游实体要素的节点，是各类旅游要素的集聚地。

旅游经济发展过程中的"轴"具体指的是联结各旅游节点而形成的资源丰富、功能齐全和结构完整的旅游产业经济带，主要建立在交通干线和通信干线基础之上，并对附近区域旅游经济发展具有扩散作用。

区域旅游经济的发展总是从不平衡到相对平衡，在发展条件的限制下，总是会先集中力量开发高等级的点和生长轴。点轴结构的形成会经历一段时间，从最初的孤立的数个中心地、逐步发展成为具有一定空间结构的发展轴线，最终形成"点—轴—面—网"的空间系统。

2. 核心—边缘理论

核心—边缘理论起源于19世纪，美国学者Perloff在进行区域经济空间研究和分析时首次提出该理论。之后，Mydral和Hirshman等多位学者对该理论进行了更为全面的阐述。Friedman（1966）在总结前人研究成果的基础上，提出了最为完整和系统的核心—边缘演变模式，详细阐述了一个区域如何从互不联系、孤立发展，变成区域之间相互联系、发展不平衡，又由极不平衡发展向彼此联系紧密的平衡发展状态演变的区域系统动态变化过程。

旅游地区空间结构也是由"核心"和"边缘"构成，"核心"对旅游地区起到主导作用，"边缘"对"核心"存在明显依赖性，两者优势互补,空间关系不断调整,最终达到协同发展的理想状态。

### 3. 增长极理论

19世纪50年代,Perroux(1950)在其发表的名为《经济空间:理论和应用》的文章中首次提出了"增长极"的概念。所谓"增长极"就是指具有空间集聚特征并且对其他区域具有推动作用的经济单位集合体。增长极理论认为经济增长在地理空间中并不是均衡存在的,一些增长点或者增长极会呈现出明显区别于其他地区的增长强度,随后,增长中心通过各种各样的作用向外扩散,从而对整个区域内的经济增长发挥作用。

在旅游发展过程中,一些旅游资源丰富、经济发展水平高和区位良好的旅游地往往会对旅游者具有更大的吸引力,率先成长为区域旅游发展中的增长极。通过对这些旅游增长极进行重点培育,集中人力、财力和物力于此,可加速其成长和扩大,并通过交通改善、客源市场共享和加强对外联系等手段降低扩散阻碍,增强增长极对周边地区的扩散作用,从而带动周边地区的旅游发展,进而实现区域旅游一体化。

## 五、距离衰减理论

游客出游流量在不同的距离上具有不同的分布概率。一般而言,距离越近,流量分布的概率越大,距离越远,流量分布的概率越小,这就是所谓的距离衰减理论,是旅游流研究领域的核心理论。

该规律成立的前提假设有几点:

其一,只考虑距离对旅游目的地吸引力的影响,忽视其他错综复杂的影响因素。

其二，认为在其市场范围内，没有同质旅游目的地与之竞争。

其三，旅游客源市场社会条件相同，自然条件均等。

显然，在现实条件中，以上三个假设都难以完全满足，因此该规律只是描述了旅游目的地吸引旅游者的一种理想状态。现实生活中旅游地的吸引力会因交通、环境、营销、政策、旅游者偏好等多种多样的因素不完全表现为随距离衰减的规律。基于此，1992 年，Smith 将旅游者对差异性产品的偏好和旅行成本的共同作用均考虑进来，认为游客流量的分布会随着距离的增加先上升后下降，即鲍尔子曼曲线（Boltzmann Curve）。

吴必虎（1994）认为游憩活动空间存在着空间不连续现象，并且用 U 形曲线来表示，认为随着距离的增加，游客会逐渐减少，但是到了某一不连续带之后又会出现逐渐增加的情形，尤其适用于小尺度空间。U 形曲线与鲍尔子曼曲线的表达正好相反，但是并不矛盾，两种曲线反映了不同空间尺度下流动行为背后的不同作用机制。

### 六、旅游新业态

随着旅游消费需求的不断升级，旅游围绕市场的发展与其他行业不断融合产生新的旅游产品形态和消费运营形式。

1. 生态旅游

在经济发达国家中，为了满足城市化进程中人们对自然环境的强烈需求，开始兴起国家公园建设，在城市中专门开辟出公共旅游休闲区域和推出生态旅游产品。在发展中国家中，其本身就拥有天然而丰富的自然资源，为发展生态旅游提供了较好的资源基础。

国际自然保护联盟特别顾问、墨西哥学者 Ceballos（1987）最早提出生态旅游（Eco-tourism）一词，自此，学界对生态旅游研究给予很大的关注和热情。目前关于生态旅游的概念还没有形成一致的说法。

世界生态旅游协会把生态旅游定义为具有保护自然环境和维系当地居民双重责任的旅游活动。Boo（1991）认为生态旅游是指前往未被干扰过的自然区域，以欣赏、研究自然风光和野生动植物为目标，并能为保护区筹集资金，为当地居民创造就业机会，为旅游者提供环境教育，从而有利于自然保护的旅游活动。总体而言，生态旅游强调自然环境的保护和可持续性。

2. 低碳旅游

2008 年，世界旅游组织与世界气象组织等联合发布的《气候变化与旅游业：应对全球挑战》报告中，在针对旅游部门应对气候变化的战略途径上，首次提到了低碳旅游（Low-carbon Tourism）一词，并迅速受到了国际国内学者的关注。

低碳旅游的提出背景在于全球气候变暖，国际组织希望通过呼吁旅游各部门减少温室气体排放从而实现可持续发展。基于此，许多学者开始对目的地旅游业的能源消耗和碳排放水平进行测度，如 Tabatchnaia-Tamirisa（1997）和 Konan（2010）通过定量研究发现夏威夷地区旅游者的能源消耗占地区消耗总量的60%，旅游者所产生的温室气体排放量占总量的 22%。

3. 乡村旅游

乡村旅游的发展是供需两方共同推动的。在需求方面，最初是由于城市化发展，大量移民从乡村到城市，节假日就会出现返乡潮，他们的消费特点是低消费和低要求；之后传统乡村旅游向着现代乡村旅游转变，旅游需求动机演变为追求环境的高品质和寻找真实性。在供给方面，由于城市化的快速发展，乡村面临着衰退和消失的风险，为了避免这种情况的发生，在渔业、农业等都衰退的时候，发展乡村旅游成为帮助当地创造就业、提高收入和拉动经济发展的重要手段。

乡村旅游研究的内容主要从供给、需求和活动三个方面展开。乡村旅游产品是一个复杂的系统，包含一切吸引乡村旅游者的事物和体验，如农业景观、乡村风貌、生活方式等。乡村地区的旅游企业大多是以家庭为单位的小型个体户。

当前，旅游者进行乡村旅游的旅游动机主要源于现代性造成的精神疲惫和虚无，需要乡村这样一个亲近自然、具有更多真实性的地方来摆脱千篇一律的日常和缓解生活压力。

关于乡村旅游活动是否对当地社区有利尚无定论，一部分学者认为乡村旅游能够为当地社区带去除了农业以外的第二收入，另外一部分学者则认为乡村旅游需要大量投资，这会给偏远、小规模的乡村管理部门带去额外的开支负担。

未来的旅游业发展框架见图10-8（Dimitrios Buhalis，2006）。

## 七、资源诅咒理论

在传统的认知框架下，一个地区的资源越丰富，其经济发展就会越好。但是Auty（1993）通过对一些矿产资源十分丰富的国家和地区进行研究发现，丰裕的矿产资源并不完全有利于经济增长，它可能导致这些国家和地区陷入经济增长缓慢甚至衰退的境地。由此，资源诅咒理论被提出，用于解释自然资源不利于经济增长的现象。资源诅咒理论被提出以来，国内外许多学者对不同类型自然资源的经济效用进行了详细分析，并认为依赖石油和矿产等资源的经济体更容易受到资源"诅咒"，而依赖农业耕地

**新消费者：需求趋势**

消费者行为的转变

新兴市场

国内和探亲访友旅游

另类旅游与旅游道德化

会议旅游、会展市场与商务旅游

大众市场与利基市场

文化、遗产和艺术驱动的旅游业

后工业化时代旅游

青年与冒险旅游

**旅游业未来框架**

旅游

旅游

**新产品：新兴行业解决方案**

重新设计已建立的产品和目的地

基于时尚和可访问性的新兴目的地

基于体验的产品

基于自然的产品、生态旅游和冒险旅游

体育和赛事旅游

城市化与第二家园旅游

新时代旅游：精神体验

购物和旅游

美食、食品和葡萄酒

塔纳旅游和"黑暗旅游"（包括精神和朝圣旅游）

太空旅游

商业

市场上新出现的现实和变化

**新产业：供应趋势**

酒店业大趋势

运输和过境：空运、陆运和海运

景点大趋势

中介机构：旅行社和旅游运营

文化、遗产和旅游景点

娱乐与新休闲

目的地管理组织和参与者

旅游业未来：结论

前沿

动力学

**新趋势：**

安全保障与世界和平

危机管理与旅游业

气候变化

监测作为可持续旅游业的一种途径

道德、社会责任

媒体和传播

企业责任与旅游业：市场驱动的方法

旅游放松管制

研究：新方法和知识创造

**新管理层：**

未来的组织与管理

旅游业工作和就业的未来

旅游目的地的政策相关网络和伙伴关系

基于目的地的商业网络和伙伴关系

创新、创造力和竞争力

管理全球化

**旅游目的地的复杂性与网络理论**

混沌理论与管理方法

**人力资源开发教育和培训：模式/方法**

旅游业中小企业

资源管理：社会、文化、物理环境和影响优化

管理

**新工具：**

以消费者为中心的旅游营销

跨文化酒店与旅游营销

信息通信技术

旅游营销信息系统为旅游经理提供决策支持

管理经济影响、卫星账户和观测站

旅游预测方法

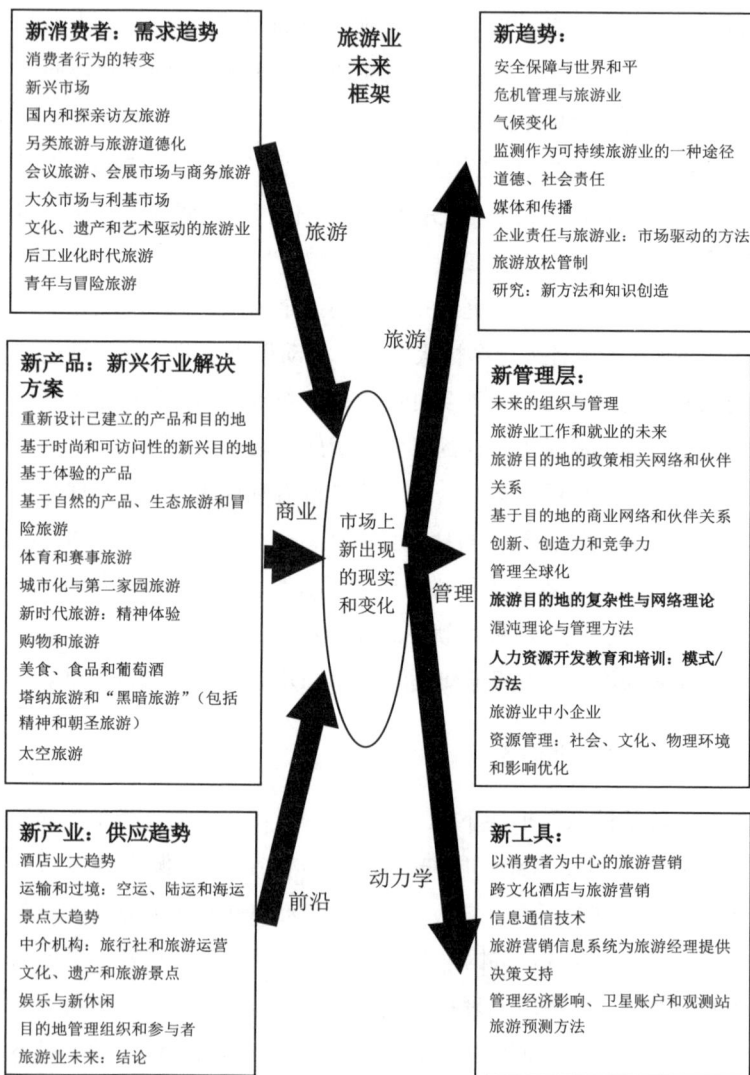

图 10-8　旅游业未来发展框架

等分散性资源的经济体则较少出现资源诅咒现象。

旅游业一定程度上也有"资源依赖"的特点，其发展需要基于自然景观、人文景观、文化传统、风俗民情等旅游资源的开发从而获取经济效益和社会效益。那么对于旅游业而言，是否也存在资源诅咒现象？基于此，资源诅咒理论被引入旅游研究，其在旅游中的应用也在不断发展完善。

许多学者首先从不同的角度对旅游资源诅咒的存在性进行了验证。从外部来看，学者们认为旅游业发展会产生"荷兰病"效应，其快速扩张会吸引大量的劳动力和资本等要素流入旅游部门，推动非贸易部门的扩张，从而影响制造业在本地的发展，导致"去工业化"问题产生。此时，如果工业部门所带来的外部效益大于旅游发展所带来的外部效益，那么工业的萎缩将意味着社会福利的降低。

例如 Chao（2006）认为小型城市如果过分依赖旅游业，将会产生明显的"荷兰病"效应，不利于其他产业和本地经济发展。从内部来看，学者们认为旅游业发展到一定程度之后，会阻碍技术进步和创新、提升外部成本、造成环境污染和破坏、引发居民仇外心理等，从而不利于当地的经济增长。

旅游业资源诅咒存在的原因在于：一是在旅游业发展的初期是以资源为主导的，之后旅游资源的边际收益递减，单一依靠资源的结构会阻碍产业的发展；二是旅游产业的发展主要是依靠资本和劳动力的投入，并非由技术进步拉动的，此外，旅游业的发展会提高当地价格水平，增加制造业的成本，阻碍制造业发展，因此，旅游业虽然能够为当地提供短期的发展机会，但是从长期来看，缺乏技术进步和"去工业化"效应会对当地经济增长产生不利影响；三是旅游业发展吸收了大量资本和劳动力，导致工业部门资源不足，此外由于旅游商品和服务的大量出口导致汇率上升，削弱制造业的国际竞争力，从而不利于其经济发展。

## 八、社会网络理论

社会网络理论常被用于研究个体和组织之间的复杂关系。该理论认为社会网络结构与行动者相互影响、相互依存：一方面个体行为会改变个体间的关系，进而影响社会结构；另一方面社会结构会对个体行为及其关系起到约束作用。社会网络理论最早起源于20世纪40年代英国著名人类学家布朗（Brown）对有界群里内部成员行为的关注。之后，社会学家巴恩斯（Barnes）正式提出"社会网络概念"，社会网络理论开始成系统发展。社会网络理论的提出是社会学研究的一个分水岭，它强调了对各个行动者之间的关系及关系结构的认识，而不仅仅是将个体作为一个独立而封闭的单位进行研究。因此，社会网络分析逐渐成为诸多领域研究的新范式。20世纪90年代初，社会网络理论被引入旅游研究，在旅游空间联系、旅游目的地竞争及旅游空间结构的形成、演化等研究中具有突出优势。

在旅游研究中，将各个不同的旅游目的地看作一个个的行动者，两个旅游目的地之间通过旅游流、信息流、资金流、交通流等不同的要素连接在一起，互相影响，互相联系，当两个旅游目的地扩展至多个目的地时，目的地之间旅游要素联系和旅游经济联系则形成一个独特的网状结构。在这个由旅游联系形成的网络结构中，个体与个体、个体与网络、网络与网络之间的联系均会随着时间的变化而不断演化，从而形成新的空间格局。于洪雁等（2015）基于社会网络理论对黑龙江各城市的旅游经济联系网络特征进行了探讨，认为黑龙江旅游网络空间由不均衡向着均衡化发展。杨丽花（2018）也基于社会网络理论探讨了京津冀的旅游经济网络空间结构，并认为石家庄和邯郸将成为除京津之外的旅游经济网络结构中心。

### 九、旅游乘数理论

乘数是经济学中的一个基本概念，乘数理论反映的是现代经济的特点，即由于国民经济部门之间的相互联系，任何部门的最终需求变动都会自发引起整个经济中产出、收入、就业等水平的变动，后者的变化量与引起这种变动的最终需求变化量之比即是乘数。

旅游业是一个关联性很强的综合性产业，旅游需求变动和旅游业发展也会自动引发其他相关产业的变动。因此，旅游学术界对乘数理论加以修订和发展，形成旅游乘数理论，并以此来强调旅游产业发展能够带动国民经济各部门倍数增长的优势。Mathieson 和 Wall 于 1982 年提出旅游乘数概念的雏形，认为旅游乘数是最初旅游消费及其相乘后能在一定时期内产生的总收入效应。这一定义在一定程度上揭示了旅游乘数的本质，但它只是片面地将旅游乘数看作旅游收入的乘数，不足以体现旅游业的综合带动性。国内学者李天元（1991）认为旅游乘数是用以测定单位旅游消费对旅游接待地区各种经济现象的影响程度的系数。该定义表明了旅游乘数并不是单一存在的，可以包括产出乘数、收入乘数、就业乘数、政府收入乘数和进口乘数等。

旅游乘数效应是如何产生的？以入境旅游为例，境外旅游者来到境内进行旅游消费。这些消费将作为无形出口贸易的收入，使得外来资金流入东道国的经济之中。这些流入的资金有一部分会流失于东道国经济领域之外，而其余部分则会逐渐渗透到其他产业,依次发挥间接效应和诱导效应,从而刺激东道国经济活动的扩大和整体经济水平的提高。境内旅游也是如此,其他地方的旅游者到某个城市旅游,也会触发当地的旅游乘数效应。旅游乘数就是用来衡量旅游消费所带来的全部经济效应(直接效应 + 间接效应 + 诱导效应)大小的乘数。

**思考题:**

1. 旅游研究的范式有哪些?
2. 旅游研究的特点是什么?
3. 试比较不同旅游学理论的异同?

**参考文献:**

［1］A. J. Veal, 2006, Research Methods for Leisure and Tourism, Pearson Education Limited, 37, 40.

［2］Amelung, B., 2006, Global Environmental Change and Tourism Thesis, Ph.D. University of Maastricht.

［3］Auty R. M. 1993. Sustaining Development in Mineral Economies: The Resource Curse Thesis, London: Routledge.

［4］Agarwal S. 2002. Restructuring Seaside Tourism: the Resort Life Eycle. Annals of Tourism Research. 29(1): 25–55.

［5］Boo. 1991. Ecotourism: The potentials and Pitfalls (Volumes 1 and 2). Washington, DC: World Wildlife-fund.

［6］Butler R. 2010, The concept of A Tourism Area Cycle of Evolution: Implications for Management of Resources. Canadian Geographer, 24(1): 5–12.

［7］Ceballos-Lascurain H., 1987, The Future of Ecotourism, Mexico Journal January.

［8］Crompton J. L., 1979, An Assessment of The Image of Mexico As A Vacation Destination and The Influence of Geographical location upon that Image, Journal of Travel Research, 17(4): 18–23.

［9］Chao C. C., Hazari B. R., Laffargue J. P., 2006. Tourism, Dutch Disease and Welfare are in an open dynamic economic, The Japanese Economic

Review, 57 (4): 501–515.

[ 10 ] Chen H. S., Chen C. Y., Chang C. T., 2014, The Construction and Application of A Carrying Capacity Evaluation Model in A National Park, Stochastic Environmental Research and Risk Assessment, 28(6): 1333–1341.

[ 11 ] Dann G. 1977. Anomie, Ego-enhancement and Tourism, Annals of Tourism Research, 4(4): 184–194.

[ 12 ] Dimitrios Buhalis, Carlos Costa Tourism Management Dynamics: Trends, Management and Tools, Elsevier Butterworth-Heinemann, 2006, p. 2.

[ 13 ] Gunn C. A., Turgut Var, 2002, Tourism Planning: Basics Concepts Cases, New York: Routledge.

[ 14 ] Friedmanm J., 1966, Regional Development Policy: A Case Study of Venezuelaby John Friedmann, Urban Studies, 4(3): 309–311.

[ 15 ] Hawkins D. E., 2004. A Protected Areas Ecotourism Competitive Cluster Approach to Catalyse Biodiversity Conservation and Economic Growth in Bulgaria, Journal of Sustainable Tourism, 12(3): 219–244.

[ 16 ] Isbam J., Woolcock M., Pritchett L., 2005, The Varieties of Resource Experience: Natural Resource Export Structures and The Political Economy of Economic Growth, World Bank Economic Review, 19(2): 141–174.

[ 17 ] James, 2001, Assessing Progress of Tourism Sustainability, Annals of Tourism Research, 28(3): 817–820.

[ 18 ] Klenosky D., 2002, The "Pull" of Tourism Destinations: A Means-end Investigation, Journal of Travel Research, 40(4): 385–395.

[ 19 ] Ko T. G., 2005, Development of A Tourism Sustainability Assessment Procedure: A Conceptual Approach, Tourism Management, 26(3): 431–445.

[ 20 ] Konan C., 2010, Greenhouse Gas Emissions in Hawaii: Household and Visitor Expenditure Analysis, Energy Economics, 32(2): 210–219.

[ 21 ] Laipeqi, 1963, The Capacity to Absorb Tourists, Built Environment, 3(8): 239−263.

[ 22 ] Leiper N. (1995). Tourism management. Collingwood, VIC: TAFE Publications.

[ 23 ] Lundtorp S. Wanhill S. (2001). The resort lifecycle theory: generating processes and estimation. Annals of Tourism Research, 28(4): 947–964.

[ 24 ] Mcintyre G. (1993). Sustainable tourism development: Guide for local planners. Madrid: World Tourism Organization.

[ 25 ] Perroux F., 1950, The Domination Effect and Modern Economic

Theory. Social Research, 17(2): 188–206.

［26］Pierluigi B., Francesco F., Guido P., 2017, Urban Geomorphology in Coastal Environment: Man-made Morphological Changes in A Seaside Tourist Resort (Rapallo, Eastern Liguria, Italy), Quaestiones Geographicae, 36(3): 97–110.

［27］Stansfield C., 1978, Atlantic City and The Resort Cycle Background to The Legalization of Gambling, Annals of Tourism Research, 5(2): 238–251.

［28］Sautter E. T., Leisen B., 1999, Managing Stakeholders: a Tourism Planning Model, Annals of Tourism Research, 26(2): 312–328.

［29］Tabatchnaia-Tamirisa L. L., 1997, Energy and tourism in Hawaii, Annals of Tourism Research, 24(2): 390–401.

［30］Wagar J. A. (1964). The carrying capacity of wild lands for recreation ［J］. Forest Science Monograph, 7(3): 62–72.

［31］包亚芳，2009，基于"推—拉"理论的杭州老年人出游动机研究，旅游学刊，24（11）：47—52。

［32］保继刚，朱峰，2008，中国旅游本科教育萎缩的问题及出路——对旅游高等教育30年发展现状的思考，旅游学刊，23（5）：13—17。

［33］成观雄，喻晓玲，2015，突发事件对边疆地区入境旅游的影响——以新疆"7.5"事件为例，经济地理，35（5）：204—208。

［34］邓冰，俞曦，吴必虎，2004，旅游产业的集聚及其影响因素初探，桂林旅游高等专科学校学报，（6）：53—57。

［35］戴光全，保继刚，2007，昆明世博会效应的定量估算：本底趋势线模型，地理科学，（3）：426—433。

［36］高军，吴必虎，马耀峰，2011，旅华英国游客O→D旅游客流动力机制研究，旅游学刊，26（2）：35—40。

［37］何建民，2006，旅游管理教育与学科建设的国际经验与我国问题及发展设想，旅游科学，20（1）：63—70。

［38］黄松山，2019，澳大利亚的旅游高等教育与旅游学科建设，旅游学刊，34（11）：8—11。

［39］黄福才，1995，旅游学概要，厦门大学出版社。

［40］李天元，1991，旅游学概论，南开大学出版社。

［41］陆大道，2002，关于"点—轴"空间结构系统的形成机理分析，地理科学，（1）：1—6。

［42］刘妍，赵川，陈嘉睿，2016，基于"推拉阻"模型的国内亲子旅游决策研究，地域研究与开发，35（5）：115—119。

［43］麻学锋，2005，湘鄂渝黔边区旅游产业集群发展战略研究，武汉科技学院学报，（8）：73—75。

［44］马勇，周霄，2004，旅游学概论，旅游教育出版社。

［45］毛剑梅，2006，旅游业与制造业产业集群的比较分析，经济问题探索，（6）：125—128。

［46］马晓龙，卢春花，2014，旅游产业集聚：概念、动力与实践模式——嵩县白云山案例，人文地理，29（2）：138—143。

［47］裴玮，2013，基于面板数据的西南地区旅游生态环境承载力评价，云南师范大学学报：哲学社会科学版，45（3）：31—36。

［48］孙根年，1998，我国境外旅游本底趋势线的建立及科学意义，地理科学，（5）：51—57。

［49］宋瑞，2005，我国生态旅游利益相关者分析，中国人口·资源与环境，（1）：39—44。

［50］孙根年，马丽君，2008，基于本底线的2008年北京奥运会客流量预测，地理研究，（1）：65—74。

［51］孙根年，周瑞娜，马丽君，2011，2008年五大事件对中国入境旅游的影响——基于本底趋势线模型高分辨率的分析，地理科学，31（12）：1437—1446。

［52］孙文昌，郭伟，1997，现代旅游学，青岛出版社。

［53］田里，薛群慧，1994，现代旅游学导论，云南大学出版社。

［54］王纯阳，黄福才，2012，村落遗产地利益相关者界定与分类的实证研究——以开平碉楼与村落为例，旅游学刊，27（8）：88—94。

［55］王健，2008，关于旅游学发展与旅游管理专业课程体系建设的思考，旅游学刊，23（3）：19—23。

［56］王凯，杨亚萍，张淑文，2019，中国旅游产业集聚与碳排放空间关联性，资源科学，41（2）：362—371。

［57］王新越，芦雪静，2020，中国旅游产业集聚空间格局演变及其对旅游经济的影响——基于专业化与多样化集聚视角，地理科学，40（7）：1160—1170。

［58］吴必虎，1994，上海城市游憩者流动行为研究，地理学报，（2）：117—127。

［59］吴必虎，1998，旅游系统：对旅游活动与旅游科学的一种解释，旅游学刊，（1）：20—24。

［60］吴必虎，2001，区域旅游规划原理，中国旅游出版社。

［61］吴必虎，邢珏珏，2005，旅游学学科树构建及旅游学研究的时空特

征分析——《旅游研究纪事》30 年，旅游学刊，20（4）：73—79。

［62］吴必虎，2009，旅游学概论，中国人民大学出版社。

［63］吴必虎、黎筱筱，2005，中国旅游专业教育发展报告，旅游学刊（人力资源与教育教学特刊），9—15。

［64］吴旭云、杨荫稚、高峻，2003，上海旅游人才供给与旅游高等教育现状分析，旅游科学，（4）：42—45。

［65］谢彦君，1999，基础旅游学，中国旅游出版社。

［66］谢彦君，2003，旅游与接待业研究：中国与国外的比较——兼论中国旅游学的成熟度，旅游学刊，18（5）：20—25。

［67］杨新军、刘家明，1998，论旅游功能系统——市场导向下旅游规划目标分析，地理学与国土研究，（1）：60—63。

［68］杨勇，2010，中国旅游产业区域聚集程度变动趋势的实证研究，旅游学刊，25（10）：37—42。

［69］杨勇，2018，高级旅游经济学——进阶二十讲，上海交通大学出版社，21—22。

［70］于洪雁、李秋雨、梅林，2015，社会网络视角下黑龙江省城市旅游经济联系的空间结构和空间发展模式研究，地理科学，35（11）：1429—1436。

［71］依绍华，2011，旅游学科研究进展及当前研究热点领域，旅游学刊，26（5）：22—29。

［72］杨丽花、刘娜、白翠玲，2018，京津冀雄旅游经济空间结构研究，地理科学，38（3）：394—401。

［73］张建春，2006，旅游产业集群探析，商业研究，（15）：147—150。

［74］张铁生、孙根年、马丽君，2012，危机事件对张家界旅游影响评价——基于本底线模型的高分辨率分析，经济地理，32（10）：145—151。

［75］张玉钧、徐亚丹、贾倩，2017，国家公园生态旅游利益相关者协作关系研究——以仙居国家公园公盂园区为例，旅游科学，31（3）：51—64 + 74。

［76］张红贤、游细斌、白伟杉，2018，目的地旅游吸引力测算及相关因素分析，经济地理，38（7）：199—208。

［77］张凌云、兰超英、齐飞，2013，近十年我国旅游学术共同体的发展格局与分类评价，旅游学刊，22（1）：84—89。

**图书在版编目(CIP)数据**

旅游学/黄郁成等编著. —上海:上海人民出版
社,2023
ISBN 978 - 7 - 208 - 18299 - 8

Ⅰ.①旅…　Ⅱ.①黄…　Ⅲ.①旅游学-研究　Ⅳ.
①F590

中国国家版本馆 CIP 数据核字(2023)第 086837 号

**责任编辑**　刘华鱼
**封面设计**　一本好书

**旅游学**

黄郁成　杨　勇　高　静　郭安禧 编著

出　　版　上海人氏出版社
　　　　　（201101　上海市闵行区号景路 159 弄 C 座）
发　　行　上海人民出版社发行中心
印　　刷　江阴市机关印刷服务有限公司
开　　本　890×1240　1/32
印　　张　13.75
插　　页　2
字　　数　303,000
版　　次　2023 年 6 月第 1 版
印　　次　2023 年 6 月第 1 次印刷
ISBN 978 - 7 - 208 - 18299 - 8/F · 2807
定　　价　68.00 元